패턴 공략!

자바스크립트 코딩 테스트

패턴 공략! 자바스크립트 코딩 테스트

무작정 풀지 말고 10가지 패턴으로 꿰뚫어라!

초판 1쇄 발행 **2025년 12월 24일**

지은이 **이문규** 펴낸이 **한기성** 기획·편집 **이슬** 표지 디자인 **오필민** 조판 **성은경**
교정 **이언주** 제작·관리 **이유현** 영업·마케팅 **김진불** 경영지원 **박미경** 용지 **유피에스**
인쇄·제본 **천광인쇄사**

펴낸곳 **(주)도서출판인사이트** 등록번호 **제2002-000049호** 등록일자 **2002년 2월 19일**
주소 **서울특별시 마포구 연남로5길 19-5** 전화 **02-322-5143** 팩스 **02-3143-5579**
이메일 **insight@insightbook.co.kr**

 ISBN 978-89-6626-505-3 93000

책값은 뒤표지에 있습니다. 잘못 만들어진 책은 구입처에서 교환하실 수 있습니다.
이 책의 정오표는 https://blog.insightbook.co.kr에서 확인하실 수 있습니다.

글쓰기는 더 큰 배움에 이르는 보람 있는 여정입니다.
독자 여러분의 소중한 원고를 기다립니다. submit@insightbook.co.kr

Programming Insight

패턴 공략!

자바스크립트 코딩 테스트

이문규 지음

인사이트

차례

지은이의 글

그냥 화면만 뚫어져라 바라보았습니다.

대학을 졸업하고 주니어 개발자로 발돋움해 나갈 때 이직 과정에서 마주한 인생 첫 코딩 테스트는 그렇게 끝이 났습니다. 약 두 시간 동안 문제를 읽고 또 읽어 봐도 어떤 단어도 머릿속에 들어오지 않았습니다. 화면 속의 모든 단어는 마치 외계어처럼 느껴졌고, 첫 문제조차 풀지 못한 채 시간만 흘려 보내야 했죠. 그날의 실망감은 꽤 오랫동안 저를 따라다녔습니다.

수차례 기술 면접에 도전하고, 때로는 반대 입장에 서서 면접관으로 참여하며 배운 것이 있습니다. 코딩 테스트는 무작정 많은 문제를 푼다고 되는 것이 아니었습니다. 문제의 본질을 이해하는 공통된 패턴을 파악하고, 그 패턴을 바탕으로 연습하는 것이 핵심이었습니다. 다시 말해 코딩 테스트는 실무 역량과는 별개로 꾸준한 연습과 전략적인 학습이 필요한 독립적인 영역이었습니다.

이 깨달음은 저에게 큰 동기를 부여해 주었고, 코딩 테스트라는 벽을 넘기 위해 저만의 학습 방법을 만들어 나가는 계기가 되었습니다. 수많은 인터뷰를 거치며 기출 문제 속에 반복적으로 나타나는 패턴에 집중했고, 이를 체계적으로 분석하고 공략했을 때 가장 효과적이었습니다.

이 책은 제가 겪고 깨달은 내용을 정리한 결과물입니다. 코딩 테스트 앞에서 막막해했던 과거의 저처럼 취업을 준비하는 분, 더 나은 기회를 향해 이직을 고민하는 주니어 개발자, 자바스크립트로 알고리즘 기초를 다지고 싶은 누구나 읽을 수 있습니다.

이 책이 여러분의 커리어 여정에 오래도록 함께하는, 유효기한이 긴 든든한 가이드가 되기를 바랍니다.

0장

J a v a s c r i p t   C o d i n g   T e s t

시작하기 전에

0.1 왜 자바스크립트인가?

2025년 현재 자바스크립트는 소프트웨어 시장에서 많이 쓰이는 프로그래밍 언어로서의 입지를 굳건히 하고 있다(2025년 스택 오버플로 개발자 설문 조사 깃허브 옥토버스 2024[1] 기준). 이러한 높은 인기는 채용을 위한 코딩 테스트나 기술 면접 등에서 자바스크립트 전문 지식을 매우 중요하게 평가하고 있음을 보여 준다.

인지도가 높아지고 사용자가 많아지는 배경에는 자바스크립트 언어의 다재다능함이 있다. 자바스크립트는 프런트엔드는 물론이고 백엔드, 모바일 등 여러 개발 분야에 쓰이므로 풀스택 개발자에게 특히 유용하다. 한 시스템 안에서 애플리케이션의 여러 계층을 하나의 언어로 다룰 수 있는 사례는 흔치 않다. 웹 개발의 근간이 되는 자바스크립트는 웹 브라우저의 유일한 기본 언어일 뿐만 아니라 Node.js와 리액트(React) 같은 기술 스택의 성장과 함께 웹 개발 전 영역에 걸쳐 영향력을 확장하고 있다. 이러한 장점 덕분에 웹 개발자 채용 시장에서도 다른 언어에 비해 수요가 꾸준하다. 더 나아가 객체 지향과 함수형 프로그래밍 스타일을 모두 다룰 수 있어 코딩 테스트와 기술 면접에서 다양한 문제 해결 능력을 보여 줄 수 있는 언어다.

1 *https://github.blog/news-insights/octoverse/octoverse-2024/#the-most-popular-programming-languages*

0.1.1 자바스크립트의 특징

자바스크립트는 1995년 넷스케이프 커뮤니케이션즈에서 근무하던 브렌던 아이크(Brendan Eich)가 단 열흘 만에 개발했다. 이후 수년 동안 많은 변화와 개선을 통해 해 발전했고 현재는 표준화된 언어 사양인 ECMAScript(ES)를 기반으로 매년 새로운 문법과 기능을 도입하고 있다. 이러한 진화는 여전히 진행형이다. 2015년 출시된 ES6에서는 새롭고 모던한 문법이 도입되어 자바스크립트 작성 방식이 크게 변화했다(현 시점 최신 버전은 ES2025이다). 이 책의 예시 코드와 솔루션 코드에서도 ES6 이후의 문법을 사용한다.

이제 자바스크립트의 주요 특징을 알아보자.

강제 타입 변환(type coercion): 약한 타입 언어(weakly typed language)인 자바스크립트는 한 타입에서 다른 타입으로 값을 자동 변환할 수 있다. 이러한 작업을 타입 변환(강제 변환)이라고 한다.

```
// + 연산자는 피연산자 중 하나가 문자열이면 문자열을 연결한다.
// 따라서 숫자 10이 문자열 "10"으로 변환된 후
// "5"와 연결되어 "105"가 출력된다.
console.log(10 + "5"); // 출력: 105

let numStr = "15"

// 단항 연산자 +를 사용해 문자열을 숫자로 명시적으로 타입 변환한다.
let num = +numStr;

// num은 이제 숫자 15가 된다.
console.log(num); // 출력: 15
```

이처럼 자바스크립트는 `10 + "5"`처럼 서로 다른 타입이 연산에 함께 쓰일 때 자동으로(암시적으로) 타입 강제 변환이 일어난다. 그러면 의도한 덧셈이 아니라 문자열 연결이 일어나 `15`가 아닌 `"105"`가 결과로 출력된다. 따라서 의도하지 않은 결과를 피하려면 어떤 상황에서 타입 강제 변환이 발생하는지 이해해야 한다. 예제의 `+numStr`과 같이 명시적인 타입 변환을 사용하는 것이 좋다.

함수 표현식(function expression): 자바스크립트는 함수를 일급(first-class) 객체로 취급하기 때문에 변수에 할당할 수 있다. 또한 함수를 다른 함수의 매개변수로 전달하거나 다른 함수로 반환할 수 있다.

```
let getArea = function(length, width) {
  return length * width;
}
```

호이스팅(hoisting): 호이스팅은 변수/함수의 선언과 초기화를 분리한 후 선언만 코드의 최상단으로 옮기는 자바스크립트 특유의 기능이다. 코드가 실행되기 전 컴파일 단계에서 적용된다.

```
hello(); // 출력: Hello!

function hello() {
  console.log("Hello!");
}
```

클로저(closure): 클로저는 외부 함수가 반환된 후에도 함수의 변수에 접근할 수 있는 것을 말한다. 외부 함수가 실행된 후에도 내부 함수에서 외부 함수의 범위에 접근할 수 있어 가능한 작동 원리다.

```
function outer() {
  let outerVar = "from outer function";
  function inner() {
    console.log(outerVar);
  }
  return inner;
}

let fn = outer();
fn(); // 출력: from outer function
```

구조 분해(destructuring): 구조 분해는 ES6에서 도입되었다. 배열의 요소나 객체의 속성을 해체하여 그 값을 개별 변수에 담는 표현식이다. 코드를 단순화하고 가독성을 높여 준다.

```
// 구조 분해 할당
const obj = {
  name: "john",
  age: 20,
};

const { name, age } = obj;

console.log(name, age); // 출력: john 20
```

스프레드 연산자(spread operator): 구조 분해가 배열의 요소나 객체의 속성을 해체한다면 스프레드 연산자(...)는 이들을 확장하거나 펼친다. 배열을 결합하거나 배열의 값을 함수 매개변수로 사용할 때 유용하다.

```
// 스프레드 연산자 예시(객체)
const obj = {
  name: "john",
  age: 20,
};

const obj2 = {
  ...obj,  // obj의 모든 속성을 obj2에 복사한다.
  // 아래의 속성을 obj2에 추가한다.
  address: "Seoul",
};
```

레스트 연산자(rest operator): 스프레드 연산의 반대라고 볼 수 있다. 여러 개의 요소와 속성을 수집해 하나의 배열로 묶어 준다.

```
// 레스트 연산자 예시
function sum(...args) {
  return args.reduce((acc, current) => {
    return acc + current;
  }, 0);
}
console.log(sum(1, 2, 3, 4, 5, 6, 7, 8, 9, 10)); // 출력: 55

// 레스트 연산자 객체 예시
const user = {
  name: "Mike",
  age: 30,
  email: "test@gmail.com",
  address: "Seoul",
};

const { name, ...rest } = user;
console.log(name); // 출력: Mike
console.log(rest); // 출력: { age: 30, email: 'test@gmail', address: 'Seoul' }
```

다음은 코딩 테스트에서 유용하게 사용할 수 있는 패턴들이다.

for of 구문: 반복 가능한 객체(배열, 문자열, 맵 등)에 적용할 수 있는 `for of` 구문은 자바스크립트의 유용한 특성 중 하나로, 코딩 테스트에서는 반복을 간결하게 구현하여 가독성을 높일 수 있다. 배열의 인덱스를 직접 관리할 필요가 없고 요소의 값에 직접 접근하므로 전통적인 for 문에 비해 더 간결하다.

```
// for of 예시
const nums = [1, 2, 3, 4, 5];

for (let num of nums) {
  console.log(num); // 출력: 1, 2, 3, 4, 5
}
```

for in 구문: 객체의 속성을 순회하는 데 사용된다. 배열에도 사용할 수 있지만 주로 객체의 키를 순회하는 데 사용하는 것이 더 적절하다.

```
// for in 예시
const user = {
  name: "Mike",
  age: 30,
};

for (let key in user) {
  console.log(key); // 출력: name, age
  console.log(user[key]); // 출력: Mike, 30
}
```

화살표 함수(arrow function): 화살표 함수(=>)를 사용하면 함수를 간결하게 표현할 수 있다.

```
// function 키워드를 사용한 문법
function square(x) {
  return x * x
}

// 화살표 함수를 사용한 문법
const square = x => x * x;

// 두 방법 모두 다음과 같이 사용할 수 있다.
square(5) // 출력: 25
```

템플릿 리터럴(template literal): 변수와 문자열을 결합할 때 사용되는 패턴으로 코드를 깔끔하게 작성하도록 도와준다. 문자열을 백틱(``)으로 감싸서 표현하며 ${} 구문을 통해 변수를 직접 삽입하거나 문자열 내에서 표현식을 평가하여 결과를 포함시킬 수 있다.

```
let age = 30
console.log(`성인 여부: ${age >= 18 ? '성인': '미성년자'}`);

let name = "John";
console.log('Hello, ' + name + '!')

let name = "John";
console.log(`Hello, ${name}!`);

// 두 방법 모두 같은 출력을 낸다.
// 출력: Hello, John!
```

기본값 매개변수(default parameters): 함수 매개변수(파라미터)에 기본값을 할당하는 패턴으로, 값이 전달되지 않더라도 오류를 방지할 수 있다.

```
// name의 기본값으로 'John'이 할당되었다.
function greet(name = "John") {
  console.log(`Hello, ${name}!`);
}

greet() // 출력: Hello, John!
```

단축 평가(short-circuit evaluation): 논리 연산자를 통해 단축 평가를 사용하면 `if` 문을 사용하지 않고도 조건문을 훨씬 간결하게 작성할 수 있다.

- OR 연산자(||): 첫 번째 피연산자가 `truthy`(참 같은 값)이면 즉시 그 값을 반환하고 `falsy`(거짓 같은 값)이면 두 번째 피연산자를 반환한다.
- AND 연산자(&&): 첫 번째 피연산자가 `falsy`이면 즉시 그 값을 반환하고 `truthy`이면 두 번째 피연산자의 값을 반환한다.

```
// userName이 없으면 "John"으로 name 변수를 설정한다.
const name = userName || "John";

// userName이 있으면 console.log가 출력된다
userName && console.log("userName 이 있습니다");
```

널 병합 연산자(nullish coalescing): 널 병합 연산자(??)를 사용하면 값이 `null`인지 `undefined`인지 확인할 수 있다.

```
// value가 null 또는 undefined이면
// x를 정수 10으로 설정한다.
const x = value ?? 10;
```

이러한 문법과 패턴은 가독성은 물론이고 코딩 테스트에서 시간을 절약하는 데 큰 도움이 된다. 다양한 프로그래밍 패러다임을 지원하고 강력한 내장 함수와 기능을 제공하면서도 문법이 비교적 쉬운 편이라 초보자도 배우기 쉽다. 그래서 많은 개발자가 코딩 테스트 언어로 자바스크립트를 선호하며, 특히 웹 개발 분야에서 사실상 표준 언어로 자리 잡았다. 이제 막 개발을 시작하는 사람도 접근하기 좋은 언어이다.

0.2 알고리즘 성능 평가와 복잡도

알고리즘 복잡도는 알고리즘이 얼마나 많은 시간과 메모리를 사용하는지 측정한 지표다. 입력 데이터의 크기가 커질수록 알고리즘의 실행 시간과 메모리 사용량이 증가하는 경향이 있다.

성능이 좋은 알고리즘이란 실행 시간이 짧거나 메모리 사용량이 더 적은 알고리즘을 뜻한다.

특히 코딩 테스트에서는 문제 해결에 사용한 알고리즘의 복잡도를 기준으로 지원자의 문제 해결 능력을 평가하는 경우가 많다. 지원자 A와 B가 같은 문제를 해결했더라도 더 효율적인 복잡도로 알고리즘을 작성한 지원자가 높은 점수를 받을 수 있다. 따라서 알고리즘의 복잡도를 이해하고 분석하는 능력이 매우 중요하다.

알고리즘의 복잡도를 분석할 때는 두 가지를 고려해야 한다. 첫 번째는 알고리즘이 실행되는 데 걸리는 시간을 측정하는 시간 복잡도(time complexity)이며, 두 번째는 필요한 메모리 양을 측정하는 공간 복잡도(space complexity)이다. 이때 복잡도를 표현하는 점근적 표기 방법을 빅 오(Big-O) 표기법이라 한다.

알고리즘의 복잡도를 분석할 때는 입력 데이터의 크기에 따라 알고리즘의 실행 시간과 메모리 사용량이 어떻게 변하는지를 측정해야 한다. 빅 오는 알고리즘에 사용하는 모든 연산 작업과 그 횟수를 기준으로 측정하는 방식이 아니라, 입력 데이터의 크기가 커질수록 연산 시간이나 메모리 사용량이 얼마나 빠르게 증가하는지를 보여 주는 척도다. 일반적으로 빅 오 표기법은 최악의 경우의 시간 복잡도를 나타내며 알고리즘 성능의 상한을 나타낸다.

0.3 빅 오 표기법

다음 표로 주요 빅 오 표기법을 알아보자. 성능이 좋은 순서대로 나열하였다.

표 0-1 빅 오 표기법

빅 오 표기법	명칭	설명
$O(1)$	상수 시간(constant time)	입력 데이터의 크기와 상관없이 실행 시간은 일정하다. 가장 효율적인 복잡도다.
$O(log\,n)$	로그 시간(logarithmic time)	입력 데이터의 크기가 커질수록 실행 시간이 로그에 비례하여 증가한다. 일반적으로 이진 탐색 관련 알고리즘에서 사용된다.
$O(n)$	선형 시간(linear time)	입력 데이터의 크기에 비례하여 실행 시간이 증가한다. 효율적인 알고리즘의 성능의 기준치가 된다.
$O(n^2)$	2차 시간(quadratic time)	입력 데이터의 크기가 커질수록 실행 시간이 제곱에 비례하여 증가한다. 보통 이중 반복문, 완전 탐색 상황에서 사용된다.
$O(2^n)$	지수 시간(exponential time)	입력 데이터의 크기 n에 대해 실행 시간이 2의 n제곱만큼 증가한다.
$O(n!)$	팩토리얼 시간(factorial time)	입력 데이터의 크기 n에 대해 실행 시간이 $n!$만큼 증가한다. 연산 횟수가 기하급수적으로 증가하므로 매우 비효율적인 알고리즘이다.

빅 오 표기법을 사용할 때는 일반적으로 상수항을 제거하며 가장 큰 차수만 고려한다. 이는 알고리즘 실행 시간에 영향을 미치지 않는 항을 제거함으로써 더 직관적이고 간결하게 복잡도를 표현하기 위함이다. 예를 들어 $O(2n)$과 $O(n)$은 서로 같은 시간 복잡도를 가진다. $O(2n)$은 상수항 2가 있지만 이는 입력 데이터 크기가 커질수록 실행 시간에 미치는 영향이 상대적으로 적기 때문이다. 따라서 $O(2n)$과 $O(n)$을 모두 $O(n)$으로 단순화하여 표현할 수 있다.

$O(2n+n)=O(n)$ 상수 2는 큰 차이를 만들지 않으므로 $O(n)$으로 표기한다.

$O(3n^2+2n+1)=O(n^2)$ n의 제곱에 대한 항이 가장 큰 차수이므로 나머지 항을 무시한다.

$O(n^3+n^2+n)=O(n^3)$ n의 세제곱에 대한 항이 가장 큰 차수이므로 나머지 항을 무시한다.

다음은 주요 빅 오 표기법의 성능을 비교한 그래프다. 가로축은 입력 데이터의 크기, 세로축은 연산 실행 성능을 나타낸다.

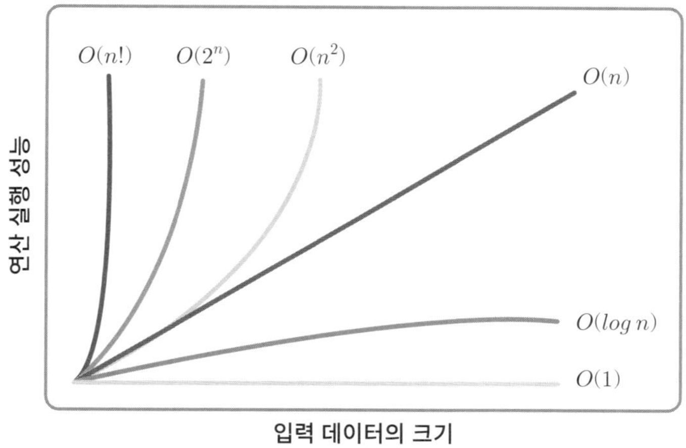

그림 0-1 빅 오 표기법의 성능

예제 코드를 살펴보면서 주요 복잡도의 성능을 분석해 보자.

0.3.1 $O(1)$ 상수 시간

```
const nums = [1, 2, 3, 4, 5];
function firstElement(arr) {
  // arr의 크기 증가와 상관없이 일정한 연산 작업을 실행한다.
  return arr[0];
}

firstElement(nums) // 출력: 1
```

배열에서 인덱스를 사용하여 요소에 접근하는 함수다. 이 코드는 $O(1)$의 성능을 나타내고 배열의 크기와 상관없이 항상 첫 번째 요소를 가져오기 때문에 실행 시간은 변함없다.

0.3.2 $O(log\,n)$ 로그 시간

```
// 이진 탐색은 정렬된 배열에서 사용할 수 있다.
const nums = [1, 2, 3, 4, 5, 6, 7, 8, 9, 10];

function binarySearch(arr, target) {
  let start = 0;
  let end = arr.length - 1;

```

```
  // while 문 안에서 매회 배열 탐색의 범위를 절반으로 줄여 나간다.
  while (start <= end) {
    let mid = Math.floor((start + end) / 2);

    if (arr[mid] === target) {
      return mid;
    } else if (arr[mid] < target) {
      start = mid + 1;
    } else {
      end = mid - 1;
    }
  }

  return -1;
}

binarySearch(nums, 5); // 출력: 4
```

로그 시간 복잡도의 특성을 가장 잘 나타내는 이진 탐색(binary search) 알고리즘이다. 이진 탐색은 정렬된 배열에서 특정한 값을 찾는 알고리즘이며 각 단계마다 탐색 범위를 절반으로 줄이면서 값을 찾는다. 단계마다 배열의 크기가 절반으로 줄어들기 때문에 실행 시간은 입력 크기의 로그에 비례한다. 입력 데이터의 크기가 커져도 짧은 실행 시간을 보장하는 효율적인 알고리즘이다. 데이터의 순서가 미리 정렬되어 있다면 많은 데이터를 처리할 때도 매우 유용하다.

로그(logarithm)란 수학적 개념으로, 지수의 역함수다. 어떤 수를 다른 수의 거듭제곱으로 나타낼 때 사용한다. 예를 들어 2의 4제곱은 16이므로 이를 로그로 표현하면 $log_2(16) = 4$가 된다. 시간 복잡도를 표현할 때도 마찬가지로 입력 데이터의 크기에 대한 로그 함수를 사용하여 실행 시간을 계산한다.

0.3.3 $O(n)$ 선형 시간

```
const nums = [1, 2, 3, 4, 5, 6, 7, 8, 9, 10];

function sumAll(arr) {
  let sum = 0;

  // 배열의 크기에 비례하여 실행 시간이 증가한다.
  for (let i = 0; i < arr.length; i++) {
    sum += arr[i];
```

```
  }

  return sum;
}

sumAll(nums); // 출력: 55
```

알고리즘의 실행 시간이 입력 데이터 크기에 비례하여 증가하는 선형 시간 알고리즘이다. 배열의 모든 요소를 순회하면서 특정 작업을 실행하는 알고리즘에 사용된다. 예시처럼 for 문이 배열의 크기에 비례하여 실행되므로 입력 데이터가 커질수록 실행 시간도 함께 증가한다.

0.3.4 $O(n^2)$ 2차 시간

```
const nums = [1, 2, 3, 4, 5, 6, 7, 8, 9, 10];

function findAllPairs(arr) {
  let pairs = [];

  // 배열의 길이가 n일 때, 아래 반복문의 실행 횟수는 n의 제곱이 된다.
  for (let i = 0; i < arr.length; i++) {
    for (let j = i + 1; j < arr.length; j++) {
      pairs.push([arr[i], arr[j]]);
    }
  }

  return pairs;
}

findAllPairs(nums);
```

입력 데이터의 크기에 대해 2차 함수의 형태로 실행 시간이 증가하는 2차 시간 알고리즘이다. 입력 데이터의 크기가 증가할수록 실행 시간이 급격하게 늘어나므로 다른 알고리즘에 비해 비효율적이며 큰 데이터를 처리하기에는 적합하지 않다. 예시는 주어진 배열에서 모든 쌍을 찾아 반환하는 알고리즘을 구현한 것이다. 모든 요소를 순회하기 위해 이중 반복문이 사용되었고, 배열의 길이가 n이면 n^2만큼의 반복문이 실행된다.

0.3.5 $O(2^n)$ 지수 시간

```
function fib(n) {
  if (n < 2) {
    return n;
  }

  return fib(n - 1) + fib(n - 2);
}

fib(5) // 출력: 5

// n이 5일 때 재귀 트리 구조와 계산 과정은 다음과 같다.
/*

                      fib(5)
            /                      \
          fib(4)                 fib(3)
        /        \              /      \
     fib(3)     fib(2)      fib(2)   fib(1)
     /     \    /    \      /    \
  fib(2)  fib(1) fib(1)  fib(0) fib(1)
   /   \
fib(1) fib(0)
*/
```

지수 시간 복잡도를 가진 알고리즘은 입력 데이터 n에 대하여 임의의 상수 c의 지수 함수인 c^n만큼의 연산을 실행한다. 매우 느리고 비효율적인 알고리즘이며 대표적으로 피보나치 수열(Fibonacci sequence)을 활용한 알고리즘이 있다. 예시에 구현된 피보나치 함수는 $n-1$과 $n-2$의 피보나치 수열 값을 더하는 방법을 사용하여 재귀적으로 호출된다. `fib()` 함수의 호출 횟수는 2의 n제곱이다. 입력 데이터의 크기가 커질수록 실행 시간이 급격하게 증가한다.

> 피보나치 수열이란 0과 1로 시작하여 이전 두 수의 합으로 다음 수를 구하는 수열이다. 첫 번째 항은 0, 두 번째 항은 1로 시작하며, 세 번째 항은 직전 두 항의 합으로 이루어진다. 이 특성을 처음 발견한 이탈리아 수학자의 이름(Leonardo Fibonacci)을 따서 피보나치 수열이라 한다.

0.3.6 $O(n!)$ 팩토리얼 시간

```
function factorial(n) {
  if (n === 0) {
    return 1;
  }

  return n * factorial(n - 1);
}

// 다음과 같은 과정을 통해 결과가 출력된다.
/*
  factorial(5) = 5 * factorial(4)
               = 5 * 4 * factorial(3)
               = 5 * 4 * 3 * factorial(2)
               = 5 * 4 * 3 * 2 * factorial(1)
               = 5 * 4 * 3 * 2 * 1 * factorial(0)
               = 5 * 4 * 3 * 2 * 1 * 1
               = 120
*/
```

팩토리얼 함수를 재귀로 구현한 코드 예제다. 입력값 n에 대하여 $n!$만큼 연산을 실행하는 알고리즘이다. 매우 느리고 비효율적인 알고리즘으로, 입력 데이터의 크기가 커질수록 실행 시간이 기하급수적으로 늘어난다. 따라서 팩토리얼 시간 복잡도를 가지는 알고리즘 설계는 최대한 피하는 것이 좋다.

0.3.7 자바스크립트 주요 메서드의 시간 복잡도

자바스크립트에서 자주 사용하는 메서드의 시간 복잡도를 정리했다.

표 0-2 자바스크립트 메서드별 시간 복잡도

메서드	시간 복잡도	설명
push()	$O(1)$	배열 끝에서 요소 추가
pop()	$O(1)$	배열 끝에서 요소 제거
shift()	$O(n)$	배열 앞에서 요소 제거
unshift()	$O(n)$	배열 앞에서 요소 추가
splice()	$O(n)$	배열 요소를 추가/제거
sort()	$O(n \log n)$	배열 정렬
concat()	$O(n)$	두 배열 연결, 새 배열 생성

slice()	$O(n)$	배열의 일부를 복사, 새 배열 반환
indexOf()	$O(n)$	배열의 요소 검색, 인덱스 반환
map()	$O(n)$	배열 모든 요소에 함수를 적용하여 새 배열 생성
filter()	$O(n)$	조건을 만족하는 요소만 포함한 새 배열 생성
reduce()	$O(n)$	모든 요소에 함수를 적용하여 단일 값으로 축소
join()	$O(n)$	배열의 모든 요소를 연결하여 하나의 문자열로 반환
split()	$O(n)$	문자열을 구분자로 나누어 배열로 변환
charAt()	$O(1)$	특정 위치(인덱스)의 문자 반환

0.3.8 공간 복잡도

지금까지 우리는 알고리즘이 실행되는 데 걸리는 시간을 측정하는 시간 복잡도에 대해 알아보았다. 알고리즘의 효율성을 평가할 때 시간만큼 중요한 것이 바로 공간 복잡도다.

공간 복잡도는 알고리즘을 실행하는 데 추가로 필요한 공간이 얼마인지를 측정하는 지표다.

앞서 설명했듯이 공간 복잡도도 빅 오 표기법으로 나타낸다. 다만 핵심 질문이 '입력 데이터에 대해 몇 번의 연산을 하는가?'에서 '얼마만큼의 메모리를 추가로 사용하는가?'로 바뀔 뿐이다.

```
// 공간 복잡도가 O(n)인 함수
function copyArray(arr) {
  const newArr = [];
  for (let i = 0; i < arr.length; i++) {
    newArr.push(arr[i]);
  }
  return newArr;
}

console.log(copyArray([1, 2, 3, 4, 5])); // 출력: [1, 2, 3, 4, 5]
```

copyArray() 함수는 배열 arr를 받아 모든 요소를 새 배열 newArr에 복사해 반환한다. arr의 크기가 n이면 새 배열 newArr에도 n개의 요소를 담아야 하므로 추가 공간이 입력 데이터의 크기에 비례해 증가한다. 따라서 공간 복잡도는 $O(n)$이다.

그렇다면 새 배열을 2개 사용할 때는 어떨까? 다음 예시를 보자.

```
function splitEvenAndOdd(nums) {
  const evens = []; // 짝수를 담을 배열(최대 n개 공간)
  const odds = []; // 홀수를 담을 배열(최대 n개 공간)

  for (let num of nums) {
    if (num % 2 === 0) {
      evens.push(num);
    } else {
      odds.push(num);
    }
  }

  return [evens, odds];
}

console.log(splitEvenAndOdd([1, 2, 3, 4, 5, 6]));
// 출력: [[2, 4, 6], [1, 3, 5]]
```

splitEvenAndOdd() 함수는 숫자로 구성된 배열 nums를 받아 짝수 배열과 홀수 배열을 각각 새로 만들어 반환한다. 이때 새 배열 evens에 $O(n)$, odds에 $O(n)$의 공간을 추가로 사용한다. 두 공간 모두 입력 크기 n에 비례하므로 공간 복잡도를 $O(n)$으로 표현할 수 있다($O(n) + O(n) = 2O(n)$에서 상수를 생략했다.).

다른 예시를 하나 더 살펴보자.

```
// 공간 복잡도가 O(1)인 함수
function calculateSum(arr) {
  let sum = 0; // 변수 하나만 사용
  for (let i = 0; i < arr.length; i++) {
    sum += arr[i];
  }
  return sum;
}

console.log(calculateSum([1, 2, 3, 4, 5])); // 출력: 15
```

calculateSum() 함수는 배열의 모든 요소를 더한 값을 반환한다. 여기서는 sum 변수 하나만 추가로 사용하므로 배열 arr의 크기가 10이든 100,000이든 상관없다. 이처럼 입력 데이터의 크기와 상관없이 일정한 양의 메모리만 추가로 사용하는 경우 공간 복잡도는 $O(1)$이다.

시간과 공간의 트레이드오프

코딩 테스트에서 알고리즘을 선택할 때 우리는 종종 시간과 공간 사이의 타협점을 찾아야 할 때가 있다. 일반적으로 코딩 테스트 플랫폼에서는 테스트 코드의 실행 시간과 메모리 사용량에 제한을 두기 때문에 시간을 단축하기 위해 더 많은 메모리를 사용할지 반대로 메모리를 아끼기 위해 시간을 더 쓸지 선택해야 한다. 이와 같은 전략적 선택을 시간과 공간의 트레이드오프(time-space tradeoff)라고 한다.

간단한 예시로 이 관계를 이해해 보자. 다음은 배열에 중복 요소가 있는지 판별하는 함수다.

```
function hasDuplicate(nums) {
  for (let i = 0; i < nums.length; i++) {
    for (let j = i + 1; j < nums.length; j++) {
      if (nums[i] === nums[j]) {
        return true; // 중복 발견
      }
    }
  }
  return false;
}
```

이 함수는 이중 반복문을 사용하므로 시간 복잡도는 $O(n^2)$이다. 메모리를 추가로 사용하지 않아 공간 복잡도는 $O(1)$로 매우 효율적이다.

이제 반대로 메모리를 추가로 사용하지만 속도 면에서 더 효율적인 함수를 보자.

```
function hasDuplicateValue(nums) {
  const seen = {}; // 값을 기록하기 위한 추가 객체(추가 메모리 사용)
  for (let i = 0; i < nums.length; i++) {
    if (seen[nums[i]]) {
      return true;
    } else {
      seen[nums[i]] = true;
    }
  }
  return false;
}
```

이 함수는 객체를 추가로 사용해 시간 복잡도를 $O(n)$으로 개선한다. 시간 효율을 위해 $O(n)$의 추가 공간을 사용하지만, 대부분 코딩 테스트에서는 공간을 좀 더 쓰더라도 시간 복잡도를 낮추는 전략이 효과적이다. 대체로 시간 제한은 엄격하지만 메모리는 상대적으로 여유가 있기 때문이다.

문제의 제약 조건을 꼼꼼히 확인하고 시간 초과가 예상되면 `const seen = {};`과 같은 추가 메모리를 사용하여 더 빠른 풀이를 구현하는 것이 좋다.

다음은 공간 복잡도를 고려할 때 주의해야 할 점이다.

- 배열, 맵, 세트 등의 자료 구조를 이해하자(부록 참고).
- 자바스크립트에서 제공하는 자료 구조는 메모리를 사용하는 방식이 제각각이다. 따라서 알고리즘의 성능을 개선하려면 적절한 자료 구조를 선택해야 한다. 예를 들어 탐색 속도가 $O(1)$인 맵이나 세트를 사용하는 것이 반복문을 사용하는 것보다 더 효과적일 수 있다.
- 재귀 호출을 사용할 때는 스택 오버플로를 주의해야 한다. 재귀의 깊이를 고려하고 기저 조건을 잘 활용하여 메모리 사용량을 잘 관리하자.
- 자바스크립트에서는 가비지 컬렉션(garbage collection)이 메모리를 자동으로 관리해 준다. 하지만 반복문 안에서 객체 또는 배열을 새로 생성하거나 재할당할 때마다 메모리 역시 재할당되므로 이미 선언된 변수를 재사용하는 등의 방법을 활용하여 메모리 효율을 최대한 높여야 한다.

스택 오버플로와 기저 조건

스택 오버플로(stack overflow)는 함수 호출 시 생성되는 스택 메모리가 허용된 한계를 초과할 때 발생하는 오류이며, 특히 재귀 함수에서 자주 발생한다. 함수가 자기 자신을 너무 많이 호출하면서 호출마다 새로운 스택 프레임이 생성되기 때문이다. 재귀 함수에서 기저 조건이 제대로 설정되지 않거나 재귀 깊이가 너무 깊어지면 스택 메모리가 소진되어 프로그램이 강제로 종료된다. 이때 기저 조건(base case)이란 재귀 호출 시 더 이상 자기 자신을 호출하지 않고 결과를 반환하는 종료 조건을 말한다.

예를 들어 피보나치 함수 예제에서 매우 큰 숫자(예: `fib(100000)`)를 계산한다면 스택 오버플로가 발생할 수 있다.

1장

Javascript Coding Test

문자열 패턴

코딩 테스트의 기본 중의 기본이 문자열 문제다. 지원자가 초보 개발자든 숙련된 개발자든 상관없이 테스트에서 가장 흔히 접하는 유형이다. 주로 코딩 테스트의 첫 번째 문제로 출제된다. 즉, 개발자 채용 시 기본적인 사고력과 문제 해결 능력을 평가하는 가장 기초적인 테스트라고 볼 수 있다.

문자열 문제는 코딩 테스트는 물론이고 실무에도 유용한 패턴이 많다. 특히 웹 애플리케이션에서의 텍스트 처리, 유효성 검사, 사용자 입력 데이터 처리 등 여러 분야에서 활용되며 알고리즘적 사고와 실무 역량을 동시에 키울 수 있다.

1.1 문자열 객체 이해하기

문자열 객체는 배열과 매우 흡사하다. 추상적인 관점에서 봤을 때 문자열은 문자로 이루어진 배열이라고 볼 수 있다. 그래서 일반적으로 문자열 조작 관련 문제에 접근할 때는 배열 자료 구조를 다루듯이 풀이 계획을 세우는 것이 좋다. 또한 문자열이 어떻게 작동하는지 이해하면 알고리즘을 효율적으로 설계할 수 있다.

먼저, 문자열의 특징을 알아보자.

1.1.1 불변성

자바스크립트의 문자열 객체는 데이터가 생성된 후에는 변경할 수 없다(immutability). 문자열의 각 문자는 직접 수정할 수 없으며 대신 문자열을 생성하거나 문자열 객체의 메서드를 호출해야 한다.

— **Javascript**

```
let str = "abcde";
str[0] = "b";

console.log(str) // "abcde"
```

str을 콘솔에 출력하면 변수의 원형인 "abcde"가 출력된다. str은 원시 타입이라 변형할 수 없기 때문이다.

```
let s = "hello";
s += " world";

console.log(s) // "hello world"
```

s를 콘솔에 출력하면 예상대로 "hello world"가 출력된다. 그러나 s의 값이 직접 "hello world"로 바뀌는 것이 아니라 내부적으로 새로운 문자열이 생성된다. 새로 생성된 "hello world" 문자열 값은 새 메모리에 할당되고 s는 그 주소를 참조한다. s의 기존 값인 "hello"는 자바스크립트의 가비지 컬렉터가 자동으로 메모리에서 해제한다.

> 자바스크립트의 가비지 컬렉터(garbage collector)는 더 이상 사용되지 않는 불필요한 객체 또는 변수 등을 자동으로 탐지해 메모리에서 해제한다. 이를 통해 메모리 누수를 방지한다.

```
const N = 100;
let s = "hello";

for (let i=0; i < N; i++) {
  s += ${i};
}
```

위와 같은 반복문의 성능은 어떨까? 자바스크립트에서 문자열은 불변성을 가진다. 따라서 문자열 결합 연산을 할 때마다 새 문자열이 생성된다는 점이 자주 간과된다. 이러한 특성 때문에 알고리즘을 설계하거나 시간 복잡도를 분석할 때 혼동될 수 있다. 반복문 내에서 s에 문자를 n회 결합하면 이론상으로는 $O(n^2)$의 시간 복잡도를 갖는다. 이 문제를 개선하기 위해 자바스크립트의 문자열 결합 연산에 내부적으로 로프(rope)[1]라는 트리 기반의 자료 구조를 사용한다. 이를 통해 문자열

1 로프 자료 구조 *https://en.wikipedia.org/wiki/Rope_(data_structure)*

처리의 효율성과 성능을 향상시킬 수 있으며, 위와 같은 알고리즘은 일반적으로 $O(n)$의 속도로 처리할 수 있다.

1.1.2 원시 타입 vs 객체 타입

원시(primitive) 타입의 문자열은 객체가 아니므로 속성에 접근하거나 메서드를 호출할 수 없다. 그러나 변수가 문자열 값을 담고 있다면 자바스크립트 엔진이 자동으로 해당 변수를 객체 타입으로 변환한다. 덕분에 속성과 메서드를 호출할 수 있다.

```
let greet = "hello";
greet.length; // 5
```

변수 greet은 원시 타입이므로 속성이 없다. 그러나 원시 타입에 객체처럼 접근하면 자바스크립트가 내부적으로 해당 변수를 객체 타입으로 감싸 속성과 메서드를 사용할 수 있게 해 준다.

> 애플리케이션 런타임에서 원시 타입인 greet의 속성에 접근하려고 하면 자바스크립트는 내부적으로 new String(greet)을 호출한 것처럼 자동으로 변환해 준다. 이렇게 임시로 생성된 객체를 래퍼 객체(wrapper object)라고 한다.

```
for (let i=0; i < greet.length; i++) {
  // greet[i]
}
```

for 문 연산에서 원시 타입의 변수 greet에 String 객체의 속성인 .length를 사용하는 것도 같은 원리다.

1.1.3 인덱싱

문자열 객체는 배열과 비슷하게 0부터 시작하는 숫자 인덱스를 가진다. 따라서 각 문자에 접근할 때 str[0]처럼 배열과 같은 문법을 사용할 수 있다. 문자열 문제에는 인덱스를 활용한 다양한 풀이 방법이 있다. 또한 상당수의 문자열 문제 유형은 추가적인 자료 구조를 활용하여 쉽게 풀 수 있다. 해시형 자료 구조가 대표적인 예다. 특히 해시맵(hashmap)은 문자열 문제를 풀 때 매우 유용하다.

1.2 속성 및 주요 메서드

다음은 속성과 메서드다. 문자열 객체는 문자열을 다루고 변환하는 데 사용되는 다양한 속성과 메서드를 제공한다. 알고리즘 설계에 자주 사용되는 속성과 메서드는 다음과 같다.

표 1-1 알고리즘 설계에 자주 사용되는 속성과 메서드

속성과 메서드	설명

String.prototype.length	UTF-16 코드 유닛 기준으로 문자열의 길이를 나타낸다.
	`// 예: 문자열 길이 찾기`
	`let str = "javascript";`
	`str.length // 10`

String.prototype.indexOf()	주어진 값과 일치하는 첫 번째 인덱스를 반환한다.
	`// 예: 문자열 특정 문자의 인덱스 찾기`
	`let str = "apple"`
	`str.indexOf("l") // 3`
	`str.indexOf("p") // 1 'p'가 처음 등장하는 인덱스인 1을 반환한다.`

String.prototype.split()	구분자를 이용하여 여러 개의 문자열로 나눈다.
	`// 문자열을 배열로 변환하기`
	`let str = "abc";`
	`str.split("") // ["a","b","c"]`
	`[...str] // ["a","b","c"] 구분자가 없을 땐 스프레드 연산자를 사용해도 된다.`

String.prototype.charAt()	특정 인덱스에 있는 유니코드 단일 문자를 반환한다.
	`// 예: 문자열의 특정 요소 찾기`
	`let str = "apple"`
	`str[0] // "a"`
	`str.charAt(3) // "l"`
	`str.charAt(str.length - 1) // "e"`

String.prototype.slice()	문자열의 일부를 추출한다.
	`// 예: 문자열 일부 추출하기`
	`let str = "pineapple"`
	`str.slice(0,4) // "pine"`
	`str.slice(4) // "apple"`

String.prototype.substring()	문자열 객체의 시작 인덱스부터 종료 인덱스 전까지의 부분 문자열을 반환한다.

`String.prototype.trim()`	문자열 양 끝의 공백을 제거한다.
	`// 예: 문자열 양쪽 공백 제거하기`
	`let str = "I love JavaScript"`
	`str.trim() // "I love JavaScript"`

`String.prototype.charCodeAt()`	해당 인덱스의 문자에 대한 UTF-16 코드를 나타내는 0부터 65535 사이의 정수를 반환한다.
	`// 문자열 ASCII 변환하기`
	`let str = "012"`
	`str.charCodeAt(0) // 48`
	`str.charCodeAt(1) // 49`
	`str.charCodeAt(2) // 50`

1.3 문자열 문제 유형

지금부터 소개하는 문자열 문제는 코딩 테스트에서 자주 출제되는 유형이다. 일반적으로 문자열 조작, 변환, 패턴 분석이 여기에 포함된다.

1.3.1 순서 뒤집기

문제

주어진 문자열 `str`의 순서를 뒤집어 반환하는 기능을 구현하라.

입력

예시 1) `"hello"`

예시 2) `"apple"`

출력

예시 1) `"olleh"`

예시 2) `"elppa"`

설명

문자열 `"hello"`의 문자 순서를 뒤집으면 `"olleh"`, `"apple"`을 뒤집으면 `"elppa"`로 재구성된다.

풀이 1. 내장 함수 활용하기

```
function reverse(str) {
  // 3가지 변형 단계를 거친 후 순서를 뒤집는다.
  return [...str].reverse().join("");
}
```

첫 번째는 자바스크립트 내장 함수를 사용하는 방법이다. 전달받은 문자열 str에 여러 함수를 연속으로 호출하여 문자열을 배열로 변환한 뒤 다시 문자열로 되돌리는 단계로 구성한다.

❶ [...str]

"hello" → ["h","e","l","l","o"]

❷ reverse()

["h","e","l","l","o"] → ["o","l,"l","e","h"]

❸ join("")

["o","l,"l","e","h"] → "olleh"

그림 1-1 문자열-배열-문자열 변형 과정

자바스크립트에서 배열의 순서를 뒤집을 때는 Array.prototype.reverse() 메서드를 사용할 수 있다. 예를 들어 ["c","b","a"]라는 배열에 reverse() 메서드를 호출하면 ["a","b","c"]처럼 순서가 뒤집힌다.

이 메서드를 사용하려면 가장 먼저 str을 배열로 변환해야 한다.

[...str]처럼 스프레드 연산자로 각 문자를 펼쳐 ["h","e","l","l","o"] 형태의 배열로 만든다. 이제 여기에 reverse()를 호출할 수 있다. reverse() 메서드를 적용하면 배열의 형태는 ["o","l","l","e","h"]가 된다.

마지막으로 이 배열의 모든 요소를 문자열로 다시 합쳐야 한다. String 객체 메서드 join()을 사용하여 변환하면 최종적으로 "olleh"와 같이 입력값의 순서가 뒤집힌 결괏값이 만들어진다.

join()을 사용한 알고리즘의 시간 복잡도는 $O(n)$이며, 스프레드 연산자와 reverse() 메서드를 사용한 알고리즘의 시간 복잡도도 $O(n)$이다(표 0-2(13쪽) 참고).

풀이 2. 내림차순 반복문

```
function reverse(str) {
  let reversed = "";

  // 인덱스 i의 시작을 문자열 마지막 문자부터 내림차순으로 순회한다.
  for (let i = str.length - 1; i >= 0; i--) {
    reversed += str[i];
  }

  return reversed;
}
```

두 번째 방법 역시 간단하고 직관적이다. 문자열 객체의 인덱싱을 활용하는 기법이다. 결괏값을 저장할 변수를 만들고 문자열 `str`의 오른쪽 끝 문자부터 역순으로 이어 붙이는 방식의 알고리즘이다.

```
str[4]  ➡  "hello"  +=  "o"
str[3]  ➡  "hello"  +=  "ol"
str[2]  ➡  "hello"  +=  "oll"
str[1]  ➡  "hello"  +=  "olle"
str[0]  ➡  "hello"  +=  "olleh"
```

그림 1-2 역순으로 이어 붙이기

먼저 역순으로 문자를 저장할 변수를 빈 문자열 `reversed`로 초기화한다. 문자열 길이를 기준으로 마지막 인덱스부터 시작하여 첫 인덱스까지 순회하는 반복문을 만든다. 예제 입력값인 `"hello"`를 기준으로 `i`는 4, 3, 2, 1, 0의 순서로 진행된다. 반복문 안에서는 매회 `i` 위치에 있는 문자를 `reversed`에 덧붙인다. 그러면 반복문 종료 후 최종적으로 `"olleh"`라는 문자열이 만들어진다. `for` 문을 통해 문자열의 길이만큼 최대 한 번 순회하므로 이 알고리즘 역시 풀이 1과 마찬가지로 시간 복잡도는 $O(n)$이다.

1.3.2 중복 제거

문제

주어진 문자열 str 안의 중복 문자를 제거하라.

입력

예시 1) "abcdeefgg"

예시 2) "abbc"

출력

예시 1) "abcdefg"

예시 2) "abc"

설명

"abcdeefgg"에서 문자 "e"와 "g"는 각각 두 번씩 등장한다. str에서 한 번 이상 등장하는 문자의 중복을 제거하면 결괏값은 "abcdefg"가 된다.

풀이 1. Set 사용하기

```
function removeDuplicates(str) {
  let uniqueSet = new Set([...str]); // Set로 변환한다.
  let uniqueArray = [...uniqueSet]; // 배열로 변환한다.

  return uniqueArray.join(""); // 문자열로 변환한다.
}
```

❶ [...str]

"abcdeefgg" ➡ ["a","b","c","d","e","e","f","g","g"]

❷ Set([...str])

["a","b","c","d","e","e","f","g","g"] ➡ {"a","b","c","d",e","f","g"}

그림 1-3 Set 변환 과정

> Set 자료 구조는 중복되지 않은 값을 모아 놓은 리스트다. 그래서 중복값을 제거할 때 주로 사용된다. 생성된 Set 객체에 값이 이미 존재한다면 더 이상 해당 값을 추가하지 않는다. 그림 1-3과 같이 생성자에 중복 요소가 있는 배열을 전달하면 중복값을 제거한 새로운 Set 객체로 자동 변환한다.

먼저 문자열 `str`을 `Set` 객체로 감싼다. 이때 스프레드 연산자를 사용해 먼저 `str`을 배열로 변환한 후 `Set` 객체 생성자의 매개변수로 전달한다. 그런 다음 `uniqueSet` 객체를 다시 배열로 변환한다(여기서 반환된 `Set` 자료 구조는 객체 형태이므로 배열로 변환해야 문자열 변환이 수월하다.). 여기에서도 역시 스프레드 연산자를 사용한다. 마지막으로 배열로 변환된 `uniqueArray`를 `join()` 메서드로 결합해 문자열로 만든 후 반환한다. 앞에서 다뤘듯이 스프레드 연산과 `join()` 메서드는 모두 선형 방식이므로 이 알고리즘의 시간 복잡도는 $O(n)$이다.

풀이 2. Map 사용하기

```
function removeDuplicates(str) {
  let result = "";
  let charMap = new Map();

  for (let i = 0; i < str.length; i++) {
    let char = str[i];

    // charMap에 없을 때만 현재 문자를 추가하고
    // result 변수에 이어 붙인다.
    if (!charMap.has(char)) {
      charMap.set(char, true);
      result += char;
    }

  }

  return result;
}
```

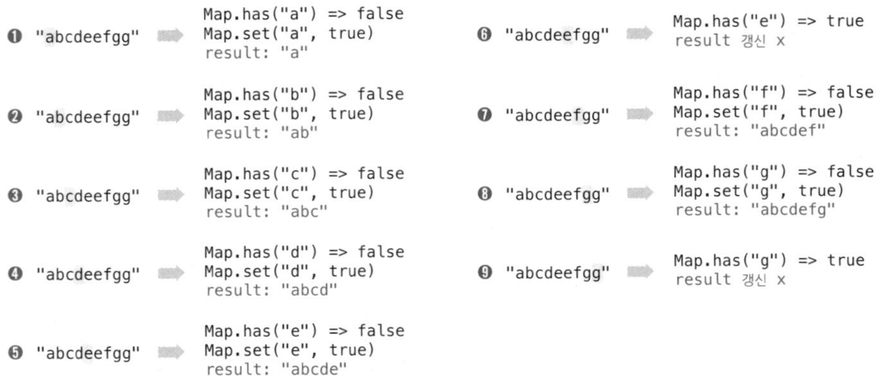

그림 1-4 Map으로 각 문자의 중복 여부 확인

해시맵은 문자열 문제를 해결할 때 매우 유용하게 사용되는 자료 구조다. 문자열 내의 각 문자를 저장하고 검색하는 데 주로 사용된다. 특히 패턴을 찾거나 중복 문자를 찾을 때 효과적이며 빠르게 탐색하고 검색할 수 있어 다양한 문자열 문제를 해결하는 데 도움이 된다. let hash = {}와 같이 객체 리터럴로 사용하거나 자바스크립트에서 제공하는 new Map() 객체와 메서드를 사용할 수 있다. Map 객체는 키-값 쌍으로 이루어진 컬렉션이다. 키를 이용하여 값을 저장하고 이후 해당 키로 값을 빠르게 가져올 수 있다.

```
// Map 사용 예시
const m = new Map();
m.set("key_1", "value_1")

m.has("key_1") // true
m.get("key_1") // "value_1"
```

두 번째 방법은 자바스크립트의 Map 객체를 사용하는 방법이다. 입력 문자열을 반복문으로 순회하면서 키-값 쌍의 형태로 Map 객체에 추가한다. 결괏값을 저장할 빈 문자열 result를 초기화하고 조건문이 충족될 때마다 str[i]를 덧붙인다. 예를 들어 { a: true }와 같은 형태로 추가되며, 다음 문자 순회 시 해당 문자가 이미 Map 객체에 추가되어 있으면 제외하는 방식이다(그림 1-4의 ❻과 ❾ 참고).

1.3.3 문자열 압축

문제

주어진 문자열 str에서 연속으로 반복되는 문자 수를 세는 방식의 문자열 압축 알고리즘을 구현하라. 문자열은 알파벳 대/소문자로 구성되어 있으며 압축 처리된 문자의 길이가 기존 입력값의 길이보다 짧을 때만 압축된 문자열을 반환해야 한다.

입력

예시 1) "aabcccccaaa"

예시 2) "aaabccdede"

출력

예시 1) "a2b1c5a3"

예시 2) "aaabccdede"

설명

예시 1의 "aabcccccaaa"의 왼쪽부터 문자를 세어 보면 a: 2개, b: 1개, c: 5개, a: 3개다. 이를 순서대로 하나의 압축 문자열로 만들면 "a2b1c5a3"로, 길이가 8인 문자열이 된다. 입력값 원형의 길이 11보다 압축된 문자열의 길이가 짧기 때문에 압축된 문자열을 반환한다.

반면, 예시 2의 "aaabccdede"는 압축 문자열로 만들면 "a3b1c2d1e1d1e1"과 같은 형태가 되어 원형 문자열의 길이보다 더 길어지므로 원형 문자열을 그대로 반환한다.

풀이. 카운터 변수 활용

```
function stringCompression(str) {
  let compressedStr = "";
  let counter = 1;
  for (let i = 0; i < str.length; i++) {
    if (str[i] === str[i+1]) {
      // 현재 문자와 다음 문자가 같으면 counter를 1씩 증가시킨다.
      counter++;
    } else {
      // 현재 문자와 다음 문자가 다르면
      // 압축을 하고 counter 변수를 초기화한다.
```

```
      compressedStr += ${str[i]}${counter};
      counter = 1;
    }
  }

  // 압축한 문자열의 길이와 원형 문자열의 길이를 비교한다.
  return compressedStr.length < str.length ? compressedStr : str;
}
```

고전적인 문자열 문제다. 이 방법은 counter 변수를 만들어 각 문자의 반복 횟수를 추적한다. str의 길이만큼 반복문을 순회하면서 현재 문자 str[i]와 다음 문자 str[i + 1]를 매회 비교한다.

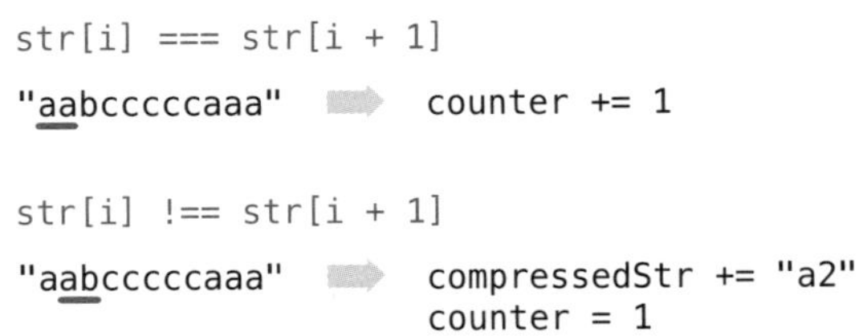

그림 1-5 조건문 처리 과정

현재 문자와 다음 문자가 같으면 counter를 1씩 증가시킨다. 문자가 다르면 현재 문자와 지금까지의 counter 값을 압축된 문자열 compressedStr에 추가하고 counter를 다시 1로 초기화한다.

마지막으로 압축된 문자열과 문자열 원형의 길이를 비교해서 조건에 따라 반환한다.

str의 총 길이를 n이라고 했을 때 한 번의 순회로 문제를 해결할 수 있기 때문에 이 알고리즘의 시간 복잡도는 $O(n)$이다.

1.3.4 가장 많이 등장하는 단어

문제

주어진 문자열 str에서 가장 많이 등장하는 단어를 찾는 알고리즘을 구현하라.

입력

```
"Hello world! this is a test string, hello hello test"
```

출력

"hello"

설명

입력값의 모든 단어를 세면 "hello"가 세 번, "test"가 두 번 등장한다. 이 중 가장 많이 등장하는 단어인 "hello"를 반환한다.

풀이. Map 객체와 배열 활용

```
01 function mostCommonWord(str) {
02   // 소문자로 변경한 후 정규식을 사용해 단어로 분할하고 배열 형태로 저장한다.
03   const words = str.toLowerCase().split(/\W+/);
04
05   const wordsMap = new Map();
06
07   words.forEach(word => { // 각 단어의 빈도(value)를 갱신한다.
08     wordsMap.set(word, (wordsMap.get(word) || 0) + 1);
09   });
10
11   // wordsMap을 새로운 배열로 변환하고, 빈도를 기준으로 정렬한다.
12   const wordsArray = [...wordsMap];
13   wordsArray.sort((a, b) => b[1] - a[1]);
14
15   // 빈도가 가장 높은 단어를 반환한다.
16   return wordsArray[0][0];
17 }
```

이 알고리즘은 Map 객체를 활용하여 각 문자의 등장 횟수(빈도)를 **{키(단어): 값(빈도)}** 형태로 저장한 후 값을 기준으로 가장 많이 등장하는 단어를 반환한다.

3행에서는 문자열 str을 소문자로 변환하고, 정규식 /\W+/를 사용하여 단어로 분할한다. 이때 split(/\W+/)은 단어가 아닌 문자(예를 들어 공백, 구두점 등)를 기준으로 문자열을 잘라 배열을 만든다. 그리고 5행에서 생성한 새로운 Map 객체에 각 단어의 등장 횟수를 7~9행에서 갱신한다.

이후 12~13행에서는 완성된 Map 객체를 스프레드 연산자(...)를 이용해 배열로 변환한 뒤 각 단어의 빈도를 기준으로 내림차순 정렬한다. sort() 메서드에 전달된 매개 함수 (a, b) => b[1] - a[1])은 각각 배열 요소 **[단어, 빈도]** 중 빈도를 의미한다. 인덱스 1을 기준으로 정렬함으로써 가장 자주 등장한 단어가 배열의 첫 번째에 위치하게 된다.

> **정규식 \w, \W 그리고 + 부호**
>
> - \w(소문자 w)는 영문 알파벳, 숫자, 그리고 밑줄을 포함하는 모든 문자와 매칭된다. 정규식 [A-Za-z0-9_] 와 같다.
> - \W(대문자 W)는 \w의 정반대이며 단어를 제외한 모든 문자와 매칭된다. 정규식 [^A-Za-z0-9_]와 같다.
> - + 부호는 바로 앞에 있는 문자가 한 번 이상 반복됨을 의미한다.

그리고 `wordsArray[0][0]`을 반환하여 등장 횟수가 가장 많은 단어를 추출한다.

```
{                         [
  "olleh"  => 3,            ["hello", 3],
  "world"  => 1,            ["test", 2],
  "this"   => 1,            ["this", 1],
  "is"     => 1,            ["is", 1],
  "test"   => 2,            ["a", 1],
  "string" => 1             ["string", 1]
}                         ]
   wordsMap                  wordsArray
```

그림 1-6 Map 변환(왼쪽)과 배열 변환 후 정렬(오른쪽)

마지막으로 16행에서 `wordsArray`의 첫 번째 요소의 첫 번째 인덱스인 문자열을 반환한다. 정렬된 상태이므로 첫 번째 요소가 가장 빈도가 높은 단어다. `str`의 길이가 n일 때 `split()`, `slice()`, `map()`, `join()` 메서드 모두 시간 복잡도가 $O(n)$이므로 전체적인 시간 복잡도는 $O(n)$이다.

1.3.5 회문

문제

앞에서 읽어도 뒤에서 읽어도 같은 결과를 내는 문자열을 회문(palindrome)이라고 한다. 주어진 문자열 `str`이 회문인지 아닌지 판별하는 함수를 완성하라.

입력

예시 1) `"abba"`

예시 2) `"soccer"`

예시 3) `"level"`

출력

예시 1) true

예시 2) false

예시 3) true

설명

예시에서 "abba"와 "level"은 앞으로 읽으나 뒤로 읽으나 똑같다. 이럴 경우 true를 반환한다. "soccer"는 뒤로 읽으면 "reccos"가 되므로 false를 반환한다.

풀이 1. Reverse 사용

```
01 function isPalindrome(str) {
02   // 문제 1.3.1 순서 뒤집기 패턴에서도 사용했다.
03   const reversed = [...str].reverse().join("");
04   return str === reversed;
05 }
```

1.3.1절(23쪽)에서 보았던 reverse 방식을 그대로 사용한 문제 풀이다. 매우 간단히 해결할 수 있으며 자료 구조를 추가하지 않고도 풀 수 있어 공간 복잡도 면에서 효율적이다.

str을 뒤집은 후 reversed 변수에 저장하고, 4행에서 str과 reversed를 비교하여 두 문자열이 같은지 비교한 결과를 반환하는 방식이다. reverse()와 join()의 시간 복잡도가 $O(n)$이므로 전체 시간 복잡도 역시 $O(n)$이다.

풀이 2. for 문 사용

```
function isPalindrome(str) {
  const len = str.length;

  const mid = Math.floor(len / 2); // 문자열의 중간 지점 인덱스를 계산한다.
  for (let i = 0; i < mid; i++) {
    if (str[i] !== str[len - 1 - i]) { // 좌우 양쪽 끝의 문자를 비교한다.
      return false;
    }

  }
  return true;
}
```

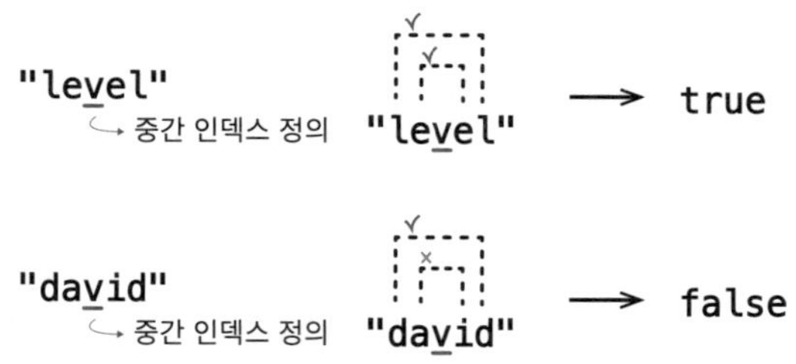

그림 1-7 단어의 중간 지점을 기준으로 양쪽 끝의 문자 비교

이 방법은 `for` 문을 사용하여 문자열의 중간 지점을 기준으로 좌우 양 끝에 있는 문자부터 안쪽으로 이동하며 비교하는 방식의 알고리즘이다. 2행에서는 문자열의 길이를 `len`에 저장한다. (한 번 이상 재사용되는 값은 변수로 지정하자.) 4행의 `mid`에는 문자열의 중간 지점을 계산한 값을 저장한다. 길이가 홀수이면 중간에 위치한 문자는 비교하지 않아도 되므로 `Math.floor()`를 사용하여 자리내림한다.

5행에서는 반복문의 순회 범위를 지정하고(`i = 0`일 때 `i`가 중간 지점의 값에서 멈추도록 한다. 첫 문자에서 중간에 위치한 인덱스까지만 반복하는 셈이다.) 이 알고리즘의 핵심 연산인 6행에서는 매회 현재 인덱스의 문자와 '문자열 총 길이 - 1 - 현재 인덱스'의 문자를 비교한다. 둘이 다르면 `false`를 반환한다. 예를 들어 `"level"` 문자열의 첫 문자 `"l"`의 인덱스는 `0`이므로 오른쪽 끝 문자 `"l"`의 인덱스는 `4`가 된다(5 - 1 - 0 = 4). 다음 문자 `"e"`의 인덱스는 `1`이므로 오른쪽에서 두 번째 문자인 `"e"`는 `3`으로 계산된다(5 - 1 - 1 = 3). 이런 방식으로 모든 반복이 종료되면 `true`가 반환된다.

이 알고리즘은 문자열 길이의 절반만 순회하며 각 반복은 상수 시간 연산이므로 전체 시간 복잡도는 $O(n)$이다.

1.3.6 애너그램

문제

애너그램(anagram)은 단어의 문자를 재배열하여 다른 단어를 만드는 것이다. str1, str2 두 문자열이 매개변수로 전달되었을 때 서로 애너그램인지 아닌지 판별하는 함수를 구현하라.

입력

예시 1) "listen", "silent"

예시 2) "mouse", "moose"

출력

예시 1) true

예시 2) false

설명

문자열 "listen"의 문자를 분해하여 순서를 재배열하면 "silent"라는 단어가 만들어질까? 그렇다. 이 경우 true를 반환한다. 반면 "mouse"의 문자들을 분해하여 재구성해도 "moose"라는 문자는 만들어지지 않는다. 이 경우에는 false를 반환한다.

풀이 1. 정렬 활용하기

```
// 길이가 서로 다르면 애너그램이 성립할 수 없다.
function isAnagram(str1, str2) {
  if (str1.length !== str2.length) {
    return false;
  }

  // str1, str2 모두 배열-정렬-문자열로 변환한다.
  const sortedStr1 = [...str1].sort().join("");
  const sortedStr2 = [...str2].sort().join("");

  return sortedStr1 === sortedStr2;
}
```

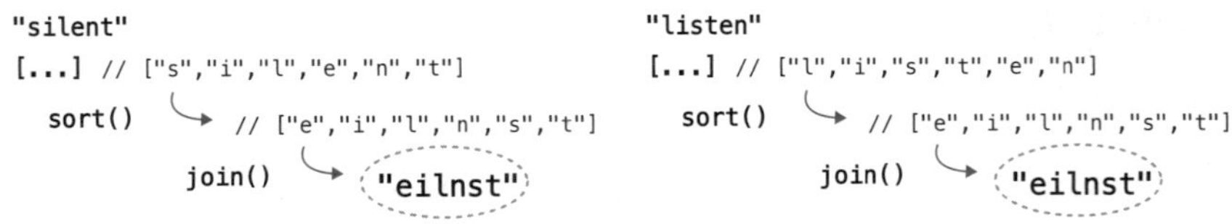

그림 1-8 배열-정렬-문자열 변환

두 문자열이 같은 문자로 구성되어야만 애너그램 조건이 성립한다는 점을 고려했을 때 쉽게 접근할 수 있는 방법 중 하나는 정렬을 활용하는 것이다. 우선 두 문자의 길이를 비교하고 길이가 다르면 false를 반환한다. 길이가 다르면 애초에 애너그램이 될 수 없기 때문이다.

그런 다음 str1, str2 문자열에 대응하는 문자열 변수를 각각 만든다. 각각의 문자열을 배열로 변환하고 sort() 메서드로 요소들을 정렬한다. join() 함수를 사용하여 다시 문자열로 변환한다. str1 = "silent"와 str2 = "listen"에 대해 이 과정을 실행하면 str1, str2 모두 "eilnst"로 재배열된다. 마지막으로 sortedStr1과 sortedStr2를 비교하여 같은 값인지 판별하는 방식이다.

이 알고리즘은 문자열의 길이가 n일 때 sort() 처리 과정에서 $O(n \log n)$의 시간 복잡도가 발생한다. 따라서 전체 시간 복잡도 역시 $O(n \log n)$이 된다.

풀이 2. Map 객체 사용

```
function isAnagram(str1, str2) {
  if (str1.length !== str2.length) {
    return false;
  }

  const charMap = new Map();

  // str1의 문자 출현 횟수를 charMap에 갱신한다.
  for (let char of str1) {
    if (charMap.has(char)) {
      charMap.set(char, charMap.get(char) + 1);
    } else {
      charMap.set(char, 1);
    }
  }

  // str2의 각 문자를 charMap을 통해 비교한다.
  for (let char of str2) {
    if (charMap.has(char) && charMap.get(char) > 0) {
```

```
      charMap.set(char, charMap.get(char) - 1);
    } else {
      // charMap에 없거나 value가 0이면 애너그램이 아니다.
      return false;
    }
  }

  return true;
}
```

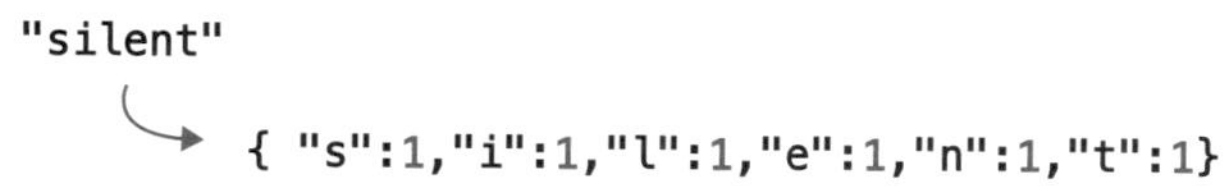

그림 1-9 str1을 Map 객체에 갱신한다. 각 글자를 key, 출현 횟수를 value 로 저장한다.

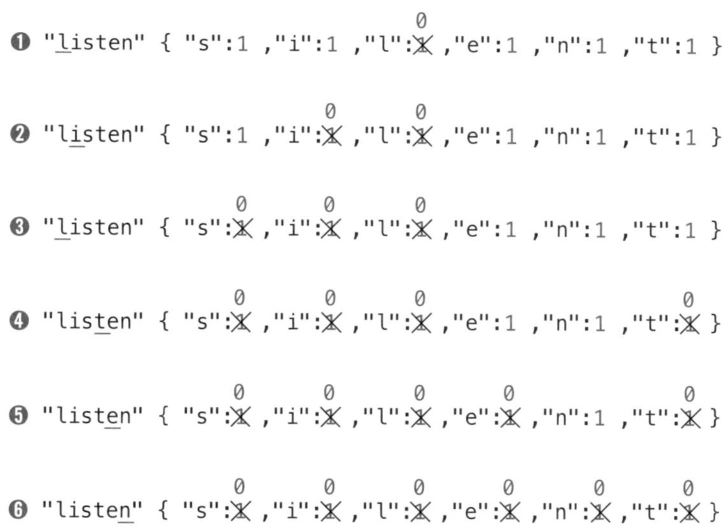

그림 1-10 str2를 map 객체와 비교한 후 갱신한다.

두 번째 방법은 풀이 1보다 성능이 향상된 알고리즘이다. 추가적인 자료 구조 Map 객체를 사용하여 공간을 n만큼 더 사용하지만 이 방법을 사용하면 $O(n)$ 시간에 문제를 해결할 수 있다.

우선 str1, str2의 길이를 비교해 서로 다르면 false를 반환한다. 코드의 첫 번째 반복문에서는 str1의 각 문자를 charMap 객체에 저장한다. 이때 문자는 key, 출현 횟수는 value로 저장한다. 두 번째 반복문에서는 str2의 각 문자를 순회하면서 첫 번째 반복문에서 만든 charMap에서 해당 키가 있는지, 값이 0보다 큰지 확인한다.

이때 만약 key(문자)가 charMap에 없거나 value(횟수)가 0이면 애너그램이 아니므로 false를 반환한다. 이 알고리즘의 시간 복잡도는 첫 번째 반복문에서 $O(n)$, 두 번째 반복문에서도 $O(n)$이므로 전체 시간 복잡도도 $O(n)$이 된다.

1.3.7 정수 변환

문제

문자열 numStr을 정수로 변환하는 알고리즘을 구현하라.

입력

예시 1) "-327"

예시 2) "1024"

예시 3) "a100"

출력

예시 1) -327

예시 2) 1024

예시 3) NaN

설명

numStr은 0~9의 숫자로 구성되어 있고, 음수를 표기하는 "-" 기호가 첫 문자 앞에 포함될 수도 있다. 숫자와 "-" 기호가 아닌 문자가 발견되면 NaN을 반환한다.

풀이 1. Number 객체 사용

```
function strToInt(numStr) {
  return Number(numStr);
}
```

자바스크립트의 Number 생성자를 사용하여 문자열 numStr을 정수로 변환하는 방법이다. Number 객체는 생성자에 전달된 다양한 타입의 원시값을 숫자로 바꾼다.

이 알고리즘에 사용된 Number() 함수는 문자열의 각 문자를 순회하면서 유효한 숫자인지 검사한다. 이는 선형 시간으로 이루어지므로 시간 복잡도는 $O(n)$이 된다.

> 자바스크립트의 Number 생성자는 숫잣값을 나타내는 내장 함수로, 전달된 인자를 숫자로 변환하여 반환한다. 만약 숫자로 반환할 수 없으면 NaN을 반환한다.

풀이 2. 아스키 코드(ASCII) 사용

```
function strToInt(numStr) {
  let result = 0;
  const ZERO_IN_ASCII = 48; // 숫자 0에 대응하는 아스키 코드

  // 문자열 첫 자리에 음수 기호가 있는지 확인하고
  // 음수 기호가 있으면 시작 인덱스를 0에서 1로 변경한다.
  const isNegative = numStr[0] === "-";
  const startIndex = isNegative ? 1 : 0;

  for (let i = startIndex; i < numStr.length; i++) {
    // 숫자형 문자열을 정수로 변환한다.
    const digit = numStr.charCodeAt(i) - ZERO_IN_ASCII;

    if (digit < 0 || digit > 9) { // 범위(0-9)를 확인한다.
      return NaN;
    }

    result = result * 10 + digit; // 각 자릿수를 더해 나간다.
  }

  return isNegative ? -result : result;
}
```

두 번째는 아스키 코드(ASCII)를 사용하여 numStr 문자열을 정수로 파싱하는 방법이다. Number() 또는 parseInt() 같은 내장 함수를 사용하지 않고 문제를 풀 수 있다. 이 알고리즘에서 활용할 아스키 코드에 대해 조금 더 알아보자.

표 1-2 숫자(0-9)의 아스키 코드 값

아스키 코드	값
0	48
1	49
2	50
3	51
4	52
5	53
6	54
7	55
8	56
9	57

이 알고리즘의 핵심은 아스키 코드를 기준으로 0~9까지의 코드 값이 1씩 증가한다는 사실을 최대한 활용하는 데 있다. 아스키 코드 1(값 49)에서 아스키 코드 0(값 48)을 빼면 1이다. 0-9 사이의 어떤 코드가 주어지더라도 그 코드에 해당되는 값에서 아스키 코드 0의 값, 즉 48을 뺀다. 예를 들어 문자열 "7"을 charCodeAt() 메서드로 아스키 코드 값으로 변환하면 55가 된다. 그 값에서 아스키 코드 값 0을 빼면 55 - 48 = 7이므로 숫자 7이 반환된다. 이 작동 원리를 이용하여 문자열 내부의 0~9 사이의 정수 형태 문자열을 정수로 변환할 수 있다.

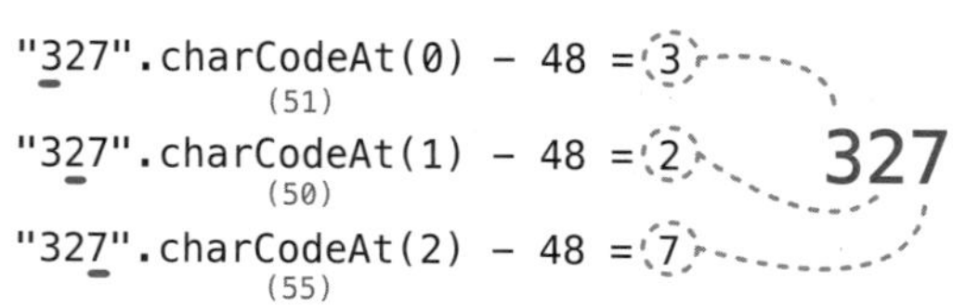

그림 1-11 각 문자의 정수 변환 과정

우선, 결괏값을 저장할 result를 초기화한다. 다음으로numStr의 첫 번째 문자를 확인해 음수 기호 여부를 isNegative에 저장한다. isNegative의 결과에 따라 반복문의 시작 지점을 저장할 startIndex를 0 또는 1로 초기화한다. 만약 음수 기호가 있다면 반복문을 numStr의 두 번째 인덱스 numStr[1]에서 시작한다.

그다음, 문자 "0"의 아스키 코드 값인 48을 상수 ZERO_IN_ASCII로 초기화한다. 그리고 numStr의 문자열을 한 문자씩 처리한다. 만약 0~9의 범위를 벗어난 숫자 또는 문자가 확인되면 NaN을 반환하고, 그 외에는 아스키 코드를 바탕으로 계산된 digit 변수의 값을 result에 10을 곱한 결괏값에 더한다. 10을 곱하는 이유는 numStr에서 현재 자리의 숫자를 더하여 다음 자리의 숫자를 계산해야 하기 때문이다. (10진수의 자릿수 계산과 같은 개념이다.)

isNegative 변수가 true이면 결괏값에 -result를 false이면 result 그대로 반환한다.

이 알고리즘의 시간 복잡도는 numStr의 길이가 n일 때 그 길이만큼 연산하므로 $O(n)$이 된다.

1.3.8 재정렬

문제

숫자 0-9와 소문자 알파벳 a-z로 이루어진 한 쌍(예 "1a")의 단어들이 나열된 str 문자열이 있다. str을 각 단어의 두 번째 문자의 알파벳순으로 정렬하는 기능을 구현하라. 모든 단어는 콤마(", ")를 구분자로 사용한다.

입력

예시 1) "3d, 1c, 5f, 7h, 2a, 4e, 6g"

예시 2) "3d, 1a, 5e, 7d, 2a, 4c, 6b"

출력

예시 1) "2a, 1c, 3d, 4e, 5f, 6g, 7h"

예시 2) "1a, 2a, 6b, 4c, 3d, 7d, 5e"

설명

"3d"와 "1c"를 비교했을 때 두 번째 문자를 기준으로 정렬하면 알파벳 기준으로 c가 d보다 앞서므로 1c가 3d보다 먼저 출력되어야 한다. 이렇게 모든 단어들을 재정렬한 후 출력한다.

풀이. localeCompare 사용

```
function sortByAlphaLetter(str) {
 const words = str.split(", ");

 const sortedWords = words
   .map((word) => {  // map() 메서드를 사용하여 객체 배열로 변환한다.
     return { word, letter: word[1] };
   })
   .sort((a, b) => { // letter 값을 기준으로 오름차순으로 정렬한다.
     return a.letter.localeCompare(b.letter);
   })
   .map((obj) => { // map() 메서드를 사용하여 각 객체에서 word 값을 추출한다.
     return obj.word;
   })
   .join(", "); // join() 메서드를 사용하여 문자열로 연결한다.

  return sortedWords;
}
```

❶ "3d, 1c, 5f, 7h, 2a, 4e, 6g"
.map()으로 형태 변환
(letter를 정렬 기준값으로 사용)

```
[
  {word:"3d", letter: "d"},
  {word:"1c", letter: "c"},
  {word:"5f", letter: "f"},
  {word:"7h", letter: "h"},
  {word:"2a", letter: "a"},
  {word:"4e", letter: "e"},
  {word:"6g", letter: "g"}
]
```

❷ .sort((a, b)) =>
      a.letter.localeCompare(b.letter)

```
[
  {word:"2a", letter: "a"},
  {word:"1c", letter: "c"},
  {word:"3d", letter: "d"},
  {word:"4e", letter: "e"},
  {word:"5f", letter: "f"},
  {word:"6g", letter: "g"},
  {word:"7h", letter: "h"}
]
```

❸ .map((obj)) => obj.word

```
["2a", "1c", "3d", "4e", "5f", "6g", "7h"]
```

❹ .join(", ")

```
"2a, 1c, 3d, 4e, 5f, 6g, 7h"
```

그림 1-12 정렬과 변환 과정

자바스크립트 내장 함수 sort()와 localeCompare()를 사용하는 방법이다. 먼저 입력 str을 콤마와 공백을 기준으로 분할하여 배열로 변환한다. 배열로 변환되었으므로 메서드를 연속적으로 호출하며 변형할 수 있다. 먼저 .map()으로 words의 각 요소를 객체로 변환한다.

{ word, letter: word[1] }과 같이 임의의 속성 letter를 만들어 각 단어의 두 번째 문자를 저장한다. 이제 letter를 기준으로 각 요소를 알파벳순으로 정렬할 수 있다. sort() 메서드를 호출하고 인수로 비교 함수를 전달한다.

> localeCompare()는 문자열 객체의 내장 메서드다. 정렬 순서에서 앞에 오는지 뒤에 오는지 또는 같은 문자열인지 나타내는 수치를 반환한다. sort() 메서드의 인수로 전달되어 비교 함수로 사용될 수 있다.
>
> - referenceStr.localeCompare(compareString)
> - compareString 앞에 referenceStr이 오면 음수를 반환한다.
> - compareString 뒤에 referenceStr이 오면 양수를 반환한다.
> - 동등한 경우에는 0을 반환한다.

인수로 전달된 비교 함수 a.letter.localeCompare(b.letter)를 활용하여 손쉽게 letter를 바탕으로 words 배열 내의 객체를 정렬한다. 그런 다음 객체에서 원래 단어의 데이터를 담고 있는 word 속성을 다시 .map을 사용해 ["1a", "2a", "6b", "4c", "3d", "7d", "5e"]와 같이 배열로 변환한다. 마지막으로 .join(", ") 메서드를 호출해 다시 문자열로 결합하여 결괏값을 만든다.

이 정렬 알고리즘은 문자열의 길이가 n일 때 sort() 메서드의 비교 함수 호출 횟수가 $O(n\,log\,n)$이므로 전체 시간 복잡도 역시 $O(n\,log\,n)$이 된다.

1.3.9 괄호 유효성 검사

문제

문자열 s는 "(", ")", "[", "]", "{", "}" 6개의 괄호로만 구성될 수 있다. 입력 s가 주어졌을 때 모든 괄호의 구성이 유효한지 판별하는 알고리즘을 작성하라. 구성이 유효하다는 것은 열린 괄호가 있으면 닫힌 괄호가 짝으로 있어야 한다는 뜻이다. 또한 닫힌 괄호는 열린 괄호와 대응하는 위치에 있어야 한다.

입력

예시 1) "{[()]}"

예시 2) "{[}]"

예시 3) "()[]"

출력

예시 1) true

예시 2) false

예시 3) true

설명

"{[()]}"는 모든 열린 괄호가 그에 대응하는 닫힌 괄호로 닫혀 있으며 순서 또한 유효하므로 true를 반환한다. 반면에 "{[}]"는 열린 괄호 "{" 다음에 "["가 오는 구성인데 닫힌 괄호의 순서가 열린 괄호의 순서와 일치하지 않는다. "}"보다 "]"가 먼저 나타나야 유효한 구성이다. 따라서 이 경우엔 false를 반환한다.

풀이. 스택 사용

```javascript
function isValidParentheses(s) {
  // 스택 자료 구조로 사용할 배열을 생성한다.
  const stack = [];

  for (let char of s) {
    // 열린 괄호이면 스택에 추가한다.
    if (char === "(" || char === "{" || char === "[") {
      stack.push(char);
    } else { // 닫힌 괄호이면

      const lastChar = stack.pop(); // 스택 마지막에 추가된 괄호를 가져와

      // 현재 괄호와 서로 짝이 맞는지 확인한다.
      if ((char === ")" && lastChar !== "(") ||
          (char === "}" && lastChar !== "{") ||
          (char === "]" && lastChar !== "[")) {
        return false;
      }
    }
  }
  // 스택의 크기가 0이면 모든 쌍이 확인되었다는 의미이므로 true를 반환한다.
  return stack.length === 0;
}
```

> 스택(stack)은 LIFO(Last In First Out, 후입선출) 구조를 따르는 자료 구조이다. 마지막에 삽입된 데이터가 가장 먼저 제거되는 구조다. 자세한 내용은 이 책의 부록을 참고하자.

이 문제는 stack을 사용하면 쉽게 풀 수 있다. 입력값 s를 구성하는 모든 괄호를 처음부터 끝까지 순회하면서 현재의 괄호가 열린 괄호이면 stack에 추가하고, 닫힌 괄호이면 stack에서 마지막으로 추가된 열린 괄호와 비교하여 서로 짝이 맞는지 확인한다. 다음과 같은 과정으로 유효성 여부를 판별한다.

1. 괄호를 저장할 stack을 생성한다.
2. 입력값 s를 순회하며 모든 괄호를 검사한다.
3. 현재 괄호가 열린 괄호이면 stack에 추가한다.
4. 현재 괄호가 닫힌 괄호이면 stack에서 마지막으로 추가된 괄호를 가져온다.
5. 현재 괄호와 짝이 맞는지 확인한다. 짝이 성립되지 않으면 false를 반환한다.
6. 모든 순회가 끝나고 stack의 크기를 확인한다. 크기가 0이면 true를, 아니면 false를 반환한다.

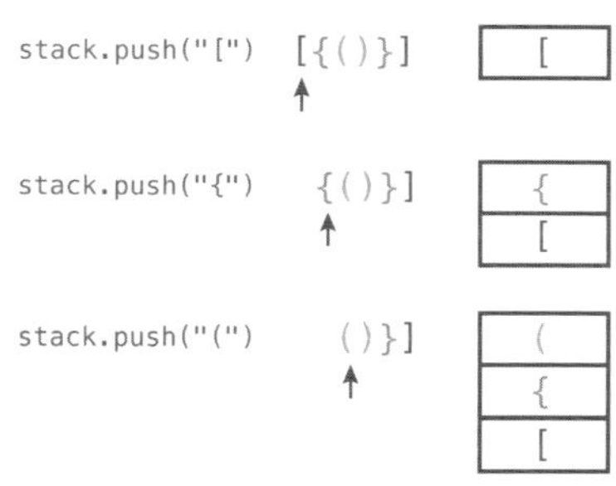

그림 1-13 열린 괄호이면 stack에 추가한다.

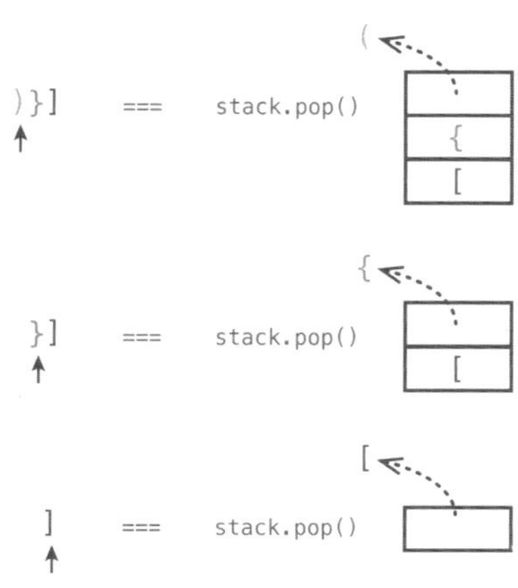

그림 1-14 닫힌 괄호이면 stack의 마지막 괄호와 비교한다.

이 알고리즘의 시간 복잡도는 입력값 s의 길이(n)만큼 반복문이 실행되므로 n에 비례하여 증가하는 $O(n)$이 된다.

1.3.10 회전된 문자열

문제

두 문자열 s와 t가 주어졌을 때 t가 s의 회전된 문자열인지 확인하는 알고리즘을 완성하라. "apple"을 한 번 회전하면 "pplea"가 되고, 두 번 회전하면 "pleap"가 된다. 회전된 문자열이면 true를 반환하고 회전점을 찾지 못했다면 false를 반환하라.

입력

예시 1) "javascript", "scriptjava"

예시 2) "coding", "dingco"

예시 3) "abc", "cba"

출력

예시 1) true

예시 2) true

예시 3) false

설명

"javascript”를 네 번 회전하면 "scriptjava"가 되고, "coding"을 두 번 회전하면 "dingco"가 된다. 따라서 첫 번째, 두 번째 입력의 결과는 true이다. 반면에 "abc"는 아무리 회전해도 "cba"가 되지 않는다. 그러므로 결과는 false이다.

풀이. substring 메서드 활용

```
function rotateString(s, t) {
  let i = 0;
  while (i < s.length) {
    // 문자열 s를 왼쪽과 오른쪽으로 나누어
    // 매회 새 문자열 left와 right를 생성한다.
    let left = s.substring(i);
    let right = s.substring(0, i);

```

```
    if (left + right == t) { // 결합된 문자열이 t와 일치하는지 확인한다.
      return true;
    }

    i++;
  }
  return false;
}
```

문자열 객체의 substring() 메서드를 활용한 풀이다. 먼저 입력 반복문의 인덱스로 사용할 변수 i를 0으로 초기화한다. 문자열 s의 길이만큼 while 문을 실행하여 모든 문자를 순회한다. 순회마다 문자열 s의 문자를 두 개의 임시 문자열로 나누면서 한 칸씩 이동시킨다.

1. 문자열 left는 i번째 문자열부터 문자열 끝까지의 범위다.
2. 문자열 right는 문자열 첫 문자부터 문자열 길이 - i까지의 범위다.
3. 문자열 left와 right를 합친 문자열과 입력 t가 같은지 확인한다.
4. left + right의 합이 t와 같으면 true를 반환한다.

반복문 종료 후 모든 위치에서 서로 일치하는 문자열을 찾지 못했다면 회전된 문자열이 아니므로 false를 반환한다.

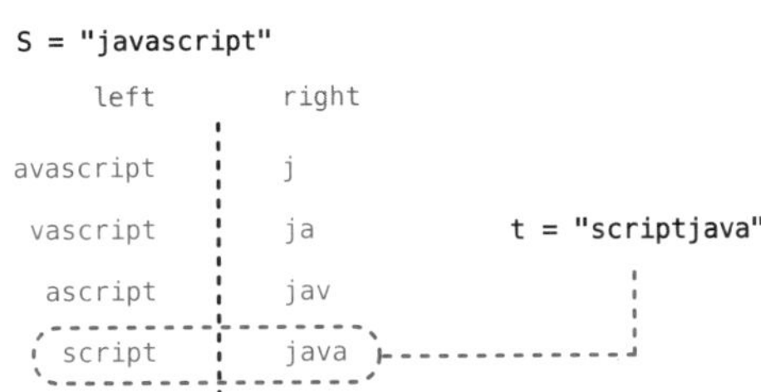

그림 1-15 입력 문자열을 왼쪽/오른쪽의 부분 문자열로 나누어 비교한다.

이 알고리즘은 문자열의 길이가 n일 때 n만큼 반복문이 돌아간다. 또한 반복문 내부에서 i만큼 substring() 연산을 하기 때문에 전체적으로 봤을 때 $O(n^2)$의 성능을 나타낸다.

1.3.11 가장 긴 공통 접두사

문제

문자열로 구성된 배열 strs에서 가장 긴 공통 접두사를 찾아 반환하라. 공통 접두사가 없다면 빈 문자열 ""을 반환하라.

입력

예시 1) ["apple", "application", "ape"]

예시 2) ["abcd", "abcde", "abcdef", "abcdefgg", "abcde" ,"abc"]

출력

예시 1) "ap"

예시 2) "abc"

설명

접두사(prefix)는 문자열의 첫 문자부터 시작하는 일부 문자열이다. 문자열 "apple"의 접두사는 "a", "ap", "app", "appl", "apple"이다. 첫 번째 입력값 예시에서 공통으로 표현되는 접두사는 "ap"이다. "apple"과 "application"만 비교하면 "app"이지만 마지막 단어 "ape"에는 두 번째 "p"가 없기 때문이다.

풀이. 수직 접근 방식

```
function longestCommonPrefix(strs) {
  for (let i = 0; i < strs[0].length; i++) {
    let char = strs[0][i]; // 배열 첫 번째 문자열의 각 문자를 순회한다.

    for (let j = 1; j < strs.length; j++) {
      // strs의 각 문자열의 i번째 문자를 차례대로 비교한다.
      if (i === strs[j].length || strs[j][i] !== char) {
        return strs[0].substring(0, i);
      }
    }
  }

  return strs[0]; // 모든 문자가 일치하면 배열의 첫 번째 문자열이 공통 접두사가 된다.
```

문자열 배열 strs를 전달받아 가장 긴 공통 접두사를 확인하는 알고리즘이다. 배열의 모든 요소, 그리고 각 요소를 문자별로 확인해야 하므로 중첩 for 문이 필요하다. 일반적인 부분 문자열 문제와 마찬가지로 n이 배열의 길이, m이 각 문자열의 길이라고 했을 때 시간 복잡도는 $O(n * m)$이다.

우선 이 접근 방식은 배열의 첫 번째 문자열의 각 문자를 순회하며 시작한다. 바깥쪽 for 문에서 strs[0]의 길이만큼 순회하는 이유다. 그런 다음 나머지 문자열이 첫 번째 문자열과 같은 인덱스에 같은 문자를 가지고 있는지 확인한다(그림 1-16 참고). 즉, "application"의 첫 문자와 나머지 문자열 "apple", "ape"의 첫 문자를 비교하는 과정이다. 안쪽 반복문에서는 j가 1부터 시작해 문자열 배열의 길이까지 1씩 증가한다. 이때 다음과 같은 조건문을 작성한다.

```
if (i === strs[j].length || strs[j][i] !== char) {
  return strs[0].substring(0, i);
}
```

i가 현재 문자열 strs[j]의 길이와 같거나 strs[j][i] 문자열이 char(strs[0][i])와 다르면 첫 번째 문자열의 0번째 인덱스에서 i - 1까지의 부분 문자열을 반환한다. 예를 들면 char가 현재 "application" 인덱스 2의 문자 "p"일 때, 예시 배열 세 번째 문자열 "ape" 인덱스 2의 문자 "e"와 일치하지 않으므로 조건문이 작동한다. 이 경우 strs[0]의 substring(0, i), 즉 문자"ap"를 반환되며 이는 현재 배열의 가장 긴 공통 접두사가 된다.

그림 1-16 공통 접두사 탐색

1.4 응용 문제

지금까지 기본적인 문자열 패턴 문제와 풀이법을 살펴보았다. 실전 문제에 대비하려면 더 높은 난도의 문제를 풀어 보는 연습이 중요하다. 이번 절에서는 기출 빈도가 높은 문자열 패턴 응용 문제와 풀이 방법을 소개한다.

1.4.1 애너그램 분류하기

기출: 아마존, 우버, 블룸버그, 마이크로소프트
난이도: 중 | **풀이 시간:** 25분 | **런타임:** 2초 | **메모리:** 128MB

문제

알파벳 소문자 문자열로 구성된 배열이 있다. 서로 같은 애너그램으로 분류할 수 있는 문자열들을 하나의 그룹으로 묶어 반환하라.

입력

예시 1) ["dog", "god", "care", "race", "keep", "state", "peek", "acre"]

예시 2) ["aab", "abb", "bba", "cab", "dab"]

예시 3) ["cat", "act", "tac"]

출력

예시 1) [["dog", "god"], ["care", "race", "acre"], ["keep", "peek"], ["state"]]

예시 2) [["aab"], ["abb", "bba"], ["cab"], ["dab"]]

예시 3) [["cat", "act", "tac"]]

설명

애너그램을 응용한 문제다. 문자열로 구성된 배열이 주어졌을 때 애너그램인 문자열을 새로운 그룹으로 분류하는 작업이 필요하다. 분류나 결괏값 반환 시 문자열의 순서는 상관 없다. 예를 들어 "dog"와 "god"은 애너그램 관계이므로 ["dog", "god"]과 같이 함께 묶을 수 있다. 입력은 1차원 배열로 전달되지만 결괏값은 2차원 배열로 재구성된다.

문제 분석

이 문제는 크게 두 가지 중요한 요구사항으로 좁힐 수 있다. 첫 번째는 애너그램 여부를 판별하는 것이고, 두 번째는 같은 애너그램에 속하는 문자열들을 그룹으로 분류하는 것이다. 1.3.6절에서 설명했듯이 문자열의 문자를 재배열하면 다른 문자열을 만들 수 있는지 확인할 수 있다. 그룹으로 분류하는 작업은 해시맵 자료 구조를 활용하면 된다.

접근 방법

1. 정렬된 문자열을 키(key), 각 문자열을 값(value)으로 하는 해시맵(Map 객체)을 생성한다.
2. 입력값 배열을 순회하면서 각 문자열의 문자를 정렬한다.
3. 조건문 1: 해시맵에 키가 이미 있으면 해당 키에 값을 추가한다.
4. 조건문 2: 해시맵에 키가 없으면 새 키와 값을 생성한다.
5. 결과를 반환한다. (`Object.values()`를 사용하여 해시맵의 모든 값을 반환한다.)

그림 1-17 해시맵 처리 과정

풀이. 해시맵 활용하기

```
function groupAnagrams(strs) {
  const anagrams = new Map();
  for (const str of strs) {
    // 정렬된 문자열을 키로 사용한다.
    const sorted = [...str].sort().join("");
    if (anagrams.has(sorted)) {
      // 해시맵에 키가 있으면 해당 키의 값을 가져와 현재 문자열을 배열에 추가한다.
      anagrams.get(sorted).push(str);
    } else {
      // 해시맵에 키가 없으면 새 키와 값을 생성한다.
      anagrams.set(sorted, [str]);
    }
  }
  // anagrams의 값들만 추출하여 배열로 변환한 후 결과를 반환한다.
  return Array.from(anagrams.values());
}
```

2행에서 해시맵으로 사용할 `Map` 객체 `anagrams`를 초기화한다. 여기에 정렬된 문자열을 키(key)로, 해당 키의 애너그램 그룹에 속하는 문자열을 값(value)으로 저장한다. 그다음 문자열 배열 `strs`의 각 문자열을 `for of` 문으로 순회하면서 정렬하여 `sorted`에 저장한다. 이때 생성한 `sorted`를 `anagrams` 객체의 키로 사용한다.

그 후 반복문을 순회할 때마다 두 가지 선택지가 주어진다. 6행과 같이 `anagrams` 객체에 해당 키가 이미 있으면 해당 키의 값을 가져와 현재 문자열을 기존 배열에 추가한다. 그러나 9행의 `else` 문처럼 해당 키가 없으면 새 키와 값을 `anagrams` 객체에 추가한다. 이때 문자열 형태 그대로 추가하는 대신 배열로 감싸 추가한다. 이는 다음 작업 시 그룹으로 묶을 수 있도록 하기 위함이다. 반복문이 종료된 후 15행에서 최종적으로 `anagrams`의 값들(values)만 추출하여 배열로 변환한 후 결괏값으로 반환한다.

> `Array.from()` 메서드는 유사 배열 객체 또는 반복 가능한(iterable) 객체를 배열로 변환할 때 사용된다. `Map`과 `Set`은 반복 가능한 객체이므로 이들 객체의 값을 배열로 변환할 때 `Array.from()`이 자주 사용된다.

이 알고리즘의 시간 복잡도를 분석해 보자. 배열 `strs`의 길이를 n, `strs` 내부의 각 문자열 개수를 k라고 할 때 전체적인 시간 복잡도는 $O(nk\,log\,k)$가 된다. 반복문 내부에서 `sort()`를 실행하는 시간 복잡도가 $O(k\,log\,k)$로 계산되기 때문이다. 다만 k의 최대 길이가 100 미만이면(일반적으로 이런 유형의 문제는 문자열 길이가 100 내외로 제한되는 경우가 많다.) $O(n\,log\,n)$으로 근사 계산할 수 있다.

1.4.2 가장 긴 회문 부분 문자열 찾기

기출: 구글, 아마존, 어도비, 메타, 마이크로소프트
난이도: 중 | **풀이 시간:** 40분 | **런타임:** 4초 | **메모리:** 128MB

문제

문자열 `str`을 입력값으로 받아 문자열의 모든 부분 문자열 중 가장 긴 회문을 찾는 알고리즘을 구현하라. 문자열은 알파벳 소문자로만 구성되어 있다.

입력

예시 1) "acacbbca"

예시 2) "ababab"

예시 3) "abc"

예시 4) "banana"

출력

예시 1) "acbbca"

예시 2) "ababa"

예시 3) "a"

예시 4) "anana"

설명

회문의 응용 문제다. 여기에 부분 문자열이라는 요구사항이 추가되어 문제가 한층 더 복잡해졌다. "acacbbca"를 예로 들어 보자. 여기서 회문이 성립되는 부분 문자열은 각 문자들을 포함해(예를 들면 "a", "c" 각 문자 역시 회문이다.) "aca", "cac", "cbbc", "acbbca" 등으로 도출할 수 있다. 이 중 가장 긴 회문 부분 문자열은 길이 6의 "acbbca"이다.

문제 분석

문자열 내부에서 가장 긴 회문 부분 문자열을 찾는 알고리즘을 만들어야 한다. 입력 예시에 나와 있듯이 "acacbbca"에서 가장 긴 회문 부분 문자열은 "acbbca"이다. 이 결과에 도달하려면 모든 부분 문자열을 만들어야 하므로 최소 $O(n^2)$의 시간 복잡도가 요구된다.

이 문제를 해결하려면 우선 회문을 형성하는 문자열의 특성을 이해해야 한다. 다음 두 회문 문자열 "aba", "abba"을 예로 들어 보자. 두 문자열을 보면 중간 문자의 개수에 따라 두 가지로 나뉜다. "aba"는 중간 문자가 "b"로 1개(홀수)이며 "abba"는 중간 문자가 "bb"로 2개(짝수)이다.

중심점을 기준으로 양 끝 문자가 동일해야 회문이 성립되므로 이 두 가지 경우를 모두 고려해야 한다. 즉, 문자열 str의 모든 문자마다 현재 인덱스의 문자를 중심으로 좌우로 확장해 가면서 회문을 찾을 수 있으며, 이때 중심 문자의 길이가 홀수인 경우와 짝수인 경우를 모두 계산해야 한다.

접근 방법

1. 헬퍼 함수를 구현한다. 이 함수는 문자열 `s`와 중심 인덱스 `left`, `right`를 인자로 전달받아 좌우로 확장해 가면서 회문 여부를 확인한다.
2. 결괏값으로 사용할 변수 `longest`를 초기화하고 반복문 안에서 길이를 비교해 이 변수를 갱신한다.
3. 문자열 `str`의 각 문자를 순회한다. 이때 1에서 만든 헬퍼 함수를 사용한다. 현재 인덱스를 중심으로 홀수인 경우와 짝수인 경우를 모두 확인하여 회문을 검사한다.
4. 모든 중심점에 대한 회문을 찾는다. 매번 길이를 비교하여 길이가 긴 부분 문자열을 `longest`에 저장한다.
5. 결괏값 `longest`를 반환한다.

그림 1-18 중심점을 기준으로 좌우로 확장한다.

풀이. 중심에서 확장하기

```
function expandFromCenter(s, left, right) {
  while (left >= 0 && right < s.length && s[left] === s[right]) {
    left--;
    right++;
  }
  return s.slice(left + 1, right);
}

function findLongestPalindromeSubstr(str) {
  let longest = '';
  for (let i = 0; i < str.length; i++) {
    // 중간 지점이 홀수이면
    let curr = expandFromCenter(str, i, i);
    if (curr.length > longest.length) {
      longest = curr;
    }
    // 중간 지점이 짝수이면
```

```
18      curr = expandFromCenter(str, i, i + 1);
19      if (curr.length > longest.length) {
20        longest = curr;
21      }
22    }
23    return longest;
24 };
```

우선 헬퍼 함수 expandFromCenter()를 살펴보자. 이 함수는 문자열 s와 두 인덱스 left와 right를 전달받는다. 2행의 while 반복문의 조건식에서 두 인덱스가 문자열 s의 인덱스 범위 밖으로 나가지 않도록 하며, 양쪽 문자가 같을 때만 좌우로 한 칸씩 확장한다.

6행에서는 해당 부분 문자열을 slice 처리한 후 반환한다. 이때 left + 1로 slice 처리 시 left 인덱스가 포함되지 않게 한다. 예를 들어 "acacbbca" 문자의 가장 긴 팰린드롬 부분 문자열은 "acbbca"인데, 이 시점에서 left = 1, right = 8이므로 + 1을 해 left 인덱스의 문자를 포함하지 않게 한다. 즉, slice(2, 8)이 되어 "acbbca"를 반환하게 된다.

이번에는 메인 함수인 findLongestPalindromeSubstr()을 살펴보자. 먼저 10행에서 가장 긴 회문 부분 문자열을 저장하고, 결괏값으로 사용할 변수 longest를 빈 문자열로 초기화한다. 입력 문자열 str의 각 인덱스 i를 중심으로 미리 준비한 헬퍼 함수를 사용하여 회문을 찾는다.

13행, 18행처럼 반복문 안에서 헬퍼 함수를 두 번 호출한다. 홀수 길이의 회문이면 첫 번째 헬퍼 함수 호출에 중심점 i, i를 전달하고, 짝수 길이의 회문이면 두 번째 헬퍼 함수 호출에 중심점 i, i + 1을 전달하여 두 경우를 모두 확인한다. 두 번의 호출 모두 curr에 저장하고, 반환된 부분 문자열의 길이가 longest에 저장된 회문의 길이보다 크면 curr의 값을 longest로 갱신한다. 마지막으로 반복문이 끝나면 결괏값 longest를 반환한다.

헬퍼 함수는 시간 복잡도는 $O(n)$이다. 메인 함수에서는 반복문을 통해 모든 부분 문자열을 확인하므로 회문의 길이가 k일 때 시간 복잡도는 $O(n * k)$가 된다. 문자열이 모두 같은 문자로 구성된 최악의 경우의 시간 복잡도는 $O(n^2)$으로 계산할 수 있다.

1.4.3 같은 패턴 찾기

기출: 드롭박스, 마이크로소프트, 아마존
난이도: 중 | **풀이 시간:** 30분 | **런타임:** 2초 | **메모리:** 128MB

문제

문자열로 구성된 배열 wordsList와 문자열 패턴 pattern이 주어졌을 때 wordsList 배열에서 pattern 패턴과 일치하는 문자열을 모두 찾아서 배열 형태로 반환하라. wordsList와 pattern 모두 알파벳 소문자로 구성되어 있으며, 문자열과 pattern의 문자는 서로 다른 문자에 매핑되어야 한다. 즉, 하나의 문자가 다수의 문자로 매핑될 수 없다.

입력

예시 1) ["cool", "gold", "pool", "noon"], "good"

예시 2) ["tea", "bat", "ate", "egg"], "add"

예시 3) ["a", "b", "c"], "a"

출력

예시 1) ["cool", "pool"]

예시 2) ["egg"]

예시 3) ["a", "b", "c"]

설명

wordsList[i]의 문자열과 pattern 패턴이 일치한다는 의미는, 문자열을 구성하는 문자들의 구성이 1:1 대응 관계여야 한다는 뜻이다. 예를 들어 pattern이 "aac"이고 wordsList 배열이 ["abc", "abb", "bba", "cca"]이면 "aac" 패턴은 "bba", "cca" 문자열과 1:1 매핑될 수 있으므로 ["bba", "cca"]의 결괏값이 만들어져야 한다.

문제 분석

이 문제는 문자열 패턴 매칭 유형이다. 문자열을 구성하는 패턴을 분석하여 동일한 패턴이 wordsList 배열에 있는지 확인한다. 이때 pattern의 문자들을 하나의 조합으로 보면 이해하기 쉽다. 주어진 pattern의 문자열 구성과 wordsList 배열의 각 문자열을 비교하여 일치 여부를 검사하면 된다.

접근 방법

1. 우선 헬퍼 함수를 구현한다. 이 함수는 문자열을 전달받아 해당 입력을 기반으로 가능한 모든 조합을 생성하고, 각 문자와 문자의 인덱스(위치)를 매핑한 Map 객체를 반환한다.
2. 헬퍼 함수에 pattern을 인수로 전달하여 호출하고 반환값을 새로운 변수에 저장한다.
3. wordsList 배열을 순회하며 각 문자열을 확인한다.
4. 현재 단어 wordsList[i]의 길이만큼 반복문을 실행한다.
5. 내부 반복문의 인덱스 j를 사용하여 2에서 생성한 매핑 정보와 현재 단어의 매핑 정보를 비교한다.
6. 위 과정을 통해 패턴과 구조가 일치하는 단어를 찾으면 해당 단어를 결괏값에 추가한다.

그림 1-19 헬퍼 함수를 사용한 매핑 과정

풀이. 매핑을 사용한 패턴 매칭

```
function charIndicesMap(str) {
  const map = new Map();
  for (let i = 0; i < str.length; i++) {
    if (!map.has(str[i])) {
      map.set(str[i], [i]);
    } else {
      map.get(str[i]).push(i);
    }
  }
  return map;
}

function findMatchingPattern(wordsList, pattern) {
  const matchingWords = [];
  // 문자열 패턴의 매핑 객체를 생성한다.
  const patternMap = charIndicesMap(pattern);

```

```
18   for (let i = 0; i < wordsList.length; i++) {
19     const word = wordsList[i];
20     // 현재 단어의 매핑 객체를 생성한다.
21     const wordMap = charIndicesMap(word);
22     // 패턴 문자열과 현재 단어의 길이를 확인한다.
23     if (word.length === pattern.length) {
24       let isMatch = true;
25       for (let j = 0; j < word.length; j++) {
26         if (
27           wordMap.get(word[j]).toString() !==
28           patternMap.get(pattern[j]).toString()
29         ) {
30           isMatch = false;
31           break;
32         }
33       }
34       if (isMatch) {
35         matchingWords.push(word);
36       }
37     }
38   }
39
40   return matchingWords;
41 }
```

이 풀이에서 중요한 역할을 하는 헬퍼 함수를 살펴보자. 1~11행의 charIndicesMap에 문자열을 전달하면 해당 문자열의 각 문자 위치(인덱스)를 매핑한 새로운 유형의 Map 객체가 반환된다. 예를 들어 패턴 문자열 "good"을 각 문자의 인덱스를 활용해 매핑하면 "g": [0], "o": [1, 2], "d": [3] 형태로 구성된다. 단어의 각 문자가 키이고, 해당 위치(인덱스)가 값인 배열 형태로 저장된다.

메인 함수 findMatchingPattern()을 살펴보자. 이 함수는 wordsList 배열과 탐색 대상의 pattern 문자열을 전달받는다. 가장 먼저 결괏값을 저장할 matchingWords라는 배열을 초기화한다. 16행에서 헬퍼 함수를 호출하고 반환값을 patternMap에 저장한다. 이 변수는 이후 반복문에서 각 단어와 비교할 기준 패턴으로 사용된다.

이후 바깥쪽 반복문에서 wordsList 배열을 순회하며 각 단어마다 내부 반복문을 시작한다. 19행에서는 현재 단어를 word 변수에 저장하여 재사용할 수 있게 한다. 21행에서는 현재 단어에 헬퍼 함수 charIndicesMap()을 호출하여 문자별 매핑 객체를 생성한다. 23행에서는 패턴 문자열과 현재 단어의 길이가 같은지 확인하고 길이가 같은 경우에만 다음 비교 작업을 한다.

그다음 25~33행에서는 현재 단어와 패턴 문자열의 각 문자를 비교하기 위해

word의 길이만큼 내부 반복문을 실행한다. 이때 조건문을 통해 wordMapget(word[j]) 값과 patternMap.get(pattern[j]) 값을 문자열로 변환한 후 비교한다. 두 값이 다르면 isMatch를 false로 갱신한 뒤 반복문을 종료한다.

비교 작업을 조금 더 자세히 살펴보자. 입력값이 ["cool", "gold", "pool", "noon"]이고, 패턴이 "good"이라면 "good"은 { g:[0], o:[1, 2], d:[3] }의 형태로 patternMap 변수에 저장된다. 내부 반복문에서는 wordMap.get(word[j])와 patternMap(pattern[j])를 호출해 같은 위치의 문제가 같은 인덱스 배열 패턴인지 확인한다. 예를 들어 wordsList의 첫 번째 단어 "cool"의 첫 문자인 "c"를 확인한다고 가정해 보자. 해당 매핑 객체는 { "c": [0] }이고 pattern의 첫 문자인 "g"도 { "g"; [0] }로 같은 패턴이다. 이런 식으로 모든 문자를 하나씩 확인하면서 해당 키가 참조하는 배열의 인덱스 구성이 모든 문자마다 같은지 비교한다.

모두 비교한 후 34행에서 isMatch 값이 true이면 현재 단어의 모든 문자가 패턴과 일치한다는 의미이므로 현재 단어를 결괏값 배열인 matchingWords에 추가한다. 모든 반복이 종료되면 matchingWords를 반환하고 함수 실행을 마친다.

이 알고리즘의 시간 복잡도는 wordsList의 길이가 n이고, 문자열의 최대 길이가 k일 때 $O(n * k)$로 계산할 수 있다.

1.5 인터뷰 팁과 고려 사항

- 문자열 뒤집기, 중복 제거, 애너그램, 회문 같은 기초적인 문제들은 솔루션 구현이 상대적으로 쉽다. 이런 문제를 접하면 바로 코드를 구현하면서 시간을 절약할 수 있는 전략을 세우는 것이 좋다.
- 문자열은 일반적으로 0부터 시작하는 인덱스를 사용한다. 따라서 오프 바이 원 오류(off-by-one error, 의도한 값과 1만큼의 차이)를 범하기 쉽다. 문자열에 접근하기 전에 문자열의 길이를 확인하고 반복문 사용 시 인덱스가 배열의 범위 밖으로 나가지 않도록 주의하자.
- 자바스크립트는 split(), join(), substring(), slice() 같은 다양한 문자열 메서드를 제공한다. 효과적인 문자열 조작을 위해 이러한 메서드를 미리 숙지하는 것이 중요하다.
- 문자열을 배열로 변환할 때는 split() 메서드를 사용하면 문자열 연산이 더 쉬워진다. 이후 join() 메서드를 사용해 다시 배열을 문자열로 결합할 수 있다.

- 해시맵은 다양한 문자열 문제 풀이에서 핵심적인 역할을 한다. 문자의 출현 횟수와 관계를 효과적으로 추적하고 계산하는 데 유용하다. 코딩 테스트나 면접에서 문자열 문제가 출제되면 풀이를 해시맵으로 최적화할 수 있는지 먼저 판단하는 것이 중요하다.

2장

Javascript Coding Test

투 포인터 패턴

2.1 투 포인터 패턴 이해하기

투 포인터 패턴은 배열 또는 연결 리스트에서 포인터 두 개를 조작하여 특정 조건을 만족하는 요소를 찾거나 범위를 구하는 문제 해결 기법이다. 이름에서 유추할 수 있듯이 참조 포인터 두 개를 기준으로 작동한다. 이 기법의 핵심은 두 포인터의 시작점과 두 포인터를 이동시키는 규칙에 있다. 물론 주어진 문제와 상황에 따라 다양한 변수가 작용한다.

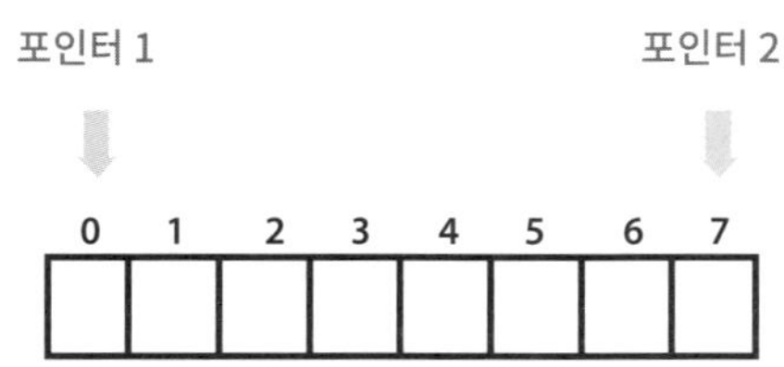

그림 2-1 투 포인터

투 포인터는 알고리즘 측면에서도 매우 중요한 역할을 한다. 실무에서도 유용하며 특히 코딩 테스트 문제 풀이 상황에서 빛을 발한다. 시간 복잡도가 $O(n^2)$이거나 그보다 더 느린 알고리즘을 개선할 수 있는 방법이기 때문이다. 예를 들어 브루트 포스(brute-force) 기법을 사용한 문제 풀이가 제한 시간을 초과한다면 투 포인터 패턴 사용을 고려해 볼 수 있다. 또한 배열이나 연결 리스트에서 특정 조건을 만족하는 하나의 집합, 쌍, 부분 배열 등을 찾아야 하는 문제라면 가장 먼저 투 포인터 기법을 떠올려 보자.

> 브루트 포스 기법은 알고리즘의 한 종류다. 일반적으로 가능한 모든 경우의 수를 시도하면서 문제를 해결하는 방식이다. 이 기법은 모든 가능성을 고려하므로 시간 복잡도는 높고 효율성은 낮은 편이다. 하지만 상황에 따라서는 당장 최선의 답을 구하기 위한 수단으로 사용되기도 한다.

배열 관련 문제에서는 알고리즘을 다음과 같이 구현할 수 있다.

배열이 정렬된 경우

1. 배열 양 끝에 각각 포인터를 위치시킨다.
2. 두 포인터가 가리키는 요소를 확인해 조건을 검사한다.
3. 조건을 만족하면 결과를 출력하거나 반환한다.
4. 조건을 만족하지 않으면 상황에 따라 포인터를 적절히 이동(증가/감소)시킨다.
5. 배열의 순회가 끝나거나 요소에 대한 조건이 충족될 때까지 2~4를 반복한다.

배열이 정렬되지 않은 경우

1. 두 포인터를 배열의 첫 번째 요소에 위치시킨다.
2. 두 포인터가 가리키는 요소를 확인하고 조건을 검사한다.
3. 두 포인터가 가리키는 요소의 값이 같거나 특정 조건을 만족한다면 결과를 출력하거나 반환하고 두 포인터를 모두 한 칸씩 이동시킨다.
4. 두 포인터가 가리키는 요소의 값이 다르면 더 작은 요소를 가리키는 포인터만 한 칸 이동시킨다.
5. 배열의 순회가 끝나거나 요소에 대한 조건이 충족될 때까지 2~4를 반복한다.

2.2 투 포인터 패턴 문제 유형

다음에 살펴볼 문제들은 투 포인터로 해결할 수 있는 대표적인 유형이다. 투 포인터 패턴을 문제에 어떻게 적용할지 이해하기 좋은 예시다.

2.2.1 두 수의 합

문제

오름차순으로 정렬된 수열 nums와 정수 target이 주어진다. nums에서 합이 target이 되는 두 수를 찾아 그 두 수의 인덱스 쌍을 반환하라.

- 해당 인덱스를 찾지 못하면 -1을 반환한다.
- 답이 여러 개이면 그중 하나만 반환한다.

입력

예시 1) [1, 2, 4, 7, 8], target = 11

예시 2) [2, 3, 4, 10, 14], target = 17

예시 3) [-5, -4, -3, -2, -1], target = -6

출력

예시 1) [2, 3]

예시 2) [2, 4]

예시 3) [0, 4]

설명

[1, 2, 4, 7, 8]의 수열에서 target = 11이면 숫자 4와 7의 인덱스 쌍인 [2, 3]을 반환한다.

오름차순으로 미리 정렬된 수열이 주어졌을 때 두 수의 합이 target과 같은지 확인하는 문제다. 이 문제를 해결하는 가장 간단한 방법 중 하나가 브루트 포스 알고리즘이다.

풀이 1. 브루트 포스

가장 먼저 떠올릴 수 있는 방법은 브루트 포스다. 직관적이고 단순하지만, 큰 배열에서는 실행 시간이 급격하게 증가한다는 단점이 있다.

```
01 function findPairSum(nums, target) {
02   for (let i = 0; i < nums.length; i++) {
03     for (let j = i + 1; j < nums.length; j++) {
04       if (nums[i] + nums[j] === target) {
05         return [i, j];
06       }
07     }
08   }
09   return -1;
10 }`
```

4행에서처럼 모든 경우의 수를 확인한 후 target과 같은 합을 만드는 두 수를 찾으면 5행에서 해당 인덱스 쌍을 반환한다. 이 알고리즘은 배열의 모든 쌍을 비교하므로 nums의 길이가 n일 때 최악의 경우 시간 복잡도는 $O(n^2)$이 된다. 만약 배열 nums의 크기가 최대 10^4까지 허용된다고 해 보자. 그렇게 되면 최악의 경우 약 100,000,000번의 연산을 해야 한다. 일반적인 코딩 테스트 상황에서는 제한 시간을 초과할 가능성이 크다.

풀이 2. 투 포인터

투 포인터 패턴을 사용하면 이 문제를 $O(n)$ 시간 복잡도로 해결할 수 있다. 배열의 좌우 양 끝에 포인터를 두고 두 포인터를 바깥쪽에서 안쪽으로 이동시키면서 반복문의 스텝마다 target과 비교하면서 찾는 방법이다. 배열이 정렬되어 있을 때만 사용 가능하다.

그림 2-2와 같이 두 개의 포인터를 배열 양 끝에 둔 뒤 각 단계마다 포인터가 가리키는 두 수의 합과 target을 비교하며 문제를 해결한다.

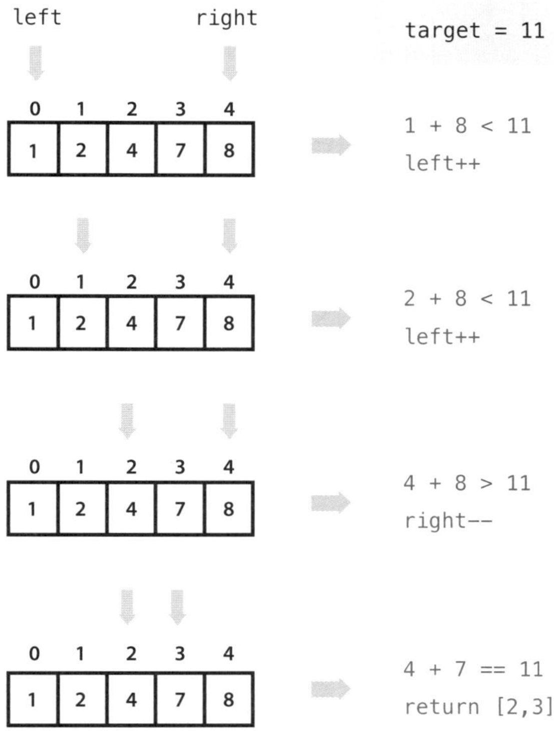

그림 2-2 투 포인터 활용 로직

```
function findPairSum(nums, target) {
  let left = 0;
  let right = nums.length - 1;

  while (left < right) {
    const currentSum = nums[left] + nums[right];
    if (currentSum === target) {
      return [left, right];
    } else if (currentSum < target) {
      left++;
    } else {
      right--;
    }
  }

  return -1;
}
```

포인터 변수 `left`와 `right`를 양 끝에서 시작해 6행에서 각 단계마다 두 포인터가 가리키는 두 수의 합을 계산하여 `target`과 비교한다. 합이 `target`보다 작으면 `left` 포인터를 1 증가시키고, `target`보다 크면 `right` 포인터를 1 감소시킨다. 두 포인터의 합이 `target`과 같다면 두 포인터가 가리키는 인덱스를 반환한다. 이 알고리즘은 투 포인터를 활용하는 대표적인 알고리즘 중 하나로 배열을 한 번만 순회하면 문제를 해결할 수 있다. 따라서 시간 복잡도는 $O(n)$이 되며 성능을 크게 개선할 수 있다.

2.2.2 배열의 교집합

문제

두 개의 정수 배열 arr1, arr2가 주어진다. 두 배열에 공통으로 포함된 숫자를 찾아 배열의 형태로 반환하라.

- 각 배열에는 중복 요소가 존재하지 않는다.

입력

예시 1) `arr1 = [1, 2, 3, 4], arr2 = [2, 4, 6, 8]`

예시 2) `arr1 = [1, 2, 3, 4], arr2 = [2, 3, 4, 5]`

예시 3) `arr1 = [0, 1, 2, 5], arr2 = [4, 10, 11, 12]`

출력

예시 1) `[2, 4]`

예시 2) `[2, 3, 4]`

예시 3) `[]`

설명

`[1, 2, 3, 4]`, `[2, 4, 6, 8]`과 같이 두 개의 배열이 주어졌을 때 두 배열에 공통으로 포함된 숫자는 2와 4이다. 이 경우 `[2, 4]`를 반환한다.

주어진 두 배열에서 공통으로 나타나는 요소를 찾는 문제다. 즉, 두 배열의 교집합을 구하는 문제다. 가장 단순한 접근은 두 배열의 모든 요소를 순회하며 확인하는 브루트 포스 기법이다.

풀이 1. 브루트 포스 기법

```
function intersectionBruteForce(arr1, arr2) {
  const result = [];

  for (let num1 of arr1) {
    for (let num2 of arr2) {
      if (num1 === num2) {
        result.push(num1);
        break; // 교집합 요소를 찾으면 내부 반복문을 종료한다.
      }
    }
  }
  return result;
}
```

이 풀이는 중첩 반복문을 통해 arr1, arr2의 모든 요소를 매회 검사한다. 만약 arr1의 현재 요소 num1이 arr2의 현재 요소 num2과 같으면 result 배열에 추가하는 방식으로 작동한다. 같은 요소를 찾으면 break 문으로 내부 반복문을 종료한다. 이 방법은 구현이 간단하다는 장점이 있지만, 배열의 크기가 크면 연산량도 크게 증가하므로 적합하지 않다.

풀이 2. 투 포인터

```
function intersection(arr1, arr2) {
  // 만약 정렬되지 않았다면 미리 정렬해 두자.
  arr1.sort((a, b) => a - b);
  arr2.sort((a, b) => a - b);

  const result = [];
  // 투 포인터를 초기화한다.
  let i = 0, j = 0;

  // 두 배열을 순회하며 공통된 수를 찾는다.
  while (i < arr1.length && j < arr2.length) {
    if (arr1[i] === arr2[j]) {
      // result 배열에 추가한다.
      result.push(arr1[i]);
      i++;
      j++;
    } else if (arr1[i] < arr2[j]) {
      i++;
    } else {
      j++;
    }
```

```
22   }
23
24   return result;
25 }
```

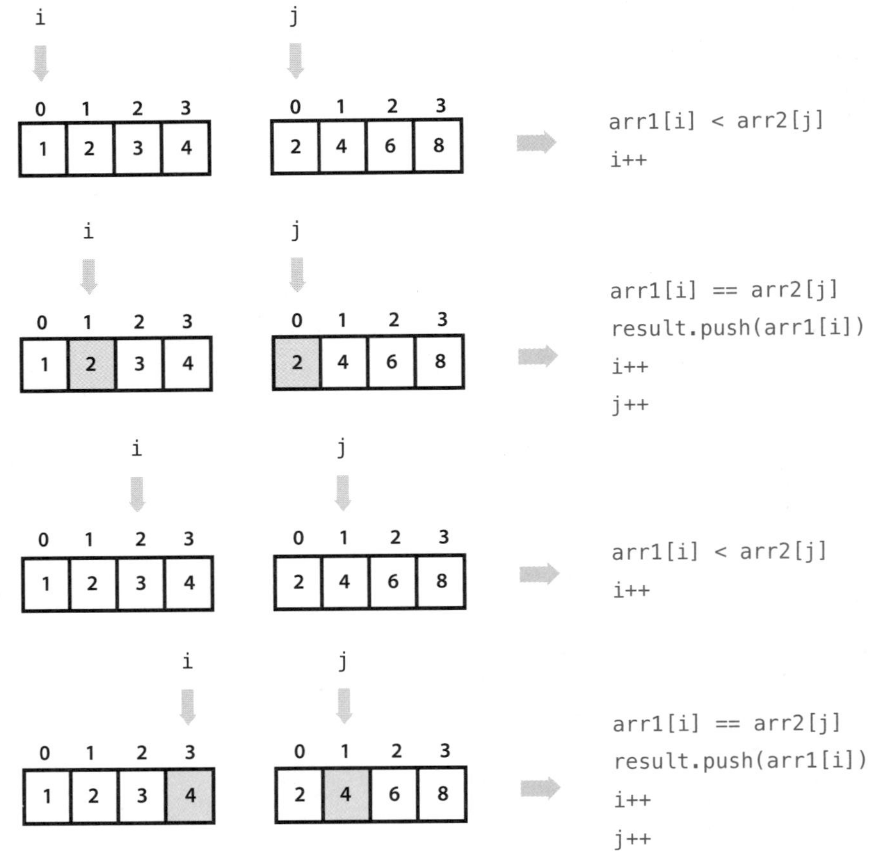

그림 2-3 투 포인터 활용 풀이 방법

이 알고리즘의 아이디어는 간단하다. 두 배열을 i, j 포인터로 순회하며 공통값이 있는지 확인한다. 두 포인터가 가리키는 값이 같으면 result 배열에 추가하고 i, j 포인터를 각각 1씩 증가시킨다. 두 포인터가 가리키는 값이 다르면 작은 수를 가진 배열의 포인터를 1 증가시킨다.

입력값 배열이 정렬되어 있지 않다면 3, 4행처럼 미리 정렬하고 시작하자. 이 경우 sort() 메서드의 시간 복잡도는 $O(n \log n)$이므로 전체적인 복잡도 역시 최악의 경우 $O(n \log n)$이 된다. 반면 두 입력값이 정렬된 상태라면 시간 복잡도 $O(n)$으로 해결할 수 있다. 8행에서 두 인덱스 변수 i, j를 포인터로 사용해 arr1과 arr2 배열을 함께 순회하며 공통 값이 있는지 확인한다. 두 포인터가 가리키는 값이 같다면 result 배열에 값을 추가하고 동시에 i, j 포인터를 각각 1씩 증가시킨다. arr[i]의 값이 arr[j]의 값보다 작다면 i를 1 증가시키고, 그 반대의 경우엔 j를 1 증가시킨다. 11행의 while 조건에서 보듯 두 배열 arr1과 arr2 중 하나를 끝까지 순회하면 종료된다.

연결 리스트 관련 문제에서도 투 포인터 패턴을 사용할 수 있다. (연결 리스트 자료 구조에 관한 자세한 내용은 이 책의 부록을 참고하자.) 하나의 연결 리스트가 주어졌을 때 그 리스트에 사이클이 있는지 여부를 파악하는 문제가 출제될 수 있다. 사이클(cycle)은 리스트의 끝이 아닌 중간에서 포인터가 다시 이전 노드로 이어져 경로가 반복되는 상태를 뜻한다. 즉, 특정 노드에서 시작해 노드를 계속 따라가다 보면 언제가 이전에 방문한 노드를 다시 만나게 된다.

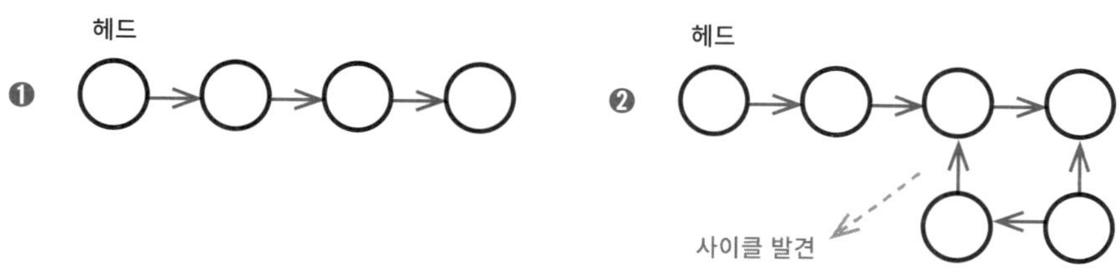

그림 2-4 사이클이 없는 리스트(왼쪽)와 사이클이 있는 리스트(오른쪽)

그림 2-4에서 왼쪽은 사이클이 없는 일반적인 연결 리스트이고 오른쪽은 사이클이 있는 리스트이다. 이런 상황을 감지할 때 사용할 수 있는 알고리즘이 투 포인터다. 연결 리스트 문제에 적용될 때는 빠른 포인터와 느린 포인터(fast and slow pointers) 또는 러너(runner) 기법이라고도 부른다. 명칭만 다를 뿐 모두 같은 작동 원리로 같은 카테고리에 속한다.

이 패턴들은 주로 연결 리스트 문제 유형에서 사용되며, 두 개 이상의 포인터를 사용하여 원하는 위치나 패턴을 감지한다. 빠른 포인터와 느린 포인터를 예로 들면 두 포인터를 같은 위치에서 시작하여 빠른 포인터는 두 칸씩, 느린 포인터는 한 칸씩 이동하며 순회한다. 이런 식으로 진행하다가 빠른 포인터와 느린 포인터가 만나면 주어진 리스트에 사이클이 있음을 확인할 수 있다. 리스트의 길이만큼 알고리즘이 진행되므로 시간 복잡도는 $O(n)$이다.

— **Javascript**

```
01 function hasCycle(head) {
02   let fast = head; // 빠른 포인터
03   let slow = head; // 느린 포인터
04
05   while (fast != null && fast.next != null) {
06     fast = fast.next.next; // 두 칸씩 이동
07     slow = slow.next; // 한 칸씩 이동
08     if(fast === slow) {
09       return true // 사이클 확인
10     }
11   }
12
13   return false; // 사이클 없음
14 }
```

2, 3행에서 두 포인터 모두 헤드(head) 노드를 참조해 같은 위치에서 시작한다. 5행의 `while` 문을 보면 이 반복문은 빠른 포인터(fast)가 `null`이 아니고 다음 노드가 `null`이 아닐 때까지 진행된다. 이 알고리즘의 핵심인 6, 7행을 보면 빠른 포인터는 두 칸씩(`fast.next.next`), 느린 포인터는 한 칸씩(`slow.next`) 이동한다. 8행처럼 어딘가에서 두 포인터가 만나면 `true`를 반환한다. 마지막으로 빠른 포인터가 `null`이거나 다음 노드가 더 이상 없으면, 즉 두 포인터가 만나지 않았다면 사이클이 없는 단방향 연결 리스트라고 판단하고 `false`를 반환한다.

2.3 응용 문제: 배열

지금까지 투 포인터 패턴의 기본적인 작동 원리와 특성을 알아보았다. 이번 절에서는 배열과 관련된 다양한 응용 문제를 풀어 보면서 패턴에 대한 이해와 응용력을 높이고, 테스트에 대비해 보자.

2.3.1 정렬된 제곱수

기출: 아마존, 메타, 구글

난이도: 하 | **풀이 시간:** 20분 | **런타임:** 1초 | **메모리:** 32MB

문제

오름차순으로 정렬된 정수 배열 nums가 주어졌을 때 배열의 모든 값을 제곱한 후 오름차순으로 정렬된 배열을 반환하라.

입력

예시 1) `[-2, -1, 0, 1, 2]`

예시 2) `[1, 2, 3, 4, 5]`

예시 3) `[-2, -1, 0, 2, 3]`

출력

예시 1) `[0, 1, 1, 4, 4]`

예시 2) `[1, 4, 9, 16, 25]`

예시 3) `[0, 1, 4, 4, 9]`

설명

정수로 이루어진 배열의 각 숫자를 제곱한 뒤 오름차순으로 정렬한 결과를 만들어야 한다. 예를 들어 `[-2, -1, 0, 1, 2]`와 같은 배열이 주어졌을 때 모든 값을 제곱한 값을 나열하면 `[4, 1, 0, 1, 4]`가 된다. 이 배열을 오름차순으로 정렬하면 `[0, 1, 1, 4, 4]`와 같은 결과가 도출된다.

문제 분석

먼저 이 문제를 브루트 포스 풀이 방법으로 생각해 보자. 입력 배열의 모든 요소를 순회하며 각 숫자를 제곱하여 새로운 결괏값 배열에 추가한다. 순회가 끝난 뒤 이 배열을 오름차순으로 정렬하는 방법이 가장 직관적이다. 하지만 정렬이 필요해 내부 함수를 사용하면 시간 복잡도는 $O(n \log n)$을 피할 수 없다.

이때 투 포인터 패턴으로 문제에 접근하면 조금 더 빠른 $O(n)$으로 해결할 수 있다. 두 포인터로 배열을 순회하면서 반복문의 단계마다 두 포인터가 가리키는 값의 제곱값 중 더 큰 값을 새 배열에 저장하는 로직을 사용한다. 이렇게 하면 추가적인 내부 메서드 호출 없이 정렬할 수 있다.

접근 방법

1. 포인터 두 개를 만든다.
2. 입력 배열의 양 끝에 각각의 포인터를 위치시킨다.
3. 결괏값을 저장할 새 배열을 초기화한다.

4. 결괏값 배열의 인덱스로 사용할 변수를 초기화한다.
5. 배열을 순회한다.
   a. 두 포인터가 가리키는 값의 제곱값 중 더 큰 수를 결괏값 배열에 저장한다.
   b. 더 큰 값을 저장한 포인터를 한 칸 이동시킨다.
6. 결괏값 배열을 반환한다.

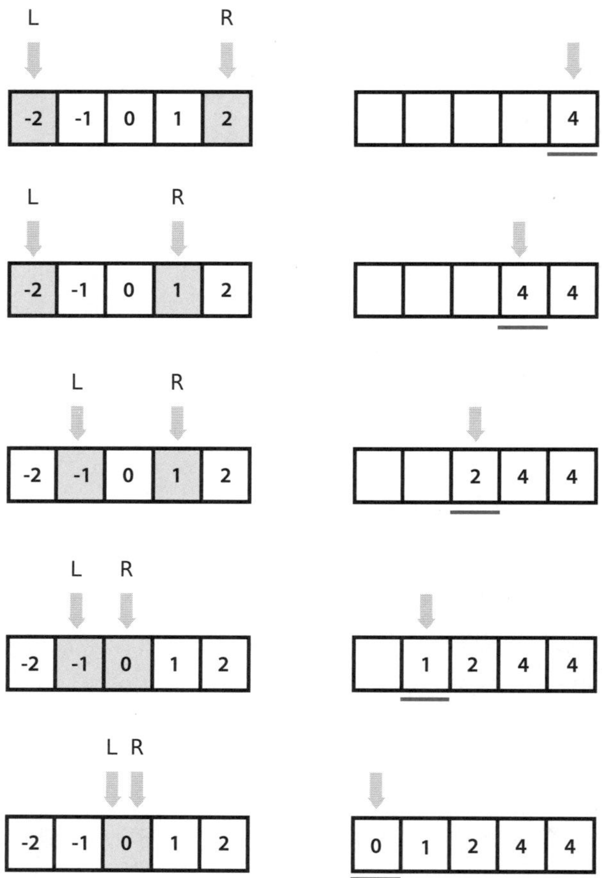

그림 2-5 배열 양 끝에서 안쪽 방향으로 두 포인터 이동

풀이. 투 포인터: 양 끝에서 중심으로 이동

```
function squaredAndSorted(nums) {
  const n = nums.length;
  let left = 0;
```

```
04   let right = n - 1;
05   const result = new Array(n);
06   let idx = n - 1;
07
08   while (left <= right) {
09     if (Math.abs(nums[left]) > Math.abs(nums[right])) {
10       result[idx--] = nums[left] ** 2;
11       left++;
12     } else {
13       result[idx--] = nums[right] ** 2;
14       right--;
15     }
16   }
17
18   return result;
19 }
```

우선 이 squaredAndSorted() 함수에 사용할 변수를 선언한다. 2행에서 입력 배열의 길이를 변수 n에 저장해 재사용한다. 그다음 3, 4행에서 배열 양 끝을 가리킬 포인터를 두 개 만든다. left 포인터는 0에서 시작하고 right 포인터는 n - 1(배열의 오른쪽 끝)에서 시작한다. 5행에서 결괏값을 길이 n인 새 배열로 초기화한다. 그리고 새 배열의 마지막 인덱스를 가리킬 idx 변수를 n - 1로 초기화한다. 이 변수는 결괏값을 배열에 저장하는 과정에서 인덱스로 사용한다.

이제 이 함수의 핵심 로직인 반복문을 실행한다. left와 right가 교차하지 않는 동안 반복문이 실행되도록 조건을 지정한다. 9행에서 left 값(절댓값)이 현재 right 값(절댓값)보다 큰 경우 left 값의 제곱을 result 배열의 idx 위치에 저장하고 left를 1 증가시킨다. 반대의 경우 right 값의 제곱을 result 배열의 idx 위치에 저장하고 right를 1 감소시킨다.

> Math.abs() 함수로 절댓값을 취하는 이유는 두 포인터가 가리키는 수 중 어떤 수가 더 큰지 판별하기 위해서다. 예를 들면 -2와 1이 있을 때 -2의 제곱은 4이고 1의 제곱은 1이다. 이처럼 양수와 음수를 모두 고려해야 하므로 절댓값으로 변환하는 것이다.

이렇게 배열의 모든 수를 확인한 뒤 while 문이 종료되면 마지막으로 결괏값 배열 result를 반환한다. 이 방법의 시간 복잡도는 $O(n)$으로 계산된다. 두 포인터를 사용해 nums를 한 번만 순회하면서 각 숫자의 제곱을 계산하고 새로운 배열에 저장하기 때문이다.

2.3.2 세 수의 합

기출: 아마존, 메타, 구글, 마이크로소프트
난이도: 중 | **풀이 시간:** 30분 | **런타임:** 2초 | **메모리:** 64MB

문제

정수로 이루어진 배열 nums가 있다. 이 배열에서 3개의 수를 더해 0을 만들 수 있다면 이 조합을 부분 배열로 만들어 결괏값 배열에 추가하라. 단, 부분 배열은 중복되지 않아야 한다.

입력

예시 1) `[-1, 0, 1, 2, -1, -4]`

예시 2) `[1, 2, 3, 4, 5]`

예시 3) `[1, -1, 2, -2, 3, -3, 4, -4]`

출력

예시 1) `[[-1, 0, 1], [-1, -1, 2]]`

예시 2) `[]`

예시 3) `[[-4, 1, 3],[-3, -1, 4],[-3, 1, 2],[-2, -1, 3]]`

설명

배열에서 3개의 수를 합하면 0이 되는 조합을 찾아 부분 배열을 만들어야 한다. 배열 `[-1, 0, 1, 2, -1, -4]`에서 합이 0이 되는 세 숫자의 조합은 `[-1, 0, 1]`, `[-1, -1, 2]`이다. 배열 `[1, 2, 3, 4, 5]`로는 조건에 맞는 조합을 만들 수 없다. 이 경우에는 빈 배열 `[]`을 반환한다.

문제 분석

조합 가능한 세 숫자를 모두 찾는 형태의 문제이다. 모든 숫자를 확인해 세 수의 합이 0인 경우에만 부분 배열로 만들어 결괏값 배열에 추가하는 방법을 사용해야 한다. 한 번에 세 개의 숫자를 단계마다 확인해야 하므로 브루트 포스 기법을 사용하면 시간 복잡도는 $O(n^3)$이 된다. 입력 배열 nums의 크기가 중간 이상이면(예를 들어 n^3이면) 시간이 초과될 수도 있다.

> 코딩 테스트에서 입력값 배열의 크기('작은', '중간', '큰')는 명확하게 정의되어 있지 않다. 하지만 일반적으로 10^2(대략 100개의 요소)까지를 작은 크기, 10^3(대략 1000개의 요소) 이상부터는 중간 크기로 볼 수 있다.

이때 투 포인터 패턴을 사용하면 더 효율적이다. 이 장의 앞부분에서 소개했듯 투 포인터 패턴은 정렬된 데이터세트에 매우 효과적이다. 입력값 배열을 미리 정렬하면 투 포인터 패턴을 적용하여 시간 복잡도를 $O(n^2)$로 낮출 수 있다. 두 포인터를 왼쪽과 오른쪽에 두고 반복문의 인덱스와 두 포인터가 가리키는 값의 합을 단계마다 계산하며 포인터를 이동시키는 방식이다.

접근 방법

1. 가장 먼저 입력 배열 `nums`를 오름차순으로 정렬한다.
2. 결괏값을 저장할 배열을 초기화한다.
3. 반복문을 통해 인덱스 `0`부터 `n - 2`까지 순회한다.
   a. 중복 검사를 위해 인덱스 `i`와 인덱스 `i - 1`의 수가 같다면 `continue`한다.
   b. 두 개의 포인터를 초기화한다. `left`는 `i + 1`, `right`는 `n - 1`로 지정한다.
   c. `left`와 `right` 포인터가 만날 때까지 반복문을 실행한다.
      i) 세 수의 합이 0이면 결과 리스트에 추가한다(`i`, `left`, `right`).
      ii) 합이 0보다 작으면 `left` 포인터를 1 증가시킨다.
      iii) 합이 0보다 크면 `right` 포인터를 1 감소시킨다.
4. 결과 리스트를 반환한다.

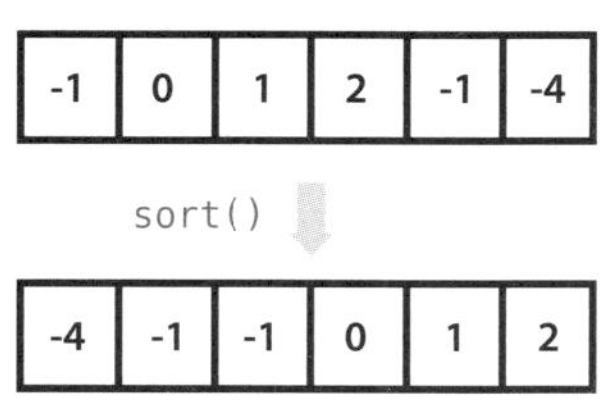

그림 2-6 오름차순 정렬

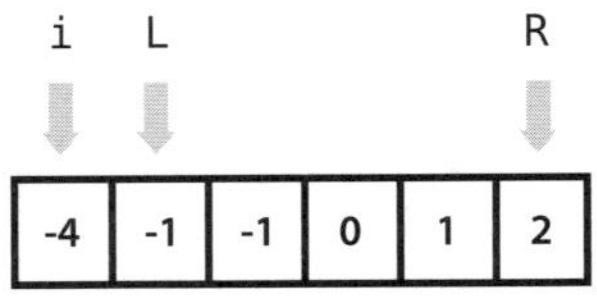

그림 2-7 포인터 초기화

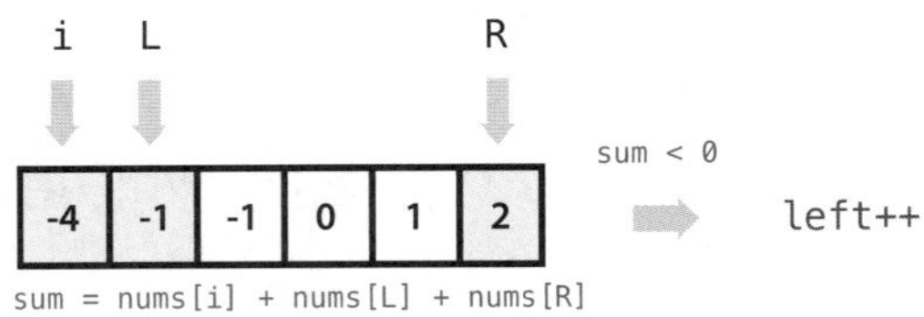

그림 2-8 left 포인터 이동 예시

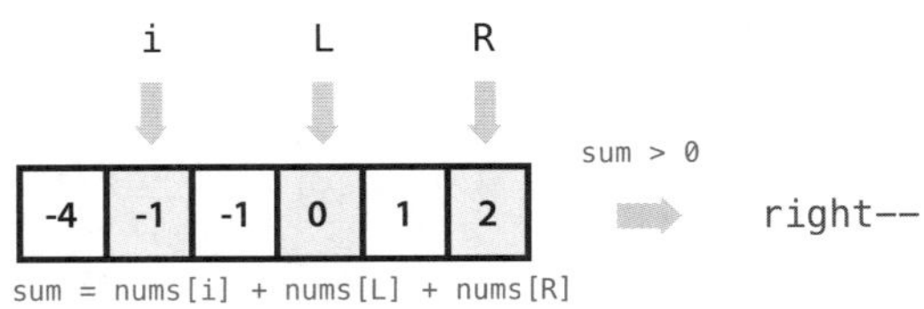

그림 2-9 right 포인터 이동 예시

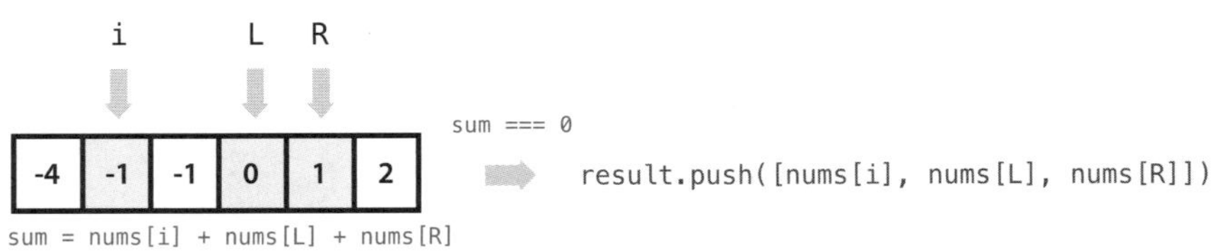

그림 2-10 결괏값 저장 예시

풀이. 오름차순 정렬 후 투 포인터 적용

```
function findSubarrays(nums) {
  let result = [];
  let n = nums.length;

  // 오름차순으로 정렬한다.
  nums.sort((a, b) => a - b);

  for (let i = 0; i < n - 2; i++) {
    // 현재 값이 이전 값과 같으면 건너뛴다.
    if (i > 0 && nums[i] === nums[i - 1]) {
```

```
11         continue;
12       }
13 
14       let left = i + 1;
15       let right = n - 1;
16 
17       while (left < right) {
18         let sum = nums[i] + nums[left] + nums[right];
19 
20         if (sum === 0) {
21           // 결괏값 배열에 추가한다.
22           result.push([nums[i], nums[left], nums[right]]);
23 
24           while (nums[left] === nums[left + 1]) {
25             // 중복된 수 건너뛰기
26             left++;
27           }
28 
29           while (nums[right] === nums[right - 1]) {
30             // 중복된 수 건너뛰기
31             right--;
32           }
33 
34           left++;
35           right--;
36         } else if (sum < 0) {
37           left++;
38         } else {
39           right--;
40         }
41       }
42     }
43     return result;
44   }
```

가장 먼저 결괏값을 저장할 배열 result를 초기화한다. 입력 배열 nums의 길이는 함수 내부에서 재사용되므로 변수 n으로 저장한다. 투 포인터 패턴을 적용하기 위한 전처리로 6행에서 오름차순 정렬을 실행한다.

오름차순 대 내림차순

자바스크립트의 sort() 메서드는 유니코드의 코드포인트 값을 기준으로 정렬한다. 문자열을 정렬할 때는 sort()를 사용하지만 수열을 정렬할 때는 콜백 함수를 제공해야 한다. 오름차순은 arr.sort((a, b) => a - b), 내림차순은 arr.sort((a, b) => b - a)와 같이 콜백 함수를 작성해야 한다.

8행의 반복문부터 조합을 탐색한다. 인덱스 `i`가 `n - 2`보다 작은 동안 검색하는 이유는 총 세 수의 조합을 만들기 위해서다. 10행에서 `i`의 값과 `i - 1`의 값을 비교해 같으면 `continue`로 현재 루프를 건너뛴다. 중복 조합을 만들 필요가 없기 때문이다. 14, 15행에서 `left` 포인터는 `i + 1`, `right` 포인터는 `n - 1`로 초기화한다.

`while` 문을 사용해 `left`와 `right` 포인터를 조정하며 단계마다 `sum` 변수에 세 수의 합을 계산해 비교한다. `sum`이 `0`이면 결괏값 배열에 추가한다. 또한 `left` 포인터와 `right` 포인터를 모두 이동시킨다. `sum`이 `0`보다 작으면 `left` 값을 1 증가시키고 반대로 `0`보다 크면 `right` 값을 1 감소시킨다.

24행과 29행에서 `left`, `right`에 각각 대응하는 `while` 문을 추가로 실행하는 이유는 중복된 수를 건너뛰기 위해서다. `left` 포인터가 가리키는 값이 그다음 숫자와 같다면 `left` 포인터를 한 칸 이동시켜서 중복된 숫자를 건너뛴다. `right` 포인터도 마찬가지다. 마지막으로 반복문의 순회가 끝나고 결괏값 배열 `result`를 반환한다.

이 방법의 시간 복잡도를 분석해 보자. 우선 6행에서 사용된 `sort()` 메서드에서 발생하는 복잡도는 $O(n\ log\ n)$이다. 바깥쪽, 안쪽의 반복문이 이중으로 실행되므로 입력값이 n일 때 복잡도는 $O(n^2)$이다. 따라서 최종 시간 복잡도는 $O(n^2)$이다. 브루트 포스 알고리즘보다 훨씬 효율적이다.

2.3.3 가장 큰 사각형

기출: 아마존, 메타, 구글, 마이크로소프트
난이도: 중 | **풀이 시간:** 40분 | **런타임:** 1초 | **메모리:** 32MB

문제

길이가 정해진 선들의 배열이 주어졌을 때 배열에서 두 개의 선을 선택해 만들 수 있는 직사각형 중 면적이 가장 큰 직사각형을 계산하라.

- 직사각형 만들기: 직사각형은 두 선을 선택하여 만든다. 선택한 두 선 중 짧은 선을 직사각형의 높이로 하고, 두 선 사이의 거리를 너비로 한다.
- 계산 방식: 모든 가능한 선의 쌍을 고려하여 그 면적을 계산한다. 계산된 면적 중 가장 큰 값을 찾아 반환한다.

입력

예시 1) `[3, 7, 5, 2, 1, 8, 9]`

예시 2) `[1, 8, 6, 2, 5, 4, 8, 3, 7]`

예시 3) `[4, 3, 2, 1, 4]`

출력

예시 1) 35

예시 2) 49

예시 3) 16

설명

n개의 선으로 구성된 배열 `height`에서 두 선을 선택한다. 예를 들어 첫 번째 선을 `i`, 두 번째 선을 `j`라고 한다면 두 선 사이의 거리가 직사각형의 너비가 된다. 선택한 두 선 중 더 짧은 선, 즉 `min(height[i], height[j])`가 직사각형의 높이가 된다.

문제 분석

이 문제는 n개의 세로(높이) 선들의 배열이 주어졌을 때, 이 선들로 만들 수 있는 면적이 가장 큰 직사각형을 계산하는 문제다. 직사각형의 높이는 입력값 배열로 전달되고 너비는 두 선 사이의 거리로 결정된다. 양쪽 끝 두 지점을 단계마다 계산해야 하므로 두 지점을 담당하는 투 포인터를 활용하면 문제에 조금 더 직관적으로 접근할 수 있다.

첫 번째 예시 `[3, 7, 5, 2, 1, 8, 9]`를 보자. 첫 번째 선 3과 두 번째 선 7을 선택하면, 3과 7 중 작은 수를 기준으로 높이를 정해야 하므로 높이는 `min(3, 7)`이 된다. 너비는 두 번째 선의 인덱스 `1`에서 첫 번째 선의 인덱스 `0`을 뺀 값이다. 풀어서 정리해 보면 `min(3, 7) * (1 - 0) = 3`이라는 공식이 완성된다. 이런 식으로 가능한 모든 선의 쌍을 선택하여 면적을 계산하고 그중 가장 큰 값을 찾는다.

```
height = [3, 7, 5, 2, 1, 8, 9]
```

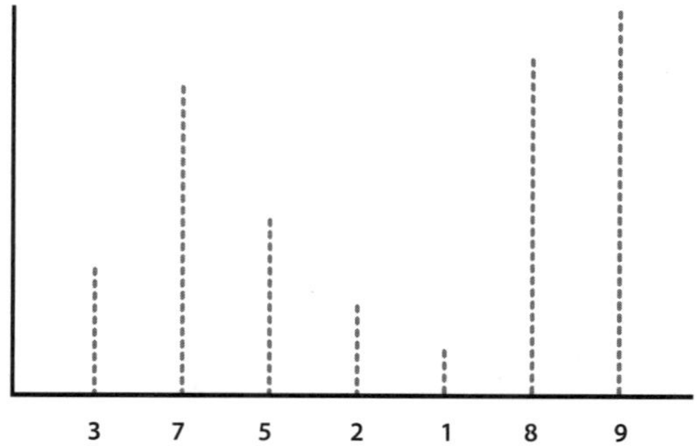

그림 2-11 높이로 표현한 height 배열 요소의 값

```
height = [3, 7, 5, 2, 1, 8, 9]
```

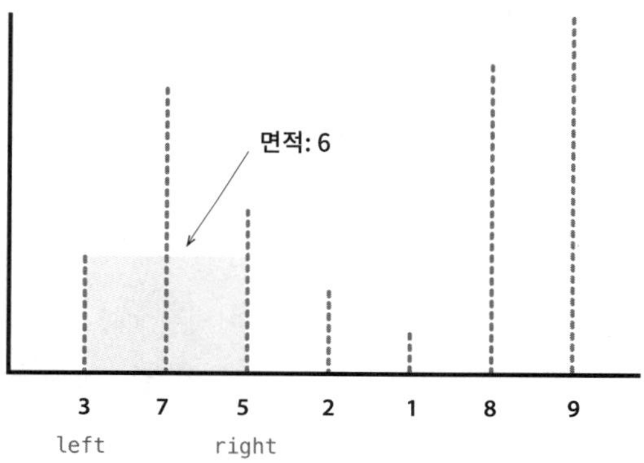

그림 2-12 left 3, right 5일 때

```
height = [3, 7, 5, 2, 1, 8, 9]
```

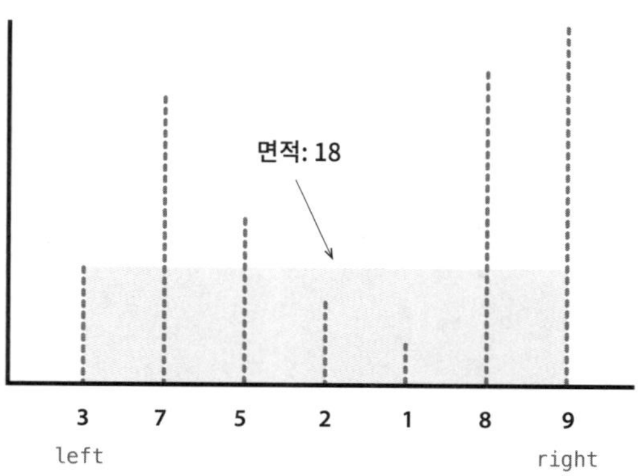

그림 2-13 left 3, right 9일 때

접근 방법

1. 변수 생성과 초기화: 결괏값을 저장할 변수 max, 양 끝을 담당할 포인터 변수 left, right를 생성한다. max와 left는 0으로, right는 배열의 마지막 인덱스로 초기화한다.
2. left < right인 동안 반복문을 실행한다.
   a. 현재 면적을 (right - left) * min(height[left], height[right])로 계산한다.
   b. 현재 면적이 지금까지의 max보다 크면 max를 갱신한다.
   c. left와 right 중 더 짧은 선의 인덱스를 한 칸 이동시킨다. (height[left] < height[right]이면 left를 1 증가시키고 그렇지 않으면 right를 1 감소시킨다.)
3. 마지막으로 max 값을 반환한다.

풀이: 양 끝에서 좁혀 오는 투 포인터 사용

```
01 function maxArea(height) {
02   let max = 0; // max 변수를 통해 결괏값 추적
03
04   // 두 개의 포인터 설정
05   let left = 0;
06   let right = height.length - 1;
07
08   while (left < right) {
09     // 현재 면적 계산
10     const area = (right - left) * Math.min(height[left], height[right]);
11
12     max = Math.max(max, area);
13
14     if (height[left] < height[right]) {
15       left++;
16     } else {
17       right--;
18     }
19
20   }
21   return max;
22 }
```

이 풀이의 핵심은 left와 right 포인터를 활용하여 배열의 요소들을 순차적으로 탐색하며 면적을 계산하는 방식이다. 우선 결괏값과 두 포인터 변수를 초기화한 후 8행에서 시작되는 while 문으로 면적을 계산하고 비교하여 포인터를 이동시킨다.

10행에서는 현재 면적을 계산한다. 우선 `right` 포인터에서 `left` 포인터를 빼서 사각형의 너비를 구한다. `height[left]`와 `height[right]` 중 더 작은 값을 높이로 삼아 면적을 계산한다.

12행에서는 현재 면적과 지금까지의 최대 면적을 비교하여 더 큰 값으로 갱신한다. 14~18행에서 각각의 포인터를 이동시킨다. `left` 포인터가 가리키는 선이 더 짧으면 `left` 포인터를 1 증가시키고, 그게 아니라면 `right` 포인터를 1 감소시킨다. 이렇게 이동하면서 모든 요소를 탐색한다. 반복문이 종료되고 지금까지의 최대 면적을 반환한다.

이 알고리즘은 배열의 크기 n에 투 포인터를 적용시켜 모든 요소를 한 번씩 순회하므로 시간 복잡도는 $O(n)$이다. 이중 반복문을 사용해야 하는 브루트 포스 알고리즘의 시간 복잡도 $O(n^2)$보다 훨씬 더 효율적이고 간결하다.

2.3.4 음수 옮기기

기출: 아마존, 애플, 메타, 구글, 마이크로소프트, 블룸버그, 어도비
난이도: 하 | **풀이 시간:** 20분 | **런타임:** 1초 | **메모리:** 32MB

문제

정수 배열 nums가 있다. 이때 모든 음수를 배열의 앞쪽으로 이동시키는 알고리즘을 작성하라. (모든 음수가 양수보다 앞에 오도록 이동시킨다.)

- 추가 공간(배열 등의 추가적인 자료 구조)을 이용할 수 없다.

입력

예시 1) `[1, -4, 3, -2, 5]`

예시 2) `[-2, 4, -3, 5, -1]`

예시 3) `[-1, -2, -3, -4]`

출력

예시 1) `[-4, -2, 3, 1, 5]`

예시 2) `[-2, -3, -1, 4, 5]`

예시 3) `[-1, -2, -3, -4]`

설명

[1, -4, 3, -2, 5]에는 음수 두 개가 있다. 두 음수를 배열의 앞쪽으로 이동시키면 [-4, -2, 3, 1, 5]와 같은 순서로 재구성된다.

문제 분석

이 문제의 요구사항 중 가장 중요한 포인트는 추가 공간의 제약, 즉 추가 자료 구조를 사용할 수 없다는 것이다. 추가 공간이 허용된다면 이 문제는 매우 쉽게 해결할 수 있다.

다음 예시를 살펴보자.

```
function moveNegatives(nums) {
  let result = [];

  // 음수를 result 배열에 추가한다.
  for (let num of nums) {
    if (num < 0) {
      result.push(num);
    }
  }

  // 양수를 result 배열에 추가한다.
  for (let num of nums) {
    if (num >= 0) {
      result.push(num);
    }
  }

  return result;
}
```

result라는 추가 배열을 만들어 한 번의 순회로 모든 음수를 새 배열에 먼저 넣고 그다음 이어지는 두 번째 순회에서 양수를 넣는 방법이다. 매우 직관적인 풀이 방법이지만 추가 공간을 사용하므로 이 문제의 요구사항에 맞지 않는다. 이런 상황이라면 어떻게 해결해야 할까? 이에 대한 해답은 포인터 조작하기, 즉 투 포인터 패턴이다. 한 번의 단계마다 두 개의 요소를 선택해 비교하고 문제의 조건에 해당하면 서로의 위치를 교환한다. 포인터 하나는 배열을 순회하는 용도로 사용하고 다른 포인터는 현재 요소가 음수인지 확인하고 그에 따라 위치를 이동시키는 용도로 사용한다.

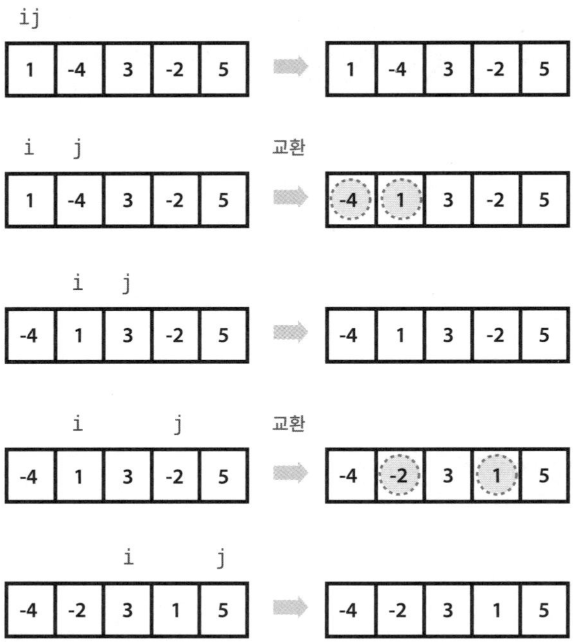

그림 2-14 nums[j]의 값이 음수일 때 위치를 변환한다.

접근 방법

1. 두 포인터 변수 i, j를 모두 0으로 초기화한다.
2. j 포인터가 '배열의 길이 - 1'이 될 때까지 반복문을 실행한다.
   a. j 포인터를 한 칸씩 전진시키면서 음수를 찾는다.
   b. 만약 현재 포인터 j가 가리키는 값이 음수이면 i, j의 값을 서로 교환하고 포인터 i를 한 칸 전진시킨다.
   c. 모든 음수를 이동시킬 때까지 위 과정을 반복한다.
3. 배열을 반환한다.

풀이

```
function moveNegatives(nums) {
  let i = 0; // 음수가 아닌 첫 번째 포인터
  let j = 0; // 순회하며 음수를 찾는 포인터

  while (j < nums.length) {
    if (nums[j] < 0) {
      // 만약 음수를 찾았다면
```

```
08        // 음수가 아닌 첫 번째 포인터와 음수를 찾은 포인터의 값을 교환한다.
09        [nums[i], nums[j]] = [nums[j], nums[i]];
10        i++;
11      }
12      j++;
13    }
14
15    return nums;
16 }
```

배열 nums를 전달받아 추가 공간 사용 없이 제자리(in-place) 수정으로 해결하는 방식이다. 여기에서 제자리는 별도의 자료 구조(예: 배열)를 생성하지 않고 주어진 배열에서 요소를 직접 수정하는 방식을 말한다. 이 문제의 요구사항처럼 배열을 순회하며 다수의 요소를 동시에 비교하거나 조작해야 할 때 투 포인터 기법을 사용하면 직관적으로 해결할 수 있다. 또한 이 방식은 제한된 메모리 자원을 효율적으로 사용한다.

이 알고리즘의 주요 로직을 살펴보자. 2, 3행에서 음수를 이동시키는 포인터 `i`, 배열을 순회하는 포인터 `j`를 각각 `0`으로 초기화한다. 5행에서 `j` 포인터가 배열의 길이보다 작은 동안 반복문을 실행한다. 6행의 조건문에서 현재 `j` 포인터가 가리키는 값이 음수인지 확인하고 음수이면 해당 값과 `i`의 위치를 교환한다. 음수의 위치를 옮겼으므로 `i` 포인터를 한 칸 전진시킨다. `j` 포인터는 조건문과 상관없이 매회 한 칸씩 전진하며 모든 요소를 확인한다. 마지막으로 배열을 반환하며 함수가 종료된다.

이 알고리즘의 시간 복잡도는 배열의 길이가 n일 때 $O(n)$이다.

자바스크립트에서 두 값을 교환하는 방법은 두 가지다.

1. 전통적인 방법: 기본적인 교환 연산에 임시 변수를 사용한다.

```
let temp = a;
a = b;
b = temp;

console.log(a); // 10
console.log(b); // 5
```

2. 배열 구조 분해 할당: ES6부터 도입된 배열 구조 분해 할당을 사용한다.

```
let a = 5;
let b = 10;
```

```
// 배열 구조 분해 할당 사용
[a, b] = [b, a];

console.log(a); // 10
console.log(b); // 5
```

2.3.5 제곱수의 합

기출: 구글, 오라클

난이도: 중 | **풀이 시간:** 30분 | **런타임:** 2초 | **메모리:** 32MB

문제

주어진 양수 k에 대해 $x^2 + y^2 = k$를 만족하는 두 정수 x와 y가 있는지 확인하는 함수를 구현하라. 있으면 true, 아니면 false를 반환해야 한다.

입력

예시 1) 5

예시 2) 10

예시 3) 3

출력

예시 1) true

예시 2) true

예시 3) false

설명

k가 5이면 true를 반환한다. x가 1이고, y가 2이면 $1^2 + 2^2 = 5$를 만족하기 때문이다. k가 3이면 어떤 조합으로도 이 식을 만족하지 않으므로 false를 반환한다.

문제 분석

가장 직관적인 방법은 가능한 모든 x, y의 조합을 확인하여 주어진 식을 만족하는지 판단하는 브루트 포스일 것이다. 예를 들어 x, y 각각의 경우의 수를 이중 반복문을 통해 탐색하며 x * x + y * y = k를 만족하는지 단계마다 확인한다. 하지만 투 포인터를 사용하면 중복 연산 없이 훨씬 효율적인 방법으로 해결할 수 있다. 그렇다면 이 상황에서 어떻게 투 포인터를 적용할 수 있을까?

우선, 실제 배열이 있는 것은 아니지만, $x^2 + y^2 = k$를 만족하는 x와 y 값들을 생각해 보면 마치 정렬된 수열처럼 다룰 수 있다. x와 y는 각각 `0`부터 `Math.sqrt(k)`까지의 범위를 가질 수 있는데, 이는 x는 0부터 시작해서 점점 큰 값으로, y는 `Math.sqrt(k)`부터 시작해서 점점 작은 값으로 움직이기 때문이다.

따라서 다음과 같이 예측할 수 있다.

- x가 커지면 x^2도 증가한다.
- y가 작아지면 y^2도 감소한다.
- 따라서 $x^2 + y^2$의 합이 k보다 작으면 x를 증가시키고, k보다 크면 y를 감소시킨다.

이는 정렬된 배열에서 투 포인터를 사용하는 방식과 똑같다. 왼쪽 포인터(x)를 오른쪽으로, 오른쪽 포인터(y)를 왼쪽으로 움직이면서 원하는 값을 찾을 수 있다.

> 자바스크립트의 내장 함수 `Math.sqrt()` 메서드는 주어진 숫자의 제곱근을 반환한다. (인자로 전달된 값에 루트를 씌운다. 만약 숫자가 음수이면 NaN을 반환한다.)
>
> ```
> Math.sqrt(9); // 3
> Math.sqrt(2); // 1.4142…
> ```

접근 방법

1. 포인터 x, y를 초기화한다. x는 `0`, y는 k의 제곱근 값에 `Math.floor()`를 적용한다.
2. `while` 문을 실행한다. x가 y보다 작거나 같은 동안 반복한다.
   a. $x^2 + y^2$이 k와 같으면 `true`를 반환한다.
   b. k보다 작으면 x를 1 증가시킨다.
   c. k보다 크면 y를 1 감소시킨다.
3. 반복문이 종료될 때까지 식을 만족하는 조합이 없다면 `false`를 반환한다.

풀이

```
function isSumOfSquares(k) {
  // x, y 포인터 설정
```

— **Javascript**

```
03   let x = 0;
04   let y = Math.floor(Math.sqrt(k));
05
06   while (x <= y) {
07     // x^2 + y^2 계산
08     const sumOfSquares = x ** 2 + y ** 2;
09
10     if (sumOfSquares === k) {
11       return true;
12     } else if (sumOfSquares < k) {
13       x++;
14     } else {
15       y--;
16     }
17   }
18
19   return false;
20 }
```

가장 먼저 3, 4행에서 포인터 변수 x, y를 초기화한다. x는 0부터, y는 Math.sqrt(k)부터 시작하여 두 포인터를 서로 만나도록 이동시킨다. 이때 y의 값으로 k의 제곱근을 지정하는 이유는 범위를 설정하기 위해서다. 문제의 주어진 식 $x^2+y^2=k$를 만족하는 조합을 탐색하기 위한 제한 조건으로 사용된다는 뜻이다. 여기에 추가로 Math.floor() 메서드를 호출해 소수점 값을 버린다.

6행의 while 문에서 x, y 포인터를 이동시키면서 비교한다. 8행에서 계산된 값 sumOfSquares가 k와 같으면 $x^2+y^2=k$ 식을 만족하는 조합이 있는 것이므로 true를 반환한다. 반대로 sumOfSquares 값이 k보다 작으면 x 포인터를 1 증가시킨다. 모두 해당하지 않는 else 문은 sumOfSqures 값이 k보다 크다는 뜻이므로 y 포인터를 1 감소시킨다.

이렇게 두 포인터를 조작하며 x와 y가 교차할 때까지 반복문을 실행한다. while 문을 빠져나온다면 식을 만족하는 조합이 없다는 뜻이므로 false를 반환하고 함수를 종료한다.

이 알고리즘은 x, y 각각의 포인터를 설정해 조건에 따라 포인터를 이동시키는 원리로 작동한다. 반복문을 한 번만 사용하여 문제를 해결하기 때문에 입력 크기에 비례하는 선형적인 성능을 보인다. 입력값이 n이라면 전체 함수의 시간 복잡도는 $O(n)$으로 계산되는 효율적인 풀이 방법이다.

2.4 응용 문제: 연결 리스트

연결 리스트 문제는 대개 포인터 조작으로 해결할 수 있어 투 포인터의 활용도가 상당히 높다. 여기서는 코딩 테스트나 면접에 자주 나오는 연결 리스트 문제를 엄선했다. 응용 문제 풀이를 통해 문제를 파악하는 방법과 알고리즘의 설계 방식을 학습해 보자.

연결 리스트의 종류는 크게 세 가지다. 한쪽 방향으로 이동하는 단일 연결 리스트, 앞뒤 양쪽 방향으로 이동하는 이중 연결 리스트, 리스트의 마지막 노드가 다시 헤드 노드를 가리키는 원형 연결 리스트다. 코딩 테스트에서는 대부분 단일 연결 리스트를 다루므로 단일 연결 리스트와 관련된 문제를 주로 실었다.

헬퍼 함수

연결 리스트 문제에서는 연결 리스트를 만들 때 각 노드의 next 포인터를 일일이 지정해야 하는 번거로움이 있다. 헬퍼 함수를 적절히 사용하면 이러한 번거로움 없이 배열을 연결 리스트로 변환할 수 있다.

```
function ListNode(val) {
  this.val = val;
  this.next = null;
}

function createLinkedList(arr)  {
  let head = new ListNode(arr[0]);
  let current = head;
  for (let i = 1; i < arr.length; i++) {
    current.next = new ListNode(arr[i]);
    current = current.next;
  }
  return head;
}

// 사용 예시
const list = createLinkedList([1, 2, 3, 4, 5]) // 1 -> 2 -> 3 -> 4 -> 5 -> null
```

이 코드는 생성자 함수 ListNode()와 연결 리스트 생성 함수 createLinkedList()로 구성되어 있다. ListNode() 함수는 연결 리스트의 노드를 생성하는 데 사용된다. 생성자 함수 대신 클래스로도 구현할 수 있지만, 함수로 표현하는 것이 좀 더 간편하다. createLinkedList() 함수는 배열을 입력받아 연결 리스트를 생성한다. 입력 배열 arr의 첫 번째 요소로 헤드(head) 노드를 초기화하고, 반복문으로 각 요소를 ListNode 객체로 변환하여 현재 노드의 next 포인터에 연결한다. 함수를 종료할 때 연결 리스트의 헤드 노드를 반환한다. (17행 list의 헤드 노드는 1이 된다.)

```
// 리스트의 모든 노드를 출력하는 함수
function printList(head) {
  let currentNode = head;
  const values = [];

  while (currentNode) {
    values.push(currentNode.val);
    currentNode = currentNode.next;
  }

  console.log(values.join(' -> '));
}

// 사용 예시 (리스트의 헤드 노드 전달)
printList(list)
```

헬퍼 함수 printList()는 리스트의 노드 값을 문자열 형태로 출력한다. 테스트에서는 주어진 리스트의 구조를 확인할 때 유용하다. 예를 들어 리스트 1 -> 2 -> 3 -> 4 -> 5 -> null의 헤드 노드 1이 함수에 전달되면 1 -> 2 -> 3 -> 4 -> 5를 출력한다.

이어지는 응용 문제에서 입력을 생성하거나 출력을 확인할 때 이 함수들을 적절히 활용하도록 하자.

2.4.1 사이클의 시작 노드

기출: 아마존, 애플, 블룸버그, 오라클
난이도: 중 | **풀이 시간:** 40분 | **런타임:** 2초 | **메모리:** 32MB

문제

연결 리스트의 헤드 노드가 주어졌을 때 해당 리스트에서 사이클이 시작되는 노드를 찾아 반환하라. 만약 사이클이 없으면 null을 반환하라.

- 주어진 입력은 단일 연결 리스트의 헤드 노드다. 각 노드는 값과 다음 노드를 가리키는 포인터로 구성되어 있다.

입력

예시 1) 1 -> 2 -> 3 -> 4 -> 5 -> 2

예시 2) 1 -> 2 -> 3 -> 4 -> 5 -> null

예시 3) 3 -> 2 -> 5 -> -4 -> 5

출력

예시 1) 2

예시 2) null

예시 3) 5

설명

예시 1에서 연결 리스트의 노드 구성은 다음과 같다.

```
/**
* 리스트 노드의 정의 예시
* function ListNode(val) {
*   this.val = val;
*   this.next = null;
* }
*

// 1 -> 2 -> 3 -> 4 -> 5 -> 2
const head = new ListNode(1);
const node2 = new ListNode(2);
const node3 = new ListNode(3);
const node4 = new ListNode(4);
const node5 = new ListNode(5);

head.next = node2;
node2.next = node3;
node3.next = node4;
node4.next = node5;
node5.next = node2; // 사이클 형성
```

리스트 마지막 노드인 node5의 next 포인터가 가리키는 노드는 node2, 즉 사이클이 시작되는 노드다. 이 노드의 값은 2이므로 2를 반환해야 한다.

문제 분석

주어진 연결 리스트(head)에서 사이클이 시작되는 노드를 찾아 반환하는 문제다.

각 노드는 값을 저장하는 `val`, 다음 노드를 가리키는 `next` 포인터로 구성되어 있다. 사이클이 없다면 `null`을 반환해야 한다. 현재 리스트에 사이클이 있다면 노드를 순회하다가 이전에 방문한 노드를 다시 만나게 된다. 반대로 사이클이 없다면 리스트의 끝에 도달했을 때 노드의 `next` 포인터는 `null`이 된다(문제의 두 번째 입력을 참고하자). 이를 판별하기 위해 포인터로 사이클의 시작점을 찾아야 한다. 2.2.2절(66쪽)에서 소개했던 빠른 포인터와 느린 포인터 기법과 비슷하며 조금 더 명확히 말해 **플로이드의 사이클 탐지 알고리즘**(Floyd's cycle detection algorithm)[1]으로 풀 수 있는 대표적인 문제다.

접근 방법

1. 주어진 연결 리스트의 헤드 노드가 `null`이거나 다음 노드가 없으면 `null`을 반환한다.
2. 포인터 `slow`와 `fast`를 초기화한다.
3. `slow` 포인터는 한 칸, `fast` 포인터는 두 칸씩 이동하며 리스트를 순회한다.
4. `slow` 포인터와 `fast` 포인터가 만나면 만난 지점에서 하나의 포인터를 헤드 위치로 옮기고 다른 포인터는 현재 위치를 유지한 채 둘 다 한 칸씩 이동한다.
5. 4에서 포인터가 만나는 지점이 사이클의 시작점이 된다. 따라서 시작점을 반환하고 함수를 종료한다.
6. `slow` 포인터와 `fast` 포인터의 순회가 끝날 때까지 사이클이 발견되지 않으면 `null`을 반환한다.

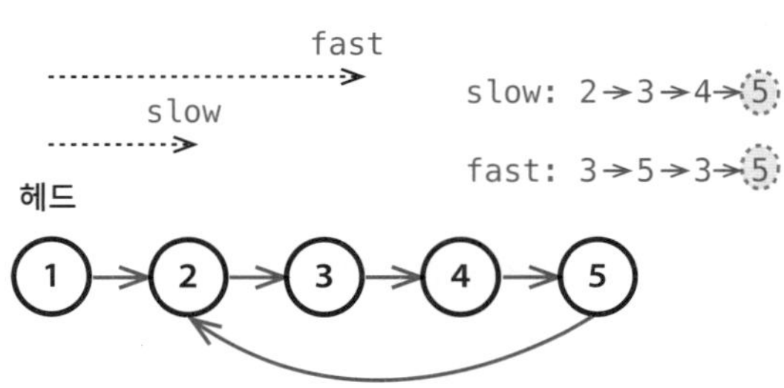

그림 2-15 `slow`, `fast`의 순회 순서. 노드 5에 사이클이 있다.

1 *https://en.wikipedia.org/wiki/Cycle_detection*

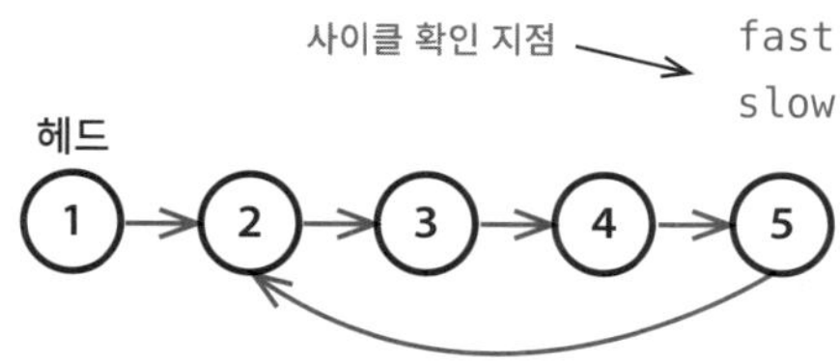

그림 2-16 사이클 확인 지점의 두 포인터의 위치

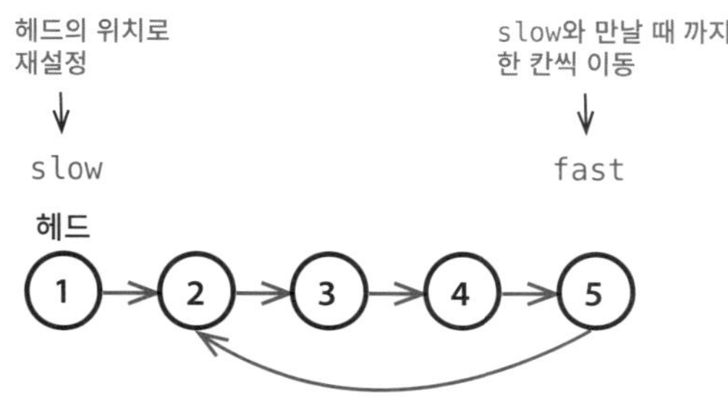

그림 2-17 slow 포인터의 위치 재설정

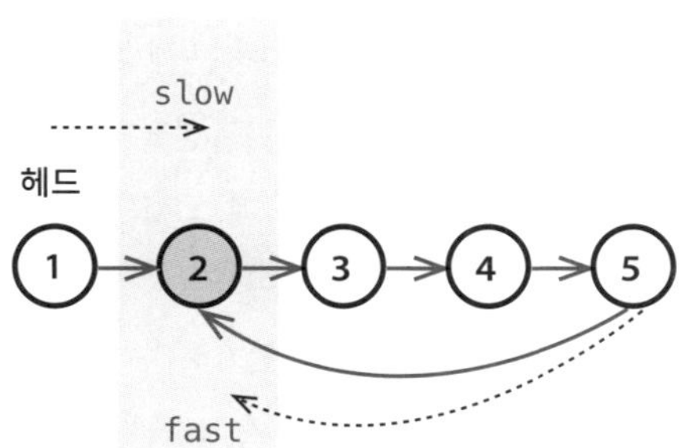

그림 2-18 slow와 fast가 다시 만나는 지점이 사이클의 시작 노드다.

풀이

```
function findStartOfCycle(head) {
  if (!head || !head.next) {
    // 노드가 없거나 단일 노드이면 사이클이 null 반환
    return null;
  }

  let slow = head;
  let fast = head;

```

— Javascript

```
10   while (fast && fast.next) {
11     slow = slow.next; // slow 포인터, 한 칸씩 이동
12     fast = fast.next.next; // fast 포인터, 두 칸씩 이동
13
14     // 사이클이 있으면
15     if (slow === fast) {
16       // slow 포인터를 헤드로 이동한다.
17       slow = head;
18       while (fast !== slow) {
19         fast = fast.next;
20         slow = slow.next;
21       }
22       // 사이클 시작 노드 반환
23       return slow;
24     }
25   }
26
27   // 사이클이 없으면 null 반환
28   return null;
29 }
```

이 문제는 2.2절 연결 리스트에서 소개했던 사이클 확인하기 문제의 확장 버전으로 볼 수 있다. 기존의 사이클을 확인하는 알고리즘에 사이클 시작 지점에 위치한 노드를 찾는 알고리즘을 추가로 설계해야 한다. 문제 분석 과정에서 설명했듯이 이 문제는 플로이드의 사이클 탐지 알고리즘으로 해결할 수 있다.

가장 먼저 확인해야 하는 부분은 입력받은 리스트가 null이거나 단일 노드인 경우다. 두 조건 중 하나를 만족한다면 사이클이 없는 경우이므로 null을 반환한다. 순회를 담당할 두 개의 포인터를 7~8행에서 초기화한다. 이때 slow, fast 모두 head에서 시작한다. slow 포인터는 한 번에 한 칸씩, fast 포인터는 한 번에 두 칸씩 이동한다. 10행의 while 문은 fast 포인터와 fast.next 노드가 모두 null이 아닐 때까지 반복한다.

15행에서 slow 포인터와 fast 포인터를 비교한다. 두 포인터가 같은 지점에서 만나면 리스트에 사이클이 있다는 것이므로 이 시점부터 로직을 추가로 구현한다.

우선 slow 포인터를 다시 head로 옮겨서 위치를 재설정한다. while 문에서는 fast, slow 포인터를 한 칸씩 이동하면서 다시 만날 때까지 반복한다. 이제 두 포인터가 다시 만나는 지점이 사이클의 시작점이 된다. 이 경우에는 해당 노드를 반환한다. 사이클이 없으면 28행에서 null을 반환하며 함수를 종료한다.

n이 연결 리스트의 노드 개수이고 c가 사이클의 길이일 때 이 알고리즘의 시간

복잡도는 $O(n+c)$로 표현할 수 있다. 사이클이 없다면 $O(n)$으로 볼 수도 있겠지만 사이클의 존재 여부를 미리 특정할 수 없으므로 최악의 경우 전체적인 시간 복잡도는 $O(n+c)$가 된다.

플로이드의 사이클 탐지 알고리즘

이 알고리즘의 작동 원리는 다음과 같은 아이디어로 증명할 수 있다.

리스트의 전체 길이가 L이고 사이클의 길이가 C, `slow`와 `fast`가 처음 만난 지점을 X라고 해 보자. `slow`는 사이클 내에서 한 칸씩 이동하고 `fast`는 두 칸씩 이동한다. 그리고 `fast`는 사이클을 돌다가 `slow`와 결국 만나게 된다.

- `slow`가 처음으로 `fast`와 만나는 지점인 X에서 사이클을 n번 이동한 경우 `fast`는 사이클을 2n번 이동한 상태다.
- `fast`가 한 번 이동할 때마다 `slow`와의 거리는 1씩 줄어들므로 `fast`가 사이클을 돌면서 `slow`와 만날 때까지 거리는 C-1, C-2, ..., 1, 0이 된다.
- 사이클의 길이가 C라고 해서 `fast`가 C번 이동한 시점에 `slow`와 만나는 것은 아니다. 처음 만난 시점이 시작점도 아니다. 시작점을 얻으려면 17행처럼 `slow`를 `head`로 옮긴 뒤 둘 다 한 칸씩 이동해 다시 만나는 지점을 찾아야 한다. 이 지점이 사이클의 시작 지점이다.

2.4.2 정렬된 두 리스트의 병합

기출: 아마존, 애플, 블룸버그, 마이크로소프트, 오라클, 퀄컴, 구글, 어도비
난이도: 하 | **풀이 시간:** 30분 | **런타임:** 1초 | **메모리:** 32MB

문제

오름차순으로 정렬된 두 연결 리스트를 병합하여 하나의 연결 리스트로 반환하는 함수를 구현하라.

- 각 연결 리스트의 노드 값은 중복되지 않는 정수이며 결과로 반환되는 리스트도 오름차순으로 정렬된 상태여야 한다.

입력

예시 1) `l1 = 1 -> 2 -> 4, l2 = 2 -> 3 -> 4 -> 5`

예시 2) `l1 = 1 -> 3 -> 5, l2 = 2 -> 4 -> 6`

예시 3) `l1 = 1 -> 2 -> 3, l2 = 1 -> 3`

출력

예시 1) 1 -> 2 -> 2 -> 3 -> 4 -> 4 -> 5

예시 2) 1 -> 2 -> 3 -> 4 -> 5 -> 6

예시 3) 1 -> 2 -> 3 -> 3

설명

입력 l1, l2 모두 정렬된 연결 리스트의 헤드 노드로, 노드 값은 오름차순으로 정렬되어 있다. 두 개의 연결 리스트를 정렬된 순서대로 병합한 후 병합된 리스트의 헤드 노드를 반환해야 한다.

```
/**
* 리스트 노드 정의 예시
* function ListNode(val) {
*   this.val = val;
*   this.next = null;
* }
*/

// 첫 번째 정렬된 연결 리스트: 1 -> 2 -> 4
let head1 = new ListNode(1);
head1.next = new ListNode(2);
head1.next.next = new ListNode(4);

// 두 번째 정렬된 연결 리스트: 2 -> 3 -> 4 -> 5
let head2 = new ListNode(2);
head2.next = new ListNode(3);
head2.next.next = new ListNode(4);
head2.next.next.next = new ListNode(5);

// 연결 리스트 병합
mergeLists(head1, head2); // 1 -> 2 -> 2 -> 3 -> 4 -> 4 -> 5
```

문제 분석

이 문제는 정렬된 연결 리스트를 다루는 유형이므로 투 포인터를 손쉽게 적용할 수 있다. 함수로 전달된 두 리스트의 헤드 노드를 투 포인터로 직접 사용할 수 있어 알고리즘을 비교적 직관적으로 설계할 수 있다. l1은 첫 번째 정렬된 연결 리스트의 헤드 노드를 가리키고, l2는 두 번째 정렬된 연결 리스트의 헤드 노드를 가리킨다. 각각의 포인터가 가리키는 노드 값을 서로 비교해 작은 값을 가진 노드를 결과 리스트에 추가하고 포인터를 다음 노드로 옮기는 패턴으로 풀 수 있다.

접근 방법

1. 두 연결 리스트의 헤드 노드를 각각 포인터로 설정한다.
2. 새 연결 리스트를 만들기 위해 dummy 노드를 생성한다.
3. 투 포인터로 두 리스트를 순회하면서 각 노드의 값을 비교한다.
4. 작은 값을 가지고 있는 노드를 결과 리스트에 추가한다.
5. 해당 노드의 포인터를 다음 노드로 이동시킨다.
6. 두 리스트 중 남은 노드를 처리한다(남은 노드를 결과 리스트에 추가한다.).
7. 결과 리스트에서 헤드 노드의 다음 노드를 반환한다.

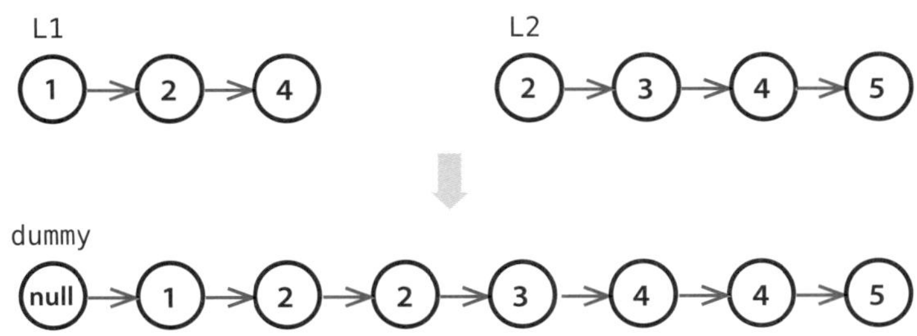

그림 2-19 리스트 병합 결과

풀이

```
function mergeLists(l1, l2) {
  // 빈 리스트 예외 처리(둘 중 하나의 리스트가 null이면 상대 리스트 반환)
  if (!l1) return l2;
  if (!l2) return l1;

  let dummy = new ListNode(null); // 결괏값 리스트
  let current = dummy; // dummy 리스트 순회 담당

  // 투 포인터를 사용하여 두 리스트를 비교하면서 병합한다.
  while (l1 && l2) {
    if (l1.val <= l2.val) {
      current.next = l1; // 결과 리스트에 추가한다.
      l1 = l1.next; // 포인터 이동
    } else {
      current.next = l2; // 결과 리스트에 추가한다.
      l2 = l2.next; // 포인터 이동
    }
    current = current.next;
  }
```

— Javascript

```
20
21     // 남은 노드들 확인한 후 처리 (l1, l2 둘 중 하나는 null)
22     if (l1) {
23       current.next = l1;
24     } else if (l2) {
25       current.next = l2;
26     }
27
28     return dummy.next;
29 }
```

가장 먼저 함수 상단에서 예외 처리를 한다. 두 리스트를 전달받으므로 첫 번째 리스트가 비어 있다면 두 번째 리스트를 그대로 반환하고, 그 반대의 경우도 마찬가지로 처리한다. 6~7행에서 두 변수를 선언한다. dummy는 새 노드의 인스턴스이며 초깃값은 null로 저장한다(dummy의 헤드 노드는 결과에 영향을 미치지 않으므로 어떤 값을 사용해도 상관없다.). dummy 노드는 결괏값을 저장할 연결 리스트의 시작을 나타낸다. current는 결과 리스트의 현재 노드를 가리키는 포인터다. 초깃값으로 dummy 노드를 할당한다. 반복문을 도는 동안 결과 리스트를 이어 붙이는 역할을 한다.

> 연결 리스트 문제에서 dummy의 활용도는 매우 크다. 이는 연결 리스트의 시작을 나타내거나 새 리스트를 생성하기 위한 시작 노드로 주로 사용된다. 초깃값은 결과에 큰 영향을 미치지 않기 때문에 주로 -1, null, 0과 같은 값으로 초기화하여 사용한다.

다음은 반복문으로 리스트 두 개를 동시에 순회하며 병합한다. l1 값이 l2의 값보다 작거나 같으면 l1을 결과 리스트에 추가하고 l1의 포인터를 한 칸 전진시킨다. 그렇지 않으면 l2를 추가하고 l2의 포인터를 한 칸 전진시킨다. current = current.next로 결과 리스트의 현재 위치를 다음 노드로 옮긴다.

22~26행에서는 남은 노드를 확인하고 처리한다. 두 리스트의 길이가 다르면 while이 종료된 후에도 l1 또는 l2에 노드가 남아 있을 수 있다. 이렇게 두 리스트 중 비어 있지 않은 리스트가 있으면 결과 리스트에 그대로 이어 붙인다. dummy의 다음 노드(dummy.next)를 반환하고 함수를 종료한다. dummy가 아닌 dummy.next를 반환하는 이유는 결과 리스트의 헤드 노드가 dummy의 헤드 노드가 아니라 그다음에 위치한 노드부터 시작하기 때문이다.

이 알고리즘의 시간 복잡도는 $O(n+m)$이다. 첫 번째 리스트의 길이가 n, 두 번째 리스트의 길이가 m이고, 두 리스트 중 노드 개수가 더 많은 값을 $max(n, m)$이라고 한다면 시간 복잡도는 $O(max(n, m))$으로 표현할 수도 있다. 하지만 간단히 $O(n+m)$로 표기해도 된다.

2.4.3 연결 리스트의 합산

기출: 아마존, 애플, 메타, 마이크로소프트, 우버, 에어비앤비
난이도: 중 | **풀이 시간:** 35분 | **런타임:** 2초 | **메모리:** 32MB

문제

연결 리스트 두 개가 있다. 두 리스트의 숫자들은 역순으로 저장되어 있고, 각 노드는 한 자리 수를 나타낸다. 두 리스트의 각 노드 값을 더하여 새로운 리스트를 생성하고, 그 값을 반환하는 함수를 작성하라.

- 각 노드의 값은 0부터 9까지의 정수로 제한된다.

입력

예시 1) 1 -> 3 -> 5, 2 -> 4 -> 6

예시 2) 1 -> 2 -> 3, 4 -> 5 -> 6

예시 3) 2 -> 4 -> 6, 3 -> 5

출력

예시 1) 3 -> 7 -> 1 -> 1 // 531 + 642 = 1173

예시 2) 5 -> 7 -> 9 // 321 + 654 = 975

예시 3) 5 -> 9 -> 6 // 53 + 642 = 695

설명

예시 1에서 두 연결 리스트는 다음과 같이 구성되어 있다.

리스트 A: 1 -> 3 -> 5

리스트 B: 2 -> 4 -> 6

리스트 A, B의 각 노드 값을 역순으로 더하면 531 + 641 = 1173과 같이 계산된다. 결괏값 리스트는 3 -> 7 -> 1 -> 1로 반환된다.

문제 분석

각 노드마다 저장되어 있는 한 자리 수를 서로 더하는 간단한 문제다. 연결 리스트를 순회하는 방법만 숙지하고 있다면 쉽게 해결할 수 있다. 중요한 포인트는 각 리스트의 숫자가 역순으로 저장되어 있다는 점이다. 따라서 덧셈 연산의 순서도 역순으로 처리해야 한다. 두 연결 리스트를 동시에 탐색하는 방법으로 투 포인터를 사용할 수 있다. 예를 들어 리스트 A와 B를 동시에 탐색하면서 각 노드의 값을 더하고 새 연결 리스트를 생성하는 방법이다. 또한 덧셈 시 발생하는 자릿수 올림(carry) 값을 처리하는 연산도 필요하다.

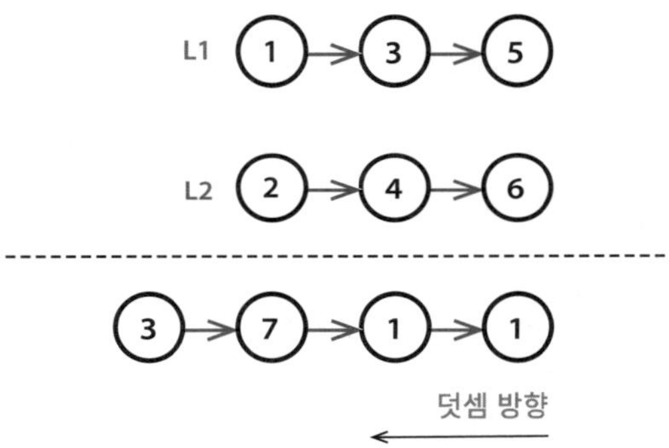

그림 2-20 두 연결 리스트 덧셈 예시

접근 방법

1. 결과를 저장할 dummy 노드와 현재 노드를 가리킬 변수 current를 초기화한다.
2. 자릿수 올림 값을 저장할 변수 carry를 초기화한다.
3. 두 연결 리스트의 모든 노드를 확인할 때까지 반복문을 실행한다.
   a. 투 포인터를 사용하여 두 리스트를 동시에 탐색하고 각 노드 값을 더한다. 노드가 없으면 값을 0으로 간주한다.
   b. 자릿수 올림 값을 포함하여 덧셈 연산을 하며 합산 결과의 일의 자리 값을 다음 노드 값으로 지정한다.
   c. 자릿수 올림 값 변수에 다음 연산을 위한 값을 지정한다.

d. 노드를 다음 노드로 이동시킨다.

e. 두 리스트 중 남아 있는 노드를 처리한다.

4. 결과가 저장된 연결 리스트를 반환한다.

풀이

```
01 function addTwoLists(l1, l2) {
02   // 결괏값을 저장할 더미 노드
03   const dummy = new ListNode();
04   // 순회를 담당할 current 변수
05   let current = dummy;
06   // 자릿수 올림용 변수
07   let carry = 0;
08
09   while (l1 || l2 || carry) {
10     const l1Value = l1 ? l1.val : 0;
11     const l2Value = l2 ? l2.val : 0;
12     const total = l1Value + l2Value + carry;
13
14     carry = Math.floor(total / 10); // 다음 연산을 위한 자리 올림 값
15     current.next = new ListNode(total % 10); // 다음 노드의 값 설정
16
17     current = current.next;
18     l1 = l1 ? l1.next : null;
19     l2 = l2 ? l2.next : null;
20   }
21
22   return dummy.next;
23 };
```

두 리스트 l1, l2를 인자로 받아 각 노드의 값을 더한 결과 리스트를 반환한다. 각 노드를 포인터로 직접 사용해 자릿수 합을 계산하고 dummy 노드에 새 노드를 추가하며 진행하는 방식이다.

함수 앞부분에서는 사용할 변수를 초기화한다. 우선 dummy 노드를 생성하고 current에 dummy를 할당해 실질적인 순회 작업을 맡긴다.

자릿수 올림 값을 저장할 carry를 0으로 초기화한다. 이렇게 함수에 필요한 변수가 모두 준비되면 그다음에 이어지는 while 문을 통해 주요 로직을 실행한다.

9행의 while 문은 l1 또는 l2의 노드가 남아 있거나 carry에 값이 남아 있을 때까지 반복한다. 10~11행에서는 각 노드의 현재 값을 읽어 온다. 노드가 없으면 0으로 저장한다. 12행에서는 각 노드의 값과 carry를 더해 total 변수에 저장한다. 갱신된 total 변숫값을 바탕으로 자릿수 올림 값과 새 노드의 값을 설정한다.

14행에서는 `total`을 `10`으로 나눈 값을 계산하여 다음 연산을 위한 자릿수 올림 값을 구한다. 수학 덧셈 공식에서의 자릿수 올림을 생각해 보자. 예를 들어 `5 + 6 = 11`의 경우 일의 자리 `1`은 현재 노드의 값이 되고, 십의 자리 `1`은 다음 자릿수로 올라가는 올림 값이 된다.

15행에서는 현재 `total`의 값을 `10`으로 나눈 나머지를 값으로 하는 새 노드를 생성하여 결과 리스트에 추가하는 과정이다. 결과 리스트의 현재 자릿수 값을 해당 노드의 값으로 설정한다. 이렇게 `total`을 처리한 후 다음 자릿수로 넘어갈 자릿수 올림 값과 현재 자릿수 값을 결과 리스트에 저장한다.

이제 리스트의 다음 노드로 이동해야 하므로 현재 노드를 가리키는 `current`를 한 칸 전진시킨다. `l1`과 `l2`도 각각 다음 노드로 옮긴다. `l1`과 `l2`가 `null`이면 더 이상 순회할 노드가 없다는 뜻이므로 값을 `null`로 설정한다. 모든 노드를 순회한 후에는 결과 리스트의 헤드 노드를 반환한다. `dummy` 노드를 사용했으므로 `dummy.next`가 결과 리스트의 헤드 노드가 된다.

첫 번째 연결 리스트의 길이를 n, 두 번째 연결 리스트의 길이를 m이라고 할 때 이 알고리즘의 시간 복잡도는 $O(max(n, m))$이다. 두 리스트를 동시에 순회하면서 덧셈 작업을 실행하므로 더 긴 리스트의 길이에 따라 순회 횟수가 결정된다. 이를 간단히 $O(n + m)$로 표현하기도 한다.

2.4.4 리스트의 파티션

기출: 아마존, 마이크로소프트

난이도: 중 | **풀이 시간:** 35분 | **런타임:** 2초 | **메모리:** 32MB

문제

연결 리스트의 헤드와 정숫값 `p`가 주어질 때 `p` 값을 기준으로 리스트의 노드 순서를 재구성하는 함수를 작성하라. 예를 들어 재구성된 리스트에서 `p`보다 작은 노드 값은 앞에, `p`보다 크거나 같은 노드 값은 뒤에 있어야 한다.

- 각 노드의 원래 위치는 유지되어야 한다.

입력

예시 1) `1 -> 4 -> 3 -> 2 -> 5 -> 2, p = 3`

예시 2) `1 -> 2 -> 4 -> 3 -> 5, p = 4`

예시 3) 2 -> 1 -> 3 -> 5 -> 2, p = 2

출력

예시 1) 1 -> 2 -> 2 -> 4 -> 3 -> 5

예시 2) 1 -> 2 -> 3 -> 4 -> 5

예시 3) 1 -> 2 -> 3 -> 5 -> 2

설명

예시 1에서 리스트 1 -> 4 -> 3 -> 2 -> 5 -> 2를 p를 기준으로 재구성한다. p의 값이 3이므로 3보다 작은 값은 앞에, 3보다 크거나 같은 값은 뒤에 위치시킨다.

```
          *p*
1 -> 2 -> 2 -> 4 -> 3 -> 5
```

문제 분석

재구성된 연결 리스트는 기존 노드의 순서를 유지하되 p보다 작은 값은 p 앞에 두고 크거나 같은 값은 뒤에 두는 형태여야 한다. p 값을 기준으로 두 리스트로 나누어 저장해야 하므로 투 포인터로 접근할 수 있는 문제다. 원래 리스트에서 노드를 직접 이동시키지 않고 새 연결 리스트를 생성하여 값을 비교하고 조건에 따라 노드를 이어 붙이는 방식을 사용할 수 있다. 예를 들어 투 포인터로 작은 값과 크거나 같은 값의 노드를 분리하고, 마지막에는 작은 값들이 저장된 연결 리스트의 마지막 노드에 크거나 같은 값이 저장된 연결 리스트의 시작 노드를 연결한다.

접근 방법

1. 빈 연결 리스트 두 개를 초기화한다. (크거나 같은 값을 저장할 greater, 작은 값을 저장할 smaller 연결 리스트를 초기화한다.)
2. 1에서 초기화한 두 리스트를 담당할 포인터를 초기화한다.
3. 입력 리스트 헤드에 노드가 있는 동안 반복문을 실행한다.
   a. 노드의 값을 p 값과 비교한다.
   b. 노드의 값이 p보다 작으면 smaller 연결 리스트에 추가한다.
   c. 노드의 값이 p보다 크거나 같으면 greater 연결 리스트에 추가한다.
4. smaller와 greater 연결 리스트를 이어 붙여서 새로운 연결 리스트를 생성한다.

5. 마지막으로 결과 리스트를 반환한다.

풀이

```
01 function partitionList(head, p) {
02   let smaller = new ListNode(null); // 작은 값을 저장할 연결 리스트
03   let greater = new ListNode(null); // 크거나 같은 값을 저장할 연결 리스트
04   let smallerPointer = smaller; // smaller 리스트의 현재 포인터
05   let greaterPointer = greater; // greater 리스트의 현재 포인터
06
07   while (head !== null) {
08     if (head.val < p) {
09       smallerPointer.next = head;
10       smallerPointer = smallerPointer.next;
11     } else {
12       greaterPointer.next = head;
13       greaterPointer = greaterPointer.next;
14     }
15     head = head.next;
16   }
17   // 크거나 같은 값을 저장한 연결 리스트의 끝을 표시하기 위해 null을 할당한다.
18   greaterPointer.next = null;
19
20   // 작은 값을 저장한 연결 리스트의 끝에 크거나 같은 값을 저장한 연결 리스트를 연결한다.
21   smallerPointer.next = greater.next;
22
23   return smaller.next; // 파티션된 연결 리스트 반환
24 };
```

2~3행에서 두 연결 리스트의 헤드 노드를 초기화한다. 앞의 문제에서 보았던 dummy 노드와 같은 작동 원리다. 초기화 시점의 할당 값은 중요하지 않다. 주로 0 또는 null 값으로 지정한다. 각 리스트의 연결 작업을 실행할 포인터를 지정해야 하므로 3~4행에서는 각 리스트의 연결 작업을 담당할 포인터 변수를 초기화한다.

연결 리스트의 헤드를 시작으로 모든 노드를 순회한다. 리스트의 노드 값이 있는 한 반복문이 실행된다. 반복문 안에서 매회 p 값과 현재 노드의 값을 비교하고, 그 결과에 따라 이어 붙이는 방향이 결정된다. 9~10행에서는 현재 노드의 값이 p보다 작을 때의 처리 과정이다. 해당 노드를 작은 값을 저장한 smaller 연결 리스트에 저장하고 한 칸 전진한다. 이 연결과 이동에는 모두 smallerPointer, 즉 smaller 리스트를 참조하는 포인터 변수를 활용한다. 12~13행은 그 정반대의 처리 과정이라고 보면 된다. 조건과 상관없이 실행되는 15행에서는 입력 연결 리스트의 다음 노드로 이동해 순회를 이어간다.

18행에서 `greaterPointer`의 다음 노드를 `null`로 지정하는데, 이는 연결 리스트의 끝을 명확하게 표시해 재구성된 연결 리스트에서 크거나 같은 값을 올바른 위치에 배치하기 위해서다. 21행에서 두 리스트를 연결한다. `smaller` 리스트의 끝에 `greater` 리스트를 이어 붙인다.

마지막으로 파티션이 적용된 리스트를 반환(재구성된 연결 리스트의 헤드를 반환)한다. 이 풀이의 시간 복잡도는 $O(n)$이다. 이때 n은 입력값으로 전달된 연결 리스트의 노드 개수다. 입력값 리스트를 한 번만 순회하면서 노드를 작은 값과 크거나 같은 값으로 분리하므로 입력 크기에 비례해 시간이 선형적으로 증가한다.

2.4.5 리스트 역순 정렬

기출: 아마존, 마이크로소프트, 애플, 메타, 구글, 어도비
난이도: 하 | **풀이 시간:** 25분 | **런타임:** 1초 | **메모리:** 32MB

문제

연결 리스트의 헤드 노드가 주어졌을 때 이를 역순으로 뒤집는 함수를 작성하라. 다른 자료 구조를 사용하지 않고 입력값 리스트의 노드를 조작해 역순으로 뒤집어야 한다.

- 역순으로 정렬한 후 재구성된 리스트의 헤드 노드를 반환한다.

입력

예시 1) 1 -> 2 -> 3 -> 4 -> 5

예시 2) 3 -> 2 -> 3 -> 5

예시 3) 1 -> 3 -> 5 -> 2 -> 4

출력

예시 1) 5 -> 4 -> 3 -> 2 -> 1

예시 2) 5 -> 3 -> 2 -> 3

예시 3) 4 -> 2 -> 5 -> 3 -> 1

설명

리스트 1 -> 2 -> 3 -> 4 -> 5의 헤드 노드는 1이다.

```
// 함수 실행
reverseList(head)
```

함수를 실행한 후 역순으로 정렬된 리스트는 5 -> 4 -> 3 -> 2 -> 1이 된다. 따라서 재구성된 리스트의 헤드 노드인 5가 반환되어야 한다.

문제 분석

주어진 연결 리스트의 노드를 조작하여 역순으로 뒤집어야 한다. 문제의 요구사항은 다른 자료 구조를 사용하지 않는 것이다. 다시 말해 배열 등의 다른 자료 구조에 노드 값을 임시로 저장하지 않고 포인터만 조작해서 문제를 해결해야 한다. 이 문제는 투 포인터로 접근할 수 있다. 예를 들어 하나는 현재 노드를, 다른 하나는 다음 노드를 가리키게 한 뒤 반복문으로 노드의 진행 방향을 바꿔 리스트의 흐름을 재구성하는 방식이다. 간단히 말해 현재 노드의 다음 포인터를 반대 방향에 있는 노드를 향하게 하는 것이다.

접근 방법

1. 포인터 변수를 초기화한다. 전달받은 연결 리스트의 헤드 노드를 currentNode에 저장하고 prevNode를 null로 초기화한다.
2. currentNode가 있는 동안(null이 아닌 한) 반복문을 실행한다.
   a. 다음 노드를 설정할 변수 nextNode를 생성한다. nextNode를 currentNode의 다음 노드로 지정한다.
   b. currentNode의 next 포인터를 prevNode로 갱신한다.
   c. prevNode를 currentNode로 갱신한다.
   d. currentNode를 nextNode로 갱신한다.
3. 반복문이 종료되면 prevNode는 재구성된 연결 리스트의 헤드 노드가 된다.
4. 마지막으로 prevNode를 반환한다.

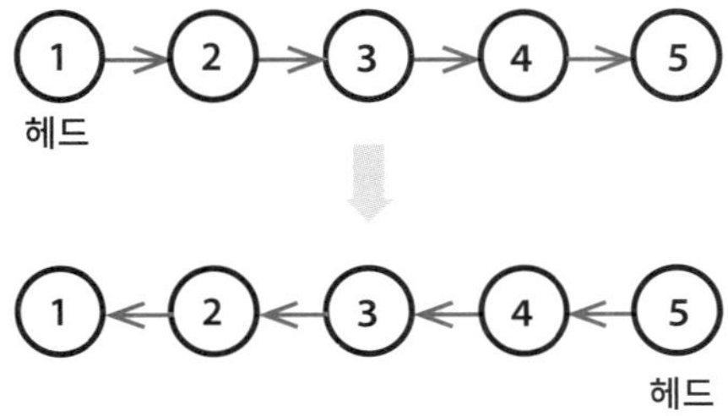

그림 2-21 리스트 반전 예시: 포인터의 방향만 재설정한다.

풀이

```
01 function reverseList(head) {
02   let prevNode = null; // 현재 노드의 이전 노드를 가리킨다.
03   let currentNode = head; // 현재 노드를 가리킨다.
04
05   while (currentNode) {
06     // 현재 노드를 이전 노드로 바꾸기 전에
07     // 다음 노드를 먼저 저장한다.
08     let nextNode = currentNode.next;
09     currentNode.next = prevNode;
10     prevNode = currentNode;
11     currentNode = nextNode;
12   }
13
14   return prevNode;
15 }
```

이 문제의 해법은 연결 리스트의 next 포인터를 어떻게 조작하느냐에 있다. 풀이 자체는 직관적이지만 단일 연결 리스트의 특성과 순회 방향을 이해하지 못한다면 매우 까다로워질 수도 있는 문제이다.

우선 2~3행에서 현재 노드의 이전 노드를 가리킬 prevNode와 현재 노드를 가리킬 currentNode를 초기화한다. 5행의 반복문은 currentNode가 null이 아닌 동안 실행되며 모든 노드를 확인한다. 반복문 내부에서 이 알고리즘의 핵심 로직이 실행된다.

각 반복 단계에서는 현재 노드의 next 포인터를 이전 노드로 변경하여 연결 방향을 반전시킨다. 이제 단계별 작동 과정을 살펴보자.

첫 번째 단계(8행)에서 현재 노드의 next 포인터를 nextNode에 미리 저장한다. 이렇게 하지 않으면 다음 노드의 참조를 잃어버리기 때문이다.

두 번째 단계(9행)에서는 현재 노드의 next 포인터를 이전 노드 prevNode로 변경한다. 이 시점에서 리스트의 방향이 반전된다.

세 번째 단계(10행)에서는 이전 노드 prevNode를 갱신하여 현재 노드로 설정한다.

네 번째 단계(11행)에서는 현재 노드 currentNode를 다음 노드로 이동시킨다. 엄밀히 말하면 다음 노드를 현재 노드로 바꿔 주는 것이다.

모든 작업이 끝나면 prevNode는 역순으로 재정렬된 연결 리스트의 헤드 노드가 된다.

표 2-1 입력 리스트 1 -> 2 -> 3 -> 4 -> 5의 반전 과정

단계	prevNode	currentNode	nextNode
1	null	1	2
2	1	2	3
3	2	3	4
4	3	4	5
5	4	5	null
6	5	null	null

n이 입력값 연결 리스트 노드의 개수일 때 이 풀이의 시간 복잡도는 $O(n)$이다. 리스트를 한 번만 순회하면서 각 노드의 포인터를 갱신하므로 노드의 개수에 비례하여 처리 시간이 증가한다.

2.5 인터뷰 팁과 고려 사항

- 두 포인터가 올바르게 초기화되었는지 항상 확인하자. 미리 정렬된 배열에서 투 포인터 패턴을 사용하는 경우 하나는 인덱스 0에서 시작하고 다른 하나는 배열의 끝(arr.length - 1)에서 시작한다.
- 두 포인터가 범위를 벗어나지 않는지 항상 확인하자. 또한 포인터가 올바른 방향으로 움직이는지 확인해야 한다. (예를 들어 오름차순으로 정렬된 배열에서 왼쪽 포인터를 이동하면 값이 증가하고 오른쪽 포인터를 이동하면 값이 감소한다.)
- 포인터가 이동해야 할 조건을 명확하게 정의하고 테스트하는 것이 중요하다. 한

두 포인터를 이동시키지 못하면 무한 루프가 발생할 수도 있다.

- 투 포인터 패턴을 구현하기 전에 입력값이 유효한지, 혹시 비어 있지는 않은지 항상 확인하자. 이에 따른 예외 처리를 하는 것도 잊지 말자.
- 특히 배열을 다루는 문제에서는 정답을 찾는 즉시 결과를 일찍 반환하여 불필요한 반복을 피하는 것이 좋다.
- 연결 리스트 문제에 접근할 때는 헤드 노드의 참조를 잃어버리지 않는 것이 매우 중요하다. 이를 위해 항상 헤드 노드를 가리키는 별도의 포인터를 항상 유지하자.

3장

J a v a s c r i p t C o d i n g T e s t

슬라이딩 윈도 패턴

3.1 슬라이딩 윈도 패턴

슬라이딩 윈도는 문제 해결 기법 중 하나로 코딩 테스트, 알고리즘 설계에서 자주 사용되는 패턴이다. 이 패턴은 문자열 문제, 배열 문제에 주로 사용되며 대표적으로 특정 조건의 부분 배열/부분 문자열, 구간 합, 범위 값 계산하기에 적용할 수 있다.

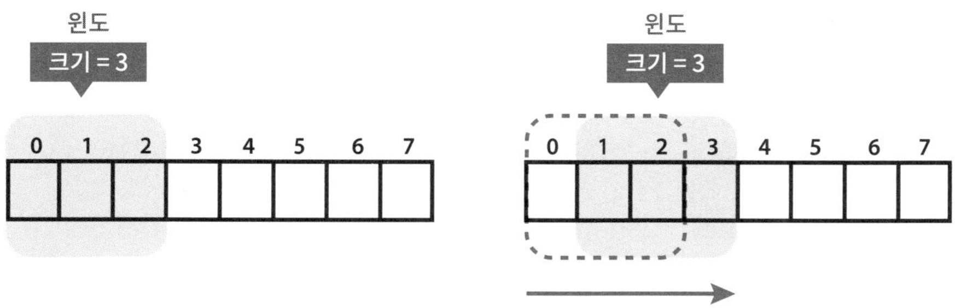

그림 3-1 슬라이딩 윈도

슬라이딩 윈도 패턴은 일정한 크기의 윈도(window)를 정하고 이 윈도를 이동하면서 주어진 문제를 해결하는 알고리즘이다. 윈도의 크기는 문제의 요구사항에 따라 달라질 수 있다. 이 알고리즘의 개요는 다음과 같다.

1. 사용할 윈도의 크기를 조건에 맞춰 설정한다.
2. 윈도의 크기만큼 초기 데이터(요소, 값, 문자열 등)를 취합한다.

3. 윈도를 한 칸씩 이동하면서 특정 요구사항을 평가해 중간 결과를 갱신한다.
4. 윈도가 한 칸씩 이동할 때마다 윈도 내의 데이터를 갱신한다.
5. 이 과정을 반복하면서 결과를 도출한다.

3.2 문제 유형 분석

코딩 테스트에서 연속 데이터(문자열, 수열 등)를 처리하는 문제 유형을 만나면 이 패턴을 떠올려 보자. 이 알고리즘의 특성이 잘 드러나는 문제를 하나 살펴보겠다. 수열 `[5, 7, -1, 14, 3, 12, 1, 4]`와 `k = 3`이라는 입력이 전달된다. 이때 크기가 3인 연속된 부분 수열의 최대 합을 구해 반환해야 한다고 해 보자. 일단 슬라이딩 윈도의 개념은 배제하고 브루트 포스를 떠올려 보자. 가장 직관적인 접근 방법은 아마 모든 경우의 수를 고려하는 중첩 반복문일 것이다.

```
01 function maxSumOfSubarray(arr, k) {
02   let maxSum = -Infinity; // 음수를 대비해 -Infinity를 초깃값으로 사용한다.
03
04   for (let i = 0; i <= arr.length - k; i++) {
05     let currSum = 0;
06
07     for (let j = i; j < i + k; j++) {
08       currSum += arr[j];
09     }
10
11     if (currSum > maxSum) {
12       maxSum = currSum;
13     }
14   }
15
16   return maxSum;
17 }
```

> 자바스크립트에서 Infinity는 전역 객체의 속성이며 양의 무한대를 표현할 때 사용한다. Number.POSITIVE_INFINITY와 같은 수를 뜻한다. -Infinity는 Number.NEGATIVE_INFINITY와 같다.

4행에서 상위 반복문은 인덱스 `0`으로 시작해 `arr.length - k`만큼 작동한다. 7행의 내부 반복문은 `j`를 `i`로 초기화한 후 `i`부터 `i + k`까지 부분 배열의 합을 계산하여 currSum를 갱신한다. 이 로직 덕분에 주어진 수열에서 길이가 k인 부분 배열을 모두 확인할 수 있다. 11행에서는 현재까지 계산된 부분합 currSum과 전역 최대합

maxSum을 비교하여 currSum이 maxSum보다 크면 maxSum을 currSum으로 갱신한다.

이 방법은 성능이 그리 나쁘지 않은 알고리즘이다. 수열의 길이가 n일 때 $O(n * k)$의 복잡도로 해결할 수 있다. 하지만 여전히 개선의 여지가 있다. 중첩된 반복문의 특성상 중복 연산을 피할 수 없다. 또한 테스트 환경의 입력 제약에 따라 입력 배열과 k의 크기가 매우 크면 시간을 초과할 수도 있다.

이런 상황에서 슬라이딩 윈도 패턴을 사용한다면 중복 연산을 제거해 훨씬 효율적인 $O(n)$ 시간 복잡도로 성능을 개선할 수 있다.

```
01 function maxSumOfSubarray(arr, k) {
02   let windowSum = 0;
03   let maxSum = -Infinity;
04
05   // 크기가 k인 윈도의 합을 미리 계산한다.
06   for (let i = 0; i < k; i++) {
07     windowSum += arr[i];
08   }
09
10   // 최댓값 계산 및 갱신
11   for (let i = k; i < arr.length; i++) {
12     windowSum += arr[i] - arr[i - k];
13     maxSum = Math.max(maxSum, windowSum);
14   }
15
16   return maxSum;
17 }
```

2행에서 windowSum 변수를 0으로 초기화하고 크기가 k인 윈도의 합을 6~8행에서 미리 계산한다. 미리 계산한 합을 이용해 다음 반복문에서 윈도를 이동할 수 있다. 12행에서 이 알고리즘의 핵심인 슬라이딩 윈도 기법을 적용한다. 이 부분을 조금 더 자세히 살펴보자. 입력 수열이 [5, 7, -1, 14, 3, 12, 1, 4]이고 k가 3일 때 처음 계산되는 windowSum(윈도 합)은 5 + 7 + (-1) = 11이다. 이후 두 번째 반복문의 arr[i]는 현재 윈도의 마지막 요소이고 arr[i - k]는 이전 윈도의 첫 번째 요소가 된다. 예를 들어 윈도를 한 칸 앞으로 이동하면 windowSum의 값 11에서 윈도의 오른쪽 끝 요소 값인 14를 더하고, 윈도의 왼쪽 끝 요소 값인 5를 뺀다. 즉, windowSum은 11 + 14 - 5 = 20으로 갱신된다. 이와 같이 슬라이딩 윈도 패턴을 사용하면 이전 윈도 구간의 값 중 일부를 재사용해 훨씬 더 효율적으로 문제를 해결할 수 있다. n이 배열의 길이라면 시간 복잡도는 $O(n)$으로 앞서 보았던 브루트 포스 기법보다 훨씬 더 효율적이다.

3.3 응용 문제

슬라이딩 윈도와 투 포인터 패턴의 가장 큰 차이점은 무엇일까? 투 포인터는 두 포인터를 사용해 배열이나 리스트에서 두 위치를 동시에 추적하며 두 위치가 가리키는 값을 비교하거나 연산한다. 슬라이딩 윈도는 시작 포인터와 끝 포인터로 두 지점 사이의 '구간'을 이동하면서 해당 구간에 해당하는 모든 요소의 값을 비교 또는 연산한다. 두 기법은 개념상 다르지만, 배열, 리스트 문제를 효과적으로 해결할 수 있는 방법이기에 비교되기도 한다. 어떤 기법이 특정 문제에 더 적합한지를 판단하려면 여러 응용 문제를 풀어 보는 게 가장 효과적이다. 이어지는 절에서 슬라이딩 윈도를 사용하는 문제 유형에 좀 더 익숙해져 보자.

3.3.1 가장 긴 부분 문자열

기출: 아마존, 어도비, 블룸버그, 메타, 애플, 마이크로소프트, 구글, 오라클
난이도: 중 | **풀이 시간:** 30분 | **런타임:** 2초 | **메모리:** 32MB

문제

주어진 문자열 s에서 가장 긴 '부분 문자열'의 길이를 구하는 함수를 작성하라.

- 입력 문자열 s는 알파벳 소문자로만 구성되어 있다.
- 부분 문자열에는 중복 문자가 없어야 한다.

입력

예시 1) "abcabcbb"

예시 2) "aaaaa"

예시 3) "abcde"

출력

예시 1) 3 // "abc"

예시 2) 1 // "a"

예시 3) 5 // "abcde"

설명

문자열 "abcabcbb"에서 중복된 문자가 없는 가장 긴 부분 문자열은 "abc"이다. 따라서 "abc"의 길이인 3을 반환한다. "aaaaa"는 "a"가 계속 반복되므로 중복 문자가 없는 가장 긴 부분 문자열은 "a" 하나다. 따라서 1을 반환한다. 마지막으로 "abcde"는 모두 중복 없는 문자로 구성되어 있기 때문에 문자열의 원래 길이인 5를 반환하면 된다.

문제 분석

이 문제는 슬라이딩 윈도 문제 유형 중 출제 빈도가 매우 높다. 브루트 포스 기법을 비롯해 다양한 풀이 방법이 있다. 문자열 탐색에는 슬라이딩 윈도를 사용하고 중복 없는 부분 문자열 검증에는 Set 또는 Map 자료 구조를 함께 사용할 수 있다(문자열 중복을 찾고 처리하는 과정은 1장 문자열 패턴에서 다뤘다.). 이 문제의 핵심 아이디어는 문자열을 순회하며 부분 문자열의 길이를 계산하여 갱신하고, 그 과정에서 중복 문자를 찾으면 이를 반영해 최대 길이를 갱신하는 것이다.

접근 방법

1. 최대 길이를 저장하고 추적할 변수 maxLength를 0으로 초기화한다.
2. 윈도의 시작 인덱스를 담당하는 start와 현재 문자의 인덱스를 나타내는 i를 사용한다.
3. 중복되지 않은 문자를 저장할 Set 객체를 charSet로 초기화한다.
4. 문자열의 길이만큼 순회하면서 각 문자에 대해 다음 과정을 처리한다.
   a. Set로 중복 문자를 확인한다. 중복 문자가 있으면 start를 중복 문자의 다음 인덱스로 조정(start++)하고 Set에서 문자를 삭제한다.
   b. Set에 현재 문자를 추가한다.
   c. 중복 문자가 없는 윈도의 문자들로 구성된 부분 문자열의 길이를 계산하여 최대 길이를 갱신한다.
   d. 반복문이 종료되면 최대 길이가 저장된 maxLength를 반환한다.
5. 4의 a~b 과정을 통해 중복 문자가 발견되면 시작 인덱스를 조정하여 중복 문자 이후의 부분 문자열을 확인한다. 이를 통해 이전의 문자는 다시 검사하지 않아도 되므로 연산이 반복적으로 실행되는 것을 방지할 수 있다.

— **Javascript**

풀이

```
function findLongestSubstring(s) {
  let maxLength = 0; // 최대 길이
  let start = 0; // 중복 문자를 찾았을 때 시작 인덱스 조정을 위한 변수

  const charSet = new Set(); // 중복되지 않은 문자를 저장할 Set

  // 윈도의 끝 인덱스 i
  // 윈도의 시작 인덱스 start
  for (let i = 0; i < s.length; i++) {
    const currentChar = s[i];

    // 현재 문자가 중복 문자일 때
    while (charSet.has(currentChar)) {
      // 중복 문자가 발견되면 시작 인덱스를 조정하고 Set에서 문자 삭제
      charSet.delete(s[start]);
      // 윈도 크기 조정
      start++;
    }

    // 현재 문자를 Set에 추가
    charSet.add(currentChar);

    // 최대 길이 갱신
    maxLength = Math.max(maxLength, i - start + 1);
  }
  return maxLength;
}
```

우선 이 알고리즘에 사용할 변수를 초기화한다. 최대 길이를 추적하고 저장할 변수 maxLength를 0으로 지정하고 윈도의 시작점을 담당할 start 변수 역시 0으로 초기화한다. 중복 확인에 사용할 Set 객체를 charSet로 초기화한다.

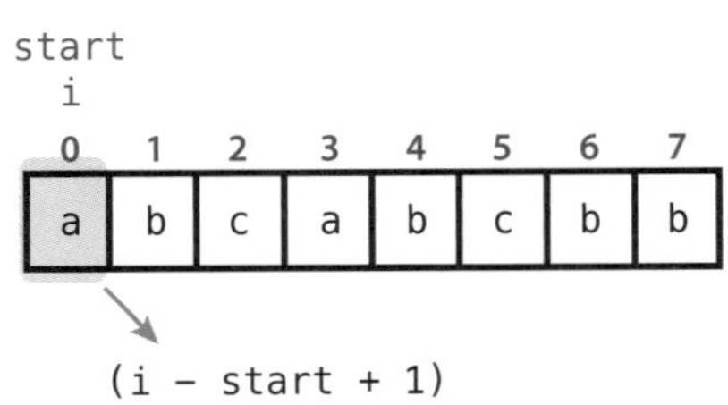

그림 3-2 시작 위치의 윈도

코드에서 슬라이딩 윈도 부분은 start와 i 인덱스 변수를 사용해 작동한다. 반복문 내부를 조금 더 자세히 살펴보자.

10행에서 현재 문자를 currentChar에 저장한 후 확인한다. 13행의 조건이 참이라면 현재 문자가 이미 Set에 들어 있다는 뜻이다. 유일한 값만 저장할 수 있는 Set 객체에 값이 있으므로 중복된 문자라는 의미다. 이때는 중복이 사라질 때까지 15행에서 charSet의 s[start]를 삭제하고 start를 1씩 늘려 윈도를 왼쪽에서 좁힌다. 21행에서 현재 문자를 charSet에 추가하여 다음 순회 때 중복 여부를 확인할 수 있도록 한다.

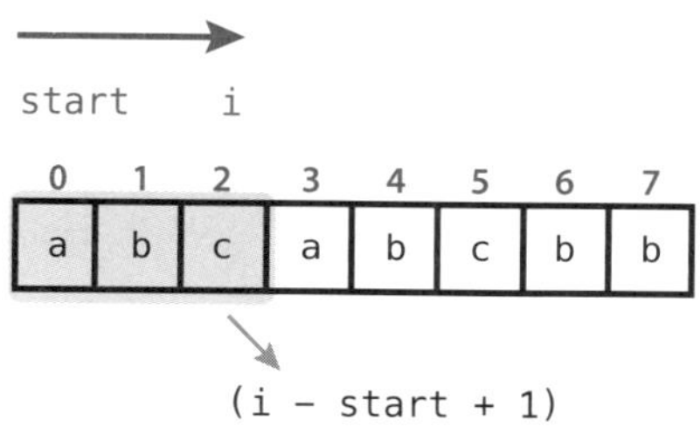

그림 3-3 첫 번째 중복 문자를 발견하기 전의 윈도

이 로직은 모든 중복 문자를 건너뛰게 하여 길이 계산에서 제외한다. 예를 들어 "bbbbb"처럼 같은 문자가 반복되면 윈도에는 마지막에 위치한 "b" 하나만 남으므로 최장 길이 1만 포함한다. 반면 "abcde"처럼 중복 문자가 없는 문자열에서는 시작 인덱스 start의 값이 바뀌지 않는다. 따라서 마지막 문자 e의 인덱스가 4일 때 윈도의 길이는 4 - 0 + 1 = 5가 된다. (배열 인덱스가 0부터 시작하기 때문에) 최종적으로 5가 가장 긴 부분 문자열의 길이가 된다.

이제 반복문 마지막 단계인 24행에서 가장 중요한 최대 길이를 갱신한다. 현재까지의 최대 길이와 현재 윈도의 길이(i - start + 1) 중 큰 값을 선택한다. 이런 식으로 문자열을 순회하면서 윈도의 크기는 start 인덱스와 i에 따라 동적으로 변한다.

i	currentChar	charSet	maxLength	start
0	a	a	1	0
1	b	a, b	2	0
2	c	a, b, c	3	0
3	a	b, c, a	3	1
4	b	c, a, b	3	2
5	c	a, b, c	3	3
6	b	b, c	3	4
7	b	b	3	5

그림 3-4 i 인덱스 위치별 윈도 크기 예시

마지막으로 이 알고리즘의 시간 복잡도를 분석해 보자. 우선 입력 크기에 비례하는데(문자열 s의 길이) 문자열을 한 번 순회하므로 $O(n)$이 된다. `while` 문이 `for` 문 내부에 중첩되어 있어 $O(n^2)$이라고 생각할 수도 있지만, 최악의 경우에도 문자열 s의 각 문자를 한 번씩만 확인하고 `while` 문이 전체 문자열 길이를 초과하지 않으므로 실질적인 성능은 $O(2n)$으로 계산된다. 빅 오 표기법은 상수항을 무시하므로 전체적인 시간 복잡도는 $O(n)$이 된다.

3.3.2 세 문자

기출: 아마존, 마이크로소프트

난이도: 중 | **풀이 시간:** 40분 | **런타임:** 2초 | **메모리:** 32MB

문제

소문자 알파벳으로만 구성된 문자열 s가 주어진다. s의 부분 문자열 중 길이가 3이고 서로 다른 문자로 구성된 부분 문자열을 찾아 그 개수를 반환하라.

- s의 부분 문자열 중 반복되지 않은 3개의 부분 문자열을 찾아야 한다.

입력

예시 1) "abcabc"

예시 2) "aaabbbccc"

예시 3) "xyzzaz"

출력

예시 1) 4

예시 2) 0

예시 3) 1

설명

주어진 문자열 s가 "abcabc"이면 길이가 3인 반복되지 않은 부분 문자열은 "abc", "bca", "cab", "abc"와 같이 총 4개를 만들 수 있다. 이 경우 4를 반환한다.

반면 "aaabbbccc"는 길이가 3일 때 모든 부분 문자열에서 항상 반복이 발생하므로 조건을 만족하는 결과를 찾을 수 없다. 이 경우 0을 반환한다.

문제 분석

반복되지 않은 세 문자를 찾아 그 개수를 반환하는 문제이다. 부분 문자열의 길이가 3으로 고정되어 있으므로 고정 크기의 슬라이딩 윈도를 사용할 수 있다. 총 개수를 저장할 변수를 만들고 한 번에 세 문자씩 중복된 문자가 있는지 확인하면서 중복이 없는 경우에만 변수를 1씩 증가시키는 방법을 생각해 볼 수 있다. 크게 두 가지 로직을 구현하면 된다. 첫 번째는 윈도의 범위를 생성해 한 번에 세 문자씩 순회하는 작업이다. 두 번째는 윈도 범위 내의 선택된 문자를 하나씩 확인하여 중복 여부를 검사하는 작업이다. 이는 중복을 허용하지 않는 자료 구조인 Set로 간단하게 판별할 수 있다.

접근 방법

1. 조건을 만족하는 부분 문자열의 개수를 추적할 변수 `count`를 `0`으로 초기화한다.
2. 인덱스 `0`부터 시작해 입력 문자열 `s.length - 2`까지 순회한다. 인덱스가 윈도의 범위 밖으로 나가는 것을 방지하기 위해서다.
3. 반복문 단계마다 현재 인덱스를 기준으로 길이가 3인 부분 문자열을 추출한다.
4. 3에서 추출한 부분 문자열이 중복 조건에 만족하는지 `Set`로 판별한다. 중복이 없다면 `count`를 1 증가시킨다.
5. 순회가 끝나면 최종 결괏값 `count`를 반환한다.

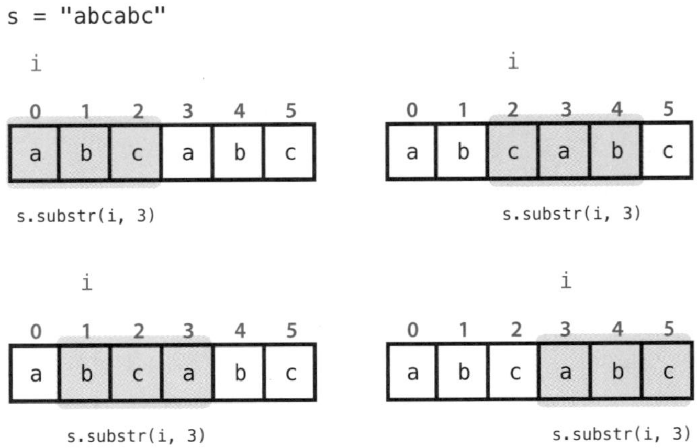

그림 3-5 크기가 3인 윈도 부분 배열의 예시

풀이

```javascript
function isUnique(str) {
  const set = new Set();

  for (let char of str) {
    if (set.has(char)) {
      return false;
    }
    set.add(char);
  }

  return true;
}

function findSubstring(s) {
  let count = 0;

  // s의 길이 - 2로 순회 범위 제한
  for (let i = 0; i < s.length - 2; i++) {
    // 현재 인덱스를 기준으로 3개의 문자를 추출한다.
    let substring = s.substr(i, 3);

    // 추출한 부분 문자열이 유일한지 확인한다(헬퍼 함수 사용).
    if (isUnique(substring)) {
      count++;
    }
  }

  return count;
}
```

이 풀이는 두 부분으로 구성되어 있다. 문제 분석에서 언급한 것처럼 윈도의 범위를 설정한 후 순회하는 메인 함수와 문자열이 중복 문자를 포함하는지 확인하는 로직이다. 중복 문자를 검사하는 부분은 따로 헬퍼 함수로 분리했다.

헬퍼 함수 `isUnique()`를 먼저 살펴보자. 이 함수는 문자열 `str`을 전달받아 중복을 허용하지 않는 `Set` 객체를 사용해 중복 문자가 있는지 확인한다. `str`의 각 문자를 순회하면서 `Set`에 이미 해당 문자가 있으면 `false`를, 없으면 `true`를 반환한다.
메인 함수 차례다. 가장 먼저 조건이 성립하는 부분 문자열의 개수를 저장할 카운터 변수 `count`를 `0`으로 초기화한다. 다음은 18행의 `for` 문을 통해 입력 문자열 `s`의 각 인덱스를 순회한다. 인덱스 길이가 2보다 작을 때(`s.length - 2`)까지 진행한다. 이는 각 순회 단계에서 길이가 3인 부분 문자열을 추출하기 위해서다. 이어서 20행에서 `substr()` 메서드를 사용해 현재 인덱스부터 시작하여 세 문자를 추출한다. 그리고 매회 저장되는 변수 `substring`의 값을 헬퍼 함수에 전달해 중복 여부를 검사한다. 만약 헬퍼 함수의 반환값이 `true`라면 중복 문자가 없다는 뜻이므로 `count` 변수를 1 증가시킨다. 이런 식으로 모든 인덱스를 확인할 때까지 `s`를 순회한 후 최종적으로 `count`를 반환한다.

이 풀이의 시간 복잡도를 분석해 보자. 주어진 입력 문자열 `s`의 길이를 n이라고 해 보자. 주요 연산 작업을 비교해 보면 `for` 문에서는 $O(n)$의 시간 복잡도가 발생한다. 그리고 부분 문자열을 추출할 때 사용한 `substr()` 함수는 n의 크기에 관계없이 항상 길이가 3인 문자열을 추출하기 때문에 상수 시간으로 분석할 수 있다. 그리고 마지막으로 헬퍼 함수는 n의 길이에 비례하게 복잡도가 증가하므로 $O(n)$의 성능으로 볼 수 있다. 따라서 전체적인 시간 복잡도는 $O(n)$이 된다.

3.3.3 연속된 자연수의 합

기출: 아마존, 메타, 마이크로소프트, 구글
난이도: 중 | **풀이 시간:** 30분 | **런타임:** 2초 | **메모리:** 32MB

문제

자연수 `n`과 정수 `target`이 주어졌을 때 `n` 이하의 자연수 중 연속된 수들의 합이 `target`이 되는 모든 경우를 구하는 함수를 작성하라. 반환값으로는 모든 경우의 수를 요소로 담고 있는 부분 배열을 반환해야 한다.

- `n`은 1 이상의 자연수이다.

입력

예시 1) n = 15, target = 7

예시 2) n = 12, target = 6

예시 3) n = 5, target = 10

출력

예시 1) [[3, 4], [7]]

예시 2) [[1, 2, 3] , [6]]

예시 3) [[1, 2, 3, 4]]

설명

n이 15이면 1, …, 15의 자연수 중 연속된 수의 합이 target과 같은 경우의 수를 부분 배열로 만들어 반환해야 한다. target이 7이라면 [3, 4]와 [7]이 요소에 해당하며, 결괏값으로 [[3, 4], [7]]을 반환한다.

문제 분석

자연수 1, …, N 중에서 연속된 수들의 합이 target과 같은지 찾는 문제다. 조건을 만족하는 구간을 찾으면 그 구간을 부분 배열로 만들어 결괏값에 추가한다. 조건을 만족하는 구간을 모아 2차원 배열을 반환해야 한다. 이 문제는 동적 크기의 슬라이딩 윈도를 생성하여 반복문으로 연속된 수들의 합을 단계마다 계산하면서 윈도를 이동시키는 방식으로 접근할 수 있다.

접근 방법

1. 문제 해결에 필요한 변수를 초기화한다. 최종 결괏값을 저장할 배열 result는 빈 배열로 초기화한다. 윈도의 시작과 끝 지점을 가리킬 포인터 변수 start와 end는 모두 1로 초기화하고, 현재의 구간 합을 저장할 변수 currentSum은 0으로 초기화한다.
2. start가 n과 같아질 때까지 반복문을 실행한다.
   a. currentSum이 target보다 작으면 end를 1 증가시키고 currentSum에 증가된 end를 더한다.

b. currentSum이 target보다 크면 currentSum에서 start를 빼고 start를 1 증가시킨다.

c. a, b에 모두 해당되지 않으면 현재 구간(start, …, end)의 연속된 수를 결괏값 배열에 추가한 후 currentSum에서 start를 빼고 start를 1 증가시킨다.

3. 반복문이 종료되면 결괏값 배열을 반환한다.

풀이

```
01 function findContinuousSum(n, target) {
02   let result = []; // 모든 경우의 수를 담을 배열
03   let start = 1; // 시작점
04   let end = 1; // 끝점
05   let currentSum = 0; // 현재 연속된 수들의 합
06
07   while (start <= n) {
08     if (currentSum < target) {
09       currentSum += end;
10       end++; // end를 오른쪽으로 이동시켜 윈도 크기 증가
11     } else if (currentSum > target) {
12       currentSum -= start;
13       start++;  // start를 오른쪽으로 이동시켜 윈도 크기 감소
14     } else {
15       // 현재 연속된 수들의 합이 target과 같으면
16       // 배열에 해당 연속된 수들을 추가한다.
17       let sequence = [];
18       for (let i = start; i < end; i++) {
19         sequence.push(i);
20       }
21       result.push(sequence);
22
23       currentSum -= start;
24       start++;
25     }
26   }
27
28   return result;
29 }
```

먼저 2~5행에서 문제 해결에 필요한 변수를 초기화한다. 결괏값이 2차원 배열이므로 초깃값은 빈 배열로 설정한다. 윈도의 시작점과 끝점을 가리킬 포인터 변수 start와 end는 각각 1로 설정한다. 자연수 자체를 더하므로 인덱스를 값으로 사용한다. (예를 들어 n이 5이면 1, 2, 3, 4, 5의 자연수로 구성되고 인덱스가 1부터 시

작되므로 인덱스 값을 그대로 사용할 수 있다.) 현재 연속 구간의 합을 저장하고 갱신할 변수 `currentSum`을 `0`으로 초기화한다.

7행의 `while` 문은 `start`가 `n`과 같아질 때까지 실행한다. `n` 이하의 자연수 범위 내에서 실행된다.

8행에서는 `currentSum`을 기준으로 분기된다. `currentSum`이 `target`보다 작으면 `end`를 오른쪽으로 이동시키고 그 값을 `currentSum`에 더한다. 연속된 수들의 범위를 한 칸 확장한다고 보면 된다. 반대로 `currentSum`이 `target`보다 크면 `currentSum`에서 `start`를 빼고 `start`를 오른쪽으로 이동시켜 구간을 한 칸 좁힌다. 마지막의 `else` 문에 도달한다면 `currentSum`이 `target`과 같다는 뜻이다. 현재 범위의 연속된 수들을 부분 배열로 만들어 결괏값에 추가한다.

17~21행을 보자. 현재 범위의 값을 반복문을 통해 부분 배열 `sequence`에 저장한 뒤 최종 결괏값 배열 `result`에 추가한다. 이어서 다음 범위로 이동하기 위해 `currentSum`에서 `start`를 빼고 `start`를 오른쪽으로 이동한다.

이런 식으로 반복문이 계속 실행되어 모든 경우의 수를 찾고, 반복문이 종료되면 모든 경우의 수가 저장된 `result` 배열을 반환한다.

이 방법에서 핵심은 `while` 문이 `start`가 `n`과 같아질 때까지 실행된다는 것이다. `else` 문에서 작동하는 `for` 문은 연속 구간의 길이(`end - start`)만큼만 반복된다. `end`의 값은 `while` 내부에서 `start`와 함께 조절되며 최악의 경우에도 각 포인터는 오른쪽으로 한 번씩만 이동하므로 `n`번 이상 반복하지 않는다. 따라서 전체 시간 복잡도는 $O(n)$이 된다.

3.3.4 과일 바구니

기출: 아마존, 마이크로소프트

난이도: 중 | **풀이 시간:** 40분 | **런타임:** 2초 | **메모리:** 64MB

문제

주어진 배열 `fruits`의 각 요소는 알파벳으로 구성되어 있으며, 각 문자는 과일 나무를 나타낸다. 바구니 두 개가 주어졌을 때 다음 규칙에 따라 최대한 많은 과일을 수확할 수 있는 알고리즘을 작성하라.

- 수확은 어떤 나무에서든 시작할 수 있다. 오른쪽으로 이동하면서 과일을 하나씩만 선택해야 한다. 선택한 과일은 두 바구니 중 하나에 담아야 한다.

- 각 바구니에는 한 종류의 과일만 담을 수 있으며, 담을 수 있는 과일 개수에는 제한이 없다.
- 한 나무에서 과일을 선택하기 시작하면 세 번째 과일 종류를 선택할 때까지 다른 나무로 건너뛸 수 없다(예를 들어 이미 두 종류의 과일을 선택 중인 경우).

입력

예시 1) ["a", "b", "c", "a", "c"]

예시 2) ["a", "b", "c", "b", "b", "c"]

예시 3) ["a", "b", "c", "b", "b"]

출력

예시 1) 3

예시 2) 5

예시 3) 4

설명

예시 1에서는 과일 "c" 2개를 한 바구니에 넣고, 과일 "a" 1개를 다른 바구니에 담으면 총 3개(["c", "a", "c"])의 과일을 수확할 수 있다.

예시 2에서는 과일 "b" 3개를 한 바구니에 넣고, 과일 "c" 2개를 다른 바구니에 담으면 총 5개(["b", "c", "b", "b", "c"])의 과일을 수확할 수 있다.

문제 분석

주어진 과일 나무 배열에서 바구니 두 개에 최대한 많은 과일을 수확하는 문제다. 어떤 나무에서 시작하든 오른쪽으로 이동하며 정확히 하나의 과일을 선택해야 한다. 하나의 윈도 범위를 설정하고 왼쪽에서 오른쪽 방향으로 개수를 세며 이동하는 방법을 사용할 수 있다.

윈도 범위 내에 있는 과일이 두 종류를 초과하면 바구니를 비워 문제의 제약 사항에 대응할 수 있다.

예를 들어 과일 나무 배열 ["a", "b", "c", "a", "c"]의 경우

1. 첫 번째 과일 "a"를 선택해 첫 번째 바구니에 담는다.

2. 두 번째 과일 "b"를 선택해 두 번째 바구니에 담는다.

바구니 A에는 ["a"], 바구니 B에는 ["b"]가 담긴다.

3. 세 번째 과일 "c"를 선택하면 문제의 제약 사항에 위배된다.

이미 두 종류의 과일이 각각의 바구니에 담겨 있으므로 다음 나무에서 과일 "c"를 선택하면 바구니를 비워야 한다. 따라서 첫 번째 바구니에 있는 "a"를 비운다. 그러면 바구니 A에는 ["b"], 바구니 B에는 ["c"]가 담긴다.

4. 다음 나무에서 과일 "a"를 수확한다. 이 경우에도 마찬가지로 이미 두 종류의 과일이 각각 바구니에 담겨 있기 때문에 바구니 A를 비우고 다음 나무로 이동한다.

이제 바구니 A에는 ["c"], 바구니 B에는 ["a"]가 담긴다.

5. 마지막 과일 "c"를 바구니 A에 추가한다.

바구니 A에는 ["c", "c"], 바구니 B에는 ["a"]가 담긴다. 따라서 최대로 수확할 수 있는 과일 개수는 3개다.

접근 방법

1. 윈도의 시작점 start와 과일의 최대 개수를 저장할 변수 maxFruits를 0으로 초기화한다.
2. 과일의 빈도(현재 윈도에 과일이 몇 개 있는지)를 저장하고 갱신할 Map 객체 basket을 초기화한다.
3. 윈도의 범위를 시작점(start)과 끝점(end) 모두 0으로 설정한 후 반복문을 실행한다.
4. fruits[end]의 과일을 현재 윈도에 추가한다. 과일 종류가 두 가지 이하면 계속 진행하고 세 가지가 되면 윈도의 왼쪽부터 과일을 제거해 두 가지만 남긴다.
5. 단계마다 최대 개수를 계산하고 반복문이 끝나면 최댓값을 반환한다.

풀이

```
function fruitBasket(fruits) {
  const basket = new Map(); // 과일 빈도 저장
```

```
03   let maxFruits = 0; // 최대 과일 개수
04   let start = 0; // 시작점
05
06   for (let end = 0; end < fruits.length; end++) {
07     const fruit = fruits[end];
08     // 과일 빈도 갱신
09     basket.set(fruit, (basket.get(fruit) || 0) + 1);
10
11     // 과일이 두 종류 이상일 때
12     // (과일을 두 종류로 제한하기 위해 start 포인터 이동)
13     while (basket.size > 2) {
14       const firstFruit = fruits[start];
15       basket.set(firstFruit, basket.get(firstFruit) - 1);
16       if (basket.get(firstFruit) === 0) {
17         basket.delete(firstFruit);
18       }
19       start++;
20     }
21
22     // 최대 과일 개수 갱신
23     maxFruits = Math.max(maxFruits, end - start + 1);
24   }
25
26   return maxFruits;
27 }
```

이 풀이는 윈도 범위에 항상 과일이 최대 두 종류만 포함되도록 유지하는 방법이다. end 지점에서 새로운 과일을 추가한 후 현재 윈도에 과일이 두 종류를 초과하면 start 지점에서 과일을 제거하는(바구니를 비우는) 작동 원리다.

우선 2~4행에서 이 알고리즘에 사용할 변수를 초기화한다. 과일의 빈도를 추적하기 위해 해시맵 역할을 하는 Map 객체 basket을 사용한다. 최대 과일 개수를 갱신할 변수 maxFruits와 윈도의 시작점을 나타내는 변수 start는 모두 0으로 초기화한다.

반복문으로 배열을 탐색한다. end를 인덱스로 사용하여 단계마다 현재 인덱스에 있는 과일을 fruit로 가져온다. 9행에서는 Map 객체 basket에 과일 빈도를 갱신한다.

> Map 객체의 size는 현재 객체가 가지고 있는 요소의 개수를 반환하는 속성이다. 이를 활용해 현재까지 수확한 과일의 종류를 확인할 수 있다.

현재 basket 객체에 저장된 과일이 세 종류 이상이면 while 문으로 과일 종류를 다

시 2개로 제한한다.

14행에서는 첫 번째 과일을 선택해 변수에 저장한다.

15행에서는 `basket` 객체에서 해당 과일의 빈도를 1 감소시킨다. 해당 과일을 현재 윈도 범위에서 제외하는 것이다.

16행에서는 해당 과일의 빈도가 `0`인지 확인해 `0`이면 `basket` 객체에서 해당 과일을 삭제한다. `start` 변수를 1 증가시켜 다음 과일을 가리키게 한다. 윈도를 오른쪽으로 한 칸 이동하는 셈이다.

반복문 하단의 23행에서는 최대 과일 개수를 확인하고 갱신한다. 이때 `end - start + 1`의 값은 현재 과일 개수가 된다. 반복문이 종료되면 최종적으로 `maxFruits`를 반환한다.

이 풀이는 배열을 한 번만 순회하므로 배열의 크기가 n이라면 시간 복잡도는 $O(n)$이다. 반복문 내부의 추가적인 `while` 문은 조건에 따라 발동하고 한 번에 과일 한 개를 처리하므로 이는 상수 시간에 해당한다. 또한 n을 초과하지 않으므로 전체적인 시간 복잡도에는 영향을 주지 않는다.

3.3.5 가장 긴 대소문자

기출: 아마존, 마이크로소프트, 메타

난이도: 중 | **풀이 시간:** 45분 | **런타임:** 2초 | **메모리:** 64MB

문제

알파벳 소문자와 대문자로 구성된 문자열 `s`에서 다음 조건을 만족하는 가장 긴 부분 문자열을 찾아 반환하는 함수를 구현하라. 조건을 만족하는 부분 문자열이 없으면 ""을 반환하고 답이 여러 개이면 가장 먼저 발견된 부분 문자열을 반환한다.

- 부분 문자열에 포함된 모든 알파벳의 대소문자가 모두 있어야 한다.
- 유효한 대소문자 부분 문자열의 예: `aAbB`, `abcABC`, `ggGG`
- 유효하지 않은 대소문자 부분 문자열의 예: `aAb`, `abcAB`, `GG`

입력

예시 1) `"krZKaAbBLPlp"`

예시 2) `"GOBobOto"`

예시 3) `"JS"`

출력

예시 1) "aAbBLPlp"

예시 2) "OBobO"

예시 3) ""

설명

문제의 요구사항인 '유효한' 대소문자 부분 문자열을 만족하려면 대문자와 소문자의 쌍이 모두 있어야 한다.

예시 1 "krZKaAbBLPlp"에서 유효한 부분 문자열은 다음과 같다.

```
01 "aA"
02 "aAbB"
03 "aAbBLPlp"
04 "bB"
05 "bBLPlp"
06 "Lplp"
```

이 중 가장 긴 부분 문자열인 "aAbBLPlp"을 반환한다.

문제 분석

특정 조건을 만족하는 부분 문자열을 탐색하는 유형의 문제다. 유효한 부분 문자열이 되려면 각 문자마다 대문자, 소문자가 모두 있어야 한다. 예시에서 설명했듯이 소문자 "a"가 있으면 그에 대응하는 대문자 "A"가 있어야 한다는 뜻이다.

해당 조건을 만족하는 부분 문자열 중 가장 긴 문자열을 찾아 반환해야 한다. 이를 위해 문제를 두 구성 요소로 나눠 접근할 수 있다. 첫째, 모든 부분 문자열을 탐색하고 길이를 추적하는 메인 함수가 필요하다. 둘째, 각 부분 문자열을 전달하여 대소문자의 구성을 판별하는 헬퍼 함수가 필요하다.

접근 방법

1. 헬퍼 함수 설계: 주어진 문자열이 유효한지 판별한다.
    a. 문자열의 모든 문자를 순회하면서 다음을 확인한다.
    b. 현재 문자가 대문자이면 해당 문자에 대응하는 소문자가 있는지 확인한다.
    c. 현재 문자가 소문자이면 해당 문자에 대응하는 대문자가 있는지 확인한다.

   d. b 또는 c 조건을 만족하지 못하는 문자, 즉 자신의 대소문자 짝이 없는 문자가 발견되면 `false`를 반환한다.
   e. 반복문이 종료되면 `true`를 반환한다(위의 검사를 통과했다면 유효한 대소문자로 판별).
2. 메인 함수 설계: 가장 긴 유효한 부분 문자열을 찾는다.
   a. 결괏값을 저장할 변수 `longestValidSubstr`을 빈 문자열로 초기화한다.
   b. 반복문을 통해 윈도 크기를 1부터 s까지 늘리면서 유효한 부분 문자열을 탐색한다.
   c. 하위 반복문을 통해 윈도 크기만큼의 부분 문자열 `windowStr`을 만들어 유효한지 확인한다.
   d. 유효한 부분 문자열이 있으면 `windowStr` 길이와 `longestValidSubstr`의 길이를 비교해 둘 중 긴 문자열로 갱신한다.
   e. 순회가 끝나면 최종 결괏값 `longestValidSubstr`을 반환한다.

풀이

```
function isValid(str) {
  const set = new Set(str);

  for (const char of set) {
    const oppositeCase =
      char === char.toUpperCase() ? char.toLowerCase() : char.toUpperCase();

    if (!set.has(oppositeCase)) {
      return false;
    }
  }

  return true;
}

function longestValidSubString(s) {
  let longestValidSubstr = "";

  // 윈도 크기를 1부터 s.length까지 늘리면서
  // 유효한 substring을 찾는다.
  for (let i = 0; i < s.length; i++) {
    let windowStr = "";

    // 윈도 크기만큼의 substring을 만들어서 유효한지 확인한다.
    for (let j = i; j < s.length; j++) {
```

```
26       windowStr += s[j];
27
28       if (isValid(windowStr) &&
29           windowStr.length > longestValidSubstr.length) {
30         longestValidSubstr = windowStr;
31       }
32     }
33   }
34
35   return longestValidSubstr;
36 }
```

> 이 문제는 얼마든지 다른 형태로 응용할 수 있다. 풀이를 구성 요소 2개(헬퍼, 메인 함수)로 나눈 이유이다. 특히 부분 문자열에서 '특정 조건'을 탐색하여 결과를 반환하는 패턴의 문제에 적용할 수 있다. 예를 들어 문제의 요구사항에 따라 특정 조건을 헬퍼 함수로 추출하고 메인 함수의 로직을 변환하는 방식으로 활용할 수 있다. 슬라이딩 윈도 외에 다른 풀이 방법도 있지만 비교적 직관적으로 풀 수 있고 다양하게 응용할 수 있어 3장에 포함했다.

헬퍼 함수를 먼저 분석해 보자. 먼저 `isValid()`라는 함수를 정의하고 전달된 문자열 `str`을 `Set` 객체로 변환한다. `set`에 포함된 각 문자를 순회하며 현재 문자에 대응하는 문자가 있는지 확인한다. 5행에서는 현재 문자가 대문자이면 소문자로 변환하고, 소문자이면 대문자로 변환한다. 그러면 8행에서 현재 문자와 쌍을 이루는 반대 문자인 `oppositeCase`가 있는지 `set`에서 확인한다. 없으면 대소문자 쌍이 구성되지 않은 것이므로 `false`를 반환한다. 반복문이 종료되면 `true`를 반환한다. 이 경우는 모든 문자가 대소문자 쌍을 이루는 유효한 문자열로 판별됐기 때문이다.

이렇게 헬퍼 함수가 판별 작업을 실행하기 때문에 메인 함수는 문자열, 부분 문자열의 순회, 길이 비교만 하면 된다. 가장 긴 유효한 부분 문자열의 길이를 추적할 변수 `longestValidSubStr`을 빈 문자열로 초기화하고 중첩 반복문을 통해 모든 가능한 부분 문자열을 탐색하며 확인한다. 내부 반복문을 통해 단계마다 `currentWindow`, 즉 현재 윈도 범위의 부분 문자열을 생성한다. 29행에서 판별 작업을 실행한다. 이때 두 가지 조건을 확인하는데, 첫 번째는 헬퍼 함수에 현재 윈도 범위의 부분 문자열을 전달해 유효성을 검사한다. 두 번째는 현재 부분 문자열이 지금까지 가장 긴 부분 문자열의 길이보다 큰 값인지 확인한다. 두 조건을 모두 만족하면 `longestValidSubStr`을 현재 윈도 범위의 부분 문자열 `currentWindow`로 갱신한다.

모든 가능한 부분 문자열을 검사한 후, 현재까지 찾은 가장 긴 유효한 부분 문자열 결괏값인 `longestValidSubStr`을 반환한다.

이 풀이의 시간 복잡도는 $O(n^2)$이며, 이때 n은 입력 문자열의 길이다. 부분 문자열을 생성하는 데 $O(n^2)$에 비례하는 시간이 걸리고, 헬퍼 함수를 실행하는 데 $O(n)$의 시간이 걸린다. 따라서 전체 복잡도는 $O(n^2)$이 된다.

3.3.6 애너그램 II

기출: 아마존, 블룸버그, 메타, 마이크로소프트
난이도: 중 | **풀이 시간:** 45분 | **런타임:** 2초 | **메모리:** 64MB

문제

문자열 `s`와 `pattern`이 주어진다. 이때 문자열 `s`에서 `pattern`으로 구성된 애너그램의 모든 시작 지점을 찾는 함수를 완성하라.

- 애너그램은 단어나 문장을 구성하는 문자를 재배열하여 다른 단어나 문장을 만드는 것을 뜻한다(1.3.6절 참고).
- 결과는 각 시작점의 인덱스로 구성된 배열로 반환한다.

입력

예시 1) s="abbbbaab", pattern="abb"

예시 2) s="abab", pattern="ab"

예시 3) s="anagram", pattern="anagram"

출력

예시 1) `[0, 3]`

예시 2) `[0, 1, 2]`

예시 3) `[0]`

설명

예를 들어 s="abbbbaab"이고 `pattern`이 "abb"이면 패턴 "abb"를 구성하는 문자 요소는 `{a:1, b:2}`이다. 이 패턴과 일치하는 애너그램 부분 문자열은 인덱스 `0`에서 시작하는 "abb", 3에서 시작하는 "bba" 2개다. 따라서 결괏값으로 `[0, 3]`을 반환한다.

문제 분석

애너그램 특성상 문자의 순서는 고려하지 않는다. 문자열을 이루는 문자 구성만 일치한다는 조건만 확인하면 쉽게 해결된다. 가장 먼저 고려해야 하는 부분은 모든 애너그램의 시작점을 찾는 것이다. 이를 위해 문자열 s의 범위를 특정하여 탐색하는 방법을 생각해 볼 수 있다. 애너그램 패턴 문자열 pattern이 입력으로 전달되므로 pattern의 길이가 곧 윈도의 크기가 된다. 이 특정 범위를 슬라이딩 윈도로 한 칸씩 이동하면서 문자를 추가하고 제거한다. 애너그램이 있으면 현재 윈도의 시작점을 결괏값에 추가하는 방식을 활용할 수 있다.

접근 방법

1. 변수 초기화: 윈도의 시작 시점 windowStart와 윈도 범위 내에서 패턴과 일치하는 문자 개수를 추적할 matched를 모두 0으로 초기화한다.
2. 문자의 출현 빈도를 저장할 Map 객체 charMap을 초기화한다.
3. 전달받은 pattern 문자열을 순회하며 문자 빈도를 계산한다.
4. 윈도의 범위를 초기화한다. 왼쪽 끝에서 오른쪽으로 pattern의 길이만큼 윈도를 생성한다.
5. 윈도 내의 문자열을 순회하며 3에서 생성된 빈도와 patternMap을 비교한다. 윈도 내의 문자 빈도와 patternMap이 일치하면 애너그램이므로 윈도의 시작 인덱스를 결과 배열에 추가한다.
6. 윈도를 한 칸 오른쪽으로 이동시키며 다음 문자를 추가하고 이전 문자를 제거한다. 추가/제거된 문자를 확인한 후 patternMap의 빈도를 갱신한다.
7. 입력 s의 모든 문자열을 순회할 때까지 위의 과정을 반복하고, 반복문이 종료되면 결과 배열을 반환한다.

풀이

```
function findAnagrams(str, pattern) {
  const result = [];
  const charMap = new Map(); // 문자의 빈도 저장
  // pattern과 일치하는 문자 수 저장

  let matched = 0;
  // 윈도의 시작점
  let windowStart = 0;
```

```
  // pattern 문자열의 문자 빈도를 charMap에 저장한다.
  for (const char of pattern) {
    charMap.set(char, charMap.get(char) + 1 || 1);
  }

  for (let windowEnd = 0; windowEnd < str.length; windowEnd++) {
    const rightChar = str[windowEnd];
    // 만약 윈도의 끝 문자가 charMap에 있으면 빈도를 1 감소시킨다.
    // 빈도가 0이 되면 matched를 1 증가시킨다(문자가 일치하는 경우).
    if (charMap.has(rightChar)) {
      charMap.set(rightChar, charMap.get(rightChar) - 1);
      if (charMap.get(rightChar) === 0) {
        matched++;
      }
    }

    // 저장된 문자 수가 pattern의 길이와 같으면 애너그램이므로 result에 추가한다.
    if (matched === charMap.size) {
      result.push(windowStart);
    }

    // 윈도를 이동시키기 전에 윈도의 길이가 pattern의 길이와 같아지면
    // 윈도의 시작 문자를 charMap에서 제거한다.
    if (windowEnd >= pattern.length - 1) {
      const leftChar = str[windowStart];
      windowStart++;

      // 윈도의 시작 문자가 charMap에 있으면 빈도를 1 증가시키고
      // 빈도가 0이 되면 matched를 1 감소시킨다.
      if (charMap.has(leftChar)) {
        if (charMap.get(leftChar) === 0) {
          matched--;
        }
        charMap.set(leftChar, charMap.get(leftChar) + 1);
      }
    }
  }

  return result;
}
```

이 풀이 기법의 핵심은 세 가지다. 첫째, charMap을 활용한 패턴 문자열의 문자 빈도와 이를 기준으로 비교한다. 둘째, matched로 패턴의 문자 빈도를 비교한다. matched가 charMap의 크기와 같으면 현재 윈도에 패턴의 모든 문자가 충족된다는 뜻이다. 셋째, 슬라이딩 윈도를 오른쪽으로 이동시키면서(왼쪽 끝의 문자를 제거하고 오른쪽 끝의 문자를 추가하는 방식) 문자 빈도를 갱신한다.

먼저 2~8행에서 문제 풀이에 사용할 변수를 초기화한다. 윈도의 시작 인덱스 `windowStart`, 애너그램 패턴과 일치하는 문자의 개수를 추적할 `matched`, 문자 빈도를 저장하고 갱신하기 위한 `Map` 객체 `charMap`을 준비한다.

11~13행에서는 전달된 `pattern` 문자열의 각 문자 빈도를 미리 계산하고 `charMap` 변수를 갱신한다. 생성된 `charMap`은 이어지는 반복문의 애너그램 탐색에 사용된다.

이제 반복문으로 슬라이딩 윈도를 이동시킨다. `windowEnd`를 `0`으로 초기화하고 입력 문자열 `s`의 길이보다 작을 때까지 다음의 과정을 반복한다.

16행과 19~24행에서 현재 윈도의 오른쪽 끝 문자를 확인한다. 윈도의 오른쪽 끝 문자가 `charMap` 객체에 있으면 해당 문자의 빈도를 1 감소시킨다. 빈도가 `0`이면 일치하는 문자이므로 `matched` 변수를 1 증가시킨다.

27~29행에서는 애너그램을 확인한다. `matched`가 `charMap`의 크기와 같으면 현재 윈도가 `pattern`의 애너그램을 포함한다는 의미다. 따라서 현재 시점의 `windowStart` 값을 결괏값 배열에 추가한다(애너그램의 시작 인덱스).

33~45행에서는 윈도 범위가 패턴의 길이와 같아지면 윈도의 왼쪽 끝에 있는 문자를 처리한다. 우선 현재 윈도의 시작 위치의 문자를 `leftChar`에 저장하고 왼쪽 끝 문자를 가져온다. `windowStart` 값을 1 증가시켜 윈도를 이동시킨다. 현재 `charMap`에 윈도의 왼쪽 끝 문자가 있으면 해당 문자의 빈도를 1 증가시킨다. 그리고 빈도가 `0`이 되면 (문자가 일치하는 것이므로) `matched` 변수를 1 감소시킨다. 이렇게 모든 윈도의 범위를 순회하며 위의 단계를 반복하고 반복문이 종료되면 `result`를 반환한다.

이제 이 알고리즘의 시간 복잡도를 분석해 보자. 단계별로 나눠 보면 패턴의 문자 빈도를 계산할 때는 복잡도가 $O(m)$이 된다. 여기서 m은 두 번째 입력으로 전달되는 `pattern`의 길이다. 윈도를 이동시키며 애너그램을 탐색하는 연산은 시간 복잡도가 $O(n)$이다. 입력받은 문자열의 모든 문자를 순회하며 이동하기 때문이다. 기술적으로 보면 전체적인 시간 복잡도는 $O(n+m)$이지만, 패턴의 길이는 문자열 `s`의 길이보다 항상 작다고 가정할 수 있으므로 $O(n)$으로 분석할 수 있다.

3.3.7 최고 점수

기출: 아마존, 블룸버그
난이도: 중 | 풀이시간: 30분 | **런타임:** 1초 | **메모리:** 32MB

문제

정수 배열 cards와 정수 k가 주어진다. 배열의 모든 요소는 카드의 점수를 나타내며 k는 가져올 수 있는 카드 개수를 나타낸다. 카드는 한 번에 한 장씩 배열의 시작 또는 끝 지점에서 가져올 수 있다. 총 k장을 선택해 얻을 수 있는 점수의 최댓값을 구하는 함수를 완성하라.

입력

예시 1) cards = [1, 2, 3, 4, 5], k = 3

예시 2) cards = [30, 20, 25, 35, 10, 40], k = 4

예시 3) cards = [5, 6, 4, 2, 8], k = 3

출력

예시 1) 12

예시 2) 115

예시 3) 19

설명

예시 1에서 카드를 총 3장 가져오는 경우, 오른쪽 끝에서 [5, 4, 3]의 순서로 가져오면 최고 점수(5 + 4 + 3)인 12를 얻을 수 있다.

예시 2에서 카드를 총 4장 가져오는 경우, 왼쪽 첫 번째 카드 [30]과 오른쪽에서 3장의 카드 [40, 10, 35]를 연속으로 가져오면 최고 점수(30 + 40 + 10 + 35)인 115를 얻을 수 있다.

예시 3에서 카드를 총 3장 가져오는 경우, 왼쪽에서 두 장의 카드 [5, 6]과 오른쪽에서 1장의 카드 [8]을 가져오면 최고 점수(5 + 6 + 8)인 19를 얻을 수 있다.

문제 분석

일렬로 나열된 카드가 있다고 해 보자. 최대로 가져올 수 있는 카드의 개수는 k, 한 번에 한 장씩 왼쪽 또는 오른쪽 끝에서 가져와야 하고, 이 과정을 통해 만들 수 있는 점수 중 가장 큰 점수를 찾아야 한다.

예시 1(cards = [1, 2, 3, 4, 5], k = 3)은 카드 점수의 높고 낮음이 명확하기 때문에 뒤에서 3장을 가져오면 굳이 다른 경우의 수를 계산하지 않아도 정답을 확인할 수 있다. 하지만 카드 배열 순서에는 일정한 규칙이 없다. 그렇다면 실제 코드로 구현하려면 어떻게 해야 할까?

모든 경우의 수를 계산하는 브루트 포스 기법으로 접근할 수도 있지만 매우 비효율적이다. 이런 문제 유형에는 중복 연산 없이 훨씬 더 효과적인 슬라이딩 윈도 기법을 적용할 수 있다. 간단하게 생각해 보자. 궁극적으로 구간의 합을 구하는 문제이므로 슬라이딩 윈도 패턴을 통해 최적화를 시도해 보는 것이 좋다. 단, 문제의 조건을 어떻게 풀어 나갈지도 추가로 고려해야 한다.

다시 예시를 살펴보자. 우선 처음 k개의 카드 범위로 윈도를 초기화할 수 있다. 이 범위([1, 2, 3])의 총합은 6이다. 다음 단계의 범위는 어떻게 결정해야 할까? 배열의 시작점 또는 끝 지점에서 선택할 수 있으므로 처음 k개의 카드 또는 마지막 k개의 카드에만 접근할 수 있다. 다시 말해 [1, 2, 3]에서 [2, 3, 4]로 오른쪽으로 이동할 수 없다는 뜻이다. 또한 선택할 수 있는 최대 카드의 개수는 k를 초과할 수 없기 때문에 왼쪽에서 선택을 시작하면 4에 도달할 수 없지만, 오른쪽에서 시작하면 4는 k의 범위에 속하므로 선택할 수 있다. 이러한 사실을 고려하면 이 문제를 윈도를 왼쪽에서 오른쪽으로 이동하는 방식이 아닌, 시작점에서 왼쪽으로 이동하는 방식으로 접근할 수 있다. 그림 3-6을 참고하자.

접근 방법

1. 사용할 변수(처음 윈도의 합을 저장할 sum과 최댓값을 추적할 maxSum)를 초기화한다.
2. 크기가 k인 윈도를 초기화한다. 반복문으로 처음 k개의 카드 합을 미리 계산한다.
3. 윈도의 시작과 끝 지점을 설정한다. left는 k - 1, right는 cards.length - 1로 시작한다.

4. `left`가 `0`에 도달할 때까지(배열의 첫 지점까지 도달할 때까지) 반복한다.
5. 윈도를 한 칸씩 왼쪽으로 이동시킨다.
6. 반복문이 종료되면 최종 결괏값 `maxSum`을 반환한다.

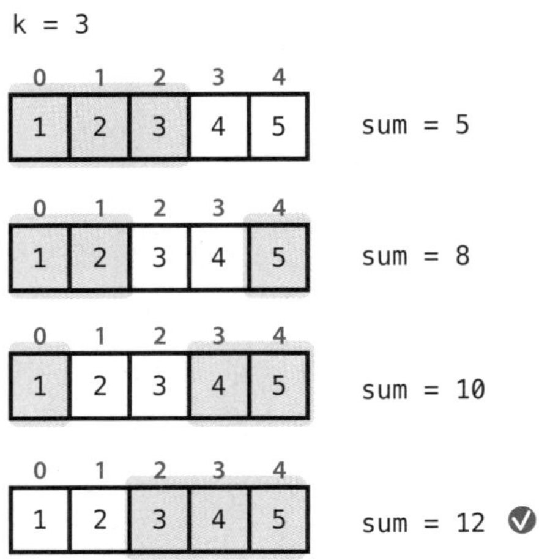

그림 3-6 왼쪽으로 이동하는 슬라이딩 윈도

풀이

```
function maxCardScore(cards, k) {
  let sum = 0;

  // 처음 k개의 카드 합을 구한다.
  for (let i = 0; i < k; i++) {
    sum += cards[i];
  }

  let maxSum = sum;

  let left = k - 1; // 윈도의 왼쪽 끝 인덱스
  let right = cards.length - 1; // 윈도의 오른쪽 끝 인덱스

  while (left >= 0) {
    // 윈도를 한 칸씩 이동시킨다.
    sum -= cards[left];
    sum += cards[right];

    // 최댓값 갱신
    maxSum = Math.max(maxSum, sum);

```

```
22      left--;
23      right--;
24    }
25
26    return maxSum;
27 }
```

윈도를 k로 설정해 왼쪽으로 이동시키며 가능한 모든 선택지를 탐색해 최댓값(가져올 수 있는 최대 카드의 점수)을 구하는 것이 이 문제 풀이의 핵심이다.

5~7행에서 sum을 미리 계산하는 이유는 처음 k개의 카드를 선택했을 때의 합계를 미리 저장하여 이후 while 문에서 슬라이딩 윈도 범위가 이동했을 때 중복 계산을 피하기 위해서다.

11~12행에서는 초기 윈도의 시작점과 끝 지점을 설정한다. 왼쪽은 k - 1이 되고 오른쪽은 cards.length - 1이 된다. 왼쪽 시작점이 k - 1인 이유는 이전 단계에서 이미 k개의 카드를 선택했기 때문이다. 윈도의 범위는 k이므로(이 문제의 제약 사항을 기억하자.) 초기에는 윈도의 가장 오른쪽 끝에 k - 1이 위치한다. 윈도를 왼쪽으로 이동시키면서 left가 왼쪽 끝, 즉 인덱스 0에 위치할 때까지 반복적으로 합계를 구한다.

while 문에서는 윈도의 범위를 갱신한다. 16~17행에서는 현재 점수 sum의 값에서 left 위치의 값을 빼고, right 위치의 값을 더한다. 22~23행에서는 left, right 값을 모두 1씩 감소시켜 윈도를 왼쪽으로 이동시킨다. 20행에서는 현재의 합과 지금까지의 최대 합을 비교해 더 큰 값으로 갱신한다. 반복문이 종료됐을 때 maxSum에 저장된 값이 얻을 수 있는 최고 점수가 되는 것이다.

이 알고리즘의 시간 복잡도는 어떻게 될까? 이 함수에는 반복문 2개가 있다. 처음 k개만큼의 값을 미리 합산할 때 $O(k)$의 복잡도가 발생한다. while 문 내에서 슬라이딩 윈도를 통한 연산 작업은 정확히 k번 반복된다. 따라서 전체적인 시간 복잡도는 $O(k) + O(k)$이며 이를 단순화하면 $O(k)$로 표현할 수 있다.

3.4 인터뷰 팁과 고려 사항

- 윈도의 초기 위치와 크기를 올바르게 설정하는 것이 중요하다. 또한 윈도를 이동시킬 때 경계 각 지점이 배열의 경계 내에 있는지 항상 확인하며 코드를 구현하자.
- 윈도 범위 내의 값(합, 최댓값/최솟값 등)을 하나의 변수를 통해 유지한다면 매번 전체 윈도를 다시 계산하지 않아도 된다.
- 문제에 따라 슬라이딩 윈도의 크기가 동적인지 아닌지 분석하고, 이에 따라 로직을 알맞게 구현하는 것이 중요하다.
- 동적 크기의 윈도가 필요하다면 배열을 사용하자. 자바스크립트의 배열은 크기 조절이 쉽기 때문이다. 또한 배열의 `.length` 속성을 사용해 윈도의 크기를 추적할 수 있다.

4장

J a v a s c r i p t C o d i n g T e s t

그리디 패턴

4.1 최적화 문제 유형

그리디(greedy) 패턴을 이해하기 앞서 최적화 문제(optimization problems) 유형에 대해서 알아보자. 최적화 문제란 여러 가지 해결 방법 중에서 가장 좋은 해결 방법을 찾는 문제를 말한다. 여기서 말하는 '가장 좋은 해결 방법'은 문제의 제약 사항에 따라 최댓값이 될 수도 최솟값이 될 수도 있다.

머릿속에 간단한 문제를 하나 떠올려 보자. 친구와 여행 계획을 세운다고 해 보자. 출발지를 A, 목적지를 B로 표현하고 A에서 B까지 갈 수 있는 경로의 수가 총 5가지라고 가정하자. 그리고 목적지까지 n시간 안에 도착해야 한다는 제약 사항이 있다.

1. A → C → D → B (5시간 소요)
2. A → C → E → B (3시간 소요)
3. A → F → D → B (7시간 소요)
4. A → F → E → B (4시간 소요)
5. A → G → H → B (6시간 소요)

예를 들어 n이 4라면(4시간 제한) 선택할 수 있는 경로는 2와 4뿐이다. 이때 경로 2와 4를 가능한 해(feasible solution)라고 부른다. 이 중 더 짧은 시간이 소요되는 경로 2를 최적해(optimal solution)라고 부르며 가능한 해 중에서 가장 좋은 값(이 문제의 경우 최솟값)에 해당한다. 이처럼 가능한 모든 해를 계산하고 그중에서 최적의 값을 찾는 문제를 최적화 문제라고 하며 이런 유형의 문제를 해결할 때 사용되는 방법 중 하나가 그리디 패턴이다.

4.2 그리디 패턴

그리디 패턴은 특정한 알고리즘 하나를 가리키기보다는 문제를 해결하기 위한 전략적 접근 방식(패러다임)에 더 가깝다고 볼 수 있다. 그리디(greedy)는 '탐욕스러운', '욕심 많은'이라는 뜻으로, 탐욕법, 탐욕 알고리즘 등으로 부르기도 한다. 그리디 패턴은 앞에서 설명했듯이 최적화 문제를 해결하는 데 사용하는 알고리즘 전략 중 하나다. 문제를 해결할 때 각 단계에서 지역적으로 최적인 선택을 하는 것을 목표로 하는데, 이때 그 선택이 전체적으로도 최적일지는 고려하지 않는다는 특징이 있다.

이 전략은 각 단계에서 가능한 최적의 선택을 하므로 코드 구현이 쉽고 문제를 간단하게 해결할 수 있다. 하지만 항상 전체적으로 최적의 결과를 보장하지는 않는다. 이 패턴의 전체적인 흐름은 다음과 같다.

1. 문제와 제약 사항을 분석하여 하나의 목표(결괏값)를 정의한다.
2. 현재 상태에서 지역적으로 최적인 해를 선택한다.
3. 선택된 최적의 해가 선택 조건을 만족하는지 검사한다.
4. 원하는 목푯값에 도달하거나 더 이상 선택할 대안이 없을 때까지 2~3을 반복한다.

그리디 패턴으로 풀 수 있는 가장 대표적인 문제인 '화폐 교환' 문제를 분석해 보자.

주어진 금액을 만드는 데 필요한 화폐의 개수를 최소화하는 문제다. 즉, 주어진 금액을 구성하면서 가능한 한 적은 수의 지폐를 사용해야 한다는 의미다. 화폐 단위는 $5, $10, $25 이렇게 세 종류로 제한되며 입력값과 단위는 항상 5의 배수다. 예를 들어 주어진 금액이 $40라고 해 보자. $40를 구성하는 경우의 수는 다양하다. $5 지폐를 8장 사용할 수도 있고, $10 지폐를 4장 사용할 수도 있다. 하지만 최적의 해는 $5, $10, $25 지폐를 1장씩 총 3장 사용하여 $40를 만드는 것이다.

이 문제의 풀이 방법을 설계해 보자.

1. 금액이 주어진다.

2. for 문으로 각 화폐 단위를 순회한다.
3. 큰 화폐 단위부터 가능한 만큼 사용한다.
4. 사용한 화폐의 개수를 카운트한다.
5. 마지막으로 count를 반환한다.

```
01 function minimumCount(amount) {
02   let count = 0;
03   const bills = [25, 10, 5];
04
05   for (let i = 0; i < bills.length; i++) {
06     // 해당 지폐를 쓸 수 있는 만큼 반복한다.
07     while (amount >= bills[i]) {
08       amount -= bills[i];
09       count++;
10     }
11   }
12
13   return count;
14 }
```

이 문제 풀이의 핵심은 입력받은 금액을 가장 큰 화폐 단위부터 나누어 필요한 지폐 개수를 계산하는 데 있다.

7~10행에서 보듯 반복문에서 현재 화폐 단위를 사용할 수 있을 때까지 amount에서 해당 값을 빼고 count를 1 증가시키며 항상 최적해를 선택한다. 바로 그리디 패턴의 특징이 적용되는 부분이다. 앞의 절에서 설명했듯이 그리디 패턴은 항상 최적해를 찾는다는 보장이 없다. 하지만 이 문제는 화폐 단위가 25, 10, 5처럼 내림차순으로 구성되어 있고 입력값이 항상 5의 배수이므로 항상 최적해를 보장한다.

이번에는 문제를 조금 변형해 보자. 입력값과 화폐 단위가 항상 5의 배수가 아니라면 어떻게 될까? 이 조건을 제거한다면 그리디 패턴을 적용하면 항상 최적해를 보장할 수 없게 된다. 예를 들어 화폐 단위가 $10, $6, $1이고, 입력받은 금액이 $12라고 해 보자. 그리디 패턴을 사용하면 $10 지폐 1장과 $1 지폐 2장, 총 3장이 필요하다고 계산된다. 하지만 실제로 최적해는 $6 지폐 2개이다. 그리디 패턴이 성립하지 않는 경우다.

이처럼 그리디 패턴은 항상 최적해를 보장하지 않으므로 문제의 조건과 제약 사항을 분석하고 이해하는 것이 중요하다. 문제를 분석하는 과정에서 각 조건이 최적해에 영향을 주는지, 서로 독립적인지를 파악해야 한다.

예를 들어 방금 풀어 본 문제에서 화폐의 단위와 입력값의 관계가 서로 배수 관계에 있지 않으면 그리디 패턴으로 최적해를 보장할 수 없다. 이러한 상황에서는 완전 탐색 등의 다른 방법을 고려해야 한다. 그리디 패턴을 적용하려면 선택 절차(각 단계마다 최적의 선택), 검사(조건에 만족하는지), 비교(앞의 선택이 이후의 선택에 영향을 주지 않는지)를·통해 해당 문제에 패턴을 적용하는 게 합리적인지 통찰할 수 있어야 한다. 이 통찰력을 기르려면 비슷한 유형의 문제를 많이 풀어 보아야 한다.

그리디 패턴의 장점

- 직관적: 다른 알고리즘보다 상대적으로 쉽게 구현할 수 있다. 그리디는 각 단계마다 최적의 선택을 하므로 직관적으로 설계할 수 있다.
- 효율적: 각 단계에서 최적의 선택을 하므로 전체적으로 불필요한 계산을 하지 않고 핵심적인 선택에 집중할 수 있어 메모리 사용과 실행 시간 면에서 효율적인 알고리즘이다.

그리디 패턴의 단점

- 설계 난이도: 올바른 그리디 접근 방식을 찾은 후에는 설계가 쉬울 수 있으나 접근 방식을 찾는 것 자체가 어려울 수 있다. 또한 항상 전체적인 최적해를 보장하지 않기 때문에 상황에 따라 다른 알고리즘을 선택하는 것이 더 효율적일 수도 있다.
- 검증의 어려움: 그리디가 올바른지 증명하려면 자세한 논증이 필요하고 이러한 논증에는 많은 시간이 든다. 특히 시간 제약이 있는 코딩 테스트나 인터뷰에서 문제를 접한다면 정확성을 100% 증명하기가 사실상 어렵다. 따라서 증명보다는 패턴을 인지하고 짧은 시간 내에 알고리즘 설계를 시도해 보는 것이 더 낫다.

4.3 응용 문제

이 절에서는 그리디 패턴의 성격을 잘 파악할 수 있는 응용 문제를 준비했다. 그리디 패턴은 다른 알고리즘에 비해 코드 구현은 간단하지만, 문제 분석과 알고리즘 설계는 사실 상당히 까다롭다. 따라서 패턴을 인지하는 역량이 매우 중요하다. 솔루션 설계 방식과 문제 해결의 아이디어는 다양한 풀이를 통해 습득할 수 있다. 4.2

절에서 언급했듯이 그리디 패턴은 특정 제약 조건에서 최솟값 또는 최댓값을 구하는 최적화 문제에 주로 사용된다. 이어지는 응용 문제를 풀어 보면서 해결 방법의 공통적인 속성을 분석하고 최소화/최대화 문제에 적용되는 패턴 활용법을 학습해 보자.

4.3.1 강의실

기출: 아마존, 마이크로소프트, 어도비, 구글, 우버
난이도: 중 | **풀이 시간:** 40분 | **런타임:** 2초 | **메모리:** 64MB

문제

한 강의실에서 가능한 한 많은 수업을 해야 한다. 수업 일정이 담긴 배열이 입력으로 전달될 때, 이 강의실에서 할 수 있는 최대 수업 횟수를 반환하는 함수를 작성하라.

수업 일정은 객체 형태로 표현되며 다음과 같은 속성을 지닌다.

- name: 강의 이름(문자열)
- start: 시작 시간(정수, 24시간제)
- end: 종료 시간(정수, 24시간제)

입력

예시 1)

```
[
  { name:"English", start:9, end: 10 },
  { name:"Math", start:10, end: 11 },
  { name:"Science", start:10, end: 12 },
  { name:"History", start:14, end: 15 },
]
```

예시 2)

```
[
  { name: "Math", start: 9, end: 10 },
  { name: "English", start: 9, end: 11 },
  { name: "Science", start: 10, end: 12 },
  { name: "History", start: 11, end: 12 },
  { name: "Geography", start: 9, end: 10 }
]
```

예시 3)

```
[
  { name: "Math", start: 9, end: 10 },
  { name: "English", start: 10, end: 11 },
  { name: "Science", start: 11, end: 12 },
  { name: "History", start: 12, end: 13 },
  { name: "Geography", start: 13, end: 14 }
]
```

출력

예시 1) 3

예시 2) 2

예시 3) 5

설명

예시 1의 수업 일정은 다음과 같다.

- 영어: 9시 시작, 10시 종료
- 수학: 10시 시작, 11시 종료
- 과학: 10시 시작, 12시 종료
- 역사: 14시 시작, 15시 종료

수학 수업의 종료 시간이 과학 수업의 시작 시간보다 늦기 때문에 이 강의실에서 할 수 있는 최대 수업 횟수는 3(영어 → 수학 → 역사)이다.

그림 4-1 강의실에서 할 수 있는 수업 예시

문제 분석

고전적인 그리디 유형의 문제다. 한 강의실에서 할 수 있는 최대 수업 횟수를 도출해야 한다. 수업 일정은 각각 이름, 시작 시간, 종료 시간으로 구성되어 있다. 언뜻 보면 복잡해 보일 수 있지만 생각보다 직관적으로 접근할 수 있다. 모든 수업의 시작 시간과 종료 시간을 기준으로 탐색하며 조건을 확인한다. 이 문제의 조건은 최대한 많은 수업을 하는 것이다. 이를 위해서는 가장 빨리 종료되는 수업을 우선 순위로 선택해야 한다. 올바른 선택을 하려면 종료 시간을 기준으로 오름차순 정렬을 미리 해야 하는데, 이는 순차적으로 순회하며 단계마다 조건에 맞는 선택을 해야 하기 때문이다. 탐색 단계마다 현재 수업의 시작 시간이 이전 수업의 종료 시간보다 같거나 크면, 해당 수업을 선택하고 최대 수업의 횟수를 1 증가시키는 방식으로 진행한다.

접근 방법

1. 정답을 저장할 변수 `count`를 `0`으로 초기화한다.
2. 마지막으로 진행한 수업의 종료 시간을 기록할 변수 `endTime`을 `0`으로 초기화한다.
3. 전달된 입력 배열을 각 수업의 종료 시간을 기준으로 오름차순 정렬한다.
4. 정렬된 배열에 반복문을 실행한다.
   a. 현재 수업 시간의 시작 시간과 `endTime`을 비교한다.
   b. 현재 수업의 시작 시간이 `endTime`의 값보다 같거나 크면 수업을 할 수 있다는 뜻이다. 이 경우 `endTime`을 현재 수업의 종료 시간으로 갱신하고 `count`를 1 증가시킨다.
5. 반복문이 종료되면 최종 결괏값 `count`를 반환한다.

풀이

```
function maxClasses(classes) {
  // 수업의 종료 시간을 기준으로 오름차순 정렬하기
  classes.sort((a, b) => a.end - b.end);

  let count = 0;
  let endTime = 0;

  for (let i = 0; i < classes.length; i++) {
    // 현재 수업의 시작 시간이 종료 시간보다 크거나 같으면
```

— **Javascript**

```
10     if (classes[i].start >= endTime) {
11       endTime = classes[i].end; // 현재 수업의 종료 시간으로 갱신한다.
12       count++; // 수업 진행 횟수 증가
13     }
14   }
15
16   return count;
17 }
```

각 단계마다 당장 최선의 선택을 하는 방식으로 작동하는 그리디 패턴의 조건을 만족하는 풀이다. 이 함수는 주어진 수업 일정 배열 `classes`를 바탕으로 한 강의실에서 할 수 있는 최대 수업 횟수를 계산한다. 우선 3행에서 전달받은 배열을 수업의 종료 시간(`end`)을 기준으로 오름차순 정렬한다. 이때 호출되는 `sort()`의 시간 복잡도는 $O(n\,log\,n)$이다.

5~6행에서는 연산에 필요한 변수를 초기화한다. `count`는 현재까지의 수업 횟수를 추적하고 저장하며 `endTime`은 마지막 수업의 종료 시간을 저장한다.

이어지는 반복문으로 오름차순 정렬된 `classes` 배열을 순회한다. 각 수업 객체에 대해 현재 수업의 시작 시간이 이전 수업의 종료 시간보다 크거나 같은지 확인한다. 10행의 `classes[i].start >= endTime` 조건문을 확인하자. 이 조건문이 참이면 (현재 수업의 시작 시간이 이전 수업의 종료 시간 이후이면) 해당 수업을 할 수 있다는 뜻이므로 11~12행을 실행한다.

1. 종료 시간(`endTime`)을 현재 수업의 종료 시간(`classes[i].end`)으로 갱신한다.
2. `count`(진행할 수 있는 수업 횟수)를 1 증가시킨다.

반복문이 종료되면 마지막으로 결괏값 `count`를 반환한다.

주어진 배열 `classes`의 길이가 n일 때 이 풀이의 시간 복잡도는 $O(n\,log\,n)$으로 분석할 수 있다. 함수 최상단에서 가장 처음 호출되는 `sort()` 메서드의 성능이 $O(n\,log\,n)$이기 때문이다. 전체적인 시간 복잡도는 $O(n\,log\,n + n)$이지만 단순화하여 $O(n\,log\,n)$으로 표현할 수 있다.

4.3.2 장바구니

기출: 마이크로소프트, 메타, 구글

난이도: 중 | **풀이 시간:** 40분 | **런타임:** 2초 | **메모리:** 64MB

문제

마트에서 쇼핑을 한다고 해 보자. 장바구니의 용량과 담을 수 있는 상품 목록이 주어졌을 때 장바구니에 담을 수 있는 상품 가격 합의 최댓값을 반환하라. (장바구니는 용량 제한이 있으므로 상품을 적절히 선택해 최대 가격을 만들어야 한다.)

문제 해결에 필요한 요소는 다음과 같다.

- capacity: 장바구니의 용량(kg)
- items: 배열로 구성된 상품. 각 상품은 value(상품 가격)와 weight(상품 무게) 속성을 가지고 있다.

입력

예시 1)

```
capacity = 10,
items = [
  { value: 60, weight: 5 },
  { value: 100, weight: 7 },
  { value: 120, weight: 6 },
  { value: 40, weight: 4 },
]
```

예시 2)

```
capacity = 15,
items = [
  { value: 100, weight: 6 },
  { value: 120, weight: 8 },
  { value: 180, weight: 10 },
  { value: 60, weight: 4 },
  { value: 60, weight: 3 },
]
```

예시 3)

```
capacity = 20,
items = [
  { value: 60, weight: 5 },
  { value: 80, weight: 6 },
```

— Javascript

```
  { value: 90, weight: 8 },
  { value: 100, weight: 9 },
  { value: 120, weight: 10 },
]
```

출력

예시 1) 160

예시 2) 240

예시 3) 220

설명

예를 들어 상품이 총 4개이고, 장바구니의 용량은 10kg이라고 해 보자.

1. 가격: 60, 무게: 5kg
2. 가격: 100, 무게: 7kg
3. 가격: 120, 무게: 6kg
4. 가격: 40, 무게: 4kg

장바구니 용량이 10kg이므로 상품 `[3, 4]`를 선택하면 장바구니에 담을 수 있는 최대 가격의 합은 160이 된다.

문제 분석

두 개의 입력이 함수로 전달된다. 장바구니의 최대 용량을 나타내는 `capacity`와 상품 배열을 나타내는 `items`이다. 배열의 각 요소는 상품을 나타내며 각 상품은 가격과 무게를 속성으로 가진다. 이때 장바구니에 담을 수 있는 최대 가격을 구하여 반환하는 문제다.

앞서 풀었던 강의실 문제(4.3.1절)와 비슷한 성격의 문제로 볼 수 있다. 이 문제 역시 단계마다 지금 당장 최적의 선택을 하는 방식으로 접근할 수 있다. 궁극적으로 얻어야 하는 값은 상품 가격의 합이 최대가 되는 값이다. 효율적인 탐색 작업을 위해서는 각 상품의 가격을 높은 순으로 검사해야 한다. 따라서 상품을 가격 단위로 미리 정렬하고 그리디 패턴을 적용해 반복문 내부에서 단계마다 장바구니의 총 용량을 초과하지 않는 높은 가격의 상품을 선택할 수 있다.

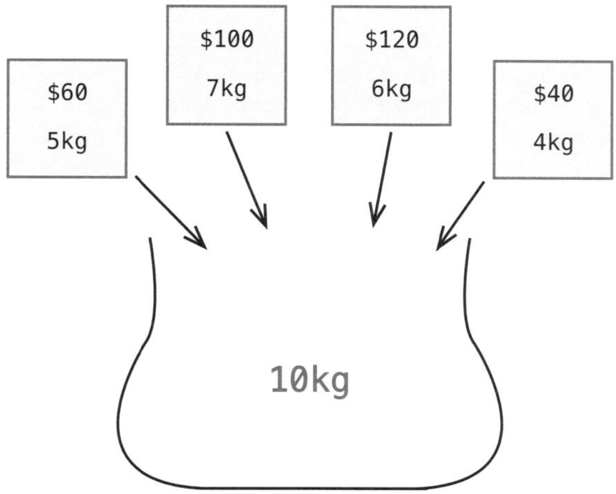

그림 4-2 10kg의 장바구니에 담을 수 있는 상품의 최대 가격은 얼마일까?

접근 방법

1. 전달 받은 상품 배열 `items`를 각 상품의 가격(`value`)을 기준으로 내림차순 정렬한다.
2. 결괏값을 저장할 변수 `totalValue`를 `0`으로 초기화한다.
3. 현재까지의 상품 무게를 저장할 변수 `currentWeight`를 `0`으로 초기화한다.
4. 정렬된 상품을 순회하며 다음 과정을 실행한다.
   a. 현재 상품의 무게(`items[i].weight`)가 장바구니의 용량(`capacity`)을 초과하는지 확인한다.
   b. 초과하지 않으면 해당 상품을 장바구니에 담을 수 있다는 뜻이므로 상품의 가격 값을 `totalValue`에 더하고 상품의 무게 값을 `currentWeight`에 더한다.
5. 반복문이 종료되면 현재까지 최대 가격의 합 `totalValue`를 반환한다.

풀이

```
function maxCartValue(capacity, items) {
  // 상품의 가격(value)을 내림차순 정렬
  items.sort((a, b) => b.value - a.value);

  let totalValue = 0;
  let currentWeight = 0;

  for (let i = 0; i < items.length; i++) {
```

— Javascript

```
09    const currentItem = items[i];
10
11    // 현재 상품을 넣었을 때 용량을 초과하지 않으면
12    if (currentWeight + currentItem.weight <= capacity) {
13      totalValue += currentItem.value; // 상품의 가격을 합산한다.
14      currentWeight += currentItem.weight; // 상품의 무게를 합산한다.
15    }
16  }
17
18  return totalValue;
19 }
```

먼저 3행에서 상품 배열 `items`를 내림차순으로 정렬한다. 각 상품의 가격을 고려하여 가격이 높은 상품부터 순서대로 선택하기 위한 준비라고 볼 수 있다.

5~6행에서 문제 해결에 필요한 변수를 초기화한다. `totalValue`는 총 가격을 저장하고 갱신할 최종 결괏값 변수이며 `0`으로 시작한다. `currentWeight`는 지금까지의 무게를 저장하고 추적하여 이어지는 반복문에서 연산 작업 시 장바구니의 최대 용량을 벗어나지 않게 하기 위함이다.

반복문을 통해 모든 상품을 순회하며 로직을 적용한다. 9행에서 현재 확인 중인 상품을 `currentItem`으로 저장한다. 코드의 중복 방지와 가독성을 높이기 위해서다. 이 문제의 제약 사항에 맞는 조건문을 12행에서 실행해 참이면 아직 장바구니에 용량이 남아 있다는 뜻이므로 현재 상품의 가격을 결괏값에 합산하고 무게를 `currentWeight`에 합산하여 추적한다.

이렇게 모든 순회가 끝나면 현재까지 장바구니에 담긴 상품의 총 가격인 `totalValue`를 반환한다. 이 값이 주어진 장바구니에 담을 수 있는 가장 높은 상품 가격인 셈이다.

이 알고리즘의 시간 복잡도는 입력 배열 `items`의 크기를 n이라고 할 때 $O(n \log n)$이 된다. 반복문 내부에서 n번 순회하며 상품을 확인하므로 `for` 문에서 발생하는 시간은 $O(n)$이지만, 3행에서 정렬을 하므로 이에 따른 시간 $O(n \log n)$을 고려했을 때 전체적인 복잡도는 $O(n \log n)$이 된다.

4.3.3 균형 잡힌 문자열 나누기

기출: 아마존, 어도비

난이도: 중 | **풀이 시간:** 30분 | **런타임:** 1초 | **메모리:** 32MB

문제

"0" 과 "1"로 구성된 균형 잡힌 문자열 s가 입력으로 전달된다. 균형 잡힌 문자열은 "0"의 개수와 "1"의 개수가 같은 문자열을 말한다. s를 여러 개의 균형 잡힌 부분 문자열로 나누고, 그 최대 개수를 반환하는 함수를 구현하라.

입력

예시 1) "00001111"

예시 2) "0100110101"

예시 3) "010011000111"

출력

예시 1) 1

예시 2) 4

예시 3) 3

설명

"00001111"은 4개의 "0", 4개의 "1"로 구성된 1개의 균형 잡힌 문자열이다. 따라서 최대 개수는 1이 된다.

"0100110101"은 "01", "0011", "01", "01"로 나눌 수 있어 최대 4개의 균형 잡힌 부분 문자열이 된다.

"010011000111"은 "01", "0011", "000111"로 나눌 수 있어 최대 3개의 균형 잡힌 부분 문자열이 된다.

문제 분석

균형 잡힌 문자열이란 "0"과 "1"의 개수가 같은 문자열을 의미한다. 이를 만족하는 최소 문자열의 구성은 "01" 또는 "10"으로 이루어진다. 같은 맥락으로 "0011", "1100", "0110", "1001" 등의 문자열도 모두 균형 잡힌 문자열이라고 할 수 있다.

이 문제의 목적은 주어진 문자열을 균형 잡힌 문자열로 가능한 한 많이 나누는 것이다. 전달받은 입력 문자열 s의 각 부분 문자열이 균형을 유지하는지 어떻게 확인할 수 있을까? 균형 잡힌 문자열이란 "0"의 개수와 "1"의 개수가 같은 문자열을 말하므로 순차적으로 문자열을 탐색하면서 두 문자의 개수를 추적해야 한다. 이를 추적하는 변수를 하나 두고 현재 문자가 "1"이면 변수에 1을 더하고 "0"이면 변수에서 1을 뺀다. 이 변숫값이 다시 초깃값(0)과 같아지면 하나의 균형 잡힌 부분 문자열을 찾았다는 의미다. 지금 당장 최적의 선택을 하는 그리디 패턴의 특징을 그대로 적용하는 셈이다.

접근 방법

1. 결괏값을 저장할 카운터 변수 count를 0으로 초기화한다.
2. 그리디 패턴의 선택 시점을 제어할 변수 balance를 0으로 초기화한다.
3. 입력 문자열 s에 반복문을 실행한다.
   a. 현재 문자를 새로운 변수에 저장한다.
   b. 현재 문자가 "1"이면 balance를 1 증가시킨다.
   c. 현재 문자가 "0"이면 balance를 1 감소시킨다.
   d. 균형 잡힌 문자열을 찾으면, 즉 balance 값이 다시 초깃값 0이 되면 count를 1 증가시킨다.
4. 반복문이 종료되면 count를 반환한다.

풀이

```
function splitBalancedBinaryString(s) {
  const n = s.length;
  let count = 0; // 결괏값 저장(균형 잡힌 문자열의 개수)
  let balance = 0; // 균형 여부를 판단하기 위한 제어 변수

  for (let i = 0; i < n; i++) {
    const currStr = s[i];
    if (currStr === "1") {
      balance++;
    } else {
      balance--;
    }
    // 그리디 선택 조건
    if (balance === 0) {
      count++;
```

```
16      }
17    }
18
19    return count;
20 }
```

입력 문자열 s를 순회하며 balance를 갱신하고 balance가 0이 될 때마다 하나의 부분 문자열로 나누는 접근 방식이다. 실제로 문자열을 부분 문자열로 나누며 개수를 세는 것이 아니라 변수를 활용해 간접적으로 추적하는 방법을 사용한다.

3~4행에서는 필요한 변수를 초기화한다. count는 조건에 부합하는 모든 부분 문자열의 개수를 추적하고 balance는 반복문 내에서 균형을 확인하는 제어 변수 역할을 하게 된다.

for 문으로 입력된 모든 문자를 검사한다.

7행에서는 현재 문자를 변수로 저장하고 14행에서는 조건문을 활용하여 균형 여부를 확인한다. 8~12행에서는 현재 문자가 "1"이면 balance를 1 증가시키고 현재 문자가 "0"이면 balance를 1 감소시킨다(균형을 유지하기 위해 "0"과 "1"의 개수 추적).

14행에서 그리디 패턴의 특징이 적용되는데 balance가 0이 되면 현재까지의 부분 문자열이 균형을 유지한다는 뜻이다. 즉, 이 시점에서 부분 문자열로 나누어진다는 의미다. 그러므로 count를 1 증가시킨다. 이와 같은 방법을 s의 모든 문자를 확인할 때까지 반복하고 반복문이 종료되면 count에는 현재까지의 모든 균형 잡힌 문자열의 개수가 저장되어 반환된다.

입력 문자열 s의 길이가 n이고 이 풀이는 한 번의 순회만으로 정답을 도출할 수 있으므로 전체 시간 복잡도는 $O(n)$으로 분석할 수 있다.

4.3.4 XY

기출: 아마존, 어도비, 메타

난이도: 하 | **풀이 시간:** 30분 | **런타임:** 1초 | **메모리:** 32MB

문제

"X"와 "Y"로 구성된 문자열 str이 주어진다. 이 문자열을 "X"와 "Y"가 교차되지 않도록(즉, 모든 X가 Y보다 앞에 나오도록) 하기 위해 제거해야 하는 최소 문자 개수를 찾아 반환하라.

- "X"와 "Y"의 순서는 유지되어야 한다. "X"가 "Y"보다 먼저 나와야 한다는 뜻이다.

입력

예시 1) "YXXXYXY"

예시 2) "YYXYXX"

예시 3) "XXXXYYYY"

출력

예시 1) 2

예시 2) 3

예시 3) 0

설명

"YXXXYXY"는 인덱스 0에 위치한 "Y"를 제거하고 인덱스 5에 위치한 "X"를 제거하면 조건을 충족하는 "XXXYY"로 재구성할 수 있다. 문자 2개를 제거해야 하므로 2를 반환한다.

"YYXYXX"는 문자열 내의 모든 "Y" 또는 모든 "X"를 제거하면 "YYY" 또는 "XXX"으로 재구성할 수 있다. 문자 3개를 제거해야 하므로 3을 반환한다.

"XXXXYYYY"는 이미 조건을 충족하므로 0을 반환한다.

문제 분석

문자열 str에서 "X"와 "Y"의 교차를 없애고 모든 "X"가 "Y"보다 앞에 나오도록 하기 위한 최소 제거 횟수를 세는 문제다. 문자열을 순회하며 "X"와 "Y"의 순서를 확인하고 조건에 맞는 처리를 실행한다. "X"를 "Y" 앞에 나오게 해야 하므로 "X" 앞에 있는 모든 "Y"를 제거해야 한다는 의미다.

접근 방법

1. "X" 앞에 있는 "Y"의 개수를 저장할 변수 numY를 0으로 초기화한다.
2. 최소 제거 횟수를 추적할 변수 minDel을 0으로 초기화한다(결괏값).

3. 입력 문자열 `str`를 왼쪽에서 오른쪽으로 순회한다.
   a. 현재 문자가 "X"이면 `minDel`을 갱신한다.
   b. 현재 문자가 "Y"이면 `numY`를 1 증가시킨다.
4. 반복문이 종료되면 결괏값 `minDel`을 반환한다.

풀이

```
01 function minDelete(str) {
02   const charX = "X";
03   let numY = 0; // X 앞에 있는 Y의 개수
04   let minDel = 0; // 최소 제거 횟수 추적
05
06   for (let i = 0; i < str.length; i++) {
07     if (charX === str[i]) {
08       // X를 만나면 Y의 개수를 세고, 최소 제거 횟수를 갱신한다.
09       minDel = Math.min(numY, minDel + 1);
10     } else {
11       numY++; // Y를 만나면 Y의 개수를 센다.
12     }
13   }
14   return minDel;
15 }
```

함수의 작동 원리를 살펴보자. 가장 먼저 문제 해결에 필요한 변수를 초기화한다. "X"를 `charX`에 저장해 재사용하고, "X" 앞에 있는 "Y"의 개수를 추적할 변수 `numY`를 `0`으로 초기화한다. 최소 제거 횟수, 즉 이 문제의 반환값이 되는 변수 `minDel`도 `0`으로 초기화한다. 문자열 `str`의 길이만큼 순회하며 모든 문자에 대해 다음 과정을 실행한다.

1. 현재 문자가 "X"이면 `numY`의 값과 `minDel + 1`의 값을 비교해 둘 중 작은 값으로 `minDel`을 갱신한다.
2. 현재 문자가 "Y"이면 `numY`의 값을 1 증가시킨다. 이는 "X" 앞에 있는 "Y"의 개수를 세기 위해서다.

> 9행의 `minDel = Math.min(numY, minDel + 1)`은 "X"와 "Y"의 올바른 순서를 유지하기 위해 필요한 최소 제거 횟수를 갱신하는 코드다. 현재 문자를 제거하는 경우를 고려하여 `minDel`에 1을 더하고, 현재 문자를 제거하지 않는 경우에는 `numY`를 제거 비용으로 간주한다. 현재 문자를 제거하는 경우와 제거하지 않는 경우 중 최소 제거 횟수를 파악하기 위해 `Math.min(numY, minDel + 1)` 표현식을 사용한다.

모든 순회가 끝나고 반복문이 종료되면 결괏값 minDel을 반환한다. 이 풀이는 문자열 입력 str의 길이에 따라 선형적으로 처리되므로 문자열 입력 str의 길이가 n일 때 시간 복잡도는 $O(n)$으로 표현할 수 있다.

4.3.5 구명 보트

기출: 마이크로소프트, 메타
난이도: 중 | **풀이 시간:** 45분 | **런타임:** 2초 | **메모리:** 32MB

문제

사람들의 몸무게를 기록한 배열 people과 보트의 최대 용량 capacity가 주어진다. 모든 사람을 보트로 구출해야 하며 한 번의 구출 작업 시 최대 2명까지 탑승할 수 있다. 이때 보트의 최소 이용 횟수를 구하는 알고리즘을 작성하라.

- capacity 값은 people(Max) 값과 크거나 같다.

입력

예시 1) people = [70, 50, 80, 120, 90], capacity = 140

예시 2) people = [60, 70, 80, 90, 100], capacity = 200

예시 3) people = [40, 30, 50, 70], capacity = 90

출력

예시 1) 4

예시 2) 3

예시 3) 3

설명

예시 1에서 보트의 최대 용량은 140이고 한 번에 최대 2명씩 구출할 수 있다. 다음과 같은 순서로 구출하면 보트를 최소 4번 사용해 모든 사람을 구할 수 있다.

1. { 120 } 구출 → 남은 인원 { 70, 50, 80, 90 }
2. { 90, 50 } 구출 → 남은 인원 { 70, 80 }
3. { 80 } 구출 → 남은 인원 { 70 }
4. { 70 } 구출 → 남은 인원 { }

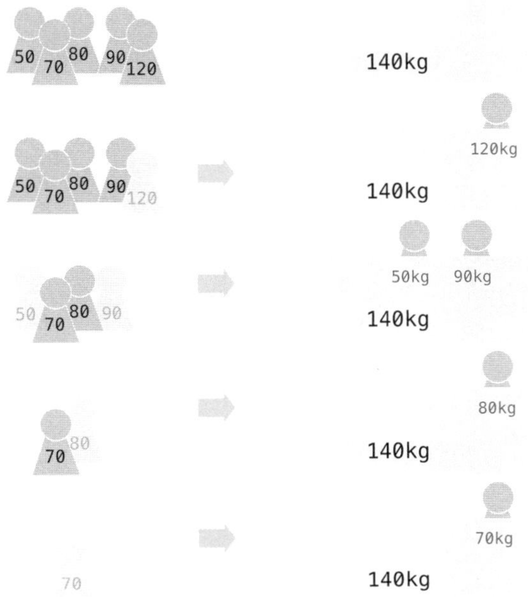

그림 4-3 보트 사용 예시(위에서부터 순서대로)

문제 분석

주어진 배열 people에 있는 모든 인원을 구출해야 한다. 다만 보트에는 무게 제한이 있으며 한 번의 구출 작업에서 최소 1명은 태워야 하고 최대 2명까지만 태울 수 있다. 무조건 2명씩 태우면 보트의 사용 횟수를 줄일 수 있지만, 무게 제한 때문에 항상 2명을 태울 수는 없다.

사람들 people[i] 중에서 가장 무거운 사람과 다른 한 사람을 짝지어 본다. 이때 두 사람의 몸무게 합이 capacity를 초과하면 안 된다. 보트의 무게 제한을 최대한 효율적으로 사용하면서 구출 인원을 최대화하는 문제(최적화 문제)다. 따라서 이 문제는 항상 가장 무거운 사람을 1순위로 선택해 다른 사람과 짝을 지어 무게를 확인하고 무게 제한을 초과하지 않으면 보트에 탑승시키는 방식으로 최적의 해답을 찾는 그리디 패턴의 문제다.

접근 방법

1. 입력 배열 people을 오름차순으로 정렬한다.
2. 보트의 최소 이용 횟수를 추적할 minBoatNeeded를 0으로 초기화한다.

3. 가장 가벼운 사람과 가장 무거운 사람의 인덱스를 추적할 변수 lightest와 heaviest를 설정한다. lightest는 0으로, heaviest는 배열 people의 길이보다 1 작게 초기화한다.
4. lightest가 heaviest와 같아질 때까지 반복한다.
   a. 가장 가벼운 사람과 가장 무거운 사람의 몸무게 합이 capacity보다 작거나 같으면 lightest를 증가시킨다. 이는 무거운 사람과 가벼운 사람을 함께 태운다는 뜻이다.
   b. heaviest를 1 감소시켜 무거운 사람을 구출한다.
   c. minBoatNeeded를 1 증가시킨다(보트 이용 횟수 증가).
5. 반복문이 종료되면 minBoatNeeded를 반환한다.

풀이

```
01 function rescueBoat(people, capacity) {
02   people.sort((a, b) => a - b); // 사람들의 몸무게를 기준으로 오름차순 정렬
03
04   let minBoatNeeded = 0;
05   let lightest = 0; // 가장 가벼운 사람
06   let heaviest = people.length - 1; // 가장 무거운 사람
07
08   while (lightest <= heaviest) {
09     // 가장 가벼운 사람과 가장 무거운 사람의 몸무게 합이
10     // capacity보다 작거나 같으면
11     if (people[lightest] + people[heaviest] <= capacity) {
12       lightest++; // 가장 가벼운 사람을 추가로 태운다.
13     }
14     heaviest--; // 가장 무거운 사람을 구한다.
15     minBoatNeeded++; // 보트 이용 횟수를 1 증가시킨다.
16   }
17
18   return minBoatNeeded;
19 }
```

이 풀이의 핵심은 배열 people에서 가장 무거운 사람을 우선으로 선택하고 다른 사람과 짝을 지어서 구출을 시도하는 것이다. 2행에서는 가장 무거운 사람을 최우선으로 선택하기 위해 무게를 기준으로 오름차순으로 정렬했다.

5~6행에서는 가벼운 사람과 무거운 사람을 가리키는 변수 lightest, heaviest를 초기화한다. 가벼운 사람의 인덱스로 사용할 lightest는 0으로 초기화하고 무거운 사람의 인덱스로 사용할 heaviest는 people.length - 1로 초기화한다.

이제 두 인덱스 변수를 기준으로 lightest가 heaviest보다 작거나 같은 동안 반복문을 실행해 사람들을 구출한다. 11행의 조건문에서 현재 가장 가벼운 사람과 가장 무거운 사람의 무게를 비교하여 capacity보다 작거나 같은지 확인한다. 참이면 lightest를 1 증가시키고 가벼운 사람을 함께 태운다. 조건을 확인하면 heaviest를 1 감소시켜 가장 무거운 사람을 태운다. 보트를 이용할 때마다 최소 1명은 태운다. 무거운 사람을 먼저 구출하기 때문이다.

배열이 정렬되어 있으므로 lightest가 1 증가하면 가벼운 사람이, heaviest가 1 감소하면 무거운 사람이 보트에 탄다.

[70, 50, 80, 120, 90] → 정렬 → [50, 70, 80, 90, 120]

예를 들어 lightest가 0에서 1이 되면 무게가 50인 사람이 구출되고, heaviest가 4에서 3이 되면 무게가 120인 사람이 구출되었다는 의미다.

반복문 마지막 행에서 minBoatNeeded를 1 증가시켜 지금까지 보트를 이용한 횟수를 추적한다. 마지막으로 반복문이 종료되면 minBoatNeeded를 반환하고 함수가 종료된다.

이 풀이의 시간 복잡도는 배열 people을 정렬하는 데 드는 $O(n\,log\,n)$을 감안하여 $O(n\,log\,n + n)$으로 표현할 수 있고, 이를 단순화하면 $O(n\,log\,n)$이 된다.

4.3.6 결승선

기출: 아마존, 마이크로소프트, 메타, 이베이, 블룸버그, 애플, 오라클
난이도: 중 | **풀이 시간:** 40분 | **런타임:** 2초 | **메모리:** 32MB

문제

정수 배열 nums가 주어진다. 배열의 각 요소는 해당 위치에서 이동할 수 있는 최장 거리를 나타낸다. 배열의 첫 번째 인덱스가 시작점, 마지막 인덱스가 결승선을 나타낸다. 시작점에서 결승선까지 도달할 수 있는지 판별하는 함수를 완성하라.

- nums[i]는 현재 위치에서 이동 가능한 거리다.
- 함수는 true 또는 false를 반환한다.
- 시작 인덱스는 항상 0이다.

입력

예시 1) [2, 3, 1, 0, 4, 7]

예시 2) [3, 1, 1, 0, 2, 4]

예시 3) [2, 1, 3, 4, 6]

출력

예시 1) true

예시 2) false

예시 3) true

설명

[2, 3, 1, 0, 4, 7]은 인덱스 1에서 4로 이동하고 다시 인덱스 4에서 마지막 인덱스에 도달할 수 있다.

[3, 1, 1, 0, 2, 4]은 인덱스 0, 1, 2에서 출발하면 모두 인덱스 3에서 멈추게 된다. 0은 이동이 불가능하기 때문이다.

[2, 1, 3, 4, 6]은 인덱스 0에서 2로 이동하고 다시 인덱스 2에서 마지막 인덱스까지 도달할 수 있다.

문제 분석

각 요소는 한 번에 이동할 수 있는 최장 거리를 나타낸다. 예를 들어 [2, 3, 1, 0, 4, 7]에서 시작점을 선택하면 해당 값이 2이므로 오른쪽으로 한 칸 또는 두 칸 이동할 수 있다는 뜻이다. 결승선까지 이동하는 과정에서 0을 만나면 다음 칸으로 이동할 수 없음을 유의하자.

그리디 패턴을 사용해 각 위치에서 이동할 수 있는 최장 거리로 결승선까지 도달할 수 있는지를 검사하는 방식이다. 각 위치에서 최대로 이동할 수 있는 인덱스를 오른쪽으로 순회하며 갱신하는 방식으로 진행한다. 결승선까지 이동할 수 있으면 true, 이동할 수 없으면 false를 반환한다.

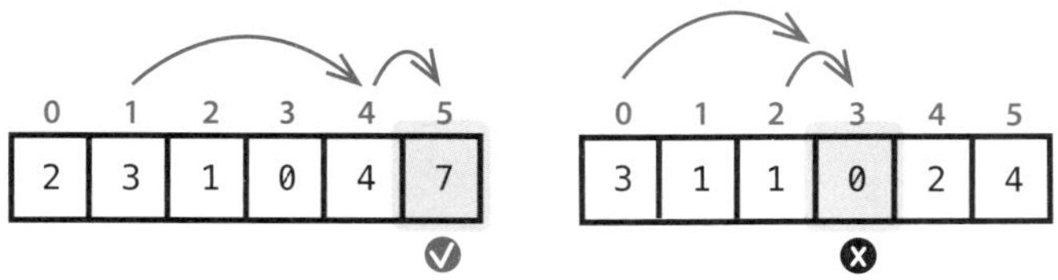

그림 4-4 결승선 도달 가능 예시(왼쪽) vs 불가능 예시(오른쪽)

접근 방법

1. 현재 위치에서 이동할 수 있는 최장 거리를 추적할 변수 maxReach를 0으로 초기화한다.
2. 배열을 순회하면서 다음을 실행한다.
   a. 현재 인덱스가 maxReach보다 크면 false를 반환한다. 현재 위치에서 도달할 수 없는 위치이기 때문이다.
   b. 현재 인덱스가 maxReach보다 작거나 같으면 현재 위치에서 도달할 수 있는 위치이므로 maxReach를 갱신한다.
3. 반복문이 종료되면 maxReach가 결승선에 도달할 수 있는지 확인하여 결과를 반환한다.

풀이

```
01 function canReach(nums) {
02   // 현재 위치에서 이동할 수 있는 최장 거리
03   let maxReach = 0;
04
05   for (let i = 0; i < nums.length; i++) {
06     // 현재 위치에서 이동할 수 있는 거리가 최장 거리보다 작으면 false
07     if (i > maxReach) {
08       return false;
09     }
10     // 최장 거리 갱신(현재 위치에서 이동할 수 있는 거리 + 현재 위치)
11     maxReach = Math.max(maxReach, i + nums[i]);
12   }
13   // maxReach가 결승선에 도달할 수 있는지 확인한다.
14   return maxReach >= nums.length - 1;
15 }
```

3행에서 maxReach를 현재 위치에서 도달할 수 있는 최장 거리(인덱스)로 초기화한다. 이 코드의 핵심은 이 변수를 활용해 현재 위치에서 이동 가능한 최장 거리를 계

산하고 갱신하는 것이다.

반복문은 nums의 각 요소를 순회하며 현재 위치와 maxReach를 비교한다. 현재 인덱스 i가 maxReach보다 크면(7행) 현재 위치에서 결승선까지 도달할 수 없다는 뜻이므로 false를 반환하고 함수를 종료한다.

예를 들어 배열 [3, 1, 1, 0, 2, 4]가 주어졌다고 해 보자. 반복문 내부의 현재 인덱스가 3이면 해당 인덱스의 값이 0이므로 최대 거리를 갱신해도 여전히 maxReach의 값은 3으로 유지된다. 즉, 반복문이 다음 단계로 넘어가면(인덱스가 3에서 4로 증가하는 시점) 7행의 조건 때문에 결국엔 false가 반환된다는 뜻이다.

반대로 현재 위치 i가 maxReach보다 작거나 같으면 현재 위치에서 도달할 수 있는 인덱스이므로 3행에서 maxReach를 현재까지의 maxReach와 i + nums[i]를 비교해 더 큰 값으로 갱신한다.

반복문이 종료되면 maxReach가 배열의 마지막 인덱스보다 크거나 같은지 확인하여 결승선에 도달할 수 있는지를 판단한다. 결승선에 도달할 수 있으면 true, 그렇지 않으면 false를 반환한다.

이 풀이는 그리디 패턴을 사용하여 단계마다 nums에서 결승선에 도달할 수 있는지를 판단한다. 입력 배열을 한 번만 순회하고 nums의 크기에 비례하여 작동하기 때문에 nums의 크기를 n이라고 할 때 이 풀이의 시간 복잡도는 $O(n)$이 된다.

4.3.7 주유소

기출: 아마존, 마이크로소프트, 메타, 블룸버그, 오라클
난이도: 상 | **풀이 시간:** 50분 | **런타임:** 2초 | **메모리:** 32MB

문제

차를 타고 시계 방향으로 이동하는 원형의 경로를 여행한다. 경로에는 총 n개의 주유소가 있으며 각 주유소에서 얻을 수 있는 기름의 양을 나타내는 정수 배열 gas와 두 인접한 주유소 사이의 거리를 나타내는 정수 배열 dist가 제공된다.

여행의 목표는 출발했던 주유소로 다시 돌아오는 것이다. 처음에는 차량의 연료 탱크가 비어 있지만, 각 주유소에 남은 연료가 있는 한 연료를 추가할 수 있다. 성공적으로 출발점에 돌아왔다면 출발한 주유소의 인덱스를 반환하고, 그렇지 않으면 -1을 출력하라.

- 주유소 gas[i]에서 다음 주유소 gas[i + 1]로 이동하는 동안 dist[i] 만큼의 비용이 발생한다.
- gas[i]에 도착하면 gas[i]만큼 연료가 충전된다.

입력

예시 1)

```
gas = [1, 2, 3, 4, 5]
dist = [3, 4, 5, 1, 2]
```

예시 2)

```
gas = [2, 3, 4]
dist = [3, 4, 3]
```

예시 3)

```
gas = [3, 4, 5]
dist = [1, 2, 3]
```

출력

예시 1) 3

예시 2) -1

예시 3) 4

설명

예시 1을 보자. 인덱스 0의 주유소에서 출발하면 연료는 1만큼 충전되지만, 다음 주유소까지 이동할 때 발생하는 비용(dist[0])이 3이므로 이동할 수 없다.

인덱스 1의 주유소에서 출발하면 연료는 2만큼 충전되지만, 다음 주유소까지 이동할 때 발생하는 비용(dist[1])이 4이므로 이동할 수 없다.

인덱스 2의 주유소에서 출발하면 연료는 3만큼 충전되지만, 다음 주유소로 이동할 때 발생하는 비용(dist[2])이 5이므로 이동할 수 없다.

인덱스 3의 주유소에서 출발하면 연료는 4만큼 충전되며 다음과 같이 이동할 수 있다.

1. gas[3]에서 출발, 연료 탱크 4
2. gas[4]의 주유소로 이동: 4 – 1 + 5, 남은 연료 8

3. gas[0]의 주유소로 이동: 8 – 2 + 1, 남은 연료 7
4. gas[1]의 주유소로 이동: 7 – 3 + 2, 남은 연료 6
5. gas[2]의 주유소로 이동: 6 – 4 + 3, 남은 연료 5
6. gas[3]의 주유소로 이동: 성공적으로 출발점에 돌아와 여행을 마친다.
7. 따라서 이 경우에는 해당 주유소의 인덱스인 3을 반환한다.

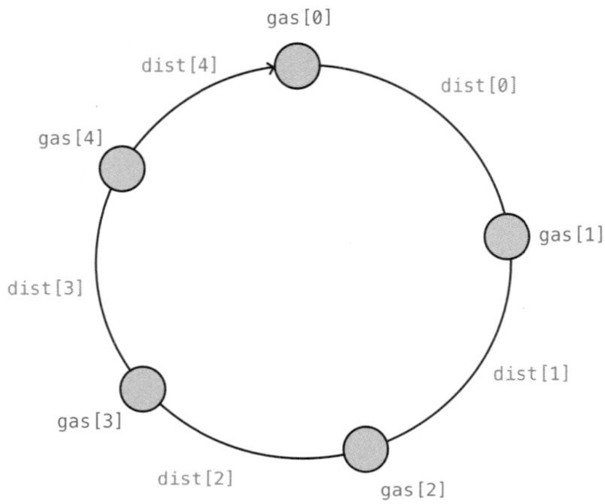

	0	1	2	3	4
gas	1	2	3	4	5
dist	3	4	5	1	2

그림 4-5 주유소와 각 구간의 비용 예시

문제 분석

이 문제의 핵심은 어느 주유소를 출발점으로 삼으면 한 바퀴를 완주할 수 있는지를 판단하는 것이다. 출발은 어디에서나 가능하다. 어느 주유소에서 출발하더라도 경로를 따라 출발점으로 무사히 돌아왔다면 출발 주유소의 인덱스를 반환한다.

그리디 관점에서 단계마다 최적의 선택을 할 수 있는지를 확인해야 한다. 각 주유소에서 다음 주유소로 이동하려면 현재 연료와 다음 주유소로 가는 비용을 고려해야 한다. 현재 남은 연료에서 다음 주유소로 이동하는 데 필요한 연료를 뺐을 때 그 값이 0보다 작다면 현재 주유소를 출발점으로 삼을 수 없으므로 정답 후보에서 제외해야 한다. 이 경우 출발 주유소 후보를 다음 주유소로 옮기고 연료 계산을 다시 시작한다. 즉, 정답은 현재 위치가 아닌 다음 위치 어딘가에 존재한다는 뜻이다. 이런 방법으로 한 바퀴 도는 동안 연료의 공급과 소비를 계산하여 남아 있는 연료가 0 이상이면 해당 주유소에서 출발하면 한 바퀴 완주가 가능하다는 의미다.

접근 방법

1. 변수를 초기화한다.
   a. 전체 여정에서의 누적 순연료량을 저장할 total
   b. 현재까지의(현재 주유소 → 다음 주유소) 남은 연료량 current
   c. 출발점의 인덱스(결괏값) startIndex
2. 반복문으로 모든 주유소를 순회한다.
   a. 현재 주유소에서 다음 주유소로 이동한 후 남은 연료를 계산(gas[i] - dist[i])한다.
   b. 남은 연료량을 total에 갱신한다.
   c. 현재까지의 남은 연료량을 current에 갱신한다.
   d. current가 0보다 작아지면 현재 주유소를 출발점으로 완주할 수 없다는 의미이므로 다음 주유소를 출발점으로 삼는다. 이를 위해 startIndex를 i + 1로 바꾸고 current를 0으로 갱신한다.
3. 순회가 끝나면 total을 확인한다.
4. total이 0보다 크면 출발 인덱스를, 작으면 -1을 반환한다.

풀이

```
function canMakeTrip(gas, dist) {
  let total = 0;
  let current = 0;
  let startIndex = 0;

  for (let i = 0; i < gas.length; i++) {
    // 현재 주유소에서 다음 주유소로 이동한 후 남은 연료 계산
    let consume = gas[i] - dist[i];
    total += consume; // 누적 순연료량 갱신
    current += consume; // 현재 구간의 남은 연료량 갱신

    // 현재 구간의 남은 연료량이 0보다 작으면 다음 주유소를 출발점으로 삼는다.
    if (current < 0) {
      startIndex = i + 1;
      current = 0;
    }
  }

  return total >= 0 ? startIndex : -1;
}
```

이 풀이의 핵심은 연료가 부족해지는 지점이 나오면 그 지점 이전의 어떤 출발점도 유효하지 않다는 점이다. 즉, 출발점부터 연료가 부족해지는 현재 위치까지의 주유소를 정답 후보에서 모두 제외하고 다음 주유소를 새로운 출발점으로 삼으면 된다. 구간마다 소비되는 연료를 계산하며 항상 최적의 선택을 이어가는 그리디 패턴의 접근 방법이다.

이제 함수를 살펴보자. 우선 `total`, `current`, `startIndex`를 `0`으로 초기화한다. `total`은 주유소를 순회한 후 누적된 순연료량을 추적한다. `current`는 현재 구간에서의 남은 연료량을 추적한다. `startIndex`는 출발 주유소의 인덱스를 가리키며 필요할 때 갱신한다.

반복문을 살펴보자. 8행 반복문에서는 사용되는 연료를 계산해 `consume`에 저장한다. 현재 주유소에서 다음 주유소까지 이동할 때 필요한 연료를 계산한다. 이전에 설정한 변수 `total`과 `current`에 `consume` 값을 갱신한다. 13행의 조건문은 `current < 0`일 될 때 발동한다. `current < 0`이면 연료가 부족해서 현재 주유소에서 다음 주유소로 이동할 수 없다. 그러면 `startIndex`를 `i + 1`로 갱신하고 `current`를 `0`으로 초기화하여 해당 주유소 이후의 주유소를 새 출발점으로 삼는다. 이 과정을 모든 주유소를 한 번 순회할 때까지 반복한다.

모든 순회가 끝나면 연료가 아직까지 남아 있는지 판단하기 위해 현재 시점의 `total`을 확인한다. `total`이 `0`보다 크거나 같으면 `startIndex`를 반환하고, `0`보다 작으면 `-1`을 반환한다.

이 알고리즘은 입력으로 전달된 주유소 개수에 선형적으로 비례하는 복잡도를 가진다. 주유소 배열 `gas`의 크기가 n일 때 시간 복잡도는 $O(n)$이 된다.

4.4 인터뷰 팁과 고려 사항

- 문제를 풀 때 해당 문제가 그리디 패턴에 적합한지를 먼저 확인하는 것이 좋다. 모든 최적화 문제가 그리디 패턴으로 풀리지는 않는다. 그리디로 접근하기 어렵다면 10장에서 다룰 동적 프로그래밍 또는 백트래킹 기법 등을 고려할 수 있다.
- 그리디 패턴이 항상 최적의 해결책을 제공하지 않더라도 최적의 해결 방법에 대한 인사이트를 얻을 수는 있다.
- 그리디 패턴 문제의 상당수는 요소를 특정 순서로 처리한다. 따라서 문제를 풀 때 입력값부터 정렬하는 경우가 흔하다. 입력값을 정렬할 때는 자바스크립트의

내장 메서드인 `sort()`를 주로 사용한다. 이 메서드는 각 요소를 유니코드 문자열로 변환하여 정렬을 실행하므로 의도하지 않은 결과가 나올 수도 있다. 특히 숫자 배열을 정렬할 때는 비교 함수를 제공해야 한다는 점을 기억하자(예를 들어 `arr.sort((a, b) => a - b)`).

5장

J a v a s c r i p t C o d i n g T e s t

이진 탐색 패턴

5.1 분할 정복

분할 정복(divide and conquer)이란 문제의 범위를 더 작은 단위로 나눠서 독립적으로 해결하고 각 결과를 결합하여 최종 결괏값을 얻는 풀이 기법이다.

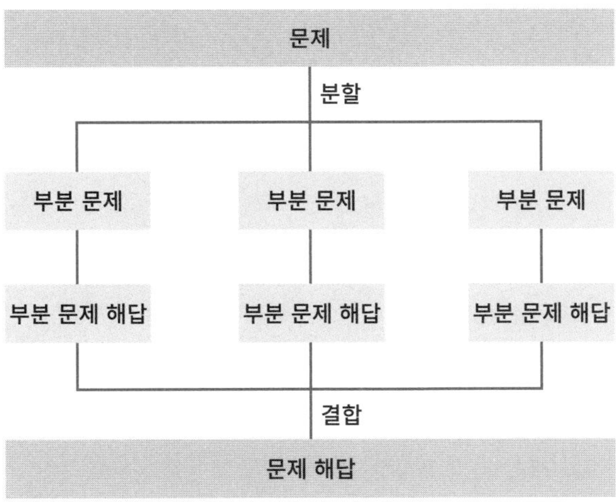

그림 5-1 분할 정복 기법의 흐름

이 기법은 복잡한 문제를 작은 부분 문제(sub-problem)로 분할해 문제의 크기와 복잡성을 줄이고 더 효율적으로 문제를 해결한다. 이어서 소개할 이진 탐색도 분할 정복의 한 종류다. 따라서 이진 탐색과 해당 유형의 문제를 접하기 전에 분할 정복 개념을 이해하면 큰 도움이 된다.

이제 분할 정복의 특징을 잘 드러내는 예제 코드를 살펴보자. 주어진 수열에서 가장 큰 수를 찾는 문제라고 해 보자. 예를 들어 다음과 같은 입력 배열 [2, 4, 6, 8, 5, 9, 7, 3]이 주어진다면 이 중 가장 큰 수인 9를 반환해야 한다.

```
01 function findMaxNumber(nums, start, end) {
02   if (start === end) {
03     // 기저 조건(요소가 1개만 남은 경우)
04     return nums[start]
05   }
06
07   // 부분 문제로 분할
08   const mid = Math.floor((start + end) / 2)
09   const leftMax = findMaxNumber(nums, start, mid)
10   const rightMax = findMaxNumber(nums, mid + 1, end)
11
12   // 결합
13   return Math.max(leftMax, rightMax)
14 }
15
16 // 테스트 케이스
17 // 입력: [2, 4, 6, 8, 5, 9, 7, 3], 출력: 9
18 const arr = [2, 4, 6, 8, 5, 9, 7, 3]
19 findMaxNumber(arr, 0, arr.length - 1)
```

우선 이 함수는 배열 nums, 시작 인덱스 start, 끝 인덱스 end를 매개변수로 전달받는다. 문제에 재귀적으로 접근하므로 2~5행에서 기저 조건을 정의해 함수가 무한대로 호출되는 것을 방지한다. 이 문제의 기저 조건은 nums의 요소가 1개만 남을 때다.

그다음 과정에서 부분 문제로 분할한다. 8행에서 배열의 중간 지점을 계산하고, 9~10행에서 각각 왼쪽(leftMax)과 오른쪽(rightMax) 부분 배열에 대해 재귀적으로 자기 자신을 호출한다. 마지막으로 13행에서는 부분 문제들의 해답을 결합하여 전체 배열의 최댓값을 계산한 후 반환한다.

코드를 통해 알 수 있듯이 이 패턴은 큰 문제를 작은 문제로 분할하는 방식이다. 이를 위해 입력 배열 nums를 부분 배열 2개로 분할하고 각 부분 배열에서 최댓값을 찾는 작은 부분 문제로 변환한다. 또한 이 함수는 재귀적으로 각 부분 배열에서 최댓값을 찾은 후 결합하여 최종적으로 최댓값을 계산한다.

이는 하나의 큰 문제를 작은 부분 문제들로 분할하고 부분 문제들의 해답을 결합하여 최종 해답을 얻는 분할 정복의 특성을 매우 잘 나타내는 패턴이라고 볼 수 있다. 다만 이 방법은 주로 재귀 호출을 사용해 부분 문제를 해결하므로 오버헤드가 발생할 수 있다는 점에 유의해야 한다. 예를 들어 재귀의 종료 조건, 즉 기저 조건을 적절하게 사용하고 분할 과정에서 선택되는 범위가 적절히 정의되도록 주의해야 한다.

5.2 이진 탐색

분할 정복의 개념과 작동 원리에 대해 간단히 살펴보았다. 지금부터는 이진 탐색에 대해 자세히 알아보고 분할 정복의 개념이 어떻게 이진 탐색에 적용되는지 알아보자.

이진 탐색(binary search)은 정렬된 리스트에서 특정 값을 탐색하는 알고리즘이다. 선형 탐색(linear search)과 다르게 정렬된 리스트에만 적용할 수 있다. 처리할 데이터세트의 요소들이 이미 정렬되어 있다면 시간 복잡도가 $O(log\,n)$인 이진 탐색이 훨씬 더 효과적일 수 있다. 이진 탐색 알고리즘은 이름에서 유추할 수 있듯이 데이터를 절반씩 나누어 탐색하며 점진적으로 탐색 범위를 좁혀 나가는 방식으로 작동한다. 그렇다면 과연 선형 탐색과 비교했을 때 성능 차이가 얼마나 날까? 다양한 입력 데이터의 크기에 따른 성능 차이는 다음 표와 같다(최악의 경우를 바탕으로 계산된 탐색 횟수의 근사치).

표 5-1 선형 탐색과 이진 탐색의 데이터 크기에 따른 성능 차이

입력 데이터 크기	선형 탐색	이진 탐색
10	10	4
100	100	7
1,000	1,000	10
10,000	10,000	14
100,000	100,000	17
1,000,000	1,000,000	20
10,000,000	10,000,000	24

선형 탐색 vs 이진 탐색

```
function linearSearch(arr, target) {
  for (let i = 0; i < arr.length; i++) {
    // target을 찾으면 해당 index 반환
    if (arr[i] === target) {
      return i;
    }
  }
  // target을 찾지 못하면 -1 반환
  return -1;
}

console.log(linearSearch([1, 2, 3, 4, 5], 3)); // 2
console.log(linearSearch([1, 2, 3, 4, 5], 6)); // -1
```

선형 탐색의 총 탐색 횟수는 입력 데이터의 크기와 직결된다. 만약 데이터의 크기가 n이라면 최악의 경우 n번의 탐색과 비교를 실행해야 한다. 반면에 이진 탐색은 연산마다 탐색 범위를 절반으로 줄이므로 시간 복잡도는 로그 시간이 된다. 이진 탐색은 특정 값을 찾거나 해당 값이 없음을 확인할 때까지 탐색 범위를 좁혀 가며, 이 과정이 바로 분할 정복 기법의 핵심 개념이다.

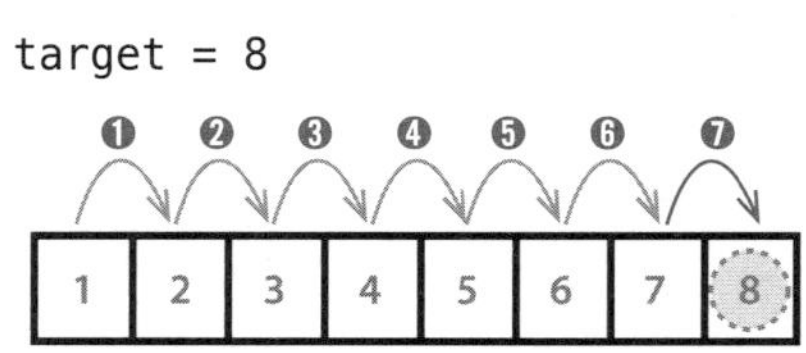

그림 5-2 **선형 탐색**

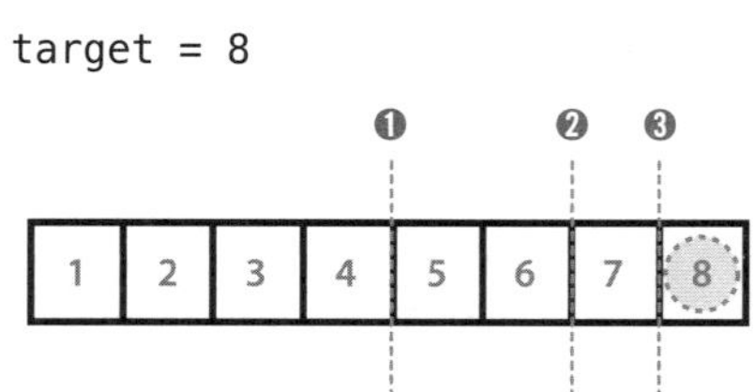

그림 5-3 **이진 탐색**

이진 탐색과 선형 탐색은 각각 다른 상황에서 사용된다. 주로 탐색 대상의 특성과 입력 데이터의 크기를 고려해 탐색 알고리즘을 선택한다. 이진 탐색은 정렬된 배열이나 탐색 작업이 빈번할 때 적합하고 선형 탐색은 정렬되지 않은 배열이나 상대적으로 작은 배열에서 유용하다. 이처럼 처리할 데이터세트가 미리 정렬되어 있는지, 탐색 빈도가 얼마나 높은지 등의 제약 사항을 고려하여 적절한 알고리즘을 선택하는 것이 중요하다.

이진 탐색을 설계하는 방법은 다음과 같다.

1. 탐색 범위 설정: 탐색할 입력(배열)의 시작 인덱스와 끝 인덱스를 지정한다.
2. 중심점 설정: 탐색 범위의 중간에 있는 인덱스를 선택한다. 이 중심점을 기준으로 탐색 범위가 절반씩 나뉜다.
3. `target` 비교: 선택된 중간 요소와 `target`의 크기를 비교한다.
   a. 중간 요소 `===` `target`: 해당 요소의 인덱스를 반환한다.
   b. 중간 요소 `>` `target`: 이 경우 `target`이 중간 요소의 왼쪽에 있다는 의미다. 따라서 탐색 범위를 중간 요소의 왼쪽 절반으로 좁힌다.
   c. 중간 요소 `<` `target`: 이 경우 b와 반대로 `target`이 중간 요소의 오른쪽에 있다는 의미다. 따라서 탐색 범위를 중간 요소의 오른쪽 절반으로 좁힌다.
4. 탐색 범위 갱신: `target`이 중간 요소와 같지 않으면, 예를 들어 3-b나 3-c의 경우 탐색 범위를 갱신하고 중심점을 재설정한다.
5. 탐색 결과 반환: `target`을 찾으면 해당 인덱스를 반환하고(3-a), 탐색에 실패했으면 `-1`을 반환한다.

이진 탐색을 구현하는 방법은 크게 두 가지다. 재귀를 사용하는 방법과 반복문을 사용하는 방법이다. 다음 예시를 두 방법으로 각각 구현해 보자. 주어진 배열에서 `target`을 찾는 문제다.

재귀를 사용한 이진 탐색

```
function binarySearch(arr, target, start, end) {
  if (start > end) {
    return -1; // 실패 케이스: -1 반환
  }

  const mid = Math.floor((start + end) / 2); // 중심점 계산

  if (arr[mid] === target) {
    return mid; // 성공 케이스: 인덱스 반환
  } else if (arr[mid] > target) {
```

```
    return binarySearch(arr, target, start, mid - 1); // 왼쪽 절반 탐색
  } else {
    return binarySearch(arr, target, mid + 1, end); // 오른쪽 절반 탐색
  }
}

// 예시
const nums = [1, 2, 3, 4, 5, 6, 7, 8, 9, 10];
const result = binarySearch(nums, 6, 0, nums.length - 1);
console.log("결과:", result); // 결과: 5
```

반복문을 사용한 이진 탐색

```
function binarySearch(arr, target) {
  let start = 0;
  let end = arr.length - 1;

  while (start <= end) {
    const mid = Math.floor((start + end) / 2); // 중심점 계산

    if (arr[mid] === target) {
      return mid; // 성공 케이스: 인덱스 반환
    } else if (arr[mid] > target) {
      end = mid - 1; // 왼쪽 절반 탐색
    } else {
      start = mid + 1; // 오른쪽 절반 탐색
    }
  }

  return -1; // 실패 케이스: -1 반환
}

const nums = [1, 2, 3, 4, 5, 6, 7, 8, 9, 10];
const result = binarySearch(nums, 6);
console.log(“결과:”, result); // 결과: 5
```

두 방법은 구현 방식만 다를 뿐 개념은 같다. 주어진 배열에서 `target`을 이진 탐색하여 성공하면 해당 요소의 인덱스를 반환하고 실패하면 -1을 반환한다. 재귀적 방법은 함수를 재귀적으로 호출하여 탐색하고, 반복문은 일반적인 `while` 문을 사용하여 반복적으로 탐색한다. 앞서 설명했듯이 이 알고리즘의 시간 복잡도는 $O(log\,n)$으로, 입력 크기에 선형 비례하지 않고 로그 시간으로 문제를 해결할 수 있는 매우 빠른 알고리즘이다.

이진 탐색으로 풀 수 있는 대표적인 문제 유형은 기본적인 구현 문제(이진 탐색 구현), 특정 숫자의 존재 여부를 확인하는 문제, 최솟값 또는 최댓값 찾기 등이 있

다. 여러 번 언급했듯이 이미 정렬된 배열이라면 이진 탐색이 가장 효율적인 알고리즘일 수 있다. 따라서 문제의 제약 사항과 입력 데이터의 크기를 고려하여 적절한 풀이 기법을 선택해야 한다. 특히 입력 데이터의 크기가 10^8, 10^9처럼 크면 $O(n)$ 복잡도의 알고리즘은 제한 시간이 초과될 수 있으니 유의하자.

5.3 응용 문제

이 절에서는 코딩 테스트에서 이진 탐색을 사용하여 풀 수 있는 대표적인 문제들을 소개한다. 문제를 분석하고 해결하며 이진 탐색의 응용 패턴을 학습해 보자.

5.3.1 첫 번째 True

기출: 마이크로소프트, 메타

난이도: 하 | **풀이 시간:** 25분 | **런타임:** 1초 | **메모리:** 32MB

문제

불(boolean) 값으로 구성된 정렬된 배열 `arr`이 주어진다. 배열의 모든 요소는 `true` 또는 `false`이며 2개의 그룹으로 나뉜다. 오른쪽 그룹에서 첫 번째 `true`의 인덱스를 반환하는 함수를 구현하라. `true`를 찾을 수 없으면 -1을 반환한다.

입력

예시 1) `[false, false, false, false, true, true]`

예시 2) `[false, false, false]`

예시 3) `[true, true, true, true]`

출력

예시 1) `4`

예시 2) `-1`

예시 3) `0`

설명

`[false, false, false, false, true, true]`는 인덱스 `0`부터 `3`까지가 왼쪽 그룹이고, 인덱스 `4`부터 `5`까지가 오른쪽 그룹이다. 오른쪽 그룹의 첫 번째 `true`가 발견되는

인덱스는 4이다.

[false, false, false]는 배열에 true가 없기 때문에 그룹을 나눌 수 없다. 따라서 -1을 반환한다.

[true, true, true, true]는 첫 번째 true의 인덱스인 0을 반환한다.

문제 분석

선형 탐색을 사용하면 시간 복잡도 $O(n)$으로 풀 수 있는 문제다. 배열 안의 모든 요소를 순회하며 첫 번째 true를 발견하면 해당 인덱스를 반환하고 발견하지 못하면 -1을 반환하는 방식으로 풀 수 있다. 하지만 더 빠른 알고리즘은 없을까? 문제를 다시 살펴보자. 입력으로 전달되는 배열 arr은 이미 정렬되어 있다. 그러므로 $O(log\,n)$의 성능을 가진 이진 탐색을 고려해 볼 수 있다. 배열의 왼쪽 그룹은 모두 false이고 오른쪽 그룹은 모두 true이므로 우리가 찾는 결괏값인 첫 번째 true는 오른쪽 그룹에 있다고 가정한다. 그리고 이진 탐색을 적용해 오른쪽 그룹의 첫 번째 true를 찾아 나가는 방식으로 풀 수 있다.

접근 방법

1. 탐색 범위 설정을 위한 변수 left와 right를 설정한다. left는 0으로, right는 arr.length - 1로 초기화한다.
2. while 문으로 left가 right보다 작거나 같은 동안 탐색을 진행한다.
   a. 중간 지점 인덱스를 계산하여 mid에 저장한다.
   b. arr[mid]가 true인지 확인한다. true이면 첫 번째 true인지 검사한다. 첫 번째 true이면 mid를 반환한다.
   c. arr[mid]가 첫 번째 true가 아니면 나머지 왼쪽 그룹을 탐색하기 위해 right = mid - 1로 설정한다.
   d. arr[mid]가 true가 아니면 c와 반대로 나머지 오른쪽 그룹을 탐색하기 위해 left = mid + 1로 설정한다.
3. 모든 탐색이 종료될 때까지 true를 찾지 못했다면 -1을 반환한다.

풀이

```
01 function firstTrue(arr) {
02   let left = 0;
03   let right = arr.length - 1;
04   let result = -1;
05
06   while (left <= right) {
07     let mid = Math.floor((left + right) / 2);
08     // mid 값이 true이고, mid - 1 값이 false이면
09     // mid가 첫 번째 true이므로 mid를 반환한다.
10     if (arr[mid] && !arr[mid - 1]) {
11       result = mid;
12       break;
13     } else if (arr[mid]) { // mid 값이 true이면 나머지 왼쪽을 탐색한다.
14       right = mid - 1;
15     } else { // mid 값이 false이면 오른쪽을 탐색한다.
16       left = mid + 1;
17     }
18   }
19   return result;
20 }
```

이 코드는 기본적인 이진 탐색 알고리즘을 변형하여 문제 조건에 맞게 변형한 풀이 방법이다. `left`와 `right` 포인터 변수를 사용해 범위를 좁혀 나간다. 2~3행에서 포인터 변수들을 초기화하고, 4행에서 결괏값을 저장할 변수 `result`를 -1로 초기화한다.

탐색을 진행하며 단계마다 `mid`를 계산해 중간 인덱스로 재정의한다. 반복문 내부의 분기는 `arr[mid]` 값에 따라 결정된다.

`mid`의 요소가 `true`이면 두 경우로 나뉜다. 첫 번째는 `arr[mid] && !arr[mid - 1]`는 현재 `mid`의 요소가 오른쪽 그룹의 첫 번째 인덱스에 있다는 뜻이다. 두 번째는 `arr[mid]`는 `mid`의 요소가 오른쪽 그룹에 있지만 첫 번째는 아닌 경우다. 첫 번째 경우라면 11행에서 `result`를 `mid`로 갱신하고, `break`로 반복문을 종료한다. 두 번째 경우라면 `right`를 `mid - 1`로 갱신하고 나머지 왼쪽을 탐색한다. 마지막 `else`에서는 반대로 `left`를 `mid + 1`로 갱신하고 오른쪽을 탐색한다.

반복문이 종료되면 `result`에는 첫 번째 `true`의 인덱스나 -1이 들어 있을 것이다. 이 풀이 방법은 이진 탐색을 활용해 인덱스를 효율적으로 찾으며 시간 복잡도는 $O(\log n)$이다. 이는 선형 탐색보다 훨씬 빠르며 입력 크기가 커질수록 성능 차이가 더 커진다.

5.3.2 고정점

기출: 아마존, 마이크로소프트
난이도: 중 | **풀이 시간:** 30분 | **런타임:** 1초 | **메모리:** 32MB

문제

정렬된 배열 nums가 주어진다. 주어진 배열에서 고정점의 인덱스를 반환하는 함수를 완성하라. 고정점(fixed point)이란 인덱스 i가 배열의 nums[i]와 같을 때를 말한다.

- 배열 nums에는 중복 요소가 있을 수 있다.

입력

예시 1) [0, 1, 1, 3, 5]

예시 2) [-5, -1, 0, 1, 2, 4]

예시 3) [1, 2, 3, 4, 5, 6, 7, 7, 7, 8]

출력

예시 1) 0

예시 2) -1

예시 3) 7

설명

[0, 1, 1, 3, 5]는 i = 0일 때 nums[0] === i와 같으므로 고정점의 인덱스는 0이다.

[-1, -5, 0, 1, 2, 4]는 고정점이 없으므로 -1을 반환해야 한다.

[1, 2, 3, 4, 5, 6, 7, 7, 7, 8]은 i = 7일 때 nums[7] === i와 같으므로 고정점의 인덱스는 7이다.

문제 분석

가장 단순한 방법은 선형 탐색이다. 배열을 0부터 nums[n - 1]까지 순회하면서 배열의 현재 값이 인덱스와 같은지, 즉 nums[i] === i인지 확인하고 첫 번째로 발견한 인덱스를 반환한다.

배열이 이미 정렬되어 있다는 점을 활용하면 훨씬 더 빠른 이진 탐색을 시도해 볼 수 있다. 다만 한 가지 유의할 점은 입력 배열에 중복 요소가 있을 수도 있다는 사실이다. 이 제약 사항이 없다면 이 문제는 이진 탐색으로 해결할 수 있다. 그러나 중복 요소가 있을 수 있으므로 이진 탐색으로는 정확한 답을 도출하기 어렵다. 이를 고려해 이진 탐색에 약간의 변형을 주어야 한다.

접근 방법

1. 재귀 탐색 범위 `low`, `high`를 인자로 받는 헬퍼 함수 `search(low, high)`를 구현한다.
   a. `high`가 `low`보다 작아지면 탐색 범위가 없다는 의미이므로 `-1`을 반환하여 재귀를 종료한다.
   b. 중간 지점 `mid`를 구해 `nums[mid] === mid`이면 `mid`를 반환한다.
   c. 왼쪽 하위 배열을 탐색한다.
      i. 왼쪽 탐색 상한 `leftHigh`를 계산한다.
      ii. `[low, leftHigh]` 범위로 헬퍼 함수를 재귀 호출한다. 이때 결과를 `leftResult`에 저장한다.
      iii. `leftResult`가 `-1`이 아니면 `leftResult`를 반환한다.
   d. 오른쪽 하위 배열을 탐색한다.
      i. 오른쪽 탐색 하한 `rightLow`를 계산한다.
      ii. `[rightLow, high]` 범위로 헬퍼 함수를 재귀 호출한 결괏값을 반환한다.
2. 메인 함수에서 `search(0, nums.length -1)`로 전체 구간을 탐색하여 최종 결과를 반환한다.

풀이

```
function findFixedPoint(nums) {
  function search(low, high) {
    // 기저 조건: 더 이상 탐색할 범위가 없으면 -1 반환
    if (high < low) {
      return -1;
    }
    const mid = Math.floor((low + high) / 2);

    // 중간값이 고정점인지 확인
    if (nums[mid] === mid) {
      return mid;
    }
```

— **Javascript**

```
    // 왼쪽 하위 배열 탐색
    const leftHigh = Math.min(mid - 1, nums[mid]);
    const leftResult = search(low, leftHigh);

    // 왼쪽에서 찾았으면 오른쪽은 탐색할 필요 없이 바로 반환
    if (leftResult !== -1) {
      return leftResult;
    }

    // 오른쪽 하위 배열 탐색
    const rightLow = Math.max(mid + 1, nums[mid]);

    return search(rightLow, high);
  }

  return search(0, nums.length - 1);
}
```

이 알고리즘은 건너뛰기를 이용한 재귀적 분할 정복으로 고정점을 찾는다. 핵심은 nums[mid]를 활용해 고정점이 있을 수 없는 영역을 건너뛰는 것이다.

- 왼쪽 탐색: mid의 왼쪽에 있는 고정점이 i라면 nums[i] = i를 만족해야 한다. 배열이 정렬되어 있으므로 nums[i] <= nums[mid]이고, 왼쪽에 고정점이 있으려면 i <= nums[mid]이어야 한다. 이 로직에 따라 왼쪽 탐색 범위의 상한을 Math.min(mid - 1, nums[mid])로 계산하여 불필요한 탐색을 줄인다.
- 오른쪽 탐색: 왼쪽 탐색과 같은 맥락으로 mid의 오른쪽에 있는 고정점이 j라면 nums[j] = j이고, 오른쪽에 고정점이 있으려면 j >= nums[mid]여야 한다. 따라서 오른쪽 탐색 범위의 하한을 Math.max(mid + 1, nums[mid])로 계산한다.
- 메인 함수: 헬퍼 함수 search()에 탐색 범위 low, high를 인자로 전달해 재귀적으로 위 로직을 실행한다.

왼쪽/오른쪽을 탐색할 때 Math.min과 Math.max를 사용하는 이유는 nums[mid]를 활용하여 고정점이 있을 수 없는 영역을 건너뛰고 유효한 탐색 범위를 만들기 위해서다.

왼쪽의 탐색 상한은 mid - 1보다 작거나 같아야 하고 동시에 nums[mid]보다도 작거나 같아야 한다. 이때 이 두 조건을 모두 만족시키는 가장 큰 인덱스가 곧 Math.min(mid - 1, nums[mid])이다. 반대로 오른쪽의 탐색 하한은 mid + 1보다 크거나 같

아야 하고 동시에 `nums[mid]`보다 크거나 같아야 한다. 두 조건을 모두 만족시키는 가장 작은 인덱스가 바로 `Math.max(mid + 1, nums[mid])`이다.

일반적인 경우 이 알고리즘의 시간 복잡도는 $O(log\, n)$이다. 하지만 이 성능을 항상 보장하지는 않는다. 예를 들어 `nums = [1, 1, 1, 1, 1]`과 같은 배열에서는 `mid`를 기준으로 왼쪽과 오른쪽을 모두 탐색해야 하기 때문에 요소를 대부분 확인해야 한다. 이처럼 최악의 경우 시간 복잡도는 $O(n)$이 되어 선형 탐색과 같은 수준이 된다.

패턴 학습의 측면에서 이는 이진 탐색의 분할 정복 아이디어를 어떻게 변형하여 '중복된 요소가 있을 수 있다'는 제약 사항을 다룰 수 있는지 보여 주는 아주 좋은 예시다.

5.3.3 제곱근

기출: 아마존

난이도: 중 | **풀이 시간:** 30분 | **런타임:** 1초 | **메모리:** 32MB

문제

정수 x가 주어졌을 때 x의 제곱근(sqrt)을 가장 가까운 정수로 자리내림하여 반환하는 함수를 완성하라.

- 입력과 출력 모두 양수다.
- 내장 함수 `Math.sqrt()`를 사용할 수 없다.

입력

예시 1) 11

예시 2) 24

예시 3) 3

출력

예시 1) 3

예시 2) 4

예시 3) 1

설명

11의 제곱근은 $\sqrt{11} = 3.316624...$이다. 이를 자리내림하면 3이므로 3을 반환한다.

문제 분석

자바스크립트 내장 함수 `Math.sqrt()`와 비슷한 기능을 하는 함수를 구현하는 문제다. 소수점 이하를 버린다는 점이 유일한 차이점일 것이다.

먼저 브루트 포스 기법을 떠올려 보자. x가 5라면 제곱근을 구하기 위해 1에서 5까지의 모든 정수에 대해 제곱을 계산하여 확인하는 방식으로 접근할 수 있다. 이 방식의 시간 복잡도는 $O(\sqrt{x})$이다. x가 상대적으로 작은 수이면 큰 영향을 미치지 않겠지만, 예를 들어 10,000 이상이라면 계산량이 증가해 성능에 영향을 미치게 된다.

그렇다면 이 방법의 어느 부분을 개선해야 조금 더 효율적인 함수를 작성할 수 있을까? 1부터 x까지의 모든 정수를 계산하는 브루트 포스 기법 대신 단계마다 탐색 범위를 줄일 수 있는 이진 탐색을 사용하면 어떨까? x의 제곱근은 1부터 x까지 오름차순으로 정렬된 수열 안에 있을 것이므로 정렬된 데이터에서 원하는 값을 찾는 데 적합한 방법인 이진 탐색을 적용할 수 있다.

접근 방법

1. 변수 `left`와 `right`를 각각 1과 x로 초기화한다.
2. 결괏값을 저장할 변수 `result`를 `0`으로 초기화한다.
3. `left`가 `right`보다 작을 때까지 `while` 문을 실행한다.
    a. 중간값 `mid`를 계산한다.
    b. 제곱값을 계산한다.
    c. 제곱값과 x를 비교한다.
        i. x와 일치하면 `mid`를 반환한다.
        ii. x보다 크면 `right`를 `mid - 1`로 갱신한다.
        iii. x보다 작으면 `left`를 `mid + 1`로 갱신하고, `result`를 `mid`로 갱신한다.
4. 반복문이 종료되면 `result`를 반환한다.

풀이

```
01 function sqrt(x) {
02   let left = 1;
03   let right = x;
04   let result = 0;
05
06   while (left <= right) {
07     // left의 초깃값이 1이므로 0이 아닌 1부터 시작
08     let mid = left + Math.floor((right - left) / 2);
09     let square = mid * mid;
10
11     if (square === x) {
12       return mid; // mid 반환
13     } else if (square > x) {
14       right = mid - 1;
15     } else {
16       left = mid + 1;
17       // result 값 갱신
18       result = mid;
19     }
20   }
21   return result;
22 }
```

이 문제 풀이의 핵심은 이진 탐색을 활용하여 x의 제곱근을 구하는 것이다. 2~3행에서 탐색 범위를 설정하기 위한 변수 left와 right를 각각 1과 x로 초기화한다. 4행에서 result를 0으로 초기화하는데, 이는 가능한 제곱근 중 가장 가까운 정수를 저장하기 위해서다. 6행에서 이진 탐색을 실행하며 left가 right 보다 작거나 같을 때까지 반복한다.

반복문 내의 조건문은 다음과 같이 세 경우로 나뉜다.

1. 제곱값(square)이 x와 같으면 mid를 즉시 반환한다.
2. 제곱값이 x보다 크면 나머지 오른쪽을 탐색한다.
3. 제곱값이 x보다 작으면 나머지 왼쪽을 탐색하고 result를 갱신한다.

반복문이 종료되는 조건은 두 가지다. 첫 번째 종료 조건은 1번이다. 예를 들어 x가 4이면 1부터 4까지의 제곱값을 비교하면서 제곱값이 4와 같아지는 수인 2를 반환한다. 두 번째 종료 조건은 3번이다. 제곱값이 x보다 작으면 result를 mid로 갱신한다. 예를 들어 x가 5이면 1부터 5까지의 제곱을 비교하면서 3의 제곱이 5보다 작고, 4의 제곱이 5보다 크기 때문에 2를 반환하게 된다. 이런 식으로 x의 제곱근을 소수

점 이하를 버린 정수로 반환할 수 있다.

이 알고리즘의 시간 복잡도는 일반적인 이진 탐색의 복잡도와 마찬가지인 $O(log\ n)$으로, 브루트 포스의 $O(\sqrt{x})$보다 더 효율적이고 빠르다.

5.3.4 배열의 중복 요소 찾기

기출: 아마존, 어도비, 퀄컴, 애플

난이도: 중 | **풀이 시간:** 30분 | **런타임:** 1초 | **메모리:** 32MB

문제

정렬된 배열 arr과 정수 target이 주어진다. arr에서 target이 처음 등장하는 위치를 찾아 해당 인덱스를 반환하라. 찾을 수 없다면 -1을 반환한다.

- 최적화를 위해 $O(n)$보다 빠른 시간 복잡도로 해결해야 한다.

입력

예시 1) arr = [1, 3, 3, 3, 3, 6, 10, 10, 10, 100], target = 3

예시 2) arr = [1, 2, 2, 3, 4, 4, 4, 5], target = 3

예시 3) arr = [2, 3, 5, 6, 7, 8, 10], target = 4

출력

예시 1) 1

예시 2) 3

예시 3) -1

설명

예시 1에서 target 값 3이 첫 번째로 등장하는 인덱스는 1이다.

예시 2에서 target 값 3이 첫 번째로 등장하는 인덱스는 3이다.

예시 3에는 target 값 4가 없다. 따라서 -1을 반환한다.

문제 분석

문제에서 찾고자 하는 것은 정렬된 배열에서 target이 처음 나타나는 인덱스다. 예를 들어 target이 3이면 배열에서 3보다 작은 값들과 3보다 큰 값들의 경계(boundary) 지점을 찾는 것과 같다.

배열을 왼쪽에서 오른쪽으로 순차적으로 탐색한다면 처음 3을 발견한 이후의 모든 값은 3 이상이어야 한다.

하지만 배열에는 중복 요소가 있을 수 있다. 따라서 단순히 3을 찾았다는 사실만으로는 충분하지 않다. 해당 값이 처음 등장하는 위치를 찾아야 한다. 이를 위해 이진 탐색을 실행하면서 `target`과 같은 값을 만나더라도 더 왼쪽에 같은 값이 있을 가능성을 고려해 탐색 범위를 왼쪽 부분 배열로 좁혀 첫 번째 위치를 찾아야 한다.

접근 방법

1. 인덱스 변수 `left`와 `right`를 각각 `0`과 `arr.length - 1`로 초기화한다.
2. 대상 인덱스 변수 `targetIndex`를 기본값인 -1로 초기화한다.
3. `left`가 `right`보다 작을 때까지 `while` 문을 실행한다.
   a. 중간 인덱스를 계산한다(`mid`).
   b. `mid`가 `target`과 같으면 `mid`를 `targetIndex`에 갱신한다. 그리고 `right`를 `mid - 1`로 갱신한다.
   c. `mid`가 `target`보다 작으면 `left`를 `mid + 1`로 갱신한다.
   d. `mid`가 `target`보다 크면 `right`를 `mid - 1`로 갱신한다.
4. 반복문이 종료되면 결괏값 `targetIndex`를 반환한다.

풀이

```
function findFirstOccurrence(arr, target) {
  let left = 0;
  let right = arr.length - 1;
  let targetIndex = -1;
  while (left <= right) {
    let mid = Math.floor((left + right) / 2);
    // arr[mid]가 target과 일치하고
    // mid가 0이거나 arr[mid - 1]이 target이 아니면
    // 이 mid가 처음 등장하는 target이다.
    if (arr[mid] === target) {
      targetIndex = mid;
      right = mid - 1; // 왼쪽으로 이동
    } else if (arr[mid] < target) {
      // arr[mid]가 target보다 작으면 target은 mid의 오른쪽에 있다.
      left = mid + 1;
    } else {
      // arr[mid]가 target보다 크면 target은 mid의 왼쪽에 있다.
```

— Javascript

```
18        right = mid - 1;
19      }
20    }
21    // target 인덱스 반환, target 인덱스가 없으면 -1 반환
22    return targetIndex;
23 }
```

배열 arr에서 특정 값(target)이 첫 번째로 등장하는 인덱스를 찾는 함수다. 이진 탐색을 사용하면 효율적으로 풀 수 있다.

배열 [1, 3, 3, 3, 3, 6, 10, 10, 10, 100]에는 숫자 3이 여러 번 등장한다. 인덱스 1, 2, 3, 4가 모두 숫자 3을 가리킨다. 이 중에서 우리가 반환해야 하는 답은 인덱스 1이다.

어떤 원리로 처음 등장하는지를 판별할 수 있을까? 10행의 조건문을 살펴보자. 현재 조건 arr[mid] === target을 만족하는 값이 인덱스 4에 있는 3이라고 해 보자. target과 일치하는 값이지만 우리가 찾는 인덱스는 아니다. 지금 찾은 인덱스 말고도 다른 답이 있다고 가정해야 한다. 첫 번째 조건문에서 바로 반환하지 않는 이유다.

다음 표를 참고하자.

표 5-2 arr = [1, 3, 3, 3, 3, 6, 10, 10, 10, 100], target = 3 예시

단계	left	right	mid
1	0	9	4
2	0	3	1
3	0	0	0

단계 1에서 mid는 4로 시작한다. arr[4]에 우리가 찾는 target인 3이 있기 때문에 첫 번째 조건문이 발동하여 targetIndex는 4가 되고 right는 3이 된다.

단계 2에서 탐색 범위가 다시 절반으로 줄어들고, 인덱스 0, …, 3까지의 요소들을 탐색한다. 다시 계산된 mid의 값은 1이 되고 arr[1]에 있는 값은 3이므로 또 한 번 첫 번째 조건문이 실행된다. 다시 한 번 right를 mid - 1로, targetIndex를 1로 갱신한다.

단계 3에서 left와 right가 교차했기 때문에 반복문이 종료되고 최종적으로 targetIndex를 결괏값으로 반환한다.

이처럼 탐색 과정 중 target과 일치하는 값을 찾더라도 mid를 기준으로 더 왼쪽

의 부분 배열로 탐색 범위를 반으로 좁혀 나간다. 이는 '이미 정렬된 배열'이기 때문에 가능한 방법이다.

이처럼 단계마다 탐색 구간을 절반으로 줄이는 방식은 이진 탐색의 전형적인 특성이며 최종 시간 복잡도는 $O(log\,n)$으로 유지된다.

5.3.5 시작과 끝

기출: 아마존, 어도비, 마이크로소프트, 블룸버그, 메타
난이도: 중 | **풀이 시간:** 40분 | **런타임:** 2초 | **메모리:** 32MB

문제

정렬된 정수 배열 `nums`와 정수 `target`이 주어진다. `target`의 첫 번째 위치와 마지막 위치를 반환하는 함수를 작성하라. 만약 찾을 수 없다면 `[-1, -1]`을 반환하라.

입력

예시 1) `nums = [1, 3, 5, 5, 5, 5, 6, 7, 8, 9]`, `target = 5`

예시 2) `nums = [3, 5, 6, 7, 7, 8, 8, 8, 10]`, `target = 8`

예시 3) `nums = [1, 2, 3, 4, 5, 6, 10]`, `target = 9`

출력

예시 1) `[2, 5]`

예시 2) `[5, 7]`

예시 3) `[-1, -1]`

설명

예시 1에서 5의 시작 위치는 2, 끝 위치는 5이므로 `[2, 5]`를 반환한다.

예시 2에서 8의 시작 위치는 5, 끝 위치는 7이므로 `[5, 7]`을 반환한다.

예시 3에서 9는 배열에 없으므로 `[-1, -1]`을 반환한다.

문제 분석

`target`의 첫 번째와 마지막 인덱스를 찾는 문제다. 선형적으로 순회하며 인덱스를 찾는 브루트 포스 기법을 쓸 수 있다. 배열의 모든 요소를 하나씩 확인하며 `target`

과 일치하는지 판별한다. 이 알고리즘의 시간 복잡도는 $O(n)$이다.

하지만 크기가 큰 배열에서는 성능이 저하될 수 있으므로 이보다 빠른 알고리즘을 찾아야 한다. 정렬된 배열의 특징을 활용하여 탐색의 효율성을 향상시킬 수 있다. 이전 문제들에서 보았듯이 이진 탐색의 성능은 $O(log\,n)$이다.

다만 이 문제는 `target`의 두 위치, 즉 첫 번째 위치와 마지막 위치를 찾아야 하므로 일반적인 이진 탐색과는 조금 다르다. 탐색을 두 번 사용하면 어떨까? 각각의 위치를 찾기 위해 탐색을 두 번 하는 것이다.

접근 방법

1. 첫 번째 위치(시작 지점)를 찾기 위한 헬퍼 함수를 구현한다.
   a. `left`와 `right` 포인터를 각각 `0`과 `nums.length - 1`로 초기화한다.
   b. `left` 포인터가 `right` 포인터와 교차할 때까지 반복문을 실행한다.
   c. 중간 지점 `mid`를 계산한다.
   d. `nums[mid]`가 `target`과 일치하고, 다음 중 하나의 조건이 참이면 `mid`를 반환하며 함수가 종료된다.
      i. `mid`가 현재 `0`에 있다.
      ii. `nums[mid - 1]`가 `target`보다 작다.
   e. `nums[mid]`가 `target`보다 작으면 `left` 포인터를 `mid + 1`로 갱신한다.
   f. `nums[mid]`가 `target`보다 크면 `right` 포인터를 `mid - 1`로 갱신한다.
2. 마지막 위치를 찾기 위한 헬퍼 함수를 구현한다.
   a. `left`와 `right` 포인터를 각각 `0`과 `nums.length - 1`로 초기화한다.
   b. `left` 포인터가 `right` 포인터와 교차할 때까지 반복문을 실행한다.
   c. 중간 지점 `mid`를 계산한다.
   d. `nums[mid]`가 `target`과 같고, 다음 중 하나라도 참이면 `mid`를 반환하며 함수가 종료된다.
      i. `mid`가 `nums` 배열의 마지막 인덱스에 있다.
      ii. `nums[mid + 1]`가 `target`보다 작다.
   e. `nums[mid]`가 `target`보다 크면 `right` 포인터를 `mid - 1`로 갱신한다.
   f. `nums[mid]`가 `target`보다 작으면 `left` 포인터를 `mid + 1`로 갱신한다.
3. 메인 함수에서 결괏값 변수 `startIndex`, `lastIndex`를 각각 첫 번째, 두 번째 헬퍼

함수를 호출하여 반환된 값으로 저장한다. 최종적으로 두 변수를 배열의 형태로 만들어 반환한다.

풀이

```
function findStartIndex(nums, target) {
  let left = 0;
  let right = nums.length - 1;

  // 첫 번째 위치 찾기
  while (left <= right) {
    let mid = Math.floor((left + right) / 2);

    if (nums[mid] === target &&
        (mid === 0 || nums[mid - 1] < target)) {
      return mid;
    } else if (nums[mid] < target) {
      left = mid + 1;
    } else {
      right = mid - 1;
    }
  }
  return -1;
}

function findLastIndex(nums, target) {
  let left = 0;
  let right = nums.length - 1;

  // 마지막 위치 찾기
  while (left <= right) {
    let mid = Math.floor((left + right) / 2);

    if (nums[mid] === target &&
        (mid === nums.length - 1 || nums[mid + 1] > target)) {
      return mid;
    } else if (nums[mid] > target) {
      right = mid - 1;
    } else {
      left = mid + 1;
    }
  }
  return -1;
}

function findFirstAndLast(nums, target) {
  const startIndex = findStartIndex(nums, target);
```

```
43   const lastIndex = findLastIndex(nums, target);
44
45   return [startIndex, lastIndex];
46 }
```

두 번의 독립적인 이진 탐색을 통해 첫 번째 위치와 마지막 위치를 찾는다.

첫 번째 위치 탐색

이진 탐색에 필요한 포인터 변수를 초기화한다. 지금까지 다룬 문제들을 순서대로 학습했다면 이진 탐색의 기본 구현 방법이 어렵지 않게 떠오를 것이다. left는 0, right는 nums.length - 1로 초기화한다.

6행에서 시작되는 첫 번째 반복문에서 중간 인덱스 mid를 계산하고 target과 비교하며 조건에 맞게 포인터를 이동시킨다. nums[mid]가 target과 일치하고 다음 두 조건 중 하나를 만족하면 target의 첫 번째 위치를 찾은 것이다.

1. nums[mid - 1] < target: 첫 번째 등장 위치가 배열의 중간에 있는 경우
2. mid === 0: 첫 번째 등장 위치가 배열의 첫 번째 인덱스에 있는 경우

두 조건 중 하나를 만족하면 11행에서 mid를 반환한다.

nums[mid]가 target보다 작으면 배열의 오른쪽 부분에서 target의 첫 번째 위치를 탐색해야 한다. 왼쪽의 모든 값이 target보다 작기 때문이다. left 포인터를 mid + 1로 갱신하는 이유다.

위 조건을 모두 만족하지 않으면 왼쪽 부분에서 첫 번째 등장 위치를 탐색해야 한다. 따라서 right 포인터를 mid - 1로 갱신한다. 반복문이 종료될 때까지 target 값을 찾지 못하면 -1을 반환한다.

마지막 위치 탐색

마지막 탐색은 첫 탐색과 비슷하지만 반복문의 조건이 살짝 달라진다. nums[mid]가 target과 일치하고 다음 두 조건 중 하나를 만족하면 target의 마지막 위치를 찾은 것이다.

1. nums[mid + 1] > target: 마지막 등장 위치(끝 위치)가 배열의 중간에 있는 경우
2. mid === nums.length - 1: 마지막 등장 위치(끝 위치)가 배열의 끝에 있는 경우

이 중 하나를 만족하면 31행에서 `mid`를 반환한다.

`nums[mid]`가 `target`보다 크면 배열의 왼쪽 부분에서 마지막 등장 위치를 탐색한다. 오른쪽 부분 배열의 모든 값은 `target`보다 크기 때문이다. `right` 포인터를 `mid - 1`로 갱신하는 이유이다.

위 조건을 모두 만족하지 않는다면 우리는 오른쪽 부분에서 마지막 등장 위치를 탐색해야 한다. 반복문이 종료될 때까지 `target`을 찾지 못하면 `-1`을 반환한다.

메인 함수

메인 함수 `findFirstAndLast()`에서는 간단히 `target`의 첫 번째 인덱스와 마지막 인덱스를 각각의 헬퍼 함수의 반환값으로 저장한 후 배열로 반환한다.

첫 번째 위치를 찾는 데 시간 복잡도 $O(log\,n)$이 걸리고, 마지막 위치를 찾는 데 $O(log\,n)$이 걸리므로 전체적인 시간 복잡도는 $O(2log\,n)$이지만 빅 오 표기법은 상수를 무시하므로 $O(log\,n)$으로 표기할 수 있다.

5.3.6 다음 문자

기출: 아마존

난이도: 중 | **풀이 시간:** 40분 | **런타임:** 1초 | **메모리:** 32MB

문제

알파벳 소문자로 구성된 배열 `letters`와 알파벳 문자 `key`가 주어진다. 배열 `letters`의 요소 중에서 `key`보다 크면서 가장 작은 문자를 찾아 반환하라. 즉, 배열 `letters`에서 `key` 다음 순서에 있는 문자를 찾아 반환하라.

- 각 문자의 대소 관계는 알파벳순이다. 예를 들어 'a'는 'b'보다 작다(a < b).
- 배열 `letters`는 원형 리스트로 간주한다. 배열의 마지막 문자가 배열의 첫 번째 문자와 연결된다.

입력

예시 1) `letters = ["a", "c", "f", "h"], key = "f"`

예시 2) `letters = ["a", "c", "f", "g", "h"], key ="b"`

예시 3) `letters = ["a", "c", "f", "h"], key = "n"`

출력

예시 1) "h"

예시 2) "c"

예시 3) "a"

설명

예시 1에서 "f" 다음으로 가장 작은 문자는 "h"이다.

예시 2에서 "b" 다음으로 가장 작은 문자는 "c"이다.

예시 3에서 "n"보다 큰 문자는 없으므로 문제의 조건(원형 리스트)상 배열의 첫 번째 요소인 "a"가 정답이 된다. ("n"은 letters에 없으므로 이미 정렬된 letters의 첫 번째 문자가 "n"의 다음 문자가 되는 것이다.)

문제 분석

letters에서 주어진 문자 key보다 큰 문자들 중에서 가장 작은 문자를 찾는 문제다. 이미 설명한 대소관계에 따르면 "a"는 "b"보다 작은 문자이고, "z"는 "a"보다 큰 문자다. letters에 key보다 큰 문자가 없거나 배열의 범위를 벗어나면 예시 3처럼 letters의 첫 인덱스 문자를 반환한다. 이는 입력이 이미 오름차순으로 정렬되었기 때문에 가능하다. 정렬된 리스트의 속성을 이용하여 이진 탐색으로 접근해 보자.

예를 들어 배열 ["a, "c", "f"]가 있고 key 값으로 "e"가 주어졌다고 해 보자. 여기서 알 수 있는 사실은 현재 배열에 "e"가 없다는 점이다. 알파벳 "e"는 "c"와 "f" 사이에 위치한다. 이진 탐색을 사용해 범위를 좁혀 가다 보면 어느 시점에 "c"로 시작해 "f"로 끝나는 범위를 마주치게 된다. 문제의 요구사항은 key보다 큰 문자를 찾는 것이므로 "c", "f" 중 더 큰 문자 "f"를 반환하는 방식으로 접근할 수 있다.

접근 방법

1. 이진 탐색을 위한 포인터 변수 left와 right를 각각 0과 letters.length - 1로 초기화한다.
2. 배열 letters의 모든 문자를 순회하며 key와 비교한다.
   a. 중간 지점 mid를 계산한다.

b. letters[mid]에 있는 문자가 key보다 작거나 같으면 left를 mid + 1로 옮겨 탐색 범위를 줄인다.

c. 반대로 letters[mid]에 있는 문자가 key보다 크면 right를 mid - 1로 옮겨 탐색 범위를 줄인다.

3. 만약 left가 배열 범위를 벗어나면 배열의 첫 번째 문자를 반환한다.
4. 반복문이 종료되면 letters[left]에 있는 문자를 반환한다.

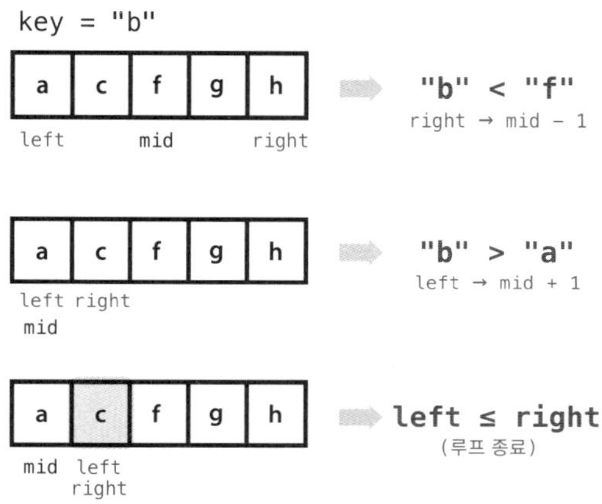

그림 5-4 letters = ["a", "c", "f", "g", "h"], key = "b"일 때 탐색 예시

풀이

```
function searchNextLetter(letters, key) {
  let left = 0;
  let right = letters.length - 1;

  while (left <= right) {
    let mid = Math.floor((left + right) / 2);

    if (letters[mid] <= key) {
      // key보다 작거나 같은 문자는 정답이 될 수 없다.
      // 따라서 left를 mid + 1로 옮겨서 탐색 범위를 줄인다.
      left = mid + 1;
    } else {
      // key보다 큰 문자는 정답이 될 수 있다.
      // 따라서 right를 mid - 1로 옮겨서 탐색 범위를 줄인다.
      right = mid - 1;
    }
  }

  // 이 시점의 left가 배열의 범위 밖으로 벗어나면 배열의 첫 번째 요소를 반환한다.
```

— Javascript

```
20   if (left >= letters.length) {
21     return letters[0];
22   }
23
24   // left에 있는 문자를 반환한다.
25   return letters[left];
26 }
```

이 풀이는 이진 탐색을 변형한 패턴이다. 입력 배열은 알파벳순으로 정렬되어 있으므로 탐색은 효율적인 $O(\log n)$ 시간 복잡도로 실행된다.

이 문제의 특징은 배열을 원형으로 간주한다는 점이다. 따라서 key가 배열의 마지막 문자보다 크거나 첫 번째 문자보다 작으면 key의 다음 문자는 배열의 첫 번째 문자가 된다. 이 문제의 핵심은 key와 같은 문자가 아니라 key보다 크면서 그중에서 가장 작은 문자를 찾아내는 것이다.

8행에서 `letters[mid] <= key`이면 mid까지의 문자는 모두 key보다 작거나 같으므로 정답이 될 수 없다. 즉, 찾아야 하는 문자가 mid + 1부터 배열의 끝 지점 사이에 있으므로 left를 mid + 1로 옮겨 탐색 범위를 줄인다.

반대로 12행에서 mid 이후의 문자들은 정답이 될 수 없다. `letters[mid] > key`라면 우리가 찾는 문자는 mid 또는 mid 왼쪽에 있으므로 right를 mid - 1로 옮겨 탐색 범위를 줄인다.

이 과정을 두 포인터가 교차할 때까지 반복한다. 반복이 끝난 시점에서 left는 key보다 큰 문자가 처음 등장하는 위치를 가리키므로 `letters[left]`를 반환하면 된다. 만약 left가 배열의 길이와 같아 범위를 벗어나면 배열 안에 key보다 큰 문자가 없다는 뜻이므로 원형 리스트 조건에 따라 배열의 첫 번째 문자를 반환한다.

5.3.7 최솟값

기출: 아마존, 마이크로소프트, 이베이, 어도비, 애플
난이도: 중 | **풀이 시간:** 45분 | **런타임:** 2초 | **메모리:** 32MB

문제

정렬된 배열 nums는 k회 회전된 상태로 전달된다. 이 배열에서 최솟값을 찾아 반환하는 함수를 작성하라. 배열 내에 모든 요소는 유일값이다.

- 회전된 배열: 길이가 n인 배열의 첫 k개 요소가 배열의 끝으로 이동하고, 나머지 n - k개의 요소가 앞으로 이동한 상태를 의미한다.

- 배열 내에 최솟값이 항상 있다고 가정한다.

입력

예시 1) nums = [5, 6, 7, 8, 9, 1, 2, 3, 4]

예시 2) nums = [5, 6, 7, 8, 9]

예시 3) nums = [8, 9, 3, 4, 5, 6, 7]

출력

예시 1) 1

예시 2) 5

예시 3) 3

설명

[5, 6, 7, 8, 9, 1, 2, 3, 4]는 4회 회전된 배열이다. 가장 작은 요소는 인덱스 5에 위치한 1이다.

[5, 6, 7, 8, 9]는 회전되지 않은 배열이다. 가장 작은 요소는 인덱스에 0에 위치한 5이다.

[8, 9, 3, 4, 5, 6, 7]은 5회 회전된 배열이다. 가장 작은 요소는 인덱스 2에 위치한 3이다.

문제 분석

nums는 오름차순으로 정렬된 배열이 k회 회전한 상태다. 우선 '회전한다'는 의미를 다시 생각해 보자. [1, 2, 3, 4, 5]를 3회 회전하면 [4, 5, 1, 2, 3]가 된다. 시계 반대 방향으로 배열의 첫 k개 요소가 마지막 n - k개의 위치로 이동하는 것이다. 총 회전 횟수는 제공되지 않는다.

이 문제에서 최솟값을 찾는 가장 직관적인 방법은 선형 탐색이다. 배열을 0부터 n - 1까지 차례대로 순회하며 최솟값을 찾는다. 예를 들어 최솟값을 하나의 변수로 만들어 추적하면서 현재 요소가 최솟값보다 작으면 변수를 갱신하고 반복이 종료되면 최솟값 변수를 반환한다.

선형 탐색 대신 다른 방법을 사용해 시간 복잡도를 개선할 수 있을까? 정렬된 배열에서만 작동하는 이진 탐색을 정렬 이후에 회전된 배열에도 적용할 수 있을지 생각해 보자.

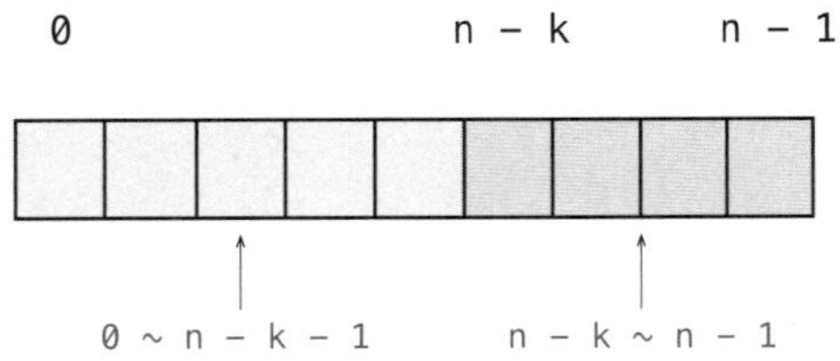

그림 5-5 **회전된 배열**

그림 5-5를 살펴보자. 왼쪽 그룹은 인덱스 `0`부터 `n - k - 1`까지의 범위를, 오른쪽 그룹은 `n - k`부터 `n - 1`까지의 범위를 나타낸다. `k`만큼 회전된 배열이라 가정했을 때 이 배열은 다음과 같은 속성을 가진다.

- 왼쪽/오른쪽 그룹의 요소들은 오름차순 정렬되어 있다.
- 왼쪽 그룹의 모든 요소는 오른쪽 그룹의 요소보다 크다.
- 배열의 가장 큰 요소는 `n - k - 1`에 있고, 가장 작은 요소는 `n - k`에 있다.

접근 방법

1. 탐색의 범위를 조정할 포인터 변수 `left`와 `right`를 각각 `0`과 `nums.length - 1`로 초기화한다.
2. `left`와 `right`가 교차할 때까지 반복문을 돌며 이진 탐색을 실행한다.
   a. 먼저 현재 가장 왼쪽의 값 `nums[left]`를 확인하고 `nums[right]`보다 작으면 현재 배열의 가장 첫 번째 인덱스인 `left`에 있는 요소를 반환한다.
   b. 위의 조건을 만족하지 않으면 단계마다 `mid`를 계산한다.
   c. `nums[mid]`가 `left`보다 크면 탐색 범위를 오른쪽 그룹으로 설정한다.
   d. `nums[mid]`가 `left`보다 크지 않으면 탐색 범위를 왼쪽 그룹으로 설정한다.
   e. 탐색 범위를 좁혀 가며 최솟값을 찾는다.
3. 모든 순회가 종료되면 현재 `left`가 가리키고 있는 요소가 배열의 최솟값이다.
4. `nums[left]`를 반환한다.

풀이

```
01 function findMinOfRotatedArray(nums) {
02   let left = 0;
03   let right = nums.length - 1;
04
05   while (left <= right) {
06     // left가 right보다 작으면 left가 가장 작은 값이다.
07     // 예) [3, 4, 5, 6, 7]
08     if (nums[left] < nums[right]) {
09       return nums[left];
10     }
11
12     let mid = Math.floor((left + right) / 2);
13
14     // nums[mid]가 nums[left]보다 크면 [left, mid]는 정렬된 상태다.
15     // 범위를 [mid + 1, right]로 좁힌다.
16     if (nums[mid] > nums[left]) {
17       left = mid + 1;
18     } else {
19       // nums[mid]가 nums[left]보다 작거나 같으면 범위를 [left, mid]로 좁힌다.
20       right = mid;
21     }
22   }
23
24   // left가 배열의 최솟값이다.
25   return nums[left];
26 }
```

이진 탐색 기법을 약간 변형했다. 먼저 회전된 배열인지 확인하기 위해 8행의 조건문을 실행한다. `left`(가장 왼쪽의 값)가 가장 오른쪽 값보다 작으면 최솟값은 `left`가 된다. 이는 배열이 회전되지 않았음을 의미한다. 16행에서 `nums[mid]`가 `nums[left]`보다 크면 최솟값은 오른쪽 어딘가에 있다. 반면 18행에서 `nums[mid]`가 `nums[left]`보다 작거나 같으면 최솟값은 왼쪽 어딘가에 있다.

이 풀이는 이진 탐색을 통해 최솟값을 찾으므로 시간 복잡도는 $O(log\, n)$이며, 매우 효율적이다.

5.4 인터뷰 팁과 고려 사항

- 이진 탐색은 배열이 정렬되어 있을 때만 효율적으로 사용할 수 있다. 입력이 정렬되어 있지 않다면, 먼저 정렬한 뒤 이진 탐색을 적용해 문제를 해결할지 아니면 다른 알고리즘을 사용할지 고민해야 한다.

- left와 right 인덱스를 갱신하는 코드 구현에 유의하자. 로직이 올바르지 않으면 무한 루프에 빠질 수 있다.
- 이진 탐색 종료 후 어떤 인덱스(left, right, mid 등)를 반환하는지 항상 확인하자. 왜냐하면 문제의 제약 사항에 따라 반환할 값과 return의 위치가 달라지기 때문이다. '정확한 값'을 찾는 문제라면 루프 안에서 목푯값(target)을 발견했을 때 mid를 반환해야 하지만, '특정 위치'나 '경계'를 찾는 문제라면 탐색 종료 후 left나 right의 인덱스를 반환하면 된다.
- 인덱스를 다루는 과정에서는 일반적으로 정숫값을 얻어 사용한다. 자바스크립트에서 / 연산자는 항상 부동소수점 나눗셈을 실행하므로 정수 나눗셈 결과를 얻으려면 Math.floor() 함수를 사용해야 예상하지 못한 오류를 방지할 수 있다.

6장

J a v a s c r i p t C o d i n g T e s t

정렬 패턴

6.1 정렬

정렬은 일상생활에서 쉽게 접하는 개념이다. 온라인 쇼핑몰에서 물건을 살 때를 떠올려 보자. 원하는 제품을 찾기 위해 키워드를 검색하면 상품 목록이 화면에 출력된다. 출력된 결과는 가격, 평점, 브랜드 이름 등 원하는 기준에 맞게 정렬되어 있다. 이렇게 하면 시간도 절약되고, 원하는 정보를 좀 더 효율적으로 찾을 수 있기 때문이다. 이처럼 정렬은 주어진 데이터세트를 특정한 기준에 따라 재배열하는 과정이다. 이때 사용하는 절차를 정렬 알고리즘이라 한다.

프로그래밍에서는 주어진 수열을 오름차순 또는 내림차순으로 정렬하거나 문자열로 이루어진 배열의 요소를 알파벳순으로 정렬하는 등의 작업을 예로 들 수 있다. 개발자에게 정렬 알고리즘은 필수 개념 중 하나이며 상황에 맞게 데이터를 효율적으로 정렬하는 방법을 이해하는 것은 기술 면접과 코딩 테스트에서 매우 중요하다. 또한 널리 사용되는 정렬 알고리즘의 종류와 특성을 이해하고 주어진 문제에 적합한 알고리즘을 선택하는 능력을 갖추는 것은 실무에서도 역시 매우 유용하다.

6장에서는 가장 널리 사용되는 정렬 알고리즘을 소개하고 각 알고리즘의 특성을 분석해 보겠다. 또한 응용 문제를 풀어 보면서 상황에 따라 어떤 정렬 알고리즘을 선택해야 하는지 연습해 보자.

> 정렬과 탐색은 서로 밀접하게 관련되어 있다. 정렬로 데이터세트를 미리 재배열하면 탐색 작업을 훨씬 더 효율적으로 할 수 있다.
>
> 5장에서 소개한 이진 탐색을 떠올려 보자. 정렬된 배열에서는 선형 탐색을 사용할 때보다 더 적은 횟수로 값을 찾을 수 있었다. 따라서 정렬은 탐색 성능을 높이고 최적화하는 데 큰 영향을 준다.

6.2 정렬의 종류

정렬의 종류를 소개하기 전에 정렬 알고리즘을 분석할 때 중요한 몇 가지 속성을 알아보자.

- 안정성(stability): 안정적인 정렬 알고리즘은 같은 값을 가진 요소들의 원래 순서가 보존된다. 즉, 같은 값을 가진 요소들은 정렬 후에도 상대적인 순서가 변하지 않는다.
- 비교 기반(comparison based): 대부분의 정렬 알고리즘은 요소의 크기를 비교해 정렬한다.
- 제자리(in-place) 또는 추가 공간 사용: 제자리 정렬 알고리즘은 공간을 추가로 사용하지 않고 입력 배열 자체에서 정렬을 실행한다. 반대로 공간을 추가로 사용하면 추가 배열이나 보조 배열을 사용해 정렬을 실행한다.
- 시간 복잡도: 입력 데이터의 크기에 따라 적절한 알고리즘을 선택하는 것이 중요하다. 작은 데이터세트를 정렬할 때는 성능보다 구현이 쉬운 알고리즘을 선택하는 게 더 적절할 수도 있다.

일반적으로 사용되는 정렬 알고리즘의 종류는 여러 가지다. 기술 면접과 코딩 테스트에서는 주로 내장 함수나 퀵 정렬, 병합 정렬이 활용된다. 반면 버블 정렬, 선택 정렬, 삽입 정렬 등은 테스트에서 거의 사용되지 않는다. 그러나 면접을 대비해 각각의 개념을 익혀 두는 것이 좋다.

6.2.1 버블 정렬

배열에서 인접한 두 요소를 비교하고 필요에 따라 서로의 위치를 교환한다. 예를 들어 배열의 첫 번째, 두 번째 요소를 비교하여 순서가 올바르지 않으면(예를 들어 첫 번째 요소가 두 번째 요소보다 크면) 순서를 서로 교환(swap)한다. 이 과정을 배열의 끝까지 반복하여 가장 큰 요소를 배열의 끝으로 옮긴다. 같은 과정을 배열이 정렬될 때까지 반복한다. 버블 정렬은 구현이 간단하고 이해하기 쉽지만, 비효율적이어서 큰 데이터세트에서는 성능이 저하된다.

6.2.2 선택 정렬

선택 정렬은 배열에서 가장 작은 값을 찾아 첫 번째 요소와 교환하는 방식으로 시작한다. 그다음으로 작은 값을 두 번째 요소와 교환하고 배열이 정렬될 때까지 이 과정을 반복한다. 안정성이 낮아 같은 값을 가진 요소들의 상대적인 순서가 바뀔 수도 있다.

6.2.3 삽입 정렬

배열을 정렬된 부분과 그렇지 않은 부분으로 분할한다. 정렬되지 않은 부분에서 값을 선택하여 정렬된 부분의 올바른 위치에 삽입한다. 이 과정을 배열이 정렬될 때까지 반복한다. 삽입 정렬은 데이터세트가 정렬되어 있거나 각 요소가 정렬된 위치에서 조금만 벗어난 경우라면 상당히 효율적이지만, 데이터세트가 정렬되어 있지 않다면 버블 정렬, 선택 정렬과 비슷한 성능을 보인다.

6.2.4 퀵 정렬

배열에서 하나의 피벗(pivot) 인덱스를 선택한 후 피벗보다 작은 요소는 피벗의 왼쪽으로, 큰 요소는 피벗의 오른쪽으로 이동시킨다. 이와 같은 작업을 재귀적으로 실행하며 분할 범위가 하나의 요소로 좁혀질 때까지 각 부분 배열을 정렬한다(5장에서 소개한 분할 정복 기법을 떠올리자.). 매우 효율적인 정렬 알고리즘으로 추가 공간을 사용하지 않는다. 하지만 최악의 경우 성능이 저하되고 안정성을 보장하지 않는다.

다음은 오름차순으로 정렬하는 퀵 정렬을 구현한 코드다.

```
function partition(arr, start, end) {
  const pivot = arr[end]; // 마지막 요소를 피벗으로 선택한다.
  let pivotIndex = start;

  for (let i = start; i < end; i++) {
    if (arr[i] < pivot) {
      // 작은 요소와 현재 요소를 교환한다.
      [arr[i], arr[pivotIndex]] = [arr[pivotIndex], arr[i]];
```

```
09        pivotIndex++;
10      }
11    }
12    // 피벗을 배열의 올바른 위치에 놓는다.
13    [arr[pivotIndex], arr[end]] = [arr[end], arr[pivotIndex]];
14
15    return pivotIndex;
16 }
17
18 function quickSort(arr, start, end) {
19   if (start >= end) return; // 부분 배열의 크기가 1이면 리턴한다.
20
21   const pivotIndex = partition(arr, start, end);
22
23   quickSort(arr, start, pivotIndex - 1); // 왼쪽 부분 배열
24   quickSort(arr, pivotIndex + 1, end); // 오른쪽 부분 배열
25 }
26
27 const arr = [5, 3, 7, 10, 9, 6];
28 quickSort(arr, 0, arr.length - 1);
29 console.log(arr); // [3, 5, 6, 7, 9, 10]
```

코드에서 알 수 있듯이 퀵 정렬은 공간을 추가로 사용하지 않는다. 21행의 변수 pivotIndex를 주목하자. 퀵 정렬의 핵심은 바로 이 피벗을 사용한 반복된 분할(partition) 과정이다. 헬퍼 함수 partition()의 역할은 전달된 배열을 분할하고 기준값의 인덱스를 반환하는 것이다.

배열 [5, 3, 7, 10, 9, 6]의 첫 번째 분할 결과를 보자.

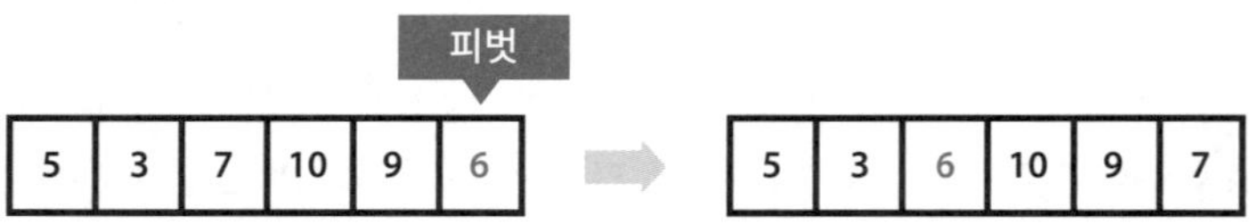

그림 6-1 첫 번째 분할 결과

이제 피벗 인덱스를 기준으로 두 개의 부분 배열로 다시 나누고 각각의 부분 배열에 quickSort() 함수를 재귀적으로 호출한다. 23행은 왼쪽 부분 배열 [5, 3]을 담당하고, 24행은 오른쪽 부분 배열 [10, 9, 7]을 담당한다.

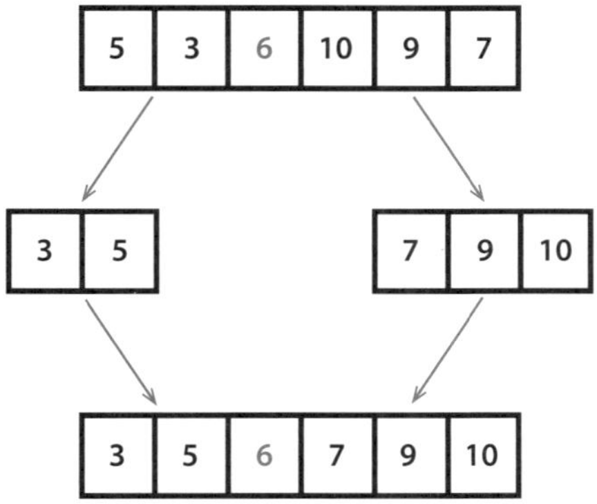

그림 6-2 부분 배열의 분할 과정

분할된 부분 배열을 각각 재귀적으로 정렬한다. 왼쪽 부분 배열 [5, 3]의 마지막 요소인 3을 피벗으로 선택하여 정렬하면 결과적으로 [3, 5]와 같은 올바른 순서로 재배열된다. 오른쪽 배열도 마찬가지로 [10, 9, 7]의 마지막 요소 7을 피벗으로 선택하여 재귀적으로 정렬하면 [7, 9, 10] 순서로 재배열된다. 마지막으로 정렬된 부분 배열을 합치면 오름차순으로 정렬된 전체 배열을 얻을 수 있다.

6.2.5 병합 정렬

병합 정렬은 분할 정복 기법을 사용하는 알고리즘이며 다음과 같은 두 단계의 과정을 거친다

첫 단계는 '분할'이다. 이 단계에서는 배열의 요소가 하나만 남을 때까지 계속해서 절반으로 나눈다. 요소가 하나뿐인 부분 배열은 그 자체로 이미 정렬된 상태로 간주한다.

그리고 두 번째 단계는 '정복과 병합'이다. 첫 단계에서 분할된 부분 배열들이 다시 합쳐지는 과정으로, 이미 정렬된 두 개의 작은 배열을 하나의 정렬된 배열로 병합한다. 이 과정을 재귀적으로 반복하면 전체 배열이 하나의 정렬된 배열로 완성된다.

병합 정렬은 안정적이고 효율적인 정렬 방법으로 대규모 데이터세트에서도 안정적인 성능을 내지만, 메모리 공간이 추가로 필요하다는 단점이 있다.

다음은 오름차순으로 정렬하는 병합 정렬을 구현한 코드다.

```
function merge(leftArr, rightArr) {
  let result = [];
  while (leftArr.length && rightArr.length) {
    if (leftArr[0] <= rightArr[0]) {
      result.push(leftArr.shift());
    } else {
      result.push(rightArr.shift());
    }
  }
  while (leftArr.length) { // 왼쪽 부분 배열의 나머지 요소 처리
    result.push(leftArr.shift());
  }
  while (rightArr.length) { // 오른쪽 부분 배열의 나머지 요소 처리
    result.push(rightArr.shift());
  }
  return result;
}

function mergeSort(arr) {
  if (arr.length <= 1) return arr;

  let mid = Math.floor(arr.length / 2); // 중심점 계산

  let leftArr = arr.slice(0, mid); // 왼쪽 부분 배열
  let rightArr = arr.slice(mid); // 오른쪽 부분 배열

  return merge(mergeSort(leftArr), mergeSort(rightArr)); // 병합 처리
}

const arr = [5, 3, 7, 10, 9, 6, 2, 4];
console.log(mergeSort(arr)); // [2, 3, 4, 5, 6, 7, 9, 10]
```

앞서 소개한 퀵 정렬과 마찬가지로 분할 정복 전략으로 정렬한다. 가장 큰 차이점은 제자리 정렬이 아닌 추가 공간을 사용한다는 점이다.

메인 함수 `mergeSort()`는 입력 배열의 중간 지점을 계산해 부분 배열로 2개로 나눈 후 재귀를 적용한다. 계산된 `mid`와 `slice()` 메서드를 사용해 왼쪽 부분 배열(`leftArr`)과 오른쪽 부분 배열(`rightArr`)로 나눈다. 왼쪽 부분 배열은 인덱스 `0`부터 중간 지점(`mid`)까지의 요소들을 포함하고, 반대로 오른쪽 부분 배열은 중간 지점(`mid`)부터 배열의 끝까지의 요소들을 포함한다. 마지막으로 `merge()` 함수를 각각 재귀적으로 호출하여 부분 배열을 정렬한 상태로 병합해 정렬된 배열을 반환한다.

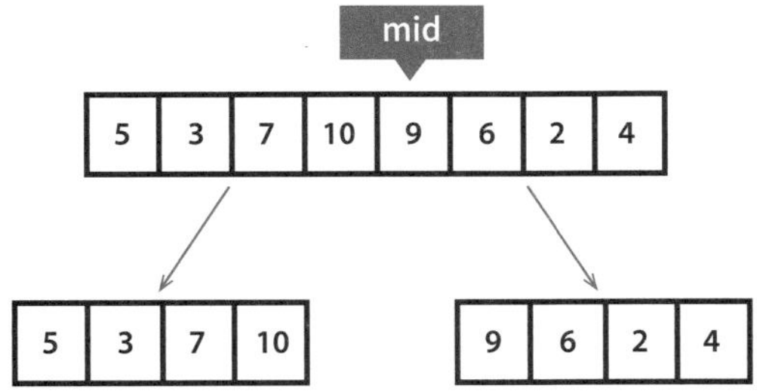

그림 6-3 중간 지점을 기준으로 부분 배열로 분할

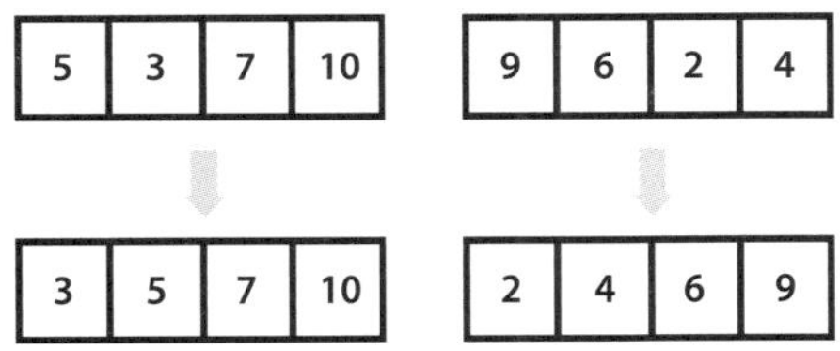

그림 6-4 부분 배열 정렬

헬퍼 함수 merge()는 부분 배열 2개를 전달받아 각 요소를 비교하고 병합한다. 우선 병합할 요소를 저장할 배열을 2행에서 초기화한다.

3~9행의 while 문에서 왼쪽 부분 배열과 오른쪽 부분 배열의 요소들을 비교해 작은 값을 저장한다. 왼쪽 부분 배열이나 오른쪽 부분 배열 중 하나가 빌 때까지 반복문이 실행된다.

10~13행에서는 또 다른 while 문에서 두 부분 배열의 크기를 확인하여 남아 있는 요소를 결괏값에 추가한다. 마지막으로 병합된 배열인 result를 반환한다.

이제 전체적인 병합 정렬 과정을 살펴보자. 총 4단계(분할 → 재귀 정렬 → 병합 → 정렬 완료/반환)로 나누어 볼 수 있다. 분할 단계에서 배열 [5, 3, 7, 10, 9, 6, 2, 4]를 부분 배열 2개로 분할한다. 왼쪽 부분 배열은 [5, 3, 7, 10], 오른쪽 부분 배열은 [9, 6, 2, 4]와 같이 구성된다. 두 부분 배열을 각각 재귀적으로 정렬한다. 왼쪽 부분 배열은 [3, 5, 7, 10], 오른쪽 부분 배열은 [2, 4, 6, 9]로 정렬된다. 병합 단계에서는 두 배열의 첫 번째 요소를 비교하여 작은 값을 결과 배열에 추가한다(그림 6-5 참고).

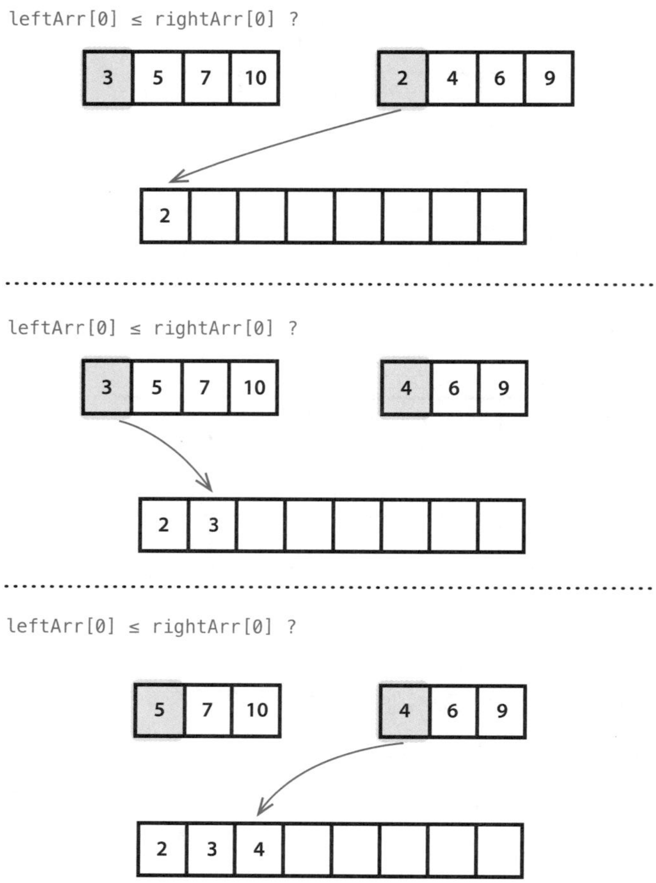

그림 6-5 병합 과정 예시

마지막으로 정렬 완료 단계에서 모든 재귀 호출이 완료되고 병합이 마무리되어 최종 결괏값 배열 [2, 3, 4, 5, 6, 7, 9, 10]이 반환된다.

6.2.6 퀵 정렬 vs 병합 정렬

퀵 정렬과 병합 정렬은 서로 다른 특성을 지닌다 퀵 정렬은 평균의 경우에는 빠르지만 최악의 경우에는 성능이 저하될 수 있다.

병합 정렬은 항상 일정한 성능을 보장하는 안정적인 정렬 기법이지만 병합 과정에서 불가피하게 공간을 추가로 사용해야 한다. 따라서 안정성보다 성능에 더 초점을 맞춰야 한다면 퀵 정렬을 사용하고, 반대로 안정성이 중요하고 추가 공간을 사용해도 괜찮다면 병합 정렬을 사용하는 것이 좋다.

다음은 경우에 따른 알고리즘별 시간 복잡도를 나타낸 표다. 이를 참고하여 상황에 맞는 알고리즘을 선택하도록 하자.

표 6-1 알고리즘별 시간 복잡도

알고리즘	최선	평균	최악
버블 정렬	$O(n)$	$O(n^2)$	$O(n^2)$
선택 정렬	$O(n^2)$	$O(n^2)$	$O(n^2)$
삽입 정렬	$O(n)$	$O(n^2)$	$O(n^2)$
퀵 정렬	$O(n \log n)$	$O(n \log n)$	$O(n^2)$
병합 정렬	$O(n \log n)$	$O(n \log n)$	$O(n \log n)$

Array.prototype.sort()

내장 메서드 sort()로 정렬하는 방법도 있다. 이 메서드는 내부적으로 배열의 요소를 문자열로 변환한 후 해당 유니코드 값에 따라 정렬한다. 정확한 작동 원리는 사용하는 웹 브라우저가 어떤 자바스크립트 엔진을 사용하느냐에 따라 다를 수 있지만 입력에 따라 퀵 정렬이나 병합 정렬을 사용한다고 보면 된다. 일반적으로 평균 $O(n \log n)$의 시간 복잡도를 보인다.

```
const nums = [5, 3, 7, 2, 1];
nums.sort(); // [1, 2, 3, 5, 7]

const strs = ["Banana", "Orange", "Apple", "Kiwi"];
strs.sort(); // ["Apple", "Banana", "Kiwi", "Orange"]

const grades = [80, 90, 70, 85];
grades.sort((a, b) => b - a); // [90, 85, 80, 70]
grades.sort((a, b) => a - b); // [70, 80, 85, 90]
```

이 예시처럼 내장 메서드를 사용하면 쉽고 간단하게 정렬할 수 있지만, 상황에 따라 특정 요구사항을 가진 정렬 작업에서는 정렬 알고리즘으로 별도로 구현하는 것이 더 적절할 수 있다.

6.3 응용 문제

정렬은 그 자체로도 중요하지만 다른 문제를 해결하는 데 있어 핵심적인 문제 해결 전략이 될 수 있다. 정렬을 통해 데이터에 구조를 부여하고 이전에 다뤘던 이진 탐색이나 투 포인터 같은 효율적인 알고리즘을 적용할 수 있는 가능성을 열어 준다.

이어지는 응용 문제들은 정렬이 어떻게 하나의 문제 전략으로 사용되는지 보여주는 훌륭한 예시다. 함께 패턴을 학습하며 문제 해결의 시야를 넓혀 보자.

6.3.1 0, 1, 2 정렬

기출: 아마존, 마이크로소프트, 어도비, 우버
난이도: 중 | **풀이 시간:** 30분 | **런타임:** 2초 | **메모리:** 32MB

문제

숫자 0, 1, 2로 구성된 배열 nums가 주어진다. 공간을 추가로 사용하지 않고 배열의 요소를 0, 1, 2 순서대로 재배열하는 함수를 구현하라.

- 자료 구조를 추가로 사용하지 않고 제자리 정렬로 해결해야 한다.

입력

예시 1) [2, 0, 2, 1, 1]

예시 2) [0, 1, 1, 0, 1, 2, 1, 2, 0, 0]

예시 3) [2, 1, 0]

출력

예시 1) [0, 1, 1, 2, 2]

예시 1) [0, 0, 0, 0, 1, 1, 1, 1, 2, 2]

예시 1) [0, 1, 2]

설명

[2, 0, 2, 1, 1]을 0, 1, 2 순서대로 재배열하면 [0, 1, 1, 2, 2]와 같이 구성된다.

문제 분석

직관적인 아이디어로는 주어진 배열에서 0, 1, 2 각각의 개수를 세어서 변수에 저장한 후 각 변수의 개수만큼 반복문을 실행해 배열의 시작 부분에 0을, 그다음에 1을, 마지막에 2를 배치하는 방법이 있다.

다음과 같이 각 숫자마다 각각의 카운터 변수를 할당한다.

```
let count_0 = 0,
    count_1 = 0,
    count_2 = 0;

for (let i = 0; i < nums.length; i++) {
    if (nums[i] == 0) count_0++;
    if (nums[i] == 1) count_1++;
    if (nums[i] == 2) count_2++;
}
```

각 변수의 크기만큼 `0`, `1`, `2` 순서로 요소를 갱신한다.

```
  let i = 0;
  while (count_0 > 0) {
    nums[i++] = 0
    count_0--;
  }
  while (count_1 > 0) {
    nums[i++] = 1;
    count_1--;
  }
  while (count_2 > 0) {
    nums[i++] = 2;
    count_2--;
  }
```

입력 배열이 `[2, 0, 2, 1, 1]`이면 `count_0 = 1`, `count_1 = 2`, `count_2 = 2`이며, 배열의 시작 지점부터 차례대로 각 카운터 변수의 크기만큼 갱신한다면 `[0, 1, 1, 2, 2]`와 같이 재구성된 배열로 변환될 것이다.

이 방법은 `0`, `1`, `2`의 개수를 세는 연산 작업과 3개의 `while` 문으로 배열의 요소를 재배치하는 연산 작업을 고려했을 때 전체적인 시간 복잡도는 $O(n) + O(n) + O(n)$으로 나타낼 수 있다. 또한 문제에서 제시했듯이 추가 공간을 사용하지 않으므로 공간 복잡도는$O(1)$이다. 정렬 유형 문제임을 감안하면 나쁘지 않은 성능이다.

여기에서 더 개선할 부분은 없는지 생각해 보자. 이 방법은 카운터 연산 3개와 `while` 문 3개가 필요하다. 하지만 한 번의 순회만으로 문제를 풀 수 있다면 코드가 더 간결해지고 오류 검사도 쉬워진다. 어떤 방법을 사용할 수 있을지 생각해 보자. 입력 배열에는 세 가지 값만 들어 있다. 이 점을 고려하면 6.1절에서 소개한 퀵 정렬의 분할 과정을 떠올릴 수 있다. 예를 들어 포인터 변수를 최대한 활용하고 `0`, `1`, `2`의 순서를 유지하며 문제를 한 번의 순회로만 해결할 수 있다.

— **Javascript**

접근 방법

1. 포인터 변수 3개를 초기화한다. low, mid, high를 각각 0, 0, n - 1로 설정한다.
2. 교환을 실행할 헬퍼 함수를 구현한다.
3. mid와 high가 교차할 때까지 배열을 순회하며 다음 과정을 실행한다.
   a. 만약 nums[mid]가 0이면 nums[mid]와 nums[low] 값을 교환한다. low와 mid를 각각 1씩 증가시킨다.
   b. 만약 nums[mid]가 1이면 mid를 1 증가시킨다. 요소 내의 1을 올바른 위치로 재배치하는 것이다.
   c. 만약 nums[mid]가 2이면 nums[mid]와 nums[high] 값을 교환한다. high를 1 감소시킨다.
4. 반복문이 종료되면 배열은 올바른 순서로 정렬된다.

풀이

```javascript
function swap(arr, i, j) {
  const temp = arr[i];
  arr[i] = arr[j];
  arr[j] = temp;
}

function sort_0_1_2(nums) {
  let low = 0;
  let mid = 0;
  let high = nums.length - 1;

  while (mid <= high) {
    // mid가 0이면 low와 mid를 교환하고 low와 mid를 1씩 증가시킨다.
    if (nums[mid] === 0) {
      swap(nums, mid, low);
      low++;
      mid++;
    } else if (nums[mid] === 1) {
      // mid가 1이면 mid만 1 증가시킨다. mid가 배열의 모든 1을 건너뛴다.
      mid++;
    } else {
      // mid가 2이면 mid와 high를 교환하고 high를 1 감소시킨다.
      // mid가 0이나 1이 될 수 있으므로 mid는 증가시키지 않는다.
      swap(nums, mid, high);
      high--;
    }
  }
}
```

이 풀이는 네덜란드 국기 알고리즘(Dutch national flag algorithm)을 사용한다. 0, 1, 2 각 숫자를 담당하는 포인터 세 개로 배열을 세 그룹으로 나눈다. `low`는 `0` 그룹의 끝을 가리키고, `mid`는 `1` 그룹의 끝을 가리키고, `high`는 `2` 그룹의 끝을 가리킨다. `mid` 포인터로 입력 배열을 순회하며 `0`과 `2`를 올바른 위치로 이동시킨다(분할 개념을 생각하자.). 이 과정에서 `1` 그룹은 자동으로 `0`과 `2` 사이에 배치된다.

> 네덜란드 국기 문제는 네덜란드의 컴퓨터 과학자 에츠허르 데이크스트라(Edsger Dijkstra)가 고안한 알고리즘이다. 네덜란드 국기는 위에서부터 빨간색, 흰색, 파란색으로 구성되어 있다. 이처럼 세 가지 색상의 공이 무작위로 섞여 있을 때 공들을 같은 색끼리 모으고 각 그룹을 빨간색, 흰색, 파란색 순서로 정렬하는 문제다.

1~5행의 헬퍼 함수 `swap()`은 매개변수 3개, `arr`, `i`, `j`를 받아 배열 `arr`에서 `i`와 `j`의 위치를 서로 교환한다.

메인 함수에서는 8~10행에서 포인터 변수들을 초기화한 후 `low`와 `high`가 교차할 때까지 배열을 순회한다. `mid` 가 `0`이면 `mid`와 `low` 인덱스를 교환한 후 `low`와 `mid`를 각각 1 증가시켜 `0`을 배열의 왼쪽 그룹으로 보낸다. `mid`가 `1`이면 `mid`만 1 증가시켜 올바른 위치(즉, `0`과 `2` 사이)에 배치되도록 한다. 마지막으로 `mid`가 `2`이면 `mid`와 `high` 인덱스를 교환한 후 `2`를 배열의 오른쪽 그룹으로 보낸다. 이후에는 `mid`의 위치에서 다시 배열을 탐색한다. 이 과정을 반복하면 배열은 `0`, `1`, `2` 순으로 정렬된다.

이 풀이는 배열의 각 요소를 한 번씩만 순회하기 때문에 배열의 길이가 n일 때 시간 복잡도는 $O(n)$이 된다. `while` 문을 3번 실행하는 처음 코드의 시간 복잡도와 같지만 가독성과 코드 관리 면에서 훨씬 개선된 방법이다.

6.3.2 성적순

기출: 아마존, 이베이
난이도: 중 | **풀이 시간:** 30분 | **런타임:** 1초 | **메모리:** 32MB

문제

학생들의 이름으로 구성된 문자열 배열 `students`와 학생들의 성적을 나타내는 정수 배열 `grades`가 주어진다. 두 배열 모두 길이가 n이며, 각 인덱스 `i`에 대해 `students[i]`와 `grades[i]`는 `i`번째 학생의 이름과 성적을 나타낸다. 배열 `students`를 학생들의 점수를 기준으로 내림차순 정렬한 배열로 반환하라.

- 입력 배열에는 중복 요소가 없다고 가정한다.

입력

예시 1) students = ["David", "Kim", "Liam", "Aaron"], grades = [85, 92, 78, 90]

예시 2) students = ["Paul", "Robert", "Jay", "Eli"], grades = [75, 66, 85, 80]

예시 3) students = ["Emma", "Jane", "John", "Kyle"], grades = [89, 76, 80, 95]

출력

예시 1) ["Kim", "Aaron", "David", "Liam"]

예시 2) ["Jay", "Eli", "Paul", "Robert"]

예시 3) ["Kyle", "Emma", "John", "Jane"]

설명

예시 1의 반환값은 ["Kim", "Aaron", "David", "Liam"]이다. students[i]에 해당하는 점수는 grades[i]이다. 점수를 기준으로 내림차순 정렬하면 Kim(92점), Aaron(90점), David(85점), Liam(78점) 순으로 재배치된다.

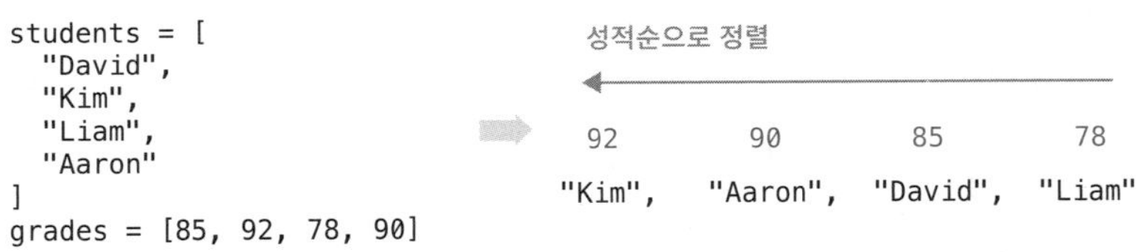

그림 6-6 **성적순 정렬 예시**

문제 분석

두 입력 배열이 주어졌을 때 grades를 기준으로 students를 내림차순 정렬하여 반환하는 함수를 구현해야 한다. 독립적으로 있는 두 배열은 인덱스로 연결되므로 학생 students[i]와 해당 학생의 점수 grades[i]를 한 쌍으로 처리해야 한다. 이러한 연결 과정에서 각 학생의 이름과 점수를 함께 저장할 추가 공간이 필요하며 객체 배열이나 Map 객체를 활용할 수 있다.

또한 입력 배열에는 중복 요소가 없으므로 모든 점수는 유일한 값이 된다. 따라서 점수를 키(key)로, 이름을 값(value)으로 저장할 수 있다. 이렇게 만든 자료 구조를 참조해 점수 배열의 모든 요소를 순회하면서 해당 점수를 기준으로 Map에 저장된 값(이름)을 읽어 오는 아이디어를 적용해 볼 수 있다.

접근 방법

1. 결괏값을 저장할 result를 빈 배열로 초기화한다.
2. 두 배열 students와 grades를 연결할 Map 객체를 초기화한다.
3. students를 순회하며 점수를 키로, 이름을 값으로 매핑한다.
4. grades를 내림차순으로 정렬한다.
5. 정렬된 grades를 순회하며 Map에서 현재 키 값에 해당하는 학생의 이름을 가져와 결괏값 배열 result에 추가한다.
6. 반복문이 종료되면 result를 반환한다.

풀이

```
01 function sortByGrade(students, grades) {
02   let result = [];
03   let map = new Map(); // 학생의 점수와 이름을 매핑하는 Map 객체 생성
04
05   for (let i = 0; i < students.length; i++) {
06     map.set(grades[i], students[i]);
07   }
08   // 내림차순 정렬
09   grades.sort((a, b) => b - a);
10
11   for (let grade of grades) {
12     // map.get(grade): 키에 해당하는 값을 가져오는 메서드
13     result.push(map.get(grade));
14   }
15   return result;
16 }
```

이 풀이는 자료 구조 Map과 sort() 메서드를 활용해 점수를 기준으로 이름을 재정렬한다. 먼저 결괏값을 저장할 빈 배열 result를 생성하고 각 학생의 이름과 점수를 매핑할 Map 객체를 초기화한다.

5~7행에서 각 학생의 점수와 이름을 map에 매핑한다. Map 내부에는 {key:value} 형태로 저장된다(예: {92:"Kim"}).

9행에서는 다음 이어지는 반복문에서 가장 높은 점수부터 처리하기 위해 grades를 내림차순으로 정렬한다.

11~14행에서 내림차순으로 정렬된 grades를 순회하면서 map 객체의 get() 메서드로 이름을 가져와 결과 배열 result에 추가한다. grades가 이미 내림차순이므로 순차적으로 추가만 하면 높은 점수부터 저장된다.

모든 순회가 끝나면 result 배열을 반환한다.

시간 복잡도를 살펴보자. 이 풀이는 반복문을 2개 사용한다. 첫 번째 for 문은 students 배열의 길이만큼 순회하기 때문에 $O(n)$의 시간이 필요하다. 두 번째 for of 문도 마찬가지로 grades 배열의 길이만큼 순회하기 때문에 $O(n)$의 시간이 필요하다. grades 배열을 sort() 메서드로 정렬하는 작업에는 $O(n\,log\,n)$의 시간이 필요하다. 전체 시간 복잡도는 O(n) + O(n) +O($n\,log\,n$)이 되고, 점근적으로는 O($n\,log\,n$)으로 나타낼 수 있다.

6.3.3 빈도 정렬

기출 : 마이크로소프트, 애플

난이도: 중 | **풀이 시간:** 45분 | **런타임:** 2초 | **메모리:** 64MB

문제

정수 배열 nums가 주어진다. 배열의 각 요소를 요소 값의 빈도를 기준으로 오름차순 정렬하여 반환하는 함수를 완성하라.

- 빈도가 같은 값이 있으면 값을 기준으로 내림차순 정렬한다.

입력

예시 1) [1, 1, 1, 2, 3, 3]

예시 2) [5, 5, 3, 4, 2, 1]

예시 3) [2, 4, 6, 6, 7, 8, 10, 10]

출력

예시 1) [2, 3, 3, 1, 1, 1]

예시 2) [4, 3, 2, 1, 5, 5]

예시 3) [8, 7, 4, 2, 10, 10, 6, 6]

설명

[1, 1, 1, 2, 3, 3]은 2가 1번, 3이 2번, 1이 3번 등장한다. 빈도를 기준으로 오름차순 정렬하면 [2, 3, 3, 1, 1, 1]이 된다.

[5, 5, 3, 4, 2, 1]은 5가 2번, 3, 4, 2, 1이 각각 1번씩 등장한다. 빈도를 기준으로 오름차순 정렬하면 [4, 3, 2, 1, 5, 5]가 된다.

[2, 4, 6, 6, 7, 8, 10, 10]은 2, 4, 7, 8은 1번씩, 6과 10이 2번씩 등장한다. 빈도가 같을 때는 값을 기준으로 내림차순 정렬하므로 [8, 7, 4, 2, 10, 10, 6, 6]이 된다.

문제 분석

이 문제는 배열 nums를 각 값의 빈도를 기준으로 오름차순 정렬하는 것이다. 여기서 빈도란 특정 값이 배열에 등장하는 횟수를 의미한다. 예를 들어 배열 [1, 1, 1, 2]에서 값 1의 빈도는 3이고 2의 빈도는 1이다. 또한 빈도가 같은 값이 있으면 값의 크기를 비교하여 내림차순 정렬해야 한다. 예를 들어 배열 [1, 1, 3, 3, 2]는 1과 3이 2번씩 등장하므로 [2, 3, 3, 1, 1]과 같이 정렬된다.

각 요소의 빈도를 추적하려면 다른 자료 구조가 필요하다. 이때 Map 객체를 사용하면 값과 등장 횟수를 쉽게 매핑할 수 있다. nums 배열을 한 번 순회하여 모든 요소의 빈도를 Map에 기록한 뒤 이 정보를 활용해 정렬하면 된다. 정렬 과정에서는 먼저 빈도를 기준으로 오름차순 정렬을 적용하고 빈도가 같은 경우 값의 크기를 비교하여 내림차순으로 정렬한다.

접근 방법

1. 빈도를 저장하기 위한 Map 객체를 초기화한다.
2. 배열 nums를 순회하며 각 요소의 빈도를 Map 객체에 매핑한다.
3. sort() 메서드를 활용해 배열 nums를 정렬한다. sort() 메서드에 전달되는 비교 함수(compareFn)에서 다음과 같은 로직을 추가한다.
   a. 두 요소의 빈도가 같으면 내림차순으로 정렬한다.
   b. 두 요소의 빈도가 다르면 오름차순으로 정렬한다.
4. 정렬된 nums를 반환한다.

> sort() 메서드에 전달되는 비교 함수인 콜백 함수는 임의로 정렬 순서를 정의한다. 콜백 함수가 제공되면 배열의 요소는 이 함수의 반환값에 따라 결정된다(6.2절의 Array.prototype.sort()를 참고하자.).

풀이

```
01 function sortByFreq(nums) {
02   const freqMap = new Map();
03   // 빈도를 계산하여 Map에 저장한다.
04   for (let num of nums) {
05     freqMap.set(num, (freqMap.get(num) || 0) + 1);
06   }
07
08   return nums.sort((a, b) => {
09     const freqA = freqMap.get(a);
10     const freqB = freqMap.get(b);
11
12     // 빈도가 같으면 내림차순으로 정렬한다.
13     if (freqA === freqB) {
14       return b - a;
15     } else {
16       // 빈도가 다르면 오름차순으로 정렬한다.
17       return freqA - freqB;
18     }
19   });
20 }
```

Map 객체와 sort() 메서드의 사용자 정의 비교 함수(compareFn)를 활용한 풀이다.

2행에서 Map 객체를 생성하고 4~6행에서 요소의 값을 키로, 빈도를 값으로 매핑한다. 예를 들어 배열 [1, 1, 2, 2, 3]의 요소와 빈도는 다음과 같이 매핑한다.

- 1의 빈도는 2이므로 {1:2}
- 2의 빈도는 2이므로 {2:2}
- 3의 빈도는 1이므로 {3:1}

그다음에는 nums에 sort()를 적용할 때 비교 함수에서 두 값 a, b의 빈도를 Map에서 조회해 freqA, freqB로 가져온다. 빈도가 같으면 값이 큰 순서가 앞서도록 정렬하고(b - a를 반환), 빈도가 다르면 빈도가 작은 값이 앞서도록 정렬한다(freqA - freqB를 반환).

이 풀이는 매핑 과정에 $O(n)$, 정렬에 $O(n \log n)$ 시간이 필요하므로 전체시간 복잡도는 $O(n \log n)$으로 나타낼 수 있다.

6.3.4 교집합

기출: 아마존, 애플, 구글, 우버, 오라클, 마이크로소프트

난이도: 중 | **풀이 시간:** 30분 | **런타임:** 1초 | **메모리:** 32MB

문제

오름차순으로 정렬된 두 배열이 전달된다. 두 배열에 모두 포함된 요소만 담은 새 배열을 반환하는 함수를 완성하라. 입력 배열에는 중복 요소가 있을 수 있지만 새 배열에는 중복되지 않아야 한다.

입력

예시 1) [1, 2, 2, 5], [1, 2, 3, 4, 5]

예시 2) [2, 3, 3, 5, 5, 6, 6, 7, 7], [5, 5, 6, 7, 8]

예시 3) [1, 3, 5, 7], [2, 4, 6, 8]

출력

예시 1) [1, 2, 5]

예시 2) [5, 6, 7]

예시 3) []

설명

정렬된 두 배열의 교집합을 반환한다.

arr1 = [1, 2, 2, 5], arr2 = [1, 2, 3, 4, 5]의 공통 요소 1, 2, 5가 모두 들어 있다. 등장 횟수와 관계없이 중복이 없는 [1, 2, 5]를 반환한다.

arr1 = [1, 3, 5, 7], arr2 = [2, 4, 6, 8]에는 공통 요소가 없으므로 빈 배열 []을 반환한다.

문제 분석

입력 배열이 이미 정렬되어 있으므로 순차 비교가 가능하다. 두 배열의 요소를 함

께 비교하려면 각각을 가리키는 포인터 변수가 필요하다. 예를 들어 포인터 변수 i, j를 생성하고, 이를 활용해 arr1, arr2의 현재 위치를 추적해야 한다. 반복문으로 배열을 순차적으로 비교하면서 공통 요소를 찾으면 그다음 작업을 실행한다. 또한 중복 요소가 없어야 한다는 문제의 조건에 따라 두 값이 같을 때는 별도 처리가 필요하다.

접근 방법

1. 결괏값을 저장할 변수 result를 빈 배열로 초기화한다.
2. 두 배열의 위치를 추적할 포인터 변수 i, j를 0으로 초기화한다.
3. 반복문을 통해 arr1, arr2의 요소를 순회한다.
   a. 두 배열에서 현재 인덱스(arr1[i], arr2[j])의 요소를 비교한 후 값이 같으면 결과 배열에 추가한다. 포인터 i, j를 모두 1씩 증가시킨다.
   b. 만약 두 요소의 값이 다르면 다음 조건에 따라 처리한다.
      i. arr1[i] > arr[j]이면 i 포인터를 1 증가시킨다.
      ii. arr1[i] < arr[j]이면 j 포인터를 1 증가시킨다.
4. 반복문이 종료되면 result를 반환한다.

풀이

```
function findIntersection(arr1, arr2) {
  const result = []; // 결괏값(교집합) 저장

  let i = 0;
  let j = 0;

  // arr1, arr2를 순차적으로 비교하면서 교집합 탐색
  while (i < arr1.length && j < arr2.length) {
    if (arr1[i] === arr2[j]) {
      // 두 값이 같고, 현재 result에 없는 값이면 result에 추가한다.
      if (result.length === 0 || result[result.length - 1] !== arr1[i]) {
        result.push(arr1[i]);
      }
      // 다음 인덱스로 이동
      i++;
      j++;
    } else if (arr1[i] < arr2[j]) {
      // 두 값 중 작은 값이 포함된 배열의 인덱스 증가
      i++;
    } else {
```

```
      j++;
    }
  }

  return result;
}
```

두 포인터로 정렬된 두 배열을 동시에 순회하며 교집합을 찾는 방식이다. 각 배열을 한 번씩만 훑으므로 문제를 효율적으로 해결할 수 있다. 이 풀이의 핵심은 두 포인터를 비교하여 결과 배열에 추가할 값을 결정하는 데 있다.

1. 두 요소의 값이 같으면 해당 값을 결과 배열에 추가하고 두 포인터 i, j를 모두 1 증가시킨다. 또한 중복 요소를 처리하기 위해 현재 요소와 이전 요소를 비교하고 두 요소가 같으면 다음으로 건너뛴다.
2. 두 요소의 값이 다르면 더 작은 값을 가리키는 포인터만 1 증가시켜 다음 비교를 진행한다.

예를 들어 두 배열이 `arr1 = [1, 2, 2, 3, 5]`와 `arr2 = [2, 3, 5, 7, 10]`이라면 그림 6-7과 같은 과정을 거쳐 교집합을 탐색할 수 있다.

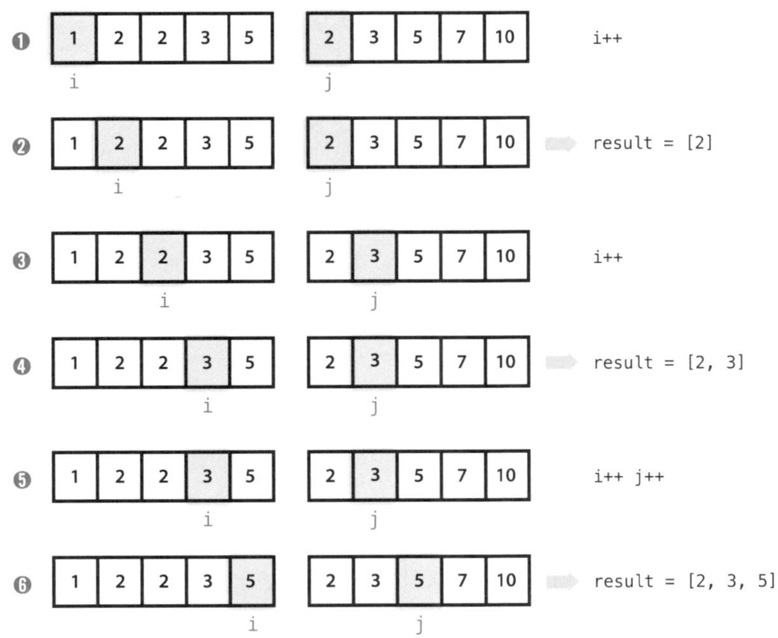

그림 6-7 **교집합 탐색 과정**

이 풀이의 시간 복잡도를 살펴보자. 두 정렬된 배열을 동시에 탐색하므로 arr1을 탐색하는 시간에 arr2를 탐색하는 시간을 더하면 된다. 첫 번째 배열의 길이를 m, 두 번째 배열의 길이를 n이라고 할 때 전체적인 시간 복잡도는 $O(m+n)$이다. 교집합을 매우 효율적으로 찾는 풀이다.

6.3.5 문자열 섞기

기출: 마이크로소프트

난이도: 하 | **풀이 시간:** 25분 | **런타임:** 1초 | **메모리:** 32MB

문제

알파벳 소문자로 구성된 문자열 s와 이 문자열과 길이가 같은 정수 배열 indices가 주어진다. 문자열 s[i]의 문자를 indices[i]의 위치로 옮긴 새 문자열을 반환하는 함수를 작성하라.

- 배열 indices에는 중복 요소가 없다.

입력

예시 1) s = "abcde", indices = [4, 3, 2, 1, 0]

예시 2) s = "aeiou", indices = [2, 1, 0, 3, 4]

예시 3) s = "foobar", indices = [5, 3, 1, 2, 4, 0]

출력

예시 1) "edcba"

예시 2) "ieaou"

예시 3) "roboaf"

설명

예시 1의 s를 indices 기준으로 섞으면 다음과 같이 "edcba"로 재구성된다.

- "a"의 원래 위치는 0이고, 새로운 위치는 indices[0] = 4이다.
- "b"의 원래 위치는 1이고, 새로운 위치는 indices[1] = 3이다.
- "c"의 원래 위치는 2이고, 새로운 위치는 indices[2] = 2이다.

- "d"의 원래 위치는 3이고, 새로운 위치는 indices[3] = 1이다.
- "e"의 원래 위치는 4이고, 새로운 위치는 indices[4] = 0이다.

문제 분석

배열 indices의 인덱스를 참조하여 s에 있는 각 문자의 새로운 위치를 정하는 문제다. 문제 해결 아이디어는 직관적이다. 우선 s의 길이와 같은 빈 배열 result를 초기화하고 s를 순회하며 각 문자를 result[indices[i]]에 배치한다. 이 과정을 거쳐 모든 문자의 순회가 끝나면 문제의 요구사항에 맞는 새로운 문자열을 만들 수 있다.

접근 방법

1. 결괏값을 저장할 빈 배열 result를 문자열 s와 같은 크기로 초기화한다.
2. 문자열 s의 모든 문자를 순회하면서 인덱스 i가 가리키는 문자 s[i]를 result[indices[i]]에 배치한다.
3. 배열 result를 문자열로 변환한다.
4. 변환된 문자열을 반환한다.

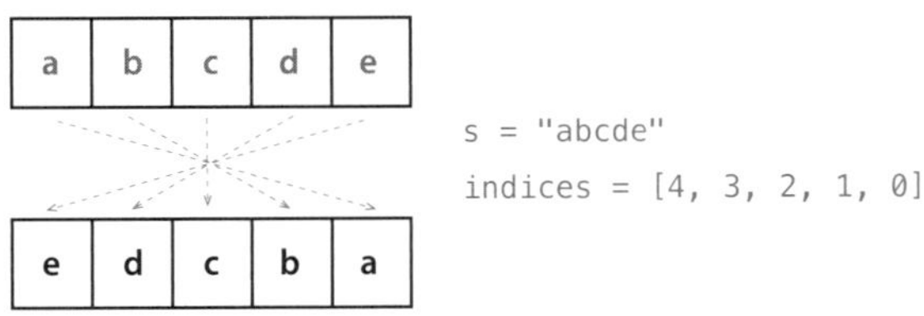

그림 6-8 문자열 섞기 예시

풀이

```
function rearrangeString(s, indices) {
    let result = new Array(s.length);
    result.fill(0);

    for(let i = 0; i < indices.length; i++){
        result[indices[i]] = s[i];
    }

    return result.join('');
}
```

이 풀이의 핵심 아이디어는 문자열 s와 배열 indices를 새 배열 result를 활용해 모든 문자를 재배치하고 다시 문자열로 변환해 결과를 반환하는 것이다.

2행에서 new Array로 새 배열 객체를 생성하면서 문자열 s의 길이를 인수로 전달한다. 이로써 s와 같은 크기의 배열이 생성된다.

3행에서는 fill() 메서드로 result를 0으로 채운다. s의 길이가 5이면 result는 [0, 0, 0, 0, 0]으로 초기화된다.

5~7행에서는 for 문으로 문자열 s의 각 문자를 순회한다. result[indices[i]] = s[i]는 반복 과정에서 i번째 문자를 result[indices[i]]에 배치한다.

마지막으로 9행에서는 result 배열을 join() 메서드를 사용해 문자열로 변환해 반환한다.

6.3.6 작은 수

기출: 아마존, 메타, 애플, 오라클, 우버

난이도: 중 | **풀이 시간:** 40분 | **런타임:** 2초 | **메모리:** 64MB

문제

정수 배열 nums가 주어진다. 원본 배열 순서를 기준으로 각 요소 값보다 작은 요소가 몇 개인지 계산하여 그 개수를 담은 새 배열을 반환하라.

- nums에는 중복 요소가 있을 수 있다.

입력

예시 1) nums = [5, 2, 6, 1]

예시 2) nums = [8, 4, 4, 9]

예시 3) nums = [1, 2, 3, 4]

출력

예시 1) counts = [2, 1, 3, 0]

예시 2) counts = [2, 0, 0, 3]

예시 3) counts = [0, 1, 2, 3]

설명

예시 1에서 5보다 작은 수는 2개({2, 1}), 2보다 작은 수는 1개({1}), 6보다 작은 수는 3개({5, 2, 1})이고, 1보다 작은 수는 없다. 그러므로 새 배열 [2, 1, 3, 0]을 반환한다.

예시 2에서 8보다 작은 수는 2개({4, 4})이고, 4보다 작은 수는 없으며, 9보다 작은 수는 3개({8, 4, 4})이므로 [2, 0, 0, 3]을 반환한다.

문제 분석

이 문제의 가장 직관적인 해법은 중첩 반복문을 사용하는 완전 탐색이다. 인덱스 i와 j를 활용해 배열의 모든 쌍을 비교하며 nums[i] > nums[j]인 경우의 수를 세어 반환한다.

```
// O(n^2) 풀이
function smallerNumbers(nums) {
  const counts = [];
  for (let i = 0; i < nums.length; i++) {
    let count = 0;
    for (let j = 0; j < nums.length; j++) {
      if (nums[j] < nums[i]) {
        count++;
      }
    }
    counts.push(count);
  }
  return counts;
}
```

이 방법은 모든 경우를 탐색하기 때문에 시간 복잡도가 $O(n^2)$이 되어 데이터가 클수록 비효율적이다.

더 효율적인 대안으로는 정렬과 추가 공간을 활용하는 방법이 있다. 배열을 오름차순으로 정렬한 뒤 각 요소 값과 인덱스를 Map 객체에 키-값 형태로 저장한다. 이후 원래 배열을 다시 순회하면서 각 요소를 Map에 기록된 인덱스로 치환해 새 배열을 구성한다.

접근 방법

1. 각 요소 값과 인덱스를 저장할 Map 객체를 초기화한다.

2. 입력 배열 nums를 오름차순으로 정렬한다. 이때 배열 원본을 정렬하는 대신 nums를 복사하여 새 배열을 만든다.
3. 정렬된 배열을 순회하며 각 요소 값과 인덱스를 키-값 형태로 Map 객체에 저장한다.
4. 다시 원본 배열 nums를 순회하며 3에서 저장한 Map 객체에서 각 요소를 꺼내 해당 요소의 인덱스로 갱신한다.
5. 마지막으로 각 요소보다 작은 요소의 개수로 구성된 배열 nums를 반환한다.

> sort() 메서드를 호출하면 원본 배열이 변형된다는 점을 유의하자. 원본 배열을 유지해야 할 때는 배열을 복사해 사용하는 것이 좋다.

풀이

```
function smallerNumbers(nums) {
  const map = new Map();

  // 정렬된 배열을 만든다.
  const sorted = [...nums].sort((a, b) => a - b);

  // 정렬된 배열의 각 요소를 Map에 저장한다.
  for (let i = 0; i < sorted.length; i++) {
    if (!map.has(sorted[i])) {
      map.set(sorted[i], i);
    }
  }

  // nums 배열의 각 요소를 Map에서 꺼내 인덱스를 구한다.
  for (let i = 0; i < nums.length; i++) {
    nums[i] = map.get(nums[i]);
  }

  return nums;
}
```

배열 [5, 2, 6, 1]이 주어졌다고 해 보자. 이 배열을 오름차순으로 정렬하면 [1, 2, 5, 6]이 된다. 이제 정렬된 배열의 속성을 기준으로 문제를 다시 생각해 보자.

인덱스 sorted[0]의 값은 1이다. 배열에서 가장 작은 수이므로 현재 값보다 작은 수는 없다. 따라서 이 정보를 Map 객체에 저장하면 {1:0}이 된다.

인덱스 sorted [1]의 값은 2이다. 배열에서 두 번째로 작은 수이므로 현재 값보다 작은 수가 1개뿐이다. 따라서 이 정보를 Map 객체에 저장하면 {2:1}이 된다.

인덱스 sorted [2]의 값은 5이다. 배열에서 세 번째로 작은 수이므로 현재 값보다 작은 수가 2개다. 따라서 이 정보를 Map 객체에 저장하면 {5:2}가 된다.

인덱스 sorted [3]의 값은 6이다. 배열에서 가장 큰 수이므로 현재 값보다 작은 수의 개수는 총 요소 개수에서 1을 뺀 값, 즉 배열의 길이에서 1을 뺀 값이다. 따라서 이 정보를 Map 객체에 저장하면 {6:3}이 된다.

현재 시점의 Map 객체는 {1:0, 2:1, 5:2, 6:3}과 같은 형태로 구성되어 있다. 이제 이 객체를 바탕으로 nums를 다시 순회한다. 방금 생성한 Map 객체에서 배열의 각 요소를 키로 사용해 값을 꺼내고, 해당 요소를 인덱스 값으로 갱신한다. 예를 들어 {1:0}이면 nums[1] = 0으로 갱신하고 {2:1}이면 nums[2] = 1로 갱신한다.

모든 순회가 끝나면 nums는 [2, 1, 3, 0]으로 반환된다.

이 풀이는 Map 자료 구조를 사용하므로 공간 복잡도는 $O(n)$이다. 완전 탐색 방법보다 효율적인 정렬을 사용하므로 시간 복잡도는 $O(n \log n)$이다.

6.3.7 빈도순 정렬

기출: 아마존, 블룸버그, 익스피디아, 링크드인
난이도: 중 | **풀이 시간:** 45분 | **런타임:** 2초 | **메모리:** 64MB

문제

주어진 문자열 s에서 각 문자의 빈도를 계산하고 이 빈도를 기준으로 문자들을 재배열하는 함수를 완성하라. 결괏값은 빈도에 따라 내림차순으로 정렬되어야 한다.

- 두 문자의 빈도가 같으면 출력 순서는 상관없다.

입력

예시 1) "cdeeec"

예시 2) "abcccdd"

예시 3) "effgggf"

출력

예시 1) "eeeccd"

예시 2) "cccddba" 또는 "cccddab"

예시 3) "fffggge" 또는 "gggfffe"

설명

문자열 "cdeeec"에서 "c"의 빈도는 2, "d"의 빈도는 1, "e"의 빈도는 3이다. 이를 기준으로 내림차순 정렬하면 "eeeccd"로 재구성된다.

문자열 "abcccdd"에서 "a"의 빈도는 1, "b"의 빈도는 1, "c"의 빈도는 3, "d"의 빈도는 2이다. 이를 기준으로 내림차순 정렬하면 "cccddba" 또는 "cccddab"로 재구성된다.

문제 분석

문자열에서 각 문자의 빈도를 계산하고, 빈도가 높은 문자를 먼저 배치하면서 문자열을 재배열해야 한다. 빈도를 가장 효과적으로 추적할 수 있는 자료 구조는 해시맵이다. 해시맵의 key를 문자열의 각 문자로 지정하고, value를 문자의 빈도로 지정해 Map의 엔트리로 저장한다. 예를 들어 문자열 "aab"는 {a:2, b:1}과 같은 형태로 저장한다. 이렇게 매핑된 정보를 배열을 통해 다시 내림차순 정렬하고, 정렬된 배열을 다시 문자열로 변환하면 된다.

접근 방법

1. 문제 해결에 필요한 변수를 설정한다.
   a. 결괏값을 저장할 빈 문자열 result
   b. 빈도를 추적할 Map 객체 freqMap
   c. 해시맵을 배열로 변환해 담을 sorted
2. 문자열을 순회하며 각 문자의 빈도를 해시맵에 저장한다.
3. 오름차순으로 정렬하기 위해 해시맵을 배열로 변환한다.
4. 변환된 배열 sorted를 오름차순으로 정렬한다.
5. 정렬된 배열 sorted를 순회하며 각 문자를 빈도만큼 반복해 결과 문자열 result를 반환한다.

풀이

```
function sortByFreq(s) {
  let result = '';
```

```
  const freqMap = new Map();
  const sorted = [];

  // 빈도 저장
  for (let char of s) {
    freqMap.set(char, (freqMap.get(char) || 0) + 1);
  }

  // 배열로 변환
  for (let entry of freqMap) {
    sorted.push(entry);
  }

  // 빈도 기준 내림차순 정렬
  sorted.sort((a, b) => {
    return b[1] - a[1];
  });

  // 문자열로 변환
  for (let [key, value] of sorted) {
    result += key.repeat(value);
  }

  return result;
}
```

해시맵과 정렬을 활용한 풀이다. 코드를 단계별로 살펴보자.

빈도 저장

먼저 각 문자의 빈도를 기록한다. 문자열 s의 모든 문자를 순회하면서 Map 객체에 문자를 키로, 빈도를 값으로 저장한다.

배열로 변환

생성한 Map 객체를 배열로 변환한다. Map 객체의 모든 요소를 sorted 배열에 추가한다.

내림차순 정렬

내장 메서드 sort()로 sorted 배열을 빈도에 따라 내림차순으로 정렬한다. 이때 비교 함수에서 b[1] - a[1]과 같이 인덱스 1을 사용하는 이유는 Map 객체의 엔트리([**키, 값**])에서 인덱스 1의 값이 빈도를 나타내기 때문이다.

결과 문자열 생성

마지막으로 for of 문에서 [키, 값]을 함께 사용해 정렬된 배열을 순회하며 key.repeat(value)와 같이 각 문자를 해당 빈도만큼 반복하여 결과 문자열을 생성한다.

> String.prototype.repeat(), 즉 문자열 객체의 repeat()는 주어진 횟수만큼 문자열을 반복해 나열한 새 문자열을 반환한다. 예를 들어 "a".repeat(3)은 "aaa"를 반환하고, "abc".repeat(2)는 "abcabc"를 반환한다.

이와 같이 해시맵을 사용하면 문자의 빈도를 빠른 속도로 계산할 수 있다. 이 풀이의 시간 복잡도를 분석해 보자. 총 4번의 반복 과정을 실행한다. 이 중 2번의 반복은 $O(n)$ 시간이 걸리고, 배열을 정렬하는 과정이 $O(n\,log\,n)$ 시간이 걸린다. 따라서 전체적인 시간 복잡도는 $O(n\,log\,n)$이 된다.

6.3.8 리스트 정렬

기출: 아마존, 어도비, 마이크로소프트, 메타
난이도: 중 | **풀이 시간:** 50분 | **런타임:** 2초 | **메모리:** 32MB

문제

정숫값 노드로 구성된 연결 리스트의 헤드(head) 노드가 주어진다. 이 리스트를 오름차순으로 정렬하고 정렬된 리스트의 헤드 노드를 반환하는 함수를 완성하라.

입력

예시 1) 4 -> 3 -> 1 -> 5 -> 2

예시 2) 9 -> 5 -> 1 -> 4 -> 3

예시 3) -5 -> 0 -> 3 -> -1 -> 2

출력

예시 1) 1 -> 2 -> 3 -> 4 -> 5

예시 2) 1 -> 3 -> 4 -> 5 -> 9

예시 3) -5 -> -2 -> 0 -> 1 -> 3

설명

예시 1에서 리스트 4 -> 3 -> 1 -> 5 -> 2의 헤드 노드 4가 전달된다. 리스트를 오름차순 정렬하면 1 -> 2 -> 3 -> 4 -> 5가 되고 이 리스트의 헤드 노드인 1을 반환한다.

문제 분석

입력 리스트의 모든 노드를 순회하며 오름차순 리스트로 변환한 뒤 해당 리스트의 헤드 노드를 반환하는 문제다. 한쪽 방향으로 이동하는 단방향 연결 리스트의 특성상 포인터 조작만으로 정렬하기는 매우 까다로울 수 있다.

추가 공간을 사용할 수 있다면 추가 배열과 sort() 메서드를 써 볼 수 있다. 예를 들어 연결 리스트를 배열로 변환하고 변환된 배열을 정렬한 후 다시 그 배열을 연결 리스트로 변환하는 것이다. 이 아이디어는 공간을 추가로 사용하지만 직관적인 설계가 가능하다.

접근 방법

1. 리스트의 헤드 노드를 전달받는다. 리스트가 비어 있거나 노드가 하나뿐이라면 그대로 반환한다.
2. 노드 값을 저장할 빈 배열을 선언한다.
3. 리스트를 순회하며 모든 노드 값을 배열에 저장한다.
4. 배열을 오름차순으로 정렬한다.
5. 현재 노드를 다시 헤드 노드로 두고 리스트를 다시 순회하며 각 노드에 정렬된 배열의 값을 할당한다.
6. 반복문이 종료되면 정렬된 리스트의 헤드 노드를 반환한다.

풀이 1. sort() 메서드와 추가 배열 사용

```
function sortList(head){
  if(head == null || head.next == null){
    return head;
  }

  const values = [];
  let current = head;

  // 모든 노드 값을 배열에 저장한다.
  while(current != null){
```

```
11     values.push(current.val);
12     current = current.next;
13   }
14 
15   // 오름차순 정렬
16   values.sort((a,b) => a-b);
17 
18   // 현재 노드를 다시 헤드 노드로 초기화한다.
19   current = head;
20 
21   let i = 0;
22   // 정렬된 배열의 값을 각 노드에 할당한다.
23   while(current != null){
24     current.val = values[i];
25     i++;
26 
27     current = current.next;
28   }
29 
30   return head;
31 }
```

이 풀이는 리스트의 헤드를 전달받아 순회하며 각 노드 값을 배열에 추가한 뒤 오름차순으로 정렬하고 정렬된 값을 기존 노드에 갱신하여 리스트를 정렬한다. 마지막으로 정렬된 리스트의 헤드 노드를 반환한다.

이 풀이는 다음과 같이 3단계로 구성된다.

배열 생성

9~13행에서는 전달받은 리스트를 순회하면서 values 배열에 각 노드 값을 저장한다. 이 과정은 연결 리스트 노드 개수를 n이라 했을 때 $O(n)$의 시간 복잡도를 가진다.

배열 정렬

sort() 메서드로 values 배열을 오름차순으로 정렬한다. 자바스크립트의 내장 메서드를 사용하므로 시간 복잡도는 $O(n \log n)$이다. (풀이 2의 병합 정렬이나 퀵 정렬과 비슷한 성능이다.)

리스트 재구성

21행에서 초기화한 인덱스를 활용해 리스트를 한 번 더 순회한다. 단계마다 배열의 현재 인덱스 값을 현재 노드의 값으로 갱신하여 정렬 상태를 완성한다. 예를 들어 values[i]가 현재 노드의 값이 된다. 이 과정은 노드의 개수(배열의 크기)만큼 순회하므로 시간 복잡도는 $O(n)$이다.

이 풀이는 배열이 추가로 필요하므로 공간 복잡도 $O(n)$이 더 필요하지만 설계가 직관적이라는 장점이 있다. 또한 연결 리스트에 대한 복잡한 포인터 조작 없이 효율적으로 정렬할 수 있어 코딩 테스트 문제에 활용하기 매우 적합하다.

풀이 2. 병합 정렬

추가 공간을 쓰기 어렵다면 퀵 정렬이나 병합 정렬과 같은 알고리즘을 사용할 수 있다. 풀이 1보다 코드가 복잡하고 직관적이지 않을 수 있지만 추가 공간을 사용하지 않는다. 여기서는 분할 정복과 병합 정렬을 사용하여 이 문제를 풀어 보자.

```
const findMiddle = (head) => {
  let slow = head;
  let fast = head;
  let prev = null;

  // fast가 null이거나 fast.next가 null이 될 때까지 반복한다.
  // fast는 2칸씩 이동하고 slow는 1칸씩 이동한다.
  // slow는 중간 노드를 가리킨다.
  while (fast !== null && fast.next !== null) {
    prev = slow;
    slow = slow.next;
    fast = fast.next.next;
  }

  // 리스트를 둘로 나누기 위해 prev.next를 null로 설정하며
  // prev는 slow의 이전 노드를 가리키게 된다.
  prev.next = null;

  return slow;
};

// 두 리스트를 병합한다.
const merge = (l1, l2) => {
  const dummyHead = new ListNode(-1);
  let current = dummyHead;

  while (l1 !== null && l2 !== null) {
```

```
    if (l1.val < l2.val) {
      current.next = l1;
      l1 = l1.next;
    } else {
      current.next = l2;
      l2 = l2.next;
    }
    current = current.next;
  }

  if (l1 !== null) {
    current.next = l1;
  }

  if (l2 !== null) {
    current.next = l2;
  }

  return dummyHead.next;
};

const sortList = (head) => {
  if (head === null || head.next === null) {
    return head;
  }
  // 중간 노드를 찾아 리스트를 둘로 분할한다.
  const mid = findMiddle(head);

  // 두 리스트를 정렬한다.
  const left = sortList(head);
  const right = sortList(mid);

  // 정렬된 두 리스트를 병합한다.
  return merge(left, right);
};
```

findMiddle() 함수는 헤드 노드를 전달받아 리스트의 중간 노드를 찾는다. 투 포인터 패턴인 빠른 포인터와 느린 포인터 기법을 사용하여 중간 노드를 탐색하고 반복문이 종료되면 prev.next = null로 지정해 리스트를 둘로 분할한다. 최종적으로 slow 포인터가 중간 노드를 가리킨다.

merge() 함수는 정렬된 두 리스트를 포인터 조작으로 병합한다. 따라서 공간을 추가로 사용하지 않는다.

메인 함수 sortList()는 위의 두 함수를 이용해 분할, 정렬, 병합의 순서로 작동하는 병합 정렬을 구현한다.

6.4 인터뷰 팁과 고려 사항

- 기술 인터뷰에 대비해 버블 정렬, 퀵 정렬, 삽입 정렬 등과 같은 기본적인 알고리즘을 익히고 각 알고리즘의 메커니즘과 시간 복잡도를 이해하는 것이 중요하다.
- 퀵 정렬이나 병합 정렬 같은 재귀 기반 정렬은 정렬 알고리즘 구현이 정확하지 않으면 입력값이 클 때 스택 오버플로를 일으킬 수 있다.
- 자바스크립트 배열의 sort()는 문자열 기반으로 작동하므로 숫자로 구성된 배열을 정렬할 때는 의도와 다른 결과를 얻을 수 있다. 이를 해결하려면 정렬 함수에 비교 함수를 직접 제공해야 한다는 사실을 잊지 말자.
- 문자열 배열을 정렬할 때 sort()를 사용하면 알파벳 순서대로 정렬된다.

7장

J a v a s c r i p t C o d i n g T e s t

행렬 패턴

7.1 행렬

행렬(matrix)이란 2차원 배열을 뜻한다. 여기서 말하는 2차원 배열은 배열로 구성된 배열이라는 뜻이다. 각각 셀이 값을 가진 격자 형태라고 이해하면 쉽다. 각 셀의 위치는 해당 셀의 행(row) 번호와 열(column) 번호로 식별한다. 예를 들어 2 x 3 크기의 행렬에는 행 2개와 열 3개가 있으며, 총 6개의 셀로 구성된다.

> 수학에서의 행렬은 1행 1열부터 시작하지만 자바스크립트를 포함한 대부분의 프로그래밍 언어는 0 기반 인덱스를(0 based-indexing) 사용하므로 이 책에서는 행렬의 행과 열 번호를 0부터 시작한다.

자바스크립트에서 행렬을 생성하려면 배열을 만들고 각 요소를 또 다른 배열로 채운다. 다음 코드 예시를 보자.

```
let matrix = [
  [1, 2, 3],
  [4, 5, 6],
]
```

행 2개와 열 3개를 가진 2 x 3 크기의 행렬을 생성했다. 각 셀의 값과 위치를 표로 나타내면 다음과 같다.

표 7-1 2 x 3 행렬의 셀 값과 위치 예시

행/열	0	1	2
0	1	2	3
1	4	5	6

행렬을 자바스크립트에서 어떻게 다루는지 콘솔 출력 예시를 살펴보자.

```
console.log(matrix[0][0]) // 1
console.log(matrix[0][2]) // 3
console.log(matrix[1][1]) // 5
console.log(matrix[1][0]) // 4
```

다음은 행렬에 관한 주요 용어를 정리한 표다.

표 7-2 행렬 주요 용어

용어	설명
행과 열	행렬은 행(row)과 열(column)로 구성되어 있다. 행은 가로 줄을, 열은 세로 줄을 의미한다.
행렬의 크기	행렬의 크기(dimension)는 행렬이 가지고 있는 행과 열의 개수를 뜻한다. 일반적으로 행은 m, 열은 n으로 표시하며 m행 n열의 행렬을 $m * n$ 또는 mn으로 표현한다.
셀	행과 열의 교차점을 의미한다.
셀 값	행렬의 각 셀이 담고 있는 값을 의미한다.
정사각 행렬	행과 열의 수가 일치하는 행렬을 정사각 행렬이라고 표현한다.
전치	행렬의 대각선을 기준으로 행렬을 뒤집는(transpose) 것을 의미한다. 행렬의 행 인덱스를 열 인덱스로, 열 인덱스를 행 인덱스로 교환한다.
대각 요소	행렬의 요소 중 대각선상에 위치한 요소를 말한다.

7.1.1 행렬과 빅 오

행렬에서 자주 사용하는 연산의 시간 복잡도와 공간 복잡도를 이해하는 것은 중요하다. 특정 요소에 접근할 때 행과 열의 인덱스를 이미 알고 있다면 원하는 셀 값을 얻는 데 $O(1)$ 시간이 걸린다. 반면 특정 요소를 검색하려면 행렬의 모든 셀을 순회해야 하므로 시간 복잡도는 $O(m * n)$이 된다. 삽입, 삭제 연산도 일반적으로 시간 복잡도는 $O(m * n)$이다. 공간 복잡도 측면에서는 $m * n$ 크기의 행렬은 항상 $O(m * n)$ 크기의 메모리를 사용한다고 볼 수 있다.

7.2 행렬 기초 학습

간단한 예제를 풀어 보며 행렬의 기본 연산을 익혀 보자.

7.2.1 순회

자바스크립트에서 행렬 순회는 중첩 반복문으로 간단히 구현할 수 있다. 이때 행과 열을 나타내기 위해 두 개의 인덱스를 사용하며, 일반적으로 `i`와 `j` 또는 `row`와 `col` 같은 이름을 쓴다.

다음 행렬의 모든 셀 값을 출력해야 한다고 해 보자. 이 행렬은 3 x 3 크기이다.

```
let matrix = [
  [1, 2, 3],
  [4, 5, 6],
  [7, 8, 9]
]
```

행렬의 모든 셀 값을 출력하는 몇 가지 방법을 살펴보자.

```
// 중첩 반복문 for 문 사용
function printMatrix(matrix) {
  for (let i = 0; i < matrix.length; i++) {
    for (let j = 0; j < matrix[0].length; j++) {
      console.log(matrix[i][j]);
    }
  }
}

// forEach 사용
function printMatrixForEach(matrix) {
  matrix.forEach(row => {
    row.forEach(col => {
      console.log(col);
    })
  })
}

// for of 사용
function printMatrixForOf(matrix) {
  for (let row of matrix) {
    for (let col of row) {
      console.log(col);
    }
  }
}
```

이렇게 다양한 방법으로 행렬을 순회하며 모든 셀 값을 출력할 수 있다. 행렬 형태를 유지한 채로 출력해야 한다면 다음 방법을 사용해 보자.

```
function printMatrix(matrix) {
  for (let i = 0; i < matrix.length; i++) {
    let row = '';
    for (let j = 0; j < matrix[0].length; j++) {
      row += matrix[i][j] + ' ';
    }
    console.log(row);
  }
}

// 출력 예시
0 0 0
1 2 4
3 1 5
```

7.2.2 셀 값 1로 만들기

$m * n$ 행렬의 모든 셀 값을 1로 바꾸는 함수를 구현해야 한다. 단, 원본 행렬을 변형하면 안 된다.

```
// 입력 예시
let matrix = [
  [0, 1, 4],
  [5, 0, 2],
  [9, 0, 8]
]

// 함수 호출
console.log(setValuesToOne(matrix))

// 출력 예시
[
  [1, 1, 1],
  [1, 1, 1],
  [1, 1, 1]
]

// 원본 행렬 출력
console.log(matrix)

[
  [0, 1, 4],
  [5, 0, 2],
```

```
  [9, 0, 8]
]
```

이 문제의 조건은 입력 행렬을 변형하지 않고 행렬의 모든 셀 값을 1로 바꾼 새 행렬을 반환하는 것이다. 공간이 추가로 필요하기 때문에 $O(m*n)$의 공간 복잡도가 필요하다. 입력 행렬과 같은 크기의 배열을 생성한 후 이중 반복문으로 모든 셀 값을 1로 지정하는 직관적인 방법을 사용할 수 있다.

```
function setValuesToOne(matrix) {
  const rowSize = matrix.length;
  const colSize = matrix[0].length;

  let result = [];

  for (let i = 0; i < rowSize; i++) {
    result.push([]);
    for (let j = 0; j < colSize; j++) {
      result[i].push(1);
    }
  }

  return result;
}
```

이 풀이의 핵심 아이디어는 원본 행렬을 변형하지 않고 새 행렬을 만드는 것이다. 먼저 결과를 저장할 빈 배열 result를 생성한다. 이중 반복문에서 바깥쪽 반복문(i)은 행의 개수만큼, 안쪽 반복문(j)은 열의 개수만큼 반복한다. 바깥쪽 반복문에서 각 행에 해당하는 빈 배열을 result에 추가하고, 안쪽 반복문에서는 배열을 1로 채워 모든 값이 1인 행렬을 완성한다.

7.2.3 전치 행렬 만들기

전치 행렬이란 행렬의 대각선을 기준으로 행과 열을 서로 바꾼 행렬을 말한다. 주어진 행렬을 전치 행렬로 변환하는 함수를 구현해 보자.

```
// 입력 예시
let matrix = [
  [1, 2, 3],
  [4, 5, 6],
  [7, 8, 9]
]
console.log(transpose(matrix))
```

```

// 출력 예시
[
  [1, 4, 7],
  [2, 5, 8],
  [3, 6, 9]
]
```

행렬을 다룰 때 자주 사용되는 패턴 중 하나인 전치 행렬은 코딩 테스트에서도 매우 중요하다. 기본 구현 문제에서 직접 출제되기도 하고 더 복잡한 문제를 해결하는 과정에서도 자주 활용되기 때문이다. 전치 행렬은 기본적으로 이중 반복문으로 구현할 수 있으며 자바스크립트의 배열 메서드를 사용해도 쉽게 구현할 수 있다.

이 문제의 핵심은 행과 열을 서로 교환하는 것이다. 예를 들어 앞에서와 같은 행렬이 전달되었을 때 각 행 [1, 2, 3], [4, 5, 6], [7, 8, 9]는 새로운 전치 행렬의 열로 바뀐다. 다음 그림을 참고하자.

그림 7-1 **전치 행렬**

전치 행렬을 구현하는 몇 가지 방법이 있다. 다음 코드에는 추가 공간을 사용하는 방법, 추가 공간 없이 제자리 수정으로 해결하는 방법, 자바스크립트 배열 메서드 map()을 사용하는 방법이 순서대로 제시되어 있다.

```
function transpose(matrix) {
  // 추가 공간 사용
  let result = [];

  for (let i = 0; i < matrix[0].length; i++) {
    let row = [];

    for (let j = 0; j < matrix.length; j++) {
      // j(행)를 i(열)로 바꿔서 푸시한다.
      row.push(matrix[j][i]);
    }

    result.push(row);
```

```
  }

  return result;
}

function transposeInPlace(matrix) {
  // 추가 공간을 쓰지 않는 이중 for 문 사용
  for (let i = 0; i < matrix.length; i++) {
    for (let j = i; j < matrix[0].length; j++) {

      // 교환
      let temp = matrix[i][j];
      matrix[i][j] = matrix[j][i];
      matrix[j][i] = temp;

    }
  }

  return matrix;
}

function transposeMap(matrix) {
  // map 사용
  return matrix[0].map((_, i) => matrix.map(row => row[i]));
}
```

세 방법 모두 시간 복잡도는 $O(m * n)$이다. 문제의 조건과 상황에 알맞은 방법을 선택할 수 있도록 패턴에 익숙해지자.

7.3 응용 문제

행렬의 기본 개념과 활용법을 익혔으니 이제 이를 바탕으로 실전 문제 해결 능력을 키워 보자. 이번 응용 문제에서는 행렬에서 반복적으로 나타나는 접근법과 패턴을 학습해 2차원 배열을 다루는 실력을 기를 수 있다.

7.3.1 음수 세기

기출: 아마존

난이도: 중 | **풀이 시간:** 30분 | **런타임:** 2초 | **메모리:** 32MB

문제

$m * n$ 크기의 정렬된 행렬이 주어진다. 각 행의 요소는 왼쪽에서 오른쪽으로 내림

차순 정렬되어 있고, 각 열의 요소는 위에서 아래쪽으로 내림차순 정렬되어 있다. 이 행렬의 음수 개수를 반환하라.

입력

예시 1)

```
[
  [5, 1, -1],
  [3, -1, -2],
  [-1, -2, -3]
]
```

예시 2)

```
[
  [6, 4, 3, 1],
  [5, 3, 1, -1],
  [1, -2, -3, -4]
]
```

예시 3)

```
[
  [3, 2],
  [1, 0]
]
```

출력

예시 1) 6

예시 2) 4

예시 3) 0

설명

예시 1은 0보다 작은 요소가 총 6개({-1, -1, -1, -2, -2, -3})이고, 예시 2는 0보다 작은 요소가 총 4개({-1, -2, -3, -4})이다. 예시 3에는 0보다 작은 요소가 없다.

문제 분석

이 문제는 반복문과 조건문으로 쉽게 해결할 수 있다. 가장 먼저 떠올릴 수 있는 방법은 완전 탐색이다. 이중 반복문으로 모든 요소를 확인하면서 값이 0보다 작으면 count를 1씩 증가시키면 된다. 하지만 이 방식의 시간 복잡도는 $O(m * n)$이다.

문제에서 행렬이 내림차순으로 정렬되어 있다는 점에 주목해 보자. 이를 이용하면 행렬에 포함된 음수의 개수를 효율적으로 셀 수 있다.

각 행의 마지막 요소에서 시작해 왼쪽으로 이동하다가 처음 양수를 만나면 그 오른쪽에 있는 요소는 모두 음수이다. matrix[i][j]가 양수라면 i행에 있는 음수의 개수는 matrix.length - (j + 1)이 된다.

예를 들어 첫 번째 행이 [3, 2, -1]이라고 하자. 오른쪽 끝 인덱스 2에서 시작하면 -1은 음수이므로 포인터는 계속 왼쪽으로 이동한다. 인덱스 1에서 2를 만나면 양수이므로 여기서 멈춘다. 이때 행의 길이가 3이고 마지막 양수의 인덱스가 1이므로 해당 행에 포함된 음수의 개수는 3 - (1 + 1) = 1이 된다.

이런 과정을 각 행마다 반복하여 음수의 총 개수를 구할 수 있다.

접근 방법

1. 음수의 개수를 저장하기 위한 count를 0으로 초기화한다.
2. 마지막 요소에서 시작해 처음 만나는 양수의 인덱스를 추적하기 위해 lastPositiveIndex를 rowLength - 1로 초기화한다.
3. 입력 행렬의 각 행을 반복하며 다음 과정을 실행한다.
   a. 현재 요소가 음수이면 처음으로 양수를 발견할 때까지 lastPositiveIndex를 1 감소시킨다(왼쪽으로 이동).
   b. 현재 행의 음수 개수를 계산한다.
4. 모든 행을 검사한 후 음수의 개수를 저장한 count를 반환한다.

풀이

```
01 function countNegatives(matrix) {
02   let count = 0; // 음수 개수 저장
03   let rowLength = matrix[0].length;
04 
05   // 현재 행의 마지막 양수의 인덱스
06   let lastPositiveIndex = rowLength - 1;
07 
08   for (let row of matrix) {
09     // 현재 행의 마지막 양수를 가리키도록
10     // lastPositiveIndex를 1씩 감소시킨다.
11     while (lastPositiveIndex >= 0 && row[lastPositiveIndex] < 0) {
12       lastPositiveIndex--;
13     }
14 
15     // 음수 개수 계산
16     const negativesCount = rowLength - (lastPositiveIndex + 1);
17 
18     count += negativesCount;
19   }
20   return count;
21 }
```

각 행에서 마지막 양수의 인덱스 lastPositiveIndex를 찾은 다음 그 이후의 모든 요소가 음수라는 사실을 이용해 반복문마다 개수를 카운트하는 방식이다.

현재 행의 마지막 양수를 찾는 11~13행과 이를 바탕으로 현재 행의 모든 음수의

개수를 산출하는 16행이 이 풀이의 핵심이다.

그림 7-2 `lastPositiveIndex` 활용 예시

그림 7-2의 패턴에서 볼 수 있듯이 각 행과 열이 정렬되어 있다는 점을 이용해 각 행에서 음수에서 양수로 전환되는 지점을 찾아 나머지 요소의 개수가 음수임을 확인한다. 이는 반복문 내의 계산을 줄이는 데 도움이 된다.

이 풀이의 시간 복잡도는 $O(m+n)$이다. 여기서 m은 행의 개수, n은 열의 개수를 나타낸다. `lastPositiveIndex`로 마지막 양수의 위치를 이용하므로 최악의 경우에도 각 행과 열을 정확히 한 번씩만 확인하여 매우 효율적이다.

7.3.2 90도 회전

기출: 아마존, 마이크로소프트, 애플, 시스코, 구글, 메타
난이도: 중 | **풀이 시간:** 40분 | **런타임:** 2초 | **메모리:** 64MB

문제

$m * m$ 크기의 행렬이 주어진다. 이 행렬을 시계 방향으로 90도 회전하는 함수를 완성하라.

입력

예시 1)

```
[
  [1, 2, 3],
  [4, 5, 6],
  [7, 8, 9]
]
```

예시 2)

```
[
  [1, 2, 3, 4],
  [5, 6, 7, 8],
  [9, 10, 11, 12],
  [13, 14, 15, 16]
]
```

예시 3)

```
[
  [1, 2],
  [3, 4]
]
```

출력

예시 1)

```
[
  [7, 4, 1],
  [8, 5, 2],
  [9, 6, 3]
]
```

예시 2)

```
[
  [13, 9, 5, 1],
  [14, 10, 6, 2],
  [15, 11, 7, 3],
  [16, 12, 8, 4]
]
```

예시 3)

```
[
  [3, 1],
  [4, 2]
]
```

설명

예시 1의 행렬을 시계방향으로 90도 회전하면 다음과 같은 행렬이 된다.

```
[                    [
  [1, 2, 3],           [7, 4, 1],
  [4, 5, 6],    →      [8, 5, 2],
  [7, 8, 9]            [9, 6, 3]
]                    ]
```

문제 분석

행렬을 시계 방향으로 90도 회전하는 가장 직관적인 방법은 새 배열을 생성한 뒤 해당 배열에 요소를 채우는 것이다. 이중 반복문으로 행렬의 모든 요소를 탐색하며 원래 행렬의 요소를 새 배열의 적절한 위치에 복사한다. 원본 행렬의 `matrix[i][j]`를 새 행렬의 `newMatrix[j][n - 1 - i]`에 복사하면 된다. 이렇게 모든 요소를 처리하면 원본 행렬의 첫 번째 행은 새 행렬의 마지막 열이 되고, 원본 행렬의 두 번째 행은 새 행렬의 두 번째 열이 된다. 이러한 과정을 반복하면 시계 방향으로 90도 회전한 행렬을 얻을 수 있다.

접근 방법

1. 원본 행렬과 크기가 같은 새 행렬을 만든다.
2. 이중 반복문으로 모든 요소를 순회하면서 원본 행렬의 요소 `matrix[i][j]`를 새 행렬 `newMatrix[j][n - 1 - i]`로 복사한다.
3. 모든 행을 처리하면 새 행렬을 반환한다.

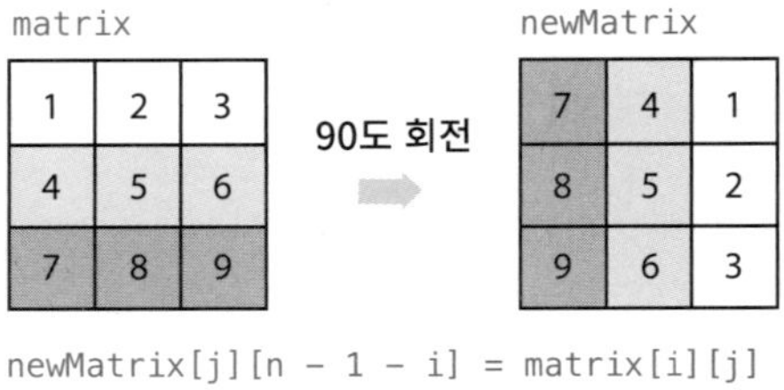

그림 7-3 새 배열을 사용한 90도 회전

풀이 1. 추가 공간 사용

```
01 function rotateMatrix(matrix) {
02   const n = matrix.length;
03 
04   // matrix와 같은 크기의 빈 행렬을 만든다.
05   const newMatrix = new Array(n).fill(0).map(() => new Array(n).fill(0));
06 
07   for(let i = 0; i < n; i++) {
08     for(let j = 0; j < n; j++) {
09       // 시계 방향으로 90도 회전
10       newMatrix[j][n - 1 - i] = matrix[i][j]
11     }
12   }
13 
14   return newMatrix;
15 }
```

이 함수는 원본 행렬 matrix를 받아 시계 방향으로 90도 회전한 새 배열을 반환한다.

먼저 5행에서는 회전된 결괏값을 채울 빈 행렬을 만든다. new Array(n).fill(0)은 n의 개수만큼 빈 배열을 만들고 fill() 메서드로 0을 채운다([0, 0, 0]). 그 후 map() 메서드로 모든 요소를 n개의 0으로 채운 배열로 변환한다([[0, 0, 0], [0, 0, 0], [0, 0, 0]]).

7~12행에서는 matrix의 모든 요소를 순회하며 matrix[i][j]를 newMatrix[n - 1 - i]에 복사한다. 반복문이 종료되면 matrix를 시계 방향으로 90도 회전한 배열 newMatrix를 반환한다.

이 풀이의 시간 복잡도는 n이 배열의 길이일 때 모든 요소에 한 번씩 접근하기 때문에 n^2이다. 다만 문제 해결을 위해 공간을 추가로 사용해야 한다. 이를 개선할 방법은 없을까?

풀이 2. 전치 행렬 사용

추가 공간 없이 제자리 수정으로 풀어야 한다면 7.2.3절에서 소개했던 전치를 활용할 수도 있다. 90도 회전 문제 유형을 해결할 때 주로 사용하는 패턴이다.

```
// 전치 행렬을 사용하는 방법
function rotateMatrix(matrix) {
  // transpose (행->열 / 열->행)
  for (let i = 0; i < matrix.length; i++) {
    for (let j = i; j < matrix.length; j++) {
      let temp = matrix[i][j];
      matrix[i][j] = matrix[j][i];
      matrix[j][i] = temp;
    }
  }

  // 행의 요소들을 반전시킨다.
  for (let i = 0; i < matrix.length; i++) {
    matrix[i].reverse();
  }

  return matrix;
}
```

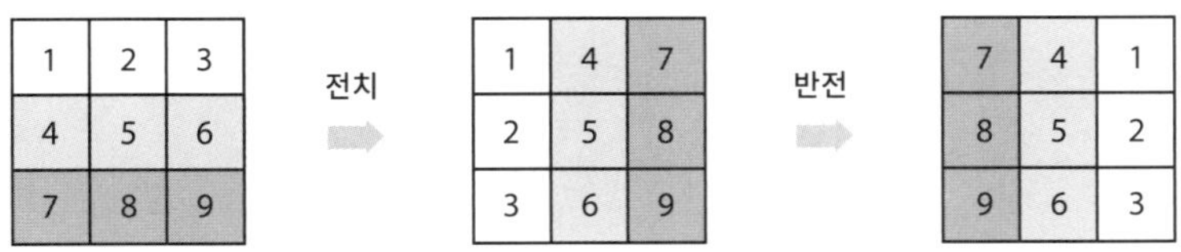

그림 7-4 전치 행렬을 이용한 제자리 수정으로 90도 회전

전치 패턴을 활용한 해결 방법이다. 이 풀이는 크게 두 부분으로 구성되어 있다.

1. 전치: 행렬의 행과 열을 바꾸는 과정이다. 이중 반복문으로 바깥쪽 반복문은 해당 행렬의 각 행을, 안쪽 반복문은 해당 행렬의 각 열을 순회한다. 모든 요소를 순회하면서 반복마다 `matrix[i][j]`와 `matrix[j][i]`를 교환한다. 이 단계의 시간 복잡도는 $O(n^2)$이다.
2. 반전: 각 행의 요소를 뒤집는 과정이다. 각 행을 순회하며 해당 행의 요소를 `reverse()` 메서드로 뒤집는다. $O(n)$의 시간이 걸리는 `reverse()` 작업을 n개의 모든 행에 대해 반복하므로 이 단계의 총 시간 복잡도 또한 $O(n^2)$이 된다.

두 단계가 순차적으로 실행되므로 전체 시간 복잡도는 $O(n^2)$이며, 첫 번째 풀이와 달리 추가 공간을 사용하지 않아 공간 복잡도 관점에서는 더 효율적이다.

7.3.3 나선형 순회

기출: 아마존, 마이크로소프트, 오라클, 구글, 메타, 링크드인, 어도비, 블룸버그

난이도: 중 | **풀이 시간:** 40분 | **런타임:** 2초 | **메모리:** 32MB

문제

$m * n$ 크기의 행렬이 주어진다. 행렬의 모든 요소를 나선형 순서로 반환하는 함수를 완성하라.

입력

예시 1)

```
[
  [1, 2, 3],
  [4, 5, 6],
  [7, 8, 9]
]
```

예시 2)

```
[
  [1, 2, 3, 4, 5],
  [6, 7, 8, 9 ,10]
]
```

예시 3)

```
[
  [1, 2, 3, 4],
  [5, 6, 7, 8],
  [9, 10, 11, 12]
]
```

출력

예시 1) `[1, 2, 3, 6, 9, 8, 7, 4, 5]`

예시 2) `[1, 2, 3, 4, 5, 10, 9, 8, 7, 6]`

예시 3) `[1, 2, 3, 4, 8, 12, 11, 10, 9, 5, 6, 7]`

설명

예시 1을 나선형 순서로 모든 요소를 출력하면 `1, 2, 3, 6, 9, 8, 7, 4, 5`이다.

예시 2를 나선형 순서로 모든 요소를 출력하면 `1, 2, 4, 5, 10, 9, 8, 7, 6`이다.

문제 분석

기본적인 행렬 문제 유형이다. 행렬의 경계를 이해하고 인덱스 조작을 학습하기에 매우 좋다.

행렬이 나선형 순서로 이동할 때는 각 행과 열이 다음과 같이 이동한다.

1. 상단 행: 왼쪽에서 오른쪽으로 이동

2. 오른쪽 열: 위에서 아래로 이동
3. 하단 행: 오른쪽에서 왼쪽으로 이동
4. 왼쪽 열: 아래에서 위쪽으로 이동

이 과정을 반복하여 나선형 탐색을 할 수 있다.

그림 7-5 나선형 순서 순회

접근 방법

1. 결괏값을 저장할 `result`를 빈 배열로 초기화한다.
2. 현재 행렬의 경계를 추적할 변수 4개(상단, 오른쪽, 하단, 왼쪽 경계)를 초기화한다.
3. 단계마다 다음 과정을 반복한다.
   a. 상단 행: 왼쪽에서 오른쪽으로 이동하며 결과 배열에 값을 추가한다. 그 후 상단 경계 변수를 아래로 이동시킨다.
   b. 오른쪽 열: 위에서 아래로 이동하며 결과 배열에 값을 추가한다. 그 후 오른쪽 경계 변수를 왼쪽으로 이동시킨다.
   c. 하단 행: 오른쪽에서 왼쪽으로 이동하며 결과 배열에 값을 추가한다. 그 후 하단 경계 변수를 위로 이동시킨다.
   d. 왼쪽 열: 아래에서 위로 이동하며 결과 배열에 값을 추가한다. 그 후 왼쪽 경계 변수를 오른쪽으로 이동시킨다.
4. 반복문이 종료되면 결괏값 `result`를 반환한다.

풀이

```
function spiralMatrix(matrix) {
  let result = [];

  let rowBegin = 0;
  let rowEnd = matrix.length - 1;
```

— **Javascript**

```
06   let colBegin = 0;
07   let colEnd = matrix[0].length - 1;
08
09   while (rowBegin <= rowEnd && colBegin <= colEnd) {
10     // 오른쪽으로 이동
11     for (let j = colBegin; j <= colEnd; j++) {
12       result.push(matrix[rowBegin][j]);
13     }
14     rowBegin++;
15
16     // 아래로 이동
17     for (let j = rowBegin; j <= rowEnd; j++) {
18       result.push(matrix[j][colEnd]);
19     }
20     colEnd--;
21
22     // 왼쪽으로 이동
23     if (rowBegin <= rowEnd) {
24       for (let j = colEnd; j >= colBegin; j--) {
25         result.push(matrix[rowEnd][j]);
26       }
27     }
28     rowEnd--;
29
30     // 위로 이동
31     if (colBegin <= colEnd) {
32       for (let j = rowEnd; j >= rowBegin; j--) {
33         result.push(matrix[j][colBegin]);
34       }
35     }
36     colBegin++;
37   }
38
39   return result;
40 }
```

$m * n$ 행렬을 나선형으로 순회하며 모든 요소를 차례로 담아 새 결과 배열을 만들어야 한다. 행렬의 경계를 추적하는 변수들의 이동 방향과 바깥에서 안쪽으로 한 층(layer)씩 벗겨 내는 방식의 추상적인 아이디어를 먼저 이해하는 것이 좋다. 이 문제를 처음 접한다면 종이와 펜을 사용해 손코딩을 먼저 시도해 보길 추천한다.

우선 이 코드의 작동 방식을 살펴보자.

4~5행에서는 각 행의 시작 지점 `rowBegin`을 `0`으로, 각 행의 끝 지점 `rowEnd`를 `matrix.length - 1`로 초기화한다.

6~7행에서는 각 열의 시작 지점 `colBegin`을 `0`으로, 각 열의 끝 지점 `colEnd`를

matrix[0].length - 1로 초기화한다.

앞에서 선언한 네 변수는 반복마다 범위를 동적으로 조정한다. 바깥에서 시작해 안쪽으로 한 층씩 점점 좁혀 나간다.

9행의 while 문은 rowBegin이 rowEnd를 초과하지 않고 colBegin이 colEnd를 초과하지 않는 동안 실행된다.

예를 들어 주어진 행렬이 다음과 같을 때 반복문 내부 과정을 자세히 살펴보자.

```
[1, 2, 3]
[4, 5, 6]
[7, 8, 9]
```

상단 행

```
for (let j = colBegin; j <= colEnd; j++) {
  result.push(matrix[rowBegin][j]);
}
rowBegin++;
```

행렬의 상단 행을 순회하며 모든 요소를 결과 배열에 추가한다([**1, 2, 3**]). rowBegin을 1 증가시켜 상단 경계를 한 칸 좁힌다.

오른쪽 열

```
for (let j = rowBegin; j <= rowEnd; j++) {
  result.push(matrix[j][colEnd]);
}
colEnd--;
```

행렬의 오른쪽 열을 순회하며 모든 요소를 결과 배열에 추가한다([1, 2, 3, **6, 9**]). colEnd를 1 감소시켜 오른쪽 경계를 한 칸 좁힌다.

하단 행

```
if (rowBegin <= rowEnd) {
  for (let j = colEnd; j >= colBegin; j--) {
    result.push(matrix[rowEnd][j]);
  }
}
rowEnd--;
```

rowBegin이 rowEnd를 초과하지 않으면 행렬의 하단 행을 역순으로 순회하며 모든 요소를 결과 배열에 추가한다([1, 2, 3, 6, 9, **8, 7**]). rowEnd를 1 감소시켜 하단 경계를 한 칸 좁힌다.

왼쪽 열

```
if (colBegin <= colEnd) {
  for (let j = rowEnd; j >= rowBegin; j--) {
    result.push(matrix[j][colBegin]);
  }
}
colBegin++;
```

colBegin이 colEnd를 초과하지 않으면 행렬의 왼쪽 열을 역순으로 순회하며 모든 요소를 결과 배열에 추가한다([1, 2, 3, 6, 9, 8, 7, **4**]). colBegin을 1 증가시켜 왼쪽 경계를 한 칸 좁힌다.

네 과정을 모두 거치면 중앙 요소, 즉 1행 1열에 5가 남는다. 마지막 요소를 처리하기 위해 첫 번째 과정을 한 번 더 실행하면 최종적으로 배열 [1, 2, 3, 6, 9, 8, 7, 4, 5]가 완성된다.

이 풀이는 행렬의 모든 요소를 한 번씩 방문하므로 전체 시간 복잡도는 $O(m*n)$이다.

7.3.4 제로 행렬

기출: 아마존, 마이크로소프트, 오라클, 블룸버그, 페이팔, 오라클, 익스피디아
난이도: 중 | **풀이 시간:** 40분 | **런타임:** 2초 | **메모리:** 64MB

문제

$m*n$ 크기의 행렬이 주어진다. 요소 값 0을 찾으면 그 행과 열의 모든 요소를 0으로 바꾸는 함수를 완성하라.

입력

예시 1)

```
[
  [1, 2, 3],
  [4, 0, 6],
  [7, 8, 9]
]
```

예시 2)

```
[
  [0, 2, 3, 4],
  [5, 6, 7, 8],
  [9, 10, 11, 0]
]
```

예시 3)

```
[
  [1, 2, 3, 4],
  [5, 0, 0, 8],
  [9, 10, 11, 12]
]
```

출력

예시 1)

```
[
  [1, 0, 3],
  [0, 0, 0],
  [7, 0, 9]
]
```

예시 2)

```
[
  [0, 0, 0, 0],
  [0, 6, 7, 0],
  [0, 0, 0, 0]
]
```

예시 3)

```
[
  [1, 0, 0, 4],
  [0, 0, 0, 0],
  [9, 0, 0, 12]
]
```

설명

예시 1에서 `matrix[1][1]`이 `0`이므로 1행 1열의 모든 요소를 `0`으로 설정한다.

문제 분석

문제를 읽고 `0`이 있는 행과 열의 위치를 기록하여 활용하는 방안을 떠올릴 수 있어야 한다. 이 문제는 두 단계로 나눠 접근할 수 있다.

1단계에서는 행렬을 탐색하며 `0`을 찾을 때마다 해당 위치를 기록한다. 예시 1처럼 `matrix[1][1]`에서 `0`을 찾으면 `zeroRows = { 1 }`, `zeroCols = { 1 }`과 같이 해당 행과 열의 위치를 저장한다. 이때 중복 위치가 있을 수도 있으므로 이를 처리할 수 있는 자료 구조를 사용하거나 중복 처리 로직을 구현해야 한다.

2단계에서는 이전 단계에서 생성한 정보를 바탕으로 행렬을 다시 탐색하며 현재 요소가 앞에서 기록된 위치에 있으면 값을 `0`으로 설정한다.

두 단계를 거치면 `0`이 있는 행과 열의 요소 값이 모두 `0`으로 변환된 행렬이 만들어진다.

접근 방법

1. `0`의 위치를 저장할 `Set` 객체 2개를 초기화한다. `zeroRows`는 행, `zeroCols`는 열을 담당한다.
2. 행렬을 탐색하며 `0`이 있는 행과 열을 찾아 각각 `zeroRows`와 `zeroCols`에 저장한다(1단계).
3. 행렬을 탐색하며 `0`이 있는 행과 열을 찾으면 다음 과정을 실행한다(2단계).
   a. `zeroRows`에 있는 각 행에 대해 그 행의 모든 요소를 `0`으로 설정한다.
   b. `zeroCols`에 있는 각 열에 대해 그 열의 모든 요소를 `0`으로 설정한다.
4. 변환된 행렬을 반환한다.

— **Javascript**

풀이 1. 추가 공간 사용

```
function zeroMatrix(matrix) {
  let zeroRows = new Set();
  let zeroCols = new Set();

  // 1단계: 0이 있는 행과 열을 찾아 기록한다.
  for (let i = 0; i < matrix.length; i++) {
    for (let j = 0; j < matrix[0].length; j++) {
      // 0이 발견된 해당 행과 열의 위치 확인
      if (matrix[i][j] === 0) {
        zeroRows.add(i);
        zeroCols.add(j);
      }
    }
  }

  // 2단계: 0이 있는 행과 열의 모든 요소를 0으로 설정한다.
  for (let row of zeroRows) {
    for (let j = 0; j < matrix[0].length; j++) {
      matrix[row][j] = 0;
    }
  }
  for (let col of zeroCols) {
    for (let i = 0; i < matrix.length; i++) {
      matrix[i][col] = 0;
    }
  }

  return matrix;
}
```

자바스크립트의 Set 객체로 0이 있는 행과 열을 효율적으로 기록하고 이를 바탕으로 행렬을 변환하는 풀이다. 대체로 코드는 간결하고 행렬 조작 성능도 평균치로 무난하다.

이 풀이는 0의 위치를 기록하기 위해 공간을 추가로 사용하므로 공간 복잡도가 $O(m+n)$이며 시간 복잡도는 행렬의 모든 요소를 검사하므로 $O(m*n)$이 된다.

만약 추가 공간 없이 이 문제를 풀 수 있다면 공간 복잡도를 개선할 수 있지 않을까?

풀이 2. 주어진 행렬 사용

이 문제의 핵심은 0이 포함된 행과 열의 정보를 저장하고 활용하는 것이다. 가장 직관적인 방법인 Set 객체를 사용했지만(배열을 사용할 수도 있다.) 주어진 matrix 자체를 활용한다면 $O(1)$의 공간 복잡도로 코드를 최적화할 수 있다.

```
01 const helper = (matrix, row, col) => {
02   for (let j = 0; j < matrix[0].length; j++) {
03     if (matrix[row][j] !== 0) {
04       matrix[row][j] = “zero”;
05     }
06   }
07   for (let i = 0; i < matrix.length; i++) {
08     if (matrix[i][col] !== 0) {
09       matrix[i][col] = “zero”;
10     }
11   }
12 }
13 
14 function zeroMatrix(matrix) {
15   // 1단계: 0이 있는 행과 열을 찾아 표시한다.
16   for (let i = 0; i < matrix.length; i++) {
17     for (let j = 0; j < matrix[0].length; j++) {
18       // 0을 발견한 해당 행과 열의 위치 확인
19       if (matrix[i][j] === 0) {
20         helper(matrix, i, j); // “zero” 마킹
21       }
22     }
23   }
24 
25   // 2단계: 0이 있는 행과 열의 모든 요소를 0으로 설정한다.
26   for (let i = 0;i < matrix.length;i++){
27     for (let j = 0;j<matrix[0].length;j++){
28       if (matrix[i][j] === “zero”){
29         matrix[i][j] = 0;
30       }
31     }
32   }
33   return matrix;
34 }
```

전체적인 흐름은 풀이 1과 비슷하다. 마찬가지로 2단계로 나누어 1단계에서 0의 위치를 기록하고 2단계에서 이를 바탕으로 요소들의 0으로 변환한다. 원본 matrix에 표식(mark)을 직접 남기므로 헬퍼 함수가 필요하다.

1~12행에 구현된 helper() 함수는 행렬과 인덱스 i, j를 입력받아 요소가 0일 때 해당 셀에 "zero"로 표시해 다음 과정에서 0으로 변환하도록 돕는다(그림 7-6 참고).

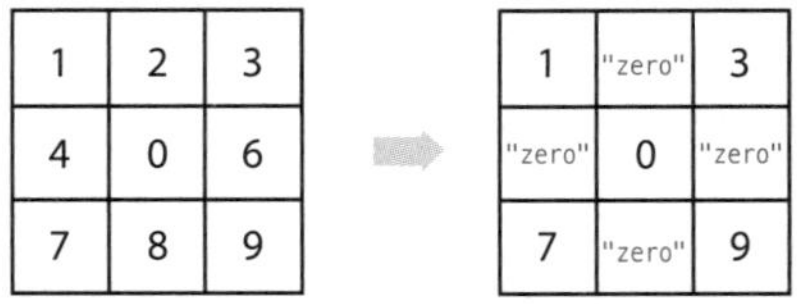

그림 7-6 주어진 행렬에 표식을 남기는 헬퍼 함수

이제 남은 2단계는 매우 쉽다. 다시 한 번 행렬을 순회하며 해당 요소가 `"zero"`이면 `0`으로 바꾼다(26~32행). 모든 과정을 거쳐 변환된 `matrix`를 반환한다.

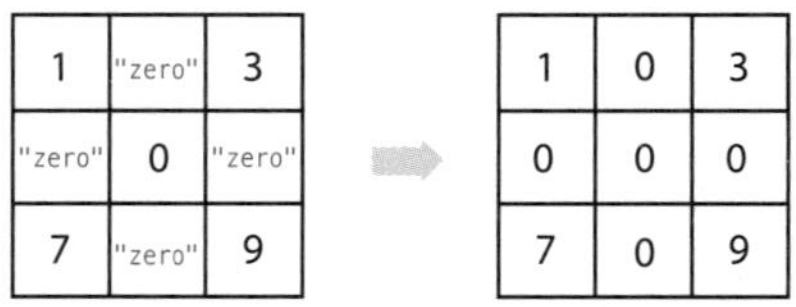

그림 7-7 남겨진 표식을 `0`으로 바꾸는 과정

7.3.5 공통 요소

기출: 메타, 링크드인

난이도: 중 | **풀이 시간:** 50분 | **런타임:** 3초 | **메모리:** 64MB

문제

$m * n$ 크기의 행렬이 주어진다. 행렬의 모든 행에 포함된 공통 요소를 찾아 반환하는 함수를 완성하라.

입력

예시 1)

```
[
  [1, 2, 5],
  [5, 1, 6],
  [9, 1, 5]
]
```

예시 2)

```
[
  [1, 2, 3, 4],
  [1, 3, 5, 7],
  [3, 6, 9, 12]
]
```

예시 3)

```
[
  [1, 2, 7, 8],
  [1, 3, 6, 7],
  [2, 4, 5, 8]
]
```

출력

예시 1) `[1, 5]`

예시 2) `[3]`

예시 3) []

설명

예시 1에서 모든 행 [1, 2, 5], [5, 1, 6], [9, 1, 5]에 공통으로 포함된 요소는 1과 5이므로 [1, 5]를 반환한다.

예시 2에서 모든 행 [1, 2, 3, 4], [1, 3, 5, 7], [3, 6, 9, 12]에 공통으로 포함된 요소는 3이다. 따라서 [3]을 반환한다.

예시 3에서 모든 행 [1, 2, 7, 8], [1, 3, 6, 7], [2, 4, 5, 8]에 공통으로 포함된 요소는 없다. 따라서 빈 배열 [ ]을 반환한다.

문제 분석

어떻게 효율적으로 공통 요소를 찾을 수 있을지 생각해 보자. 가장 먼저 떠오르는 아이디어는 각 행의 모든 요소를 하나씩 확인하며 그 요소가 나머지 행에도 있는지 확인하는 비효율적인 방법이다. 이 방법은 최악의 경우에 시간 복잡도가 $O(m^2 * n^2)$이 된다.

더 효율적인 방법을 생각해 보자. 메모리에 여유가 있다면 공간을 더 쓰고 시간 복잡도를 줄이는 방법을 고려해 볼 수 있다.

공통 요소를 찾는 문제이므로 어떤 요소가 정답이 되려면 모든 행에 등장해야 한다. 따라서 첫 번째 행의 요소를 기준으로 나머지 행의 요소를 비교한다. 예를 들어 첫 번째 행의 요소를 모두 저장하고 이후 탐색하는 행마다 첫 번째 행의 요소와 같은지 확인한다. 이 방법은 모든 요소를 한 번만 확인하므로 $O(m * n)$의 시간 복잡도로 충분하다.

접근 방법

1. 결괏값을 저장할 빈 배열 `result`와 행렬의 공통 요소를 저장할 `Map` 객체를 초기화한다.
2. 첫 번째 행의 요소를 `Map` 객체에 저장한다.
3. 두 번째 행부터 마지막 행까지 다음 과정을 실행한다.
   a. 각 행의 모든 요소를 확인한다.
   b. `Map` 객체에 요소가 있으면 해당 요소의 값을 1 증가시킨다.

4. Map 객체를 순회하며 현재 값이 행렬의 행 개수와 같은지 확인한다. 같으면 해당 key를 결괏값 배열에 추가한다.
5. 결괏값 배열 result를 반환한다.

풀이

```
01 function findCommonElements(matrix) {
02   const commonElements = new Map();
03   const result = [];
04
05   // 첫 번째 행 처리(첫 번째 행의 요소들을 Map에 저장)
06   const firstRow = matrix[0];
07   for (let i = 0; i < firstRow.length; i++) {
08     const element = firstRow[i];
09     commonElements.set(element, 1);
10   }
11
12   // 두 번째 행부터 마지막 행 처리
13   for (let i = 1; i < matrix.length; i++) {
14     const row = matrix[i];
15     for (let j = 0; j < row.length; j++) {
16       const element = row[j];
17       // Map에 저장된 요소들과 비교하여
18       // 중복 요소가 있으면 값을 1 증가시킨다.
19       if (commonElements.has(element) &&
20         commonElements.get(element) === i) {
21         commonElements.set(element, i + 1);
22       }
23     }
24   }
25
26   for (const [key, value] of commonElements.entries()) {
27     // 행 개수와 value가 같으면 모든 행에 포함된 공통 요소다.
28     if (value === matrix.length) {
29       result.push(key);
30     }
31   }
32
33   return result;
34 }
```

이 풀이는 Map 객체를 활용해 중복 연산을 최소화한다. 첫 번째 행의 요소를 저장한 후 이를 기준으로 나머지 행의 요소를 확인하며 공통으로 포함된 요소를 판별한다.

2~3행에서는 함수에 필요한 변수를 초기화한다. 결괏값을 저장할 배열 result와 공통 요소 정보를 저장할 Map 객체 commonElements를 초기화한다.

6~10행에서는 첫 번째 행의 모든 요소를 commonElements에 저장한다. 키에는 요소를 저장하고 그 값은 1로 설정한다.

그다음은 두 번째 행부터 마지막 행까지 각 행의 요소를 순회한다. 19행 조건문에서는 현재 요소가 commonElements에 있는지와 해당 요소 값이 현재 행의 인덱스와 같은지를 확인한다. 두 조건이 참이면 요소 값을 1 증가시킨다. 이는 현재 행에 공통 요소가 있다는 의미다.

함수 마지막 단계인 26~31행에서는 commonElements의 엔트리를 순회하며 엔트리의 value가 행의 개수와 같은지 확인한다. 같으면 모든 행에 포함된 공통 요소라는 뜻이므로 결과 배열 result에 추가한다.

마지막으로 모든 공통 요소가 저장된 배열 result를 반환한다.

이 함수는 각 행의 모든 요소를 한 번씩 확인하므로 전체 시간 복잡도는 $O(m * n)$이고, Map 객체를 사용하기 때문에 공간 복잡도는 $O(m + n)$이다.

7.3.6 대각선 차이

기출: 마이크로소프트

난이도: 하 | **풀이 시간:** 30분 | **런타임:** 1초 | **메모리:** 32MB

문제

$m * m$ 크기의 정사각형 행렬이 주어진다. 주대각선 합과 반대각선 합의 차이를 절댓값으로 반환하는 함수를 완성하라.

입력

예시 1)

```
[
  [1, 2, 3],
  [8, 9, 4],
  [7, 6, 5]
]
```

예시 2)

```
[
  [1, 2, 3, 4],
  [5, 6, 7, 8],
  [9, 10, 11, 12],
  [13, 14, 15, 16],
]
```

예시 3)

```
[
  [1, -2, 5],
  [11, 9, 19],
  [-7, 12, 13]
]
```

출력

예시 1) 4

예시 2) 0

예시 3) 16

설명

예시 1에서 주대각선 합은 1 + 9 + 5 = 15이고 반대각선 합은 3 + 9 + 7 = 19이므로 두 합의 차이는 4(절댓값)이다.

예시 2에서 주대각선 합은 1 + 6 + 11 + 16 = 34이고 반대각선 합은 4 + 7 + 10 + 13 = 34이므로 두 합의 차이는 0이다.

예시 3에서 주대각선 합은 1 + 9 + 13 = 23이고 반대각선 합은 5 + 9 + -7 = 7이므로 두 합의 차이는 16이다.

문제 분석

이 문제를 풀려면 행렬의 주대각선과 반대각선에 있는 모든 요소를 찾아내야 한다.

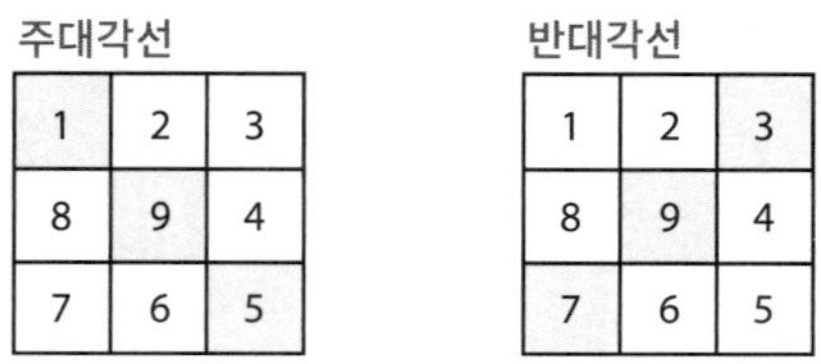

그림 7-8 주대각선과 반대각선

행렬에서 주대각선이란 왼쪽 상단에서 오른쪽 하단으로 이어지는 대각선으로, 3 * 3 행렬에서 주대각선상에 있는 요소는 `matrix[0][0]`, `matrix[1][1]`, `matrix[2][2]`, 즉 `matrix[i][i]`이다. 반대로 반대각선은 오른쪽 상단에서 왼쪽 하단으로 이어지는 대각선으로, 반대각선상에 있는 요소는 `matrix[0][2]`, `matrix[1][1]`, `matrix[2][0]`, 즉 `matrix[i][n - 1 - i]`이다. 이를 바탕으로 행렬을 순회하며 두 대각선에 있는 요소의 합을 구해 정답을 도출할 수 있다.

접근 방법

1. 두 대각선의 합을 저장할 변수 `sum1`, `sum2`를 각각 `0`으로 초기화한다.
2. 주대각선의 합을 구하기 위해 행렬을 순회하며 각 행의 `matrix[i][i]` 요소를 `sum1`에 더한다.
3. 반대각선의 합을 구하기 위해 행렬을 순회하며 각 행의 `matrix[i][n - 1 - i]` 요소를 `sum2`에 더한다.

4. sum1과 sum2의 차이를 절댓값으로 반환한다.

풀이

```
01 function diagonalDifference(matrix) {
02   let sum1 = 0; // 주대각선
03   let sum2 = 0; // 반대각선
04
05   for (let i = 0; i < matrix.length; i++) {
06     sum1 += matrix[i][i];
07     sum2 += matrix[i][matrix.length - 1 - i];
08   }
09
10   return Math.abs(sum1 - sum2);
11 }
```

코드가 매우 간단하다. 놀랍게도 중첩 반복문이 아닌 반복문 하나로 해결했다. 문제 분석을 다시 살펴보자. 두 대각선을 이루는 인덱스 구성 덕분에 짧고 명료한 함수를 작성할 수 있었다.

주대각선은 matrix[i][i]가 가리키는 요소다. 6행에서는 행렬의 모든 주대각선 요소를 찾아 합산했다.

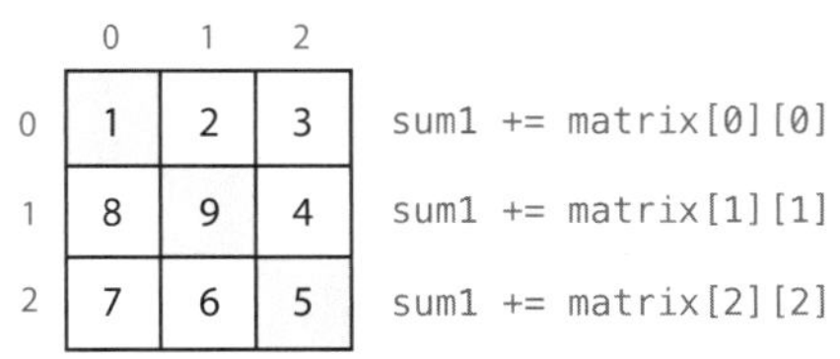

그림 7-9 주대각선 요소의 합

반대각선은 matrix[i][n - 1 - i]가 가리키는 요소다. 7행에서는 행렬의 모든 반대각선 요소를 찾아 합산했다.

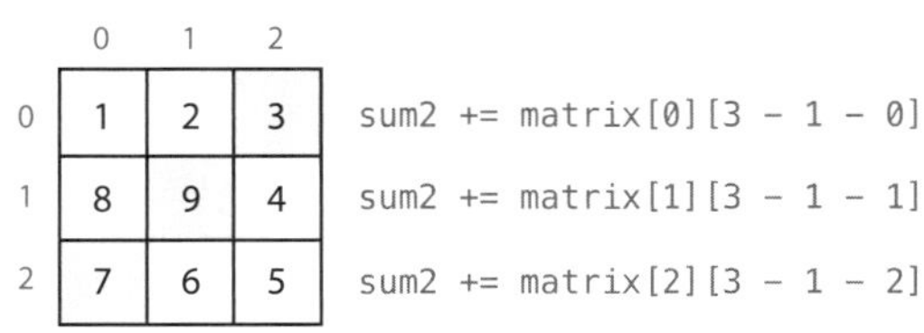

그림 7-10 반대각선 요소의 합

이렇게 두 대각선의 합을 모두 계산하고 10행에서 Math.abs() 메서드로 절댓값으로 변환해 반환한다.

이 풀이의 시간 복잡도는 모든 요소를 한 번씩 방문하므로 $O(n)$이다. 이때 n은 행렬의 요소 개수다.

7.3.7 행렬 탐색

기출: 아마존, 어도비, 애플, 메타, 우버

난이도: 중 | **풀이 시간:** 50분 | **런타임:** 2초 | **메모리:** 32MB

문제

행과 열이 모두 오름차순으로 정렬된 $m * n$ 크기의 행렬과 정수 k가 주어진다. 행렬에 정수 k가 있는지 판별하는 함수를 완성하라.

- 각 행의 정수는 오름차순으로 정렬되어 있다.
- 각 행의 첫 번째 정수는 이전 행의 마지막 요소보다 크다.
- 행렬에 k가 있으면 true를 반환하고 없으면 false를 반환하라.

입력

예시 1)

```
k = 6
[
  [1, 2, 6],
  [12, 13, 16],
  [23, 35, 36]
]
```

예시 2)

```
k = 20
[
  [1, 2, 6, 7],
  [12, 13, 16, 21],
  [23, 35, 36, 48]
]
```

예시 3)

```
k = 11
[
  [1, 3, 5, 7],
  [9, 11, 13, 15],
  [17, 19, 21, 23]
]
```

출력

예시 1) true

예시 2) false

예시 3) true

설명

예시 1의 행렬에는 정수 6이 있다.

```
1  2  6
12 13 16
23 35 36
```

예시 2의 행렬에는 정수 20이 없다.

```
1  2  6  7
12 13 16 21
23 35 36 48
```

예시 3의 행렬에는 정수 11이 있다.

```
1  3  5  7
9  11 13 15
17 19 21 23
```

문제 분석

가장 단순한 접근은 이중 반복문으로 모든 요소를 순회하며 `matrix[i][j] === k`를 검사하는 것이다. 이 방법의 시간 복잡도는 $O(m * n)$이다. 문제의 조건을 보자. 행렬이 '오름차순으로 정렬'되어 있고 '각 행의 첫 번째 정수는 이전 행의 마지막 요소보다 크다'고 했다. 이를 활용해 성능을 개선할 방법은 없을까?

5장 이진 탐색에서 배웠던 패턴을 다시 떠올려 보자. 주어진 데이터세트의 요소가 정렬되어 있다면 이진 탐색으로 효율적으로 탐색할 수 있었다. 이 문제의 입력값도 마찬가지로 각 행의 모든 요소가 오름차순으로 이미 정렬되어 있으므로 이진 탐색을 고려해 볼 수 있다. 예를 들어 한 행(`i`행)의 첫 번째 요소는 이전 행(`i - 1`행)의 마지막 요소보다 크거나 같다는 사실을 이용하여 행렬이 아닌 정렬된 1차원 배열처럼 다루는 것이다.

문제에 접근하는 핵심 아이디어를 알아보자. 행렬에서 임의의 `i`행을 선택하면 `i`행의 모든 값은 다음을 만족한다.

1. 요소는 오름차순으로 정렬된다.
2. 요소는 (`i - 1`)행의 모든 값보다 크다.
3. 요소는 (`i + 1`)행의 모든 값보다 작다.

이 조건을 바탕으로 다음 과정을 설계할 수 있다.

1. 각 행에 이진 탐색을 적용하여 k가 위치해야 하는 행을 찾는다. 즉, **첫 번째 요소 ≤ k ≤ 마지막 요소**인 행을 찾는다.
2. 선택된 행에서 다시 이진 탐색을 적용해 행렬에 k가 있는지 확인한다.

두 번의 이진 탐색으로 문제를 해결한다.

접근 방법

1. 행 내부 탐색(헬퍼 함수): 이진 탐색을 기반으로 작동하는 헬퍼 함수를 구현하여 k가 있는 행에 탐색을 적용한다.
2. 행 탐색하기(메인 함수): 모든 행에 이진 탐색을 적용해 k가 있을 수도 있는 후보 행을 선택한다.

풀이

```
function searchRow(matrix, k) {
  let left = 0;
  let right = matrix.length - 1;

  while (left <= right) {
    let mid = Math.floor((left + right) / 2);
    // k가 mid에 있으면 true를 반환한다.
    if (matrix[mid] === k) {
      return true;
    } else if (matrix[mid] > k) {
      right = mid - 1;
    } else {
      left = mid + 1;
    }
  }
  // k가 없으면 false를 반환한다.
  return false;
}

function searchMatrix(matrix, k) {
  let left = 0;
  let right = matrix.length - 1;

  // 모든 행에 대해서 이진 탐색을 진행한다.
  while (left <= right) {
    let mid = Math.floor((left + right) / 2);
    // k가 mid 행의 범위 [left, right]에 속하면
    // mid 행에서 이진 탐색을 진행한다.
    if (k >= matrix[mid][0] && k <= matrix[mid][matrix[mid].length - 1]) {
```

```
30       return searchRow(matrix[mid], k);
31     } else if (k < matrix[mid][0]) {
32       // k가 mid 행의 첫 번째 요소보다 작으면
33       // k는 mid 행의 위쪽으로 이동한다.
34       right = mid - 1;
35     } else {
36       // k가 mid 행의 마지막 요소보다 크면
37       // k는 mid 행의 아래쪽으로 이동한다.
38       left = mid + 1;
39     }
40   }
41   return false;
42 }
```

두 번의 이진 탐색으로 행렬에 k가 있는지 판별한다.

1~18행에서는 선택한 행에 k가 있는지 판별하는 헬퍼 함수 searchRow()를 구현한다. 이 함수는 이진 탐색으로 k를 찾는다. 단계마다 중간(mid) 지점을 계산하고 중간 요소가 k와 일치하면 true를 반환한다. k가 중간 요소보다 작으면 k는 중간 요소의 왼쪽에 있다는 뜻이므로 탐색 범위의 끝을 mid - 1로 옮긴다. 반대로 k가 중간 요소보다 크면 k는 중간 지점을 기준으로 오른쪽에 있으므로 탐색 범위의 시작을 mid + 1로 옮긴다.

20~42행에서는 이진 탐색으로 k가 있을 수도 있는 행을 찾는 메인 함수 searchMatrix()를 구현한다. mid 행에서 **첫 번째 요소 ≤ k ≤ 마지막 요소**이면 searchRow()를 호출해 k를 찾는다. k가 중간 행의 첫 번째 요소보다 작으면 k가 있는 행은 이전 행(위쪽)이므로 탐색 범위의 끝을 중간 행의 이전 행(위쪽)으로 설정한다. 반대의 경우에는 탐색 범위의 시작을 다음 행(아래쪽)으로 설정한다.

이 방법은 행마다 한 번씩 이진 탐색을 적용하므로 행의 개수를 m, 각 행 요소 개수를 n이라고 했을 때 전체적인 시간 복잡도는 $O(m \, log \, n)$으로 표현할 수 있다.

7.4 인터뷰 팁과 고려 사항

- 경계를 확인하자. 행렬의 경계를 벗어나는 인덱스에 접근하지 않도록 항상 주의해야 한다.
- 행과 열을 혼동하지 않도록 주의하자. 행렬에서 matrix[i][j]는 i번째 행, j번째 열을 나타낸다.
- 행렬의 일반적인 순회 패턴(행/열별, 나선형, 대각선 등)에 익숙해지자.

- 원본 행렬이 의도와 다르게 변형되지 않도록 원본 행렬을 수정하는 게 좋은지, 새 행렬을 만드는 게 좋은지 미리 판단하자.
- 모든 행렬이 정사각형($m * m$) 형태는 아니다. 문제를 풀기 전에 항상 행렬의 형태를 확인하자.

8장

J a v a s c r i p t C o d i n g T e s t

너비 우선 탐색 패턴

8.1 너비 우선 탐색

지금까지 배운 패턴은 주로 선형 자료 구조와 그에 상응하는 알고리즘이 대부분이었다. 8장과 9장에서는 비선형 자료 구조와 이를 다루는 알고리즘을 소개하고 대표적인 응용 문제를 풀어 보겠다.

8.1.1 선형 자료 구조 vs 비선형 자료 구조

비선형 자료 구조의 차이점이 무엇인지 알아보자. 선형 자료 구조는 요소가 순차적으로 배치된다. 즉, 각 요소가 정확히 한 개의 앞뒤 요소와 연결되어 있음을 의미한다(예: 배열, 연결 리스트, 스택, 큐). 비선형 자료 구조는 요소가 비선형이거나 계층 형태로 구성된다. 즉, 각 요소가 두 개 이상의 요소와 연결될 수 있음을 의미한다(예: 그래프, 트리).

8.1.2 너비 우선 탐색이란?

그래프와 트리는 요소들의 구성 형태와 탐색 공간을 어떻게 순회할지 이해하는 것이 가장 중요하다. 비선형 자료 구조에서 순회란 특정 순서나 패턴을 따라 각 노드를 정확히 한 번씩 방문하는 과정을 뜻한다. 이 과정을 통해 특정 노드를 찾거나 구조를 활용해 특정 경로를 추적할 수 있다. 이를 위해 사용되는 탐색 방법 중 하나가 너비 우선 탐색(Breadth First Search, BFS)이다. 너비 우선 탐색과 함께 자주 언급되는 또 다른 탐색에는 깊이 우선 탐색(Depth First Search, DFS)이 있는데, 이에 대해서는 9장에서 다룬다.

너비 우선 탐색은 트리와 그래프를 순회하는 탐색 알고리즘이다. 이름에서 알 수 있듯이 너비 우선 방식으로 노드를 방문한다. 순회는 루트 노드 또는 임의의 시작 노드에서 시작해 레벨 단위로 노드를 방문한 뒤 다음 레벨의 이웃으로 이동한다. 이 작업을 전체 그래프를 순회할 때까지 실행한다.

일반적으로 너비 우선 탐색은 대기 중인 노드를 저장하기 위해 큐(queue)를 사용한다. 따라서 항상 선입선출(FIFO)이 보장된다. 노드를 방문하면 발견한 순서대로 모든 이웃을 큐에 추가한다. 이후 다음에 방문할 노드를 큐의 맨 앞에서 꺼내며 그 이웃도 큐에 추가한다. 이 과정은 모든 노드를 탐색하거나 특정(타깃) 노드를 발견할 때까지 진행된다.

> 너비 우선 탐색은 큐(queue)를, 깊이 우선 탐색은 스택(stack)을 사용한다.

8.2 그래프와 트리 순회

8.2.1 너비 우선 탐색으로 그래프 순회

다음과 같은 그래프가 있다.

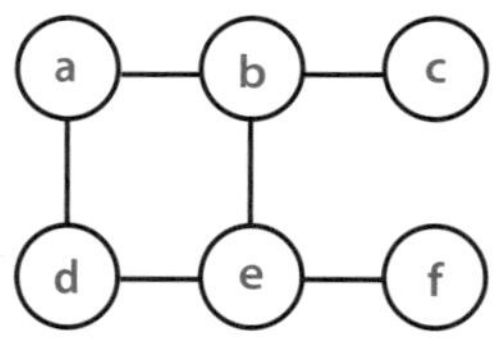

그림 8-1 그래프 예시

이 그래프를 인접 리스트(adjacency list)로 표현하면 다음과 같다.

```
const graph = {
  A: ['B', 'D'],
  B: ['A', 'C', 'E'],
  C: ['B'],
  D: ['A', 'E'],
  E: ['B', 'D', 'F'],
  F: ['E'],
};
```

생성된 인접 리스트를 다음 bfs() 함수로 순회해 보자.

```
01 function bfs(graph, start) {
02   const queue = [start];
03   const visited = new Set();
04   const result = [];
05   while (queue.length) {
06     const vertex = queue.shift();
07     if (!visited.has(vertex)) {
08       visited.add(vertex);
09       result.push(vertex);
10       for (const neighbor of graph[vertex]) {
11         queue.push(neighbor);
12       }
13     }
14   }
15   return result;
16 }
17
18 bfs(graph, "A");
```

bfs() 함수는 매개변수 2개를 받는다. 첫 번째는 탐색 대상 그래프, 두 번째는 순회의 시작 노드다. bfs(graph, "A")처럼 A 노드에서 시작하면 출력 결과는 ['A', 'B', 'D', 'C', 'E', 'F']가 된다. 이 알고리즘은 발견된 순서대로 처리할 노드를 담기 위해 큐를 사용한다. 방문한 노드를 추적하기 위해 Set 객체를 사용하고 방문 순서를 결과 배열(result)에 저장한다.

2행에서는 매개변수로 전달된 시작 노드를 큐에 추가한 후 시작한다. 그다음 이웃 노드를 큐에 추가하고 그 순서대로 처리한다. 이 과정은 처리할 노드가 없을 때까지 진행된다.

> 인접 리스트는 그래프 표현 방법 중 하나로 그래프의 각 정점을 그 정점과 연결된 모든 정점의 목록으로 나타낸다.
>
> 예를 들어 정점 A, B, C, D가 있고 정점 'A'는 'B'와 'C'에, 정점 'B'는 'A'와 'D'에, 정점 'C'는 'A'와 'D'에, 정점 'D'는 'B'와 'C'에 연결되어 있다면 인접 리스트는 다음과 같이 표현할 수 있다.
>
> ```
> A: [B, C]
> B: [A, D]
> C: [A, D]
> D: [B, C]
> ```

8.2.2 너비 우선 탐색으로 트리 순회

이번엔 트리 구조를 순회하는 bfs() 함수를 구현해 보자. 다음과 같은 트리가 주어진다. 트리의 루트 노드인 "a"부터 시작하여 레벨별로 순회한다.

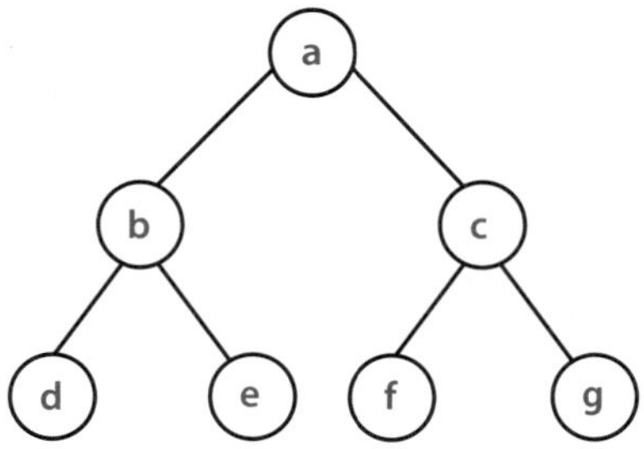

그림 8-2 트리 예시

먼저 TreeNode를 나타내는 클래스를 생성한 후 노드를 연결해 트리 구조를 완성한다.

```
class TreeNode {
  constructor(value) {
    this.value = value;
    this.left = null;
    this.right = null;
  }
}

const root = new TreeNode("a");
root.left = new TreeNode("b");
root.right = new TreeNode("c");
root.left.left = new TreeNode("d");
root.left.right = new TreeNode("e");
root.right.left = new TreeNode("f");
root.right.right = new TreeNode("g");

//        a
//      /   \
//     b       c
//    /  \   / \
//   d    e f   g
```

생성된 트리를 다음 bfs() 함수로 순회해 보자.

```
function bfs(node) {
  if (!node) {
    return [];
  }

  const queue = [node];
  const result = [];

  while (queue.length) {
    const current = queue.shift();
    result.push(current.value);

    if (current.left) {
      queue.push(current.left);
    }

    if (current.right) {
      queue.push(current.right);
    }
  }

  return result;
}

bfs(root);
```

이 함수는 앞에서 구현한 그래프 순회 함수와 마찬가지로 큐를 활용한다. 먼저 트리의 루트 노드를 큐에 추가한 후 시작한다. 다음으로 큐에서 첫 번째 노드를 꺼내고 그 값을 결과 배열에 추가한다. 꺼낸 노드에 왼쪽 자식이 있는지 확인하고, 있다면 큐에 추가한다. 오른쪽 자식도 왼쪽과 같은 방법으로 처리한다. 큐에 노드가 없을 때까지 이 과정을 반복한다. `bfs(tree)`를 호출하면 `['A', 'B', 'C', 'D'', 'E', 'F', 'G']`를 출력한다.

시간/공간 복잡도

`bfs()` 함수의 시간 복잡도는 탐색 대상 그래프나 트리의 구조에 따라 결정된다.

- 그래프: 그래프의 노드 개수가 V이고 그래프의 간선 개수가 E일 때 시간 복잡도는 $O(V+E)$이다. 그래프의 모든 노드를 방문하고 각 노드에 연결된 모든 간선을 한 번씩 검사하기 때문이다.
- 트리: 트리의 노드 개수가 n일 때 시간 복잡도는 $O(n)$이다. 순환 구조가 아닌

트리의 특성상 각 노드를 1번씩만 방문한다. 따라서 필요한 시간은 노드의 개수에 비례한다.

너비 우선 탐색은 큐를 바탕으로 작동한다. 그래프의 공간 복잡도는 그래프의 최대 간선 수인 $O(E)$이고, 트리의 공간 복잡도는 트리의 최대 노드 수인 $O(n)$이 된다.

8.3 응용 문제

이제 너비 우선 탐색을 활용한 응용 문제를 풀어 보며 패턴을 익혀 보자. 너비 우선 탐색으로 해결할 수 있는 코딩 테스트 유형은 주로 트리 문제다. 또 다른 대표 유형은 최단 경로 구하기가 있다.

트리를 배열로 변환하기

8장과 9장의 응용 문제에서 트리의 형태를 편의상 1차원 배열로 표현하기도 했다.

```
       1
      / \
     2   3
    / \   \
   4   5   7
```

위와 같은 트리는 1차원 배열 `[1, 2, 3, 4, 5, null, 7]`로 표현할 수 있다.

> 트리를 배열로 변환하는 공식은 다음과 같다.
>
> - 왼쪽 자식 인덱스 = (부모 인덱스 * 2) + 1
> - 오른쪽 자식 인덱스 = (부모 인덱스 * 2) + 2
> - 부모 인덱스 = Math.floor((자식 인덱스 - 1) / 2)

트리 구현 및 배열을 트리로 변환하기

```
// 트리 노드 클래스
class TreeNode {
  constructor(value) {
    this.value = value;
    this.left = null;
    this.right = null;
  }
```

```
}

// 배열을 트리로 변환하고 연결하는 헬퍼 함수
function buildTree(nodes) {
  const nodeInstances = nodes.map((val) =>
    val === null ? null : new TreeNode(val)
  );

  for (let i = 0; i < nodeInstances.length; i++) {
    let node = nodeInstances[i];
    if (node === null) continue;

    let leftIdx = 2 * i + 1;
    let rightIdx = 2 * i + 2;

    if (leftIdx < nodeInstances.length) {
      node.left = nodeInstances[leftIdx];
    }
    if (rightIdx < nodeInstances.length) {
      node.right = nodeInstances[rightIdx];
    }
  }

  return nodeInstances[0]; // 루트 반환
}

// 사용 예시
const root = buildTree(["a","b","c","d","e","f","g"]);
```

문제에서 트리가 배열(직렬화된 1차원 배열)로 주어졌을 때 풀이 코드를 올바르게 검증하고 테스트하려면 `buildTree()` 함수로 배열을 다시 트리로 변환해야 한다.

8.3.1 이진 트리 레벨 순회

기출: 아마존, 메타, 우버

난이도: 중 | **풀이 시간:** 30분 | **런타임:** 2초 | **메모리:** 64MB

문제

주어진 이진 트리의 레벨별 순회를 표현하는 배열을 만드는 함수를 완성하라. 이 함수는 트리의 루트 노드에서 시작해 가장 깊은 레벨까지 왼쪽에서 오른쪽으로 레벨별로 순회해야 한다.

- 반환값은 2차원 배열이다. 각 레벨의 노드를 왼쪽에서 오른쪽 순서로 담은 부분 배열을 저장한다.

입력

예시 1) [1, 2, 3, 4, 5, null, 6]

예시 2) [1, null, 2, null, null, 3]

예시 3) [1, 2, 3, null, 4]

출력

예시 1) [[1], [2, 3], [4, 5, 6]]

예시 2) [[1], [2], [3]]

예시 3) [[1], [2, 3], [4]]

설명

[1, 2, 3, 4, 5, null, 6]을 트리로 표현하면 다음과 같다.

```
      1
     / \
    2   3
   / \   \
  4   5   6
```

이 트리는 3개의 레벨로 이루어져 있다. 각 레벨을 부분 배열을 만들면 [[1], [2, 3], [4, 5, 6]]과 같다.

[1, null, 2, null, null, 3]을 트리로 표현하면 다음과 같다.

```
1
 \
  2
   \
    3
```

이 트리는 총 3개의 레벨로 이루어져 있다. 각 레벨을 부분 배열로 만들면 [[1], [2], [3]]이다.

[1, 2, 3, null, 4]를 트리로 표현하면 다음과 같다.

```
      1
     / \
    2   3
   /
  4
```

이 트리는 3개의 레벨로 이루어져 있다. 각 레벨을 부분 배열로 만들면 [[1], [2, 3], [4]]이다.

문제 분석

이 문제에서는 전달된 이진 트리를 레벨별로 순회하고 이를 표현하는 배열을 생성해 반환해야 한다. 각 레벨의 노드는 부분 배열로 저장해야 한다. 예를 들어 루트 노드가 1이고, 하위 노드가 2, 3이라면 [[1], [2, 3]]과 같은 형태가 된다.

트리의 레벨별 순회이므로 너비 우선 탐색을 자연스럽게 떠올릴 수 있다. 큐를 사용하는 bfs() 함수를 구현하여 루트 노드부터 각 레벨 노드를 큐에 추가하고, 큐가 빌 때까지 하나씩 꺼내 해당 노드의 자식을 큐에 추가한다.

접근 방법

1. 너비 우선 탐색을 사용하기 위해 큐를 생성한다. 트리 순회는 루트 노드부터 시작하므로 루트 노드를 큐에 추가한다.
2. 큐가 빌 때까지 다음 과정을 반복한다.
   a. 현재 레벨의 크기를 구하기 위해 큐의 크기를 변수에 저장한다.
   b. 현재 레벨의 노드 값을 저장할 새 배열(부분 배열)을 만든다.
   c. 현재 레벨의 크기만큼 다음의 작업을 실행한다.
      i. 큐에서 노드를 하나 꺼낸다.
      ii. 꺼낸 노드의 값을 현재 레벨의 배열에 추가한다.
      iii. 꺼낸 노드의 왼쪽과 오른쪽 자식 노드가 있으면 해당 자식 노드를 큐에 추가한다.
   d. 모든 레벨의 노드를 순회한 뒤 현재 레벨의 배열을 결괏값 배열에 추가한다.
3. 모든 노드를 순회한 후에 결과 배열을 반환한다.

— **Javascript**

풀이

```
function traverseLevelOrder(root) {
  const result = [];
  if (root === null) {
    return result;
  }

  const queue = [root];

  while (queue.length > 0) {
    const levelSize = queue.length;
    const currentLevel = [];
    for (i = 0; i < levelSize; i++) {
      let currentNode = queue.shift();
      // 현재 레벨에 노드를 추가한다.
      currentLevel.push(currentNode.value);
      // 현재 노드의 자식 노드를 큐에 삽입한다.
      if (currentNode.left !== null) {
        queue.push(currentNode.left);
      }
      if (currentNode.right !== null) {
        queue.push(currentNode.right);
      }
    }
    // 현재 레벨을 결과에 추가한다.
    result.push(currentLevel);
  }
  return result;
}
```

각 레벨의 노드를 부분 배열로 만들기 위해 기존의 bfs 알고리즘을 약간 변형했다. 이 코드는 주어진 이진 트리를 레벨별로 순회하고, 큐를 사용해 각 레벨의 노드를 부분 배열에 저장해 문제를 효과적으로 해결한다.

큐는 선입선출이 보장되므로 같은 레벨에서 먼저 처리한 노드의 자식 노드가 다음 레벨에서도 앞서 처리된다. 예를 들어 주어진 레벨에서 노드 x가 노드 y보다 먼저 처리된다면 다음 레벨에서는 x의 자식 노드가 y의 자식 노드보다 먼저 처리된다. 이러한 접근 방식은 이진 트리의 레벨 순회를 매우 효과적으로 해결하며 각 레벨의 노드를 왼쪽에서 오른쪽으로 체계적으로 처리할 수 있게 해 준다.

이 풀이는 트리의 노드 개수가 n일 때 $O(n)$의 시간 복잡도를 가진다.

8.3.2 레벨의 평균값

기출: 아마존, 메타

난이도: 중 | **풀이 시간:** 30분 | **런타임:** 2초 | **메모리:** 64MB

문제

이진 트리가 주어진다. 이를 순회하며 각 레벨의 평균을 계산해 배열로 반환하라.

입력

예시 1) `[1, 2, 3, 4, 5, 6, 7]`

예시 2) `[3, 7, 20, 15, 7, 5, 2]`

예시 3) `[4, 5, 6, 10, 11, 8, 15]`

출력

예시 1) `[1, 2.5, 5.5]`

예시 2) `[3, 13.5, 7.25]`

예시 3) `[4, 5.5, 11]`

설명

예시 1의 배열을 트리로 표현하면 다음과 같다.

```
        1
      /   \
    2       3
   / \     / \
  4   5   6   7
```

이 트리의 첫 번째 레벨 평균은 1, 두 번째 레벨 평균은 (2 + 3) / 2 = 2.5, 세 번째 레벨 평균은 (4 + 5 + 6 + 7) / 4 = 5.5이다.

문제 분석

문제의 요구사항은 주어진 이진 트리의 각 레벨에서 노드 값의 평균을 계산하는 것이다. 이 문제 역시 레벨 순회 패턴을 사용할 수 있다. 가장 직관적인 아이디어는 각 레벨의 모든 노드를 방문하여 값을 합한 뒤 그 합을 해당 레벨의 노드 개수로 나누는 것이다. 예를 들어 루트 노드는 항상 1로 나눈다. 그다음은 루트의 자식 노드

— **Javascript**

개수로 나누고 이렇게 하위 레벨로 내려가며 해당 레벨의 '모든 노드 값의 합/노드 개수'를 계산하여 결과 배열에 추가하면 된다.

접근 방법

1. 평균을 저장할 결과 배열을 초기화한다.
2. 루트 노드를 큐에 넣고 시작한다.
3. 큐가 빌 때까지 다음 과정을 반복한다.
   a. 현재 레벨의 크기를 구해 `levelSize`에 저장한다.
   b. 현재 레벨의 모든 노드의 합을 구할 `levelSum`를 `0`으로 초기화한다.
   c. 현재 레벨의 크기, `levelSize`만큼 다음 작업을 실행한다.
      i. 큐에서 노드를 하나 꺼낸다.
      ii. 꺼낸 노드의 값을 `levelSum`에 더한다.
      iii. 꺼낸 노드에 왼쪽과 오른쪽 자식 노드가 있으면 해당 자식 노드를 큐에 추가한다.
   d. 모든 노드를 합한 값, `levelSum`을 `levelSize`로 나누어 결과 배열에 추가한다.
4. 모든 노드를 순회한 후 결과 배열을 반환한다.

풀이

```
function levelAverage(root) {
  const result = [];
  if (root === null) {
    return result;
  }

  const queue = [root];

  while (queue.length > 0) {
    const levelSize = queue.length;
    let levelSum = 0;

    for (i = 0; i < levelSize; i++) {
      const currentNode = queue.shift();

      // 레벨 합을 구한다.
      levelSum += currentNode.value;

      if (currentNode.left !== null) {
        queue.push(currentNode.left);
```

```
21        }
22        if (currentNode.right !== null) {
23          queue.push(currentNode.right);
24        }
25      }
26
27      // 현재 레벨의 평균을 구한다.
28      result.push(levelSum / levelSize);
29    }
30
31    return result;
32  }
```

8.3.1절 문제에서 사용한 패턴으로 간단히 해결할 수 있는 문제다. 먼저 결과 배열 `result`와 순회에 사용할 큐를 초기화한다. 루트 노드부터 시작하므로 큐에 트리의 시작점인 `root`를 넣는다.

9행의 `while` 문은 큐가 빌 때까지 실행된다. 반복문에서 각 반복은 트리의 한 레벨을 의미한다. 현재 레벨의 크기 `levelSize`를 계산하고 레벨의 합을 저장할 `levelSum`을 `0`으로 초기화한다.

13행에서는 큐에 노드가 있으면 `levelSize`만큼 반복문을 추가해 레벨의 합을 계산한다. 이때 큐에서 꺼낸 노드의 왼쪽과 오른쪽 자식이 있으면 큐에 넣어 다음 레벨 처리를 준비한다.

큐가 빌 때까지 이 과정을 반복하고 `result`를 반환한다.

이 패턴은 너비 우선 탐색 문제에 다양하게 적용할 수 있다. 예를 들어 레벨의 합, 평균, 가장 큰 수, 가장 작은 수 등 레벨별로 특정 값을 구하는 유형에 쉽게 적용할 수 있다.

이 풀이의 시간 복잡도는 트리 노드의 개수가 n일 때 $O(n)$으로 나타낼 수 있다.

8.3.3 이진 트리의 최소 깊이

기출: 아마존, 메타, 구글

난이도: 중 | **풀이 시간:** 30분 | **런타임:** 2초 | **메모리:** 64MB

문제

이진 트리가 주어졌을 때 이 트리의 최소 깊이를 찾는 함수를 완성하라. 최소 깊이란 루트 노드에서 가장 가까운 리프 노드까지 최단 경로를 따라가는 노드 개수를 뜻한다.

입력

예시 1) `[1, 2, 3, 4, 5]`

예시 2) `[2, null, 3, null, 4, null, 5, null, 6]`

예시 3) `[3, 9, 20, null, null, 15, 7]`

출력

예시 1) 2

예시 2) 5

예시 3) 3

설명

예시 배열을 트리로 변환하면 다음과 같다.

예시 1)

```
      1
    /   \
   2     3
 /  \
4    5
```

예시 2)

```
        2
       /
      3
     /
    4
   /
  5
 /
6
```

예시 3)

```
   3
  / \
 9   20
    /  \
   15   7
```

예시 1의 루트 노드에서 가장 가까운 리프 노드까지의 최소 노드 개수는 2(1 -> 3)이다.

예시 2의 루트 노드에서 가장 가까운 리프 노드까지의 최소 노드 개수는 5(2 -> 3 -> 4 -> 5 -> 6)이다.

예시 3의 루트 노드에서 가장 가까운 리프 노드까지의 최소 노드 개수는 2(3 -> 9)이다.

문제 분석

너비 우선 탐색을 활용하는 가장 기초적인 이진 트리 문제로 코딩 테스트에서 자주 볼 수 있는 유형이다. 먼저 트리의 깊이(depth)에 대해 이해해 보자. 깊이는 특정 노드에서 트리의 루트 노드까지의 간선(edge) 개수를 뜻한다. 예를 들어 루트 노드의 깊이는 항상 0이다. 루트 노드에 자식 노드가 있다면 자식 노드의 깊이는 1이 된다. 그 자식 노드에 자식 노드가 있다면 깊이는 2가 된다.

이 문제에서는 가장 가까운 리프 노드까지의 최소 깊이(루트에서 가장 가까운 리프 노드까지의 최단 경로)를 찾아야 한다. 직관적으로 떠오르는 아이디어는 너비 우선 탐색으로 큐에서 노드를 하나씩 꺼내면서 해당 노드가 리프 노드인지 아닌지를 판별하고, 리프 노드를 처음 확인한 시점까지의 노드 방문 횟수를 추적하는 방법이다.

접근 방법

1. 루트 노드가 없으면 `0`을 반환한다.
2. 루트 노드를 큐에 넣고 시작한다.
3. 최소 깊이를 저장할 `minimumTreeDepth`의 초깃값을 `0`으로 설정한다.
4. 큐가 빌 때까지 다음 과정을 반복한다.
   a. `minimumTreeDepth`를 1 증가시킨다.
   b. 큐의 현재 크기를 `levelSize`에 저장한다.
   c. 현재 레벨 `levelSize`의 크기만큼 다음 작업을 실행한다.
      i. 큐에서 노드를 하나 꺼낸다.
      ii. 꺼낸 노드가 리프 노드인지 확인한다. 리프 노드이면 `minimumTreeDepth`를 반환한다.
      iii. 꺼낸 노드의 왼쪽과 오른쪽 자식 노드가 있으면 해당 자식 노드를 큐에 추가한다.

풀이

```
function minDepth(root) {
  if (root === null) {
    return 0;
  }

  const queue = [root];

  // 최소 깊이를 0으로 초기화한다.
  let minimumTreeDepth = 0;

```

```
  while (queue.length > 0) {
    // 최소 깊이를 증가시킨다.
    minimumTreeDepth += 1;
    const levelSize = queue.length;
    for (i = 0; i < levelSize; i++) {
      const currentNode = queue.shift();

      // 리프 노드인지 확인한다.
      if (currentNode.left === null && currentNode.right === null) {
        return minimumTreeDepth;
      }
      // 자식 노드를 큐에 삽입한다.
      if (currentNode.left !== null) {
        queue.push(currentNode.left);
      }
      if (currentNode.right !== null) {
        queue.push(currentNode.right);
      }
    }
  }
}
```

이 문제도 너비 우선 탐색으로 쉽게 풀 수 있다. 트리의 깊이 판별과 리프 노드를 이해하기 좋은 문제다.

이 함수는 다음과 같이 작동한다.

먼저 주어진 루트 노드가 `null`이면 비어 있는 트리이므로 깊이가 `0`이 된다. 따라서 `0`을 반환한다.

루트 노드를 담은 배열 `queue`를 생성하고 이 문제의 요구사항인 최소 깊이를 추적할 `minimumTreeDepth`를 `0`으로 초기화한다. 큐에 노드가 있으면 다음 과정을 반복한다.

1. `minimumTreeDepth`를 1 증가시킨다. 새로운 레벨을 탐색한다는 의미다.
2. 현재 레벨의 크기 `levelSize`만큼 반복하며 각 노드에 대해 다음 작업을 실행한다.
   a. 반복마다 큐에서 노드를 꺼낸다.
   b. 현재 노드가 리프 노드라면 현재 시점의 `minimumTreeDepth`를 반환한다. 자식 노드가 없는 노드인지 확인하는 과정이다.
   c. 리프 노드가 아니라면 자식 노드를 큐에 삽입한다. 다음 반복에 대비하는 과정이다.

이 방법은 루트 노드에서 가장 가까운 리프 노드까지의 최소 깊이를 찾는 패턴을 보여 준다. 이전 문제들과 달리 트리의 모든 노드를 레벨별로 추적하지 않고 트리의 깊이만 추적하므로 복잡한 로직 없이 구현할 수 있다.

이 함수의 시간 복잡도는 트리의 노드 개수가 n일 때 $O(n)$으로 나타낼 수 있다.

8.3.4 레벨 순회 후속 노드

기출: 아마존, 메타, 구글, 마이크로소프트
난이도: 중 | **풀이 시간:** 40분 | **런타임:** 2초 | **메모리:** 64MB

문제

주어진 이진 트리에서 주어진 노드의 후속 노드를 찾아 반환하는 함수를 완성하라.

- 레벨 순회 후속 노드(level order successor)란 주어진 노드 바로 다음에 나오는 노드를 뜻한다.

입력

예시 1) `[10, 9, 1]`, node = 10

예시 2) `[1, 2, 3, 4, 5]`, node = 4

예시 3) `[1, 2, 3, 4, 5, 6, 7]`, node = 5

출력

예시 1) 9

예시 2) 5

예시 3) 6

설명

예시 배열을 트리로 변환하면 다음과 같다.

예시 1)

```
   10
  /  \
 9    1
```

예시 2)

```
      1
     / \
    2   3
   / \
  4   5
```

예시 3)

```
      1
     / \
    2   3
   / \ / \
  4  5 6  7
```

예시 1에서 10의 후속 노드는 9이고, 예시 2에서 4의 후속 노드는 5이고, 예시 3에서 5의 후속 노드는 6이다.

문제 분석

주어진 이진 트리를 순회하며 특정 노드의 후속 노드가 무엇을 가리키는지 찾는 문제다. 앞의 문제들을 풀어 보며 이진 트리의 레벨 순회에 조금 익숙해졌을 것이다. 기존의 레벨 순회를 요구사항에 맞게 변형하면 이 문제를 풀 수 있다.

먼저 후속 노드가 무엇을 의미하는지 이해하는 것이 중요하다. 트리 순회에서의 후속 노드란 쉽게 말해 순회 과정에서의 다음 노드를 의미한다. 트리에 노드 x가 있으면 레벨 순회에서 x 바로 다음에 나오는 노드를 말한다. 왼쪽에서 오른쪽으로 노드를 방문하므로 대상 노드를 찾은 후에 바로 다음으로 방문하는 노드가 해당 레벨 순서의 후속 노드가 되는 것이다.

접근 방법

1. 함수 매개변수로 root(트리의 루트 노드)와 node(찾고자 하는 노드)를 받는다.
2. 루트 노드를 큐에 넣고 시작한다.
3. 큐가 빌 때까지 다음 과정을 반복한다.
   a. 큐에서 노드를 하나 꺼낸다.
   b. 꺼낸 노드에 왼쪽 자식 노드와 오른쪽 자식 노드가 있으면 해당 자식 노드들을 큐에 추가한다.
   c. 만약 현재 노드 값과 node 값이 같으면 반복문을 종료한다.
4. 현재 큐의 크기가 0보다 크면 큐의 첫 번째 노드를 반환한다.
5. 후속 노드가 없으면 null을 반환한다.

풀이

```
function levelOrderSuccessor(root, node) {
  if (root === null) {
    return null;
  }

  const queue = [root];

  while (queue.length > 0) {
    const currentNode = queue.shift();
```

```
10
11     if (currentNode.left !== null) {
12       queue.push(currentNode.left);
13     }
14     if (currentNode.right !== null) {
15       queue.push(currentNode.right);
16     }
17     // 노드를 찾으면 반복문 종료
18     if (currentNode.value === node) {
19       break;
20     }
21   }
22
23   if (queue.length > 0) {
24     // 후속 노드 반환
25     const successor = queue.shift();
26     return successor.value;
27   }
28
29   return null;
30 }
```

이진 트리 레벨 순회와 후속 노드에 대한 이해를 높일 수 있는 문제다. 이 함수에는 너비 우선 탐색의 레벨 순회 과정에 후속 노드를 찾는 로직을 추가했다. 즉, 너비 우선 탐색으로 레벨을 순회하면서 함수의 두 번째 매개변수 node와 순회 중인 노드의 값을 간단히 비교해 후속 노드를 찾는다.

순회하면서 대상 노드를 찾으면 18~20행과 같이 반복문을 종료한다.

11행에서는 왼쪽 자식 노드를 큐에 추가하고, 14행에서는 오른쪽 자식을 큐에 추가하므로 반복문을 끝낸 직후 큐의 맨 앞에 있는 요소가 현재 노드의 후속 노드가 된다.

예를 들어 트리를 변환한 배열 [1, 2, 3]이 있다고 해 보자. 1의 후속 노드를 찾는 과정에서 1의 왼쪽 자식부터 큐에 삽입된다. 이때 순회가 끝나면 큐에는 [2, 3]이 남는다. 이 중 왼쪽 자식 2가 1의 후속 노드이므로 25행에서 큐의 shift()의 반환값, 즉 첫 번째 노드를 꺼내 그 값을 반환한다.

모든 노드를 순회한 후에도 후속 노드를 찾지 못했다면 node의 레벨 순회 후속 노드가 없다는 뜻이다. 후속 노드를 찾지 못하면 29행에서 null을 반환한다.

이 함수는 주어진 트리의 노드를 한 번씩만 처리하므로 노드의 개수를 n이라 할 때 시간 복잡도는 $O(n)$이다.

8.3.5 지그재그

기출: 아마존, 메타, 구글, 마이크로소프트, 블룸버그, 링크드인, 오라클, 우버

난이도: 중 | **풀이 시간:** 40분 | **런타임:** 2초 | **메모리:** 64MB

문제

이진 트리가 주어졌을 때 레벨을 지그재그로 순회하여 2차원 배열로 변환하는 함수를 완성하라. 예를 들어 첫 번째 레벨은 왼쪽에서 오른쪽으로, 두 번째 레벨은 오른쪽에서 왼쪽으로, 세 번째 레벨은 다시 왼쪽에서 오른쪽으로 번갈아 순회한다.

입력

예시 1) `[1, 2, 3, 4, 5, 6, 7]`

예시 2) `[1, 2, 3, null, 4]`

예시 3) `[3, 1, 6, null, null, 10, 5]`

출력

예시 1) `[[1], [3, 2], [4, 5, 6, 7]]`

예시 2) `[[1], [3, 2], [4]]`

예시 3) `[[3], [6, 1], [10, 5]]`

설명

예시 1)

```
        1
      /   \
    2       3
   / \     / \
  4   5   6   7
```

예시 2)

```
      1
    /   \
   2     3
  /
 4
```

예시 3)

```
      3
    /   \
   1     6
        / \
      10   5
```

예시 1은 루트 노드가 1이고 다음 레벨은 오른쪽에서 왼쪽으로 순회한다(1 -> 3 -> 2). 그다음 레벨은 왼쪽에서 오른쪽으로 순회하므로(1 -> 3 -> 2 -> 4 -> 5 -> 6 -> 7) 결과 배열은 `[[1], [3, 2], [4, 5, 6, 7]]`이다.

예시 2는 루트 노드가 1이고 다음 레벨은 오른쪽에서 왼쪽으로 순회한다(1 -> 3 -> 2). 그다음 레벨은 왼쪽에서 오른쪽으로 순회하므로(1 -> 3 -> 2 -> 4) 결과 배열은 `[[1], [3, 2], [4]]`이다.

예시 3은 루트 노드가 3이고 다음 레벨은 오른쪽에서 왼쪽으로 순회한다(3 -> 6 -> 1). 그다음 레벨은 왼쪽에서 오른쪽으로 순회하므로(3 -> 6 -> 1 -> 10 -> 5) 결과 배열은 [[1], [6, 1], [10, 5]]이다.

문제 분석

주어진 이진 트리를 지그재그(왼쪽과 오른쪽을 번갈아 가며) 순회하는 문제이다. 보통 레벨 순회는 왼쪽에서 오른쪽 방향으로 이뤄진다. 그러나 문제의 요구사항에 따라 순회 방향을 바꿔야 하므로 방향 전환을 어떻게 구현할지 고민해야 한다.

앞에서 레벨을 순회할 때는 레벨마다 하나의 부분 배열을 만들어 결과 배열에 추가하는 방식을 사용했다. 이때 배열 메서드 push()를 사용했는데, 방향 전환을 표현하기 위해 push()와 반대로 작동하는 메서드를 사용하면 어떨까?

현재 방문한 노드의 값을 부분 배열의 마지막이 아니라 처음에 삽입하면 해당 부분 배열의 구성은 왼쪽에서 오른쪽 방향 순회를 반전시킨 결과와 같다. 자바스크립트 배열 메서드 unshift()를 사용하면 이를 처리할 수 있다.

> Array.prototype.unshift() 메서드는 새로운 요소를 배열의 맨 앞(인덱스 0)에 추가하고 새로운 길이를 반환한다.
>
> ```
> const arr = [1, 2, 3];
>
> arr.unshift(4);
> console.log(arr) // [4, 1, 2, 3]
>
> arr.unshift(5);
> console.log(arr) // [5, 4, 1, 2, 3]
> ```

접근 방법

1. 결과 배열 변수 result를 빈 배열로 초기화한다.
2. 루트 노드가 없으면 result를 반환한다.
3. 루트 노드를 큐에 넣고 시작한다.
4. 순회 방향 전환에 사용할 플래그 변수 leftToRight를 true로 초기화한다.
5. 큐가 빌 때까지 다음 과정을 반복한다.
   a. 현재 레벨의 크기를 결정하기 위해 큐의 현재 크기를 levelSize에 저장한다.

   b. 현재 레벨의 노드를 저장할 `currentLevel`을 빈 배열로 초기화한다.
   c. 현재 레벨의 크기 `levelSize`만큼 다음 작업을 실행한다.
      i. 큐에서 노드를 하나 꺼낸다.
      ii. `leftToRight`를 확인한 후 방향에 따라 노드를 `currentLevel` 배열에 삽입한다(`leftToRight`가 `true`이면 `push()` 메서드를 사용하고, `false`이면 `unshift()` 메서드를 사용한다.).
      iii. 꺼낸 노드의 왼쪽과 오른쪽 자식 노드가 있으면 해당 자식 노드들을 큐에 추가한다.
   d. `currentLevel`을 결과 배열에 추가한다.
   e. `leftToRight` 값을 토글하여 다음 레벨의 순회 방향을 반전시킨다.

6. 모든 노드를 순회한 후 `result`를 반환한다.

풀이

```
function zigzagTraversal(root) {
  const result = [];

  if (root === null) {
    return result;
  }

  const queue = [root];
  let leftToRight = true;

  while (queue.length > 0) {
    const levelSize = queue.length;
    const currentLevel = [];

    for (i = 0; i < levelSize; i++) {
      const currentNode = queue.shift();

      // 방향에 따라 노드를 삽입한다.
      if (leftToRight) {
        currentLevel.push(currentNode.value);
      } else {
        currentLevel.unshift(currentNode.value);
      }

      if (currentNode.left !== null) {
        queue.push(currentNode.left);
      }
      if (currentNode.right !== null) {
```

```
29         queue.push(currentNode.right);
30       }
31     }
32
33     result.push(currentLevel);
34     // 다음 레벨의 방향을 결정한다.
35     leftToRight = !leftToRight;
36   }
37
38   return result;
39 }
```

이 코드는 이진 트리의 레벨 순회 방향을 변형시켜 지그재그 순회를 구현한 것이다. 각 레벨이 큐의 크기(현재 레벨의 노드 개수)에 따라 순회가 진행된다는 점을 활용해 플래그 변수로 방향을 반전시키는 방식이다.

9행에서는 `leftToRight`를 `true`로 초기화한다. 첫 번째 레벨의 순회 방향은 항상 왼쪽에서 오른쪽이기 때문이다. 이후 19~23행에서는 이 값에 따라 부분 배열을 삽입할 때 어떤 메서드를 호출할지 결정한다. `push()`는 부분 배열 `currentLevel`의 끝에, `unshift()`는 앞에 삽입한다.

33행에서는 지금까지의 `currentLevel`을 결과 배열에 넣어 현재 레벨의 순회를 마치고, 35행에서는 `leftToRight`를 토글한다. `!leftToRight`이므로 이전 `bool` 값의 반댓값으로 설정하는 원리다. 이를 통해 다음 레벨의 순회 방향을 반전한다.

이 풀이의 시간 복잡도는 앞에서 다룬 레벨 순서 순회와 마찬가지로 트리의 노드 개수가 n일 때 $O(n)$이다. 모든 노드를 한 번씩 방문하고 처리하기 때문이다.

8.3.6 섬의 개수

기출: 아마존, 메타, 구글, 마이크로소프트, 블룸버그, 링크드인, 우버, 애플, 시스코

난이도: 상 | **풀이 시간:** 60분 | **런타임:** 3초 | **메모리:** 128MB

문제

숫자 `"1"`과 `"0"`으로만 이루어진 2차원 배열(행렬)이 주어진다. `"1"`이 육지, `"0"`은 바다일 때 이 배열에서 섬의 개수를 세는 알고리즘을 완성하라.

- 섬은 육지로 연결된 셀의 집합이며 배열의 가장자리 또는 바다로 둘러싸여 있다.
- 각 셀은 수평 또는 수직으로만 연결된다(대각선으로는 연결되지 않는다.).

입력

예시 1)

```
[
  [1, 1, 0, 0, 0],
  [1, 1, 0, 0, 1],
  [0, 0, 0, 1, 1],
  [0, 0, 0, 1, 1],
]
```

예시 2)

```
[
  [0, 1, 1, 1, 0],
  [0, 0, 0, 1, 1],
  [0, 1, 1, 1, 0],
  [0, 1, 1, 0, 0],
  [0, 0, 0, 0, 0],
]
```

예시 3)

```
[
  [1, 1, 1, 0, 0],
  [0, 1, 0, 0, 1],
  [0, 0, 1, 1, 0],
  [0, 0, 1, 0, 0],
  [0, 0, 1, 0, 0],
]
```

출력

예시 1) 2

예시 2) 1

예시 3) 3

설명

흐리게 표시된 "0"을 제외하고, 상하좌우로 연결된 "1"의 위치를 확인하자.

예시 1)

```
[1, 1, 0, 0, 0]
[1, 1, 0, 0, 1]
[0, 0, 0, 1, 1]
[0, 0, 0, 1, 1]
```

예시 2)

```
[0, 1, 1, 1, 0]
[0, 0, 0, 1, 1]
[0, 1, 1, 1, 0]
[0, 1, 1, 0, 0]
[0, 0, 0, 0, 0]
```

예시 3)

```
[1, 1, 1, 0, 0]
[0, 1, 0, 0, 1]
[0, 0, 1, 1, 0]
[0, 0, 1, 0, 0]
[0, 0, 1, 0, 0]
```

예시 1은 섬이 2개, 예시 2는 1개, 예시 3은 3개다. 예시 3의 `matrix[1][4]`와 `matrix[2][3]`은 서로 대각선 방향에 있으므로 하나로 섬으로 보지 않도록 주의하자.

문제 분석

코딩 테스트에서 자주 출제되는 유형으로, 그래프 행렬 탐색 알고리즘의 기초 개념을 평가하는 데 적합하다. 전달된 행렬에서 섬의 개수를 찾아야 하며 각 섬은 수평 또는 수직으로 연결된 "1"의 집합이다. 배열에 "1"이 1개 이상 있을 때 이들이 서로 어떻게 연결되어 있는지, 각각의 집합을 어떻게 별개의 섬으로 다룰지 정해야 한다. 셀을 탐색하는 작업은 간단하지만, 육지를 찾고 연결해 섬의 개수를 세는 작업은 이 문제를 처음 접하는 사람에게는 직관적이지 않을 수 있다.

행렬을 머릿속에 지도처럼 그려 보자. 한 탐험가가 지도의 각 칸을 차례대로(상하좌우) 방문하며 육지("1")를 발견할 때마다 그 육지가 어디까지 이어지는지 따라가 본다. 이렇게 육지를 탐험하다 보면 또 다른 육지와 이어지는지 아니면 바다("0")로 둘러싸인 섬인지 알 수 있다. 이렇게 모든 육지를 탐험한 후에 섬의 개수를 센다. 이를 위해 너비 우선 탐색 알고리즘을 사용할 수 있으며 이미 방문한 육지는 따로 표시해 중복 탐색을 막아야 한다.

접근 방법

1. 모든 섬의 개수를 추적할 카운트 변수를 0으로 초기화한다.
2. 너비 우선 탐색을 기반으로 작동하는 헬퍼 함수를 구현한다. 이 함수는 대상 행렬과 각 행/열의 인덱스를 전달받아 작동한다. 큐를 사용해 육지와 연결된 육지를 모두 찾을 때까지 탐색하고 한 번 방문한 육지는 표시를 남긴다.
3. 행렬을 순회하며 육지("1")를 발견하면 카운트 변수를 1 증가시키고 2에서 구현한 헬퍼 함수를 호출해 인접한 육지를 탐색한다.
4. 행렬을 모두 순회하면 지금까지 찾은 섬의 개수(count)를 반환한다.

풀이

```
function bfs(matrix, x, y) {
  const queue = [[x, y]];
  // 인접한 셀이 없을 때까지(큐가 비어 있을 때까지) 반복한다.
  while (queue.length > 0) {
    const cell = queue.shift();
    const row = cell[0];
    const col = cell[1];

    // 경계를 벗어나면 건너뛴다.
    if (row < 0 || row >= matrix.length ||
        col < 0 || col >= matrix[0].length) {
      continue;
    }
    // 바다를 만나면 건너뛴다.
    if (matrix[row][col] == 0) {
      continue;
    }

    // 방문한 셀을 0으로 만들어 바다로 만든다.
    matrix[row][col] = 0;

```

— **Javascript**

```
22       // 인접한 셀을 큐에 삽입한다.
23       queue.push([row + 1, col]); // 하단 셀
24       queue.push([row - 1, col]); // 상단 셀
25       queue.push([row, col + 1]); // 우측 셀
26       queue.push([row, col - 1]); // 좌측 셀
27     }
28 }
29
30
31 function numberOfIslands(matrix) {
32   const rows = matrix.length;
33   const cols = matrix[0].length;
34   let count = 0;
35
36   for (let i = 0; i < rows; i++) {
37     for (let j = 0; j < cols; j++) {
38       // 육지를 만나면 너비 우선 탐색을 호출한다.
39       if (matrix[i][j] === 1) {
40         count++; // 섬의 개수를 1 증가시킨다.
41         bfs(matrix, i, j);
42       }
43     }
44   }
45   return count;
46 }
```

이 코드는 크게 메인 함수 `numberOfIslands(matrix)`와 헬퍼 함수 `bfs(matrix, x, y)`로 구성되어 있으며 작동 원리는 다음과 같다.

헬퍼 함수 bfs()

2행에서 큐를 초기화하며 시작한다. 이때 `x`, `y`는 행렬의 행과 열의 인덱스로 탐색 시작 위치를 뜻한다. 5행에서는 현재 셀을 큐에서 꺼내 `cell`에 저장하고 6~7행처럼 행과 열을 각각 `row`, `col`에 저장해 행렬의 경계(행렬 범위 밖은 무시)와 바다(`"0"`)를 확인한다.

경계 검사는 현재 셀의 인덱스가 행렬의 경계 밖으로 나가지 않도록 하기 위함이다. 또한 바다(`"0"`)를 만나면 현재 작업을 건너뛴다. 이 두 조건을 충족했다면 육지와 인접하거나 하나의 독립된 육지를 발견한 것이다. 이때 현재 셀을 “`0`”으로 갱신하여 해당 셀을 다시 방문하지 않도록 한다. 마지막으로 현재 셀을 기준으로 상하좌우 셀을 큐에 추가하여 다음 탐색 위치를 설정한다.

메인 함수 numberOfIsland()

`numberOfIsland(matrix)` 함수는 행렬을 순회하며 육지("1")를 만날 때마다 `bfs`를 호출해 섬의 개수를 계산하고 최종 결괏값을 반환하는 역할을 한다. 알고리즘의 대부분을 헬퍼 함수를 통해 처리하므로 코드가 간단하다.

메인 함수와 헬퍼 함수 모두 행렬의 셀을 모두 방문해야 하므로 시간 복잡도는 $O(m*n)$이 된다. 또한 이 패턴은 연결된 육지(섬)를 찾는 문제는 물론이고 그래프에 연결된 구성 요소를 찾는 문제에도 똑같이 적용할 수 있다.

8.3.7 영역 채우기

기출: 아마존, 메타, 구글, 마이크로소프트, 우버, 애플
난이도: 중 | **풀이 시간:** 40분 | **런타임:** 2초 | **메모리:** 64MB

문제

2차원 배열(행렬)로 표현된 이미지가 있다. 이 행렬에서 각 셀은 이미지의 픽셀 값을 표현한다. 행렬을 나타내는 `matrix`, 시작 셀의 행과 열의 인덱스를 나타내는 `startRow`와 `startCol`, 적용할 색상 값을 나타내는 `color`를 매개변수로 전달받아 주어진 행렬에 영역 채우기(flood fill) 알고리즘을 적용한 결과를 반환하라.

입력

예시 1)

```
startRow = 1
startCol = 1
color = 2

[
  [1, 1, 1],
  [1, 1, 0],
  [1, 0, 1]
]
```

예시 2)

```
startRow = 0
startCol = 3
color = 3

[
  [1, 1, 1, 0, 0],
  [0, 0, 0, 0, 2],
  [0, 0, 2, 2, 2],
  [0, 0, 2, 2, 2],
  [0, 0, 2, 0, 0],
]
```

출력

예시 1)

```
[2, 2, 2]
[2, 2, 0]
[2, 0, 1]
```

예시 2)

```
[1, 1, 1, 3, 3]
[3, 3, 3, 3, 2]
[3, 3, 2, 2, 2]
[3, 3, 2, 2, 2]
[3, 3, 2, 0, 0]
```

설명

예시 1의 1행 1열에 있는 색상은 "1"이다. 기존 색상을 포함한 모든 인접한 셀의 색상을 "2"로 채운다.

예시 2의 0행 3열에 있는 색상은 "0"이다. 기존 색상을 포함한 모든 인접한 셀의 색상을 "3"으로 채운다.

문제 분석

영역 채우기란 2차원 배열(행렬)에서 서로 연결된 상하좌우 셀의 그룹을 지정한 색상으로 채우는 알고리즘이다.

그림 8-3 영역 채우기 알고리즘을 적용한 예시

그림 8-3과 같이 행렬과 시작 위치, 색상 값을 받아 영역 채우기를 적용한 후 수정된 행렬(이미지)을 반환하는 문제다. 그림에서 시작 위치는 셀 (0, 1)이다. 해당 셀을 기준으로 네 방향(상하좌우)에 연결된 모든 셀에 새로운 색상 값 3을 적용한다.

이 방법의 핵심 아이디어는 너비 우선 탐색으로 지속적으로 큐의 앞부분에서 셀들을 제거하며 새로운 색으로 채우고, 각 셀이 이미지의 경계 내에 있다면 해당 셀과 상하좌우로 인접한 셀을 큐에 삽입하는 것이다. 이 과정을 큐가 빌 때까지 반복하여 새로운 행렬을 완성한다.

영역 채우기 알고리즘의 응용

영역 채우기 알고리즘은 컴퓨터 과학의 다양한 분야에서 활용된다. 예를 들어 이미지 편집 소프트웨어(색 채우기), 컴퓨터 그래픽(미로 시스템), 2D 게임(충돌 방지), 로보틱스(로봇 청소기) 등을 구현하는 데 유용하다. 이 알고리즘은 간단하게 구현할 수 있고 비교적 빠르지만 메모리에 부담을 주어 성능이 저하될 수도 있다.

접근 방법

1. matrix, startRow, startCol, color를 매개변수로 받는 함수를 준비한다.
2. 시작 셀이 이미 color와 같은 색이면 그대로 matrix를 반환한다.
3. 인접 셀의 좌표를 구하기 위한 offset 참조 배열을 만든다.
4. 시작 셀의 원래 색을 oldColor에 저장한다.
5. 탐색 시작 지점인 [startRow, startCol]을 큐에 넣고 시작한다.
6. 큐가 빌 때까지 다음을 실행한다.
    a. 단계마다 큐의 맨 앞 요소를 꺼내 해당 셀을 새로운 색으로 채운다.
    b. 현재 셀과 인접한 셀(상하좌우)의 방향을 확인한다.
        i. offset 배열을 통해 인접한 셀들의 위치를 구한다.
        ii. 현재 방향이 가리키는 셀이 원래 색과 같으면 새로운 색으로 채운다.
7. 큐가 비어 있고 모든 셀의 방문이 끝나면 수정된 matrix를 반환한다.

풀이

```
function floodFill(matrix, startRow, startCol, color) {
  if (matrix[startRow][startCol] === color) {
    return matrix;
  }

  // 상하좌우로 인접한 셀의 좌표를 구할 때 사용할 offset
  const offset = [[1, 0], [-1, 0], [0, 1], [0, -1]];
  const oldColor = matrix[startRow][startCol];

  const queue = [[startRow, startCol]];

  while (queue.length > 0) {
    const cell = queue.shift();
    const row = cell[0];
    const col = cell[1];
```

— Javascript

```
16
17     // 색 채우기
18     matrix[row][col] = color;
19
20     for (let i = 0; i < offset.length; i++) {
21       // offset으로 인접 셀의 좌표를 구한다.
22       const newRow = row + offset[i][0];
23       const newCol = col + offset[i][1];
24
25       // 경계 검사
26       if (newRow < 0 || newRow >= matrix.length ||
27           newCol < 0 || newCol >= matrix[0].length) {
28         continue;
29       }
30
31       // 새로운 색이 원래 색과 같으면 큐에 삽입한다.
32       if (matrix[newRow][newCol] === oldColor) {
33         queue.push([newRow, newCol]);
34       }
35     }
36
37   }
38
39   return matrix;
40 }
```

이 코드는 영역 채우기 알고리즘을 너비 우선 탐색으로 구현한 것이다. 주어진 시작 셀(시작 위치)과 같은 색으로 연결된 셀을 모두 새 색으로 채운다.

이미지를 나타내는 행렬 matrix, 영역 채우기의 시작 위치(좌표)를 나타내는 startRow와 startCol, 새 색상값 color를 입력 매개변수로 받는다.

2~4행에서는 함수를 시작하면서 초기 검사를 실행한다. 시작 셀의 색이 새 색상값과 같다면 행렬을 그대로 반환한다.

7행의 offset을 살펴보자. 이 배열은 방문하는 셀의 상하좌우 인접 셀의 좌표를 구하고 방향을 추적한다. 예를 들어 현재 셀의 위치가 (x, y)라고 했을 때 인접한 셀은 다음과 같이 나타낼 수 있다.

```
(x + offset[0][0], y + offset[0][1])
(x + offset[1][0], y + offset[1][1])
(x + offset[2][0], y + offset[2][1])
(x + offset[3][0], y + offset[3][1])
```

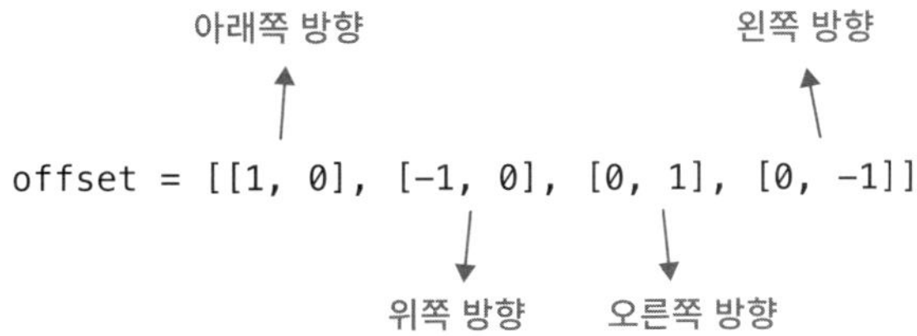

그림 8-4 offset 참조 배열의 방향 예시

10행에서는 큐에 시작 좌푯값을 넣어 너비 우선 탐색을 준비한다. 큐가 빌 때까지 반복문을 실행한다. 반복문 내부에서는 반복할 때마다 큐의 맨 앞 요소(셀의 위치)를 꺼내고 해당 셀의 색을 `color`로 바꾼다.

이어서 현재 셀의 주변 셀(픽셀)을 탐색한다. 이때 또 다시 `offset` 배열을 이용한다. `for` 문으로 `i < offset.length`인 동안 상하좌우에 있는 모든 셀을 처리한다.

현재 방문한 셀의 위치가 `(1, 1)`일 때 탐색 방향은 그림 8-5와 같다.

그림 8-5와 같은 방향으로 이동하면서 해당 셀이 (8행의 `oldColor`와 비교했을 때) 원래 색상이고 행렬의 경계 안에 있다면 다음 반복에서 처리하기 위해 큐에 추가한다.

큐가 빌 때까지 이 과정을 반복하며 색을 채우고, 큐가 비면 원래 색으로 연결된 모든 셀을 방문한 것이므로 변환된 행렬을 반환한다.

이 풀이의 시간 복잡도는 행 개수가 m이고 열 개수가 n일 때 $O(m * n)$으로 전형적인 행렬 문제와 성능이 같다. 최악의 경우 모든 셀을 한 번씩 방문하므로 이러한 복잡도를 가진다.

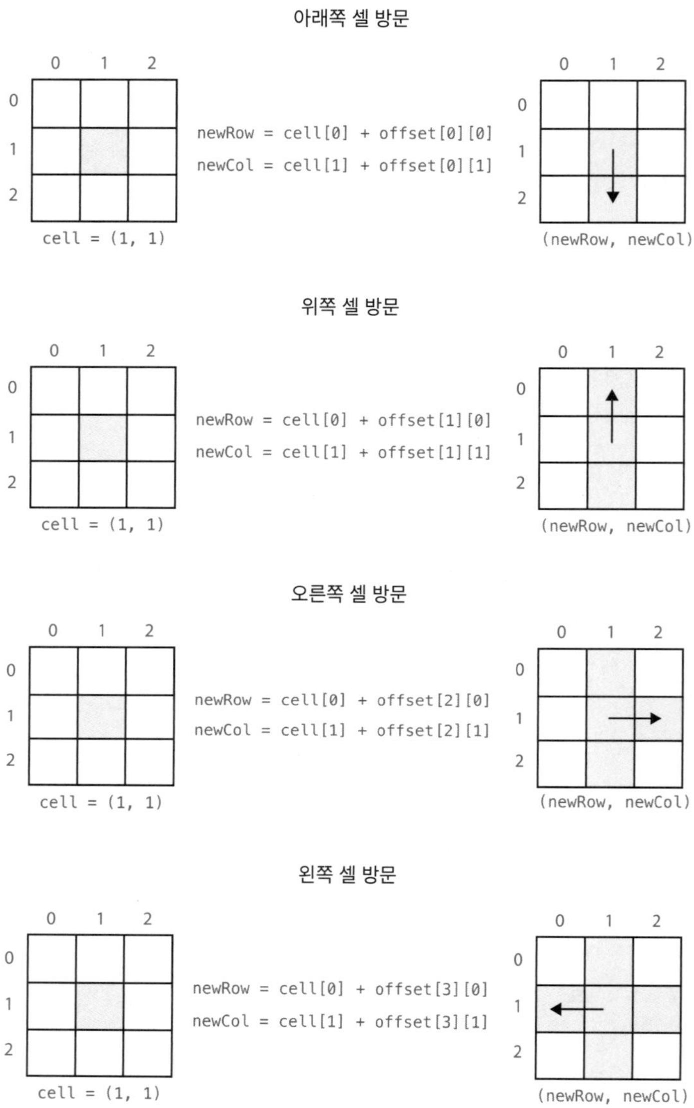

그림 8-5 셀 위치가 (1, 1)일 때 탐색 방향(상하좌우)

8.3.8 최단 경로

기출: 아마존, 구글, 마이크로소프트, 우버
난이도: 상 | **풀이 시간:** 60분 | **런타임:** 3초 | **메모리:** 128MB

문제

V개의 정점을 가진 비가중 그래프가 주어진다. 시작 정점 start와 끝 정점 end가 주어졌을 때 시작 정점에서 끝 정점까지의 최단 경로를 찾는 함수를 완성하라.

- 그래프는 인접 리스트 형태로 전달된다.

입력

예시 1)

```
graph = {
  A: ["B", "D"],
  B: ["A", "C", "E"],
  C: ["B"],
  D: ["A", "E"],
  E: ["B", "D", "F"],
  F: ["E"],
}
start = "C"
end = "F"
```

예시 2)

```
graph = {
  A: ["B"],
  B: ["A", "E", "C"],
  C: ["B", "D"],
  D: ["C", "E"],
  E: ["B", "D"],
}
start = "E"
end = "A"
```

출력

예시 1) ["C", "B", "E", "F"]

예시 2) ["E", "B", "A"]

설명

예시 1에서 정점 C에서 정점 F까지 가는 최단 경로는 C -> B -> E -> F이다.

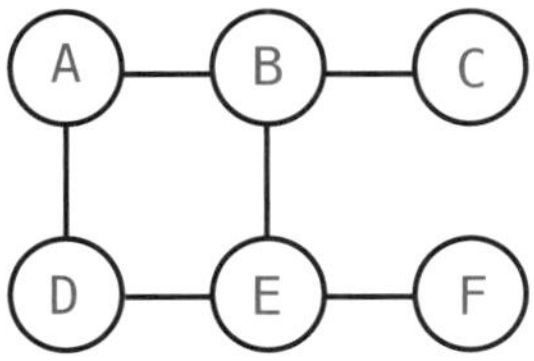

예시 2에서 정점 E에서 정점 A까지 가는 최단 경로는 E -> B -> A이다.

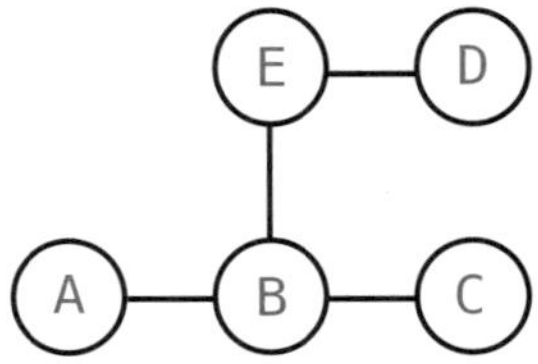

문제 분석

인접 리스트로 표현된 비가중 그래프의 시작 정점과 끝 정점을 받아 최단 경로를 찾는 문제다. 비가중 그래프란 간선에 가중치(weight)가 없는 그래프로, 간선이 서로 다른 속성이나 가중치 없이 단순히 연결되어 있다는 의미다.

이 문제의 핵심 아이디어는 너비 우선 탐색으로 시작 정점에서 끝 정점까지 순회하며 경로를 추적하는 것이다. 각 정점과 정점 사이를 잇는 간선이 있으며 각 정점에서 여러 방향으로 이동할 수 있다. 최단 경로를 찾으려면 다음 절차를 따른다.

- 길 찾기: 시작 정점의 인접 정점부터 확인한다. 이웃에 인접한 정점을 모두 방문하며 끝 정점으로 가는 길을 찾는다.
- 방문한 정점 표시: 이미 방문한 정점은 다시 확인하지 않도록 표시한다.
- 목적지 도착 확인: 끝 정점에 도착했다면 길 찾기를 멈추고, 도착하지 못했다면 다음 정점으로 이동하며 탐색을 이어 간다.

한 가지 주의할 점은 그래프에 시작 정점이나 끝 정점이 없을 때이다. 이를 대비해 코드를 적절히 설계하는 것이 중요하다.

접근 방법

1. 시작 정점(start)과 끝 정점(end) 확인: 그래프에 시작 정점과 끝 정점이 있는지 확인한다.
2. 함수 초기화: 방문한 정점을 추적하기 위해 visited를 Set 객체로 초기화한다. 각 정점의 이전 정점을 추적하기 위해 prev 객체를 빈 객체로 설정한다.
3. 탐색 시작: 시작 정점에서 너비 우선 탐색을 실행해 인접 정점(이웃 노드)을 순서대로 모두 탐색한다.

4. 최단 경로 찾기: 끝 정점에 도달하면 탐색을 중지하고 지금까지의 prev 객체로 경로를 역추적한다.
5. 경로를 찾으면 해당 경로를 반환하고 경로가 없으면 null을 반환한다.

풀이

```
function shortestPath(graph, start, end) {
  // 시작 정점과 끝 정점이 그래프에 있는지 확인한다.
  if (!graph[start] || !graph[end]) {
    return null;
  }

  const visited = new Set(); // 방문한 정점을 저장한다.
  const prev = {}; // 이전 정점을 저장/추적한다.
  const queue = [start];

  visited.add(start);

  while (queue.length > 0) {
    const current = queue.shift();

    // 끝 정점에 도달하면 반복문 종료, 지금까지의 경로를 반환한다.
    if (current === end) {
      const path = [];
      let vertex = end;
      while (vertex != null) {
        path.push(vertex);
        vertex = prev[vertex];
      }
      return path.reverse();
    }

    // 현재 정점의 이웃 정점 중 방문하지 않은 정점을 방문한다.
    graph[current].forEach((neighbor) => {
      if (!visited.has(neighbor)) {
        visited.add(neighbor);
        prev[neighbor] = current;
        queue.push(neighbor);
      }
    });
  }

  return null;
}
```

너비 우선 탐색으로 그래프를 순회하는 풀이다. 시작 정점부터 끝 정점까지 그래프를 순회하고, 시작 정점까지 경로를 되돌려 최단 경로를 반환한다.

먼저 함수의 초기 설정을 살펴보자. 7행에서는 Set 객체인 visited에 방문한 정점을 저장한다. 이는 이미 방문한 정점을 재방문하거나 무한 루프에 빠지는 것을 방지한다.

8행에서는 각 정점의 이전 정점을 추적하기 위해 prev를 초기화한다. 객체 형태로 사용하며 이를 통해 끝 정점부터 시작 정점까지의 경로를 역추적한다.

9행에서는 초기화한 시작 정점을 큐에 넣는다. 전형적인 너비 우선 탐색 패턴의 준비 과정이다.

큐가 빌 때까지 반복문 내에서 다음 두 과정을 반복하며 경로를 탐색한다.

- 이웃 정점 방문: 큐의 첫 번째 정점을 꺼내 현재 정점의 이웃을 모두 방문한다. 이 과정에서 visited에 없는 이웃은 visited에 추가하고 prev[neighbot] = current로 이전 정점을 기록한 뒤 큐에 넣는다.
- 경로 반환: 현재 정점과 끝 정점이 같으면(끝 지점에 도달한 경우) 탐색을 멈추고 20~23행의 while 문을 통해 시작 정점부터 끝 정점까지의 경로를 구성한다. 경로를 구성할 때 path.push()로 배열의 끝부터 채우기 때문에 다시 reverse() 메서드를 호출해 지금까지의 경로를 반전한 후 반환한다. 다음 예시를 참고하자.

```
graph = {
  A: ["B", "D"],
  B: ["A", "C", "E"],
  C: ["B"],
  D: ["A", "E"],
  E: ["B", "D", "F"],
  F: ["E"],
}
start = "C"
end = "F"
```

1. 큐에 "C"를 삽입한 후 시작한다.

   → queue = ["C"], visited = { "C" }

2. 큐에서 "C"를 꺼내고, 이웃 정점 "B"를 큐에 추가한다.

   → queue = ["B"], visited = { "C", "B", "A", "E" }

3. 큐에서 "B"를 꺼내고, 이웃 정점 "A", "E"를 큐에 추가한다.

→ queue = ["A", "E"], visited = { "C", "B", "A", "E" }

4. 큐에서 "F"가 제거될 때까지 이 작업을 실행한다(끝 지점 도착).
5. prev로 경로를 구성한다.

→ ["F", "E", "B", "C"]

6. 경로를 반전시켜 반환한다.

→ ["C", "B", "E", "F"]

이 너비 우선 탐색은 그래프를 레벨별로 탐색하므로 그래프에 경로가 있으면 최단 경로를 보장한다. 시작 정점에서 탐색을 시작해 끝 정점을 처음 방문한 시점까지가 최단 거리가 되기 때문이다. 또한 방문하면서 prev 객체에 이전 정점을 기록하므로 끝 정점을 찾은 시점에서의 prev가 최단 경로가 된다.

이 알고리즘의 시간 복잡도는 $O(V+E)$이다. 이때 V는 정점의 개수이고, E는 간선의 개수이다.

8.4 인터뷰 팁과 고려 사항

- 일반적으로 너비 우선 탐색 구현에는 큐 자료 구조를 사용한다. 방문한 정점을 추적하는 데에는 Set을 사용한다. (배열도 가능하지만, Set는 기본 메서드를 제공해 좀 더 쉽고 간편하게 접근할 수 있다.)
- 자바스크립트에서는 배열을 큐처럼 사용할 수 있다. 값을 넣을(enqueue) 때는 push() 메서드를, 꺼낼 때(dequeue)는 shift() 메서드를 사용한다.
- 너비 우선 탐색은 본질적으로 레벨별로 작동한다. 이 특성은 가중치가 없는 그래프에서 최단 경로를 결정하거나 각 노드의 레벨을 찾는 데 사용할 수 있다.
- 초기화 단계에서 시작 정점에 방문 표시를 해 재방문하지 않도록 한다.

9장

J a v a s c r i p t   C o d i n g   T e s t

깊이 우선 탐색 패턴

9.1 깊이 우선 탐색

깊이 우선 탐색(Depth-First Search, DFS)은 8장에서 다룬 너비 우선 탐색과 마찬가지로 그래프나 트리의 모든 노드를 방문하는 데 사용되는 순회 알고리즘이다. 너비 우선으로 진행하는 너비 우선 탐색과 달리 깊이 우선 탐색은 깊이 우선으로 노드를 방문한다. 즉, 각 분기/간선을 따라 최대한 멀리(깊이) 탐색한 후 되돌아온다.

자바스크립트에서는 스택 자료 구조로 다음에 방문할 노드를 추적함으로써 깊이 우선 탐색을 구현한다. 마지막으로 방문한 노드와 아직 방문하지 않은 이웃을 먼저 탐색함으로써 깊이 우선 순서로 노드를 방문한다(다음 노드로 이동하기 전에 깊이 우선 탐색을 할 수 있다.).

9.2 그래프와 트리 순회

9.2.1 깊이 우선 탐색으로 그래프 순회

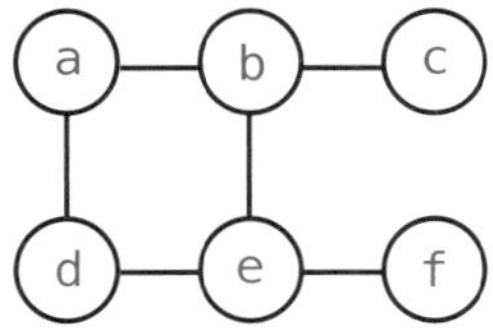

그림 9-1 그래프 예시

— **Javascript**

이 그래프를 인접 리스트로 표현하면 다음과 같다.

```
const graph = {
  A: ['B', 'D'],
  B: ['A', 'C', 'E'],
  C: ['B'],
  D: ['A', 'E'],
  E: ['B', 'D', 'F'],
  F: ['E'],
};
```

생성된 인접 리스트를 다음 `dfs()` 함수로 순회해 보자.

```
function dfs(graph, start) {
  const stack = [start];
  const visited = new Set();
  const result = [];

  while (stack.length) {
    const vertex = stack.pop();

    if (!visited.has(vertex)) {
      visited.add(vertex);
      result.push(vertex);

      for (const neighbor of graph[vertex]) {
        stack.push(neighbor);
      }
    }
  }

  return result;
}

dfs(graph, "A");
```

이 `dfs()` 함수는 스택으로 구현했다. 방문한 노드를 기록하기 위해 `Set` 객체를 사용하고 결과 배열 `result`에는 방문한 노드를 순서대로 저장한다.

우선 시작 노드를 스택에 추가하고 해당 노드를 처리하면서 시작한다. 이어서 이웃 노드를 스택에 추가하고 스택의 특성상 마지막에 추가한 노드부터 순서대로 처리한다. 더 이상 처리할 노드가 없을 때까지 이 과정을 반복한다. 이미 방문한 노드를 다시 만나면 다음 노드로 건너뛴다. 마지막으로 결과 배열을 반환한다. 이때 출력 결과는 `['A', 'D', 'E', 'F', 'B', 'C']`이다.

깊이 우선 탐색을 재귀로 구현하는 방법도 있다.

```
01 function dfs(graph, start, visited = new Set(), result = []) {
02
03   result.push(start);
04   visited.add(start);
05
06   for (const neighbor of graph[start]) {
07     if (!visited.has(neighbor)) {
08       dfs(graph, neighbor, visited, result);
09     }
10   }
11
12   return result;
13 }
14
15
16 dfs(graph, "A");
```

재귀로 작성한 이 코드는 3~4행에서 시작 노드를 처리하고, 6~10행에서 모든 이웃을 처리한다. 또한 `Set` 객체 `visited`, 결과 배열 `result`를 함수의 매개변수로 전달해 각 재귀 호출이 같은 `Set` 객체와 결과 배열을 공유하고 갱신한다.

재귀의 기저 조건은 현재 노드의 모든 이웃을 이미 방문한 경우다. 이때 더 이상의 재귀 호출 없이 반환하며 출력 결과는 `['A', 'B', 'C', 'E', 'D', 'F']`이다.

예제를 직접 테스트해 보았다면 두 방법의 출력 값이 다르다는 것을 알 수 있다. 그 이유는 첫 번째 깊이 우선 탐색이 스택을 사용하기 때문이다. 스택은 후입선출(LIFO)을 기반으로 작동하므로 가장 마지막에 추가한 이웃 노드를 가장 먼저 방문하게 된다. 하나의 이웃을 방문하고, 그 이웃의 이웃을 방문하는 순서로 탐색한다(깊이 들어가는 방식). 이웃을 방문하는 순서는 이웃이 그래프에 추가된 순서, 즉 이웃이 발견된 순서에 따라 달라진다.

9.2.2 깊이 우선 탐색으로 트리 순회

이번에는 트리 구조를 순회하는 `dfs()` 함수를 구현해 보자.

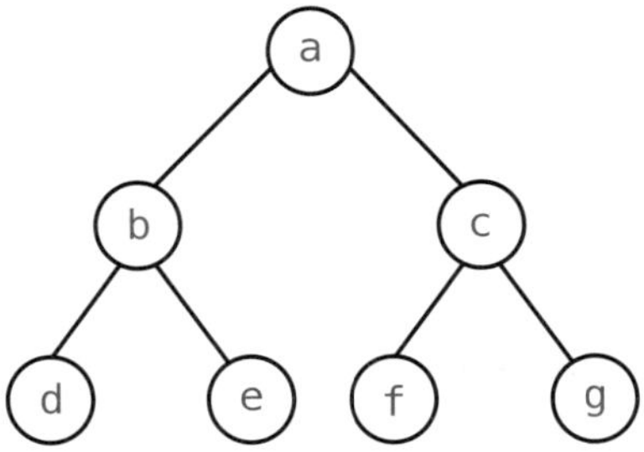

그림 9-2 트리 예시

먼저 TreeNode 클래스를 생성한 후 노드를 연결하여 트리 구조를 완성한다.

```
class TreeNode {
  constructor(value) {
    this.value = value;
    this.left = null;
    this.right = null;
  }
}

const root = new TreeNode("a");
root.left = new TreeNode("b");
root.right = new TreeNode("c");
root.left.left = new TreeNode("d");
root.left.right = new TreeNode("e");
root.right.left = new TreeNode("f");
root.right.right = new TreeNode("g");

//        a
//      /   \
//     b     c
//    / \   / \
//   d   e f   g
```

생성된 트리를 다음 dfs() 함수로 순회해 보자.

```
function dfs(node) {
  if (!node) {
    return [];
  }

  const stack = [node];
  const result = [];

```

```
  while (stack.length > 0) {
    const current = stack.pop();
    result.push(current.value);

    if (current.right) {
      stack.push(current.right);
    }

    if (current.left) {
      stack.push(current.left);
    }
  }

  return result;
}

dfs(root);
```

이 함수는 스택으로 트리를 깊이 우선 방식으로 순회한다. 루트 노드를 스택에 추가하며 시작한다. 다음 스택에서 마지막 노드를 꺼내고(pop) 그 값을 결과 배열에 추가한다. 꺼낸 노드에 오른쪽 자식이 있으면 스택에 추가(push)하고 왼쪽 자식도 같은 방법으로 처리한다. 더 이상 스택에 노드가 없을 때까지 이 과정을 반복한다.

트리 순회도 재귀로 구현할 수 있다.

```
function dfs(node, result = []) {
  if (!node) {
    return result;
  }

  result.push(node.value);

  dfs(node.left, result);
  dfs(node.right, result);

  return result;
}

dfs(root);
```

이 함수는 재귀로 트리를 순회한다. 결과 배열(result)은 각 재귀 호출을 통해 전달되므로 각 노드의 값이 올바른 순서로 누적된다. 각 노드의 왼쪽 하위 트리(subtree)가 오른쪽 하위 트리보다 먼저 탐색되는데 이는 깊이 우선 탐색이 전위 순회(루트 → 왼쪽 → 오른쪽) 패턴을 사용하기 때문이다. 코딩 테스트에서 깊이 우선 탐색을 구현할 때는 반복적인 방식보다는 좀 더 간결하고 직관적인 재귀적인 방식을 사용하기를 추천한다.

시간/공간 복잡도

깊이 우선 탐색의 시간 복잡도는 탐색 대상 그래프나 트리 구조에 따라 달라진다.

- 그래프: 시간 복잡도는 $O(V+E)$이다. 그래프의 모든 노드를 방문하고 각 노드에 연결된 모든 간선을 한 번씩 검사해야 하기 때문이다. 여기서 V는 그래프의 노드 개수이고, E는 그래프의 간선 개수이다.
- 트리: 시간 복잡도는 $O(n)$이다. 여기서 n은 트리의 노드 개수이다. 순환 구조가 아닌 트리의 특성상 노드를 최대 한 번씩 방문한다. 따라서 필요한 시간은 노드 개수에 비례한다.

깊이 우선 탐색은 스택 자료 구조를 바탕으로 작동하므로 공간 복잡도는 그래프의 경우 간선 개수에 따라 $O(E)$이고, 트리의 경우 노드 개수에 따라 $O(n)$이 된다.

9.3 재귀

깊이 우선 탐색을 사용할 때 재귀(recursion)의 작동 원리를 먼저 이해하는 것이 중요하다. 9장에서 재귀를 함께 소개하는 이유이기도 하다.

재귀는 컴퓨터 과학에서 중요한 역할을 하며 깊이 우선 탐색과 같은 알고리즘을 포함해 많은 문제 유형에서 사용된다. 실무에서도 파일/디렉터리 탐색, HTML 문서 파싱, 트리 및 그래프에서의 탐색 등에 사용된다.

재귀를 제대로 이해하고 활용하면 하나의 문제를 작은 부분으로 나누는 능력이 자라 논리적 사고력와 전반적인 문제 해결 능력도 높아진다.

- 탐색 방식: 깊이 우선 탐색은 한 노드에서 시작해 가능한 한 최대 깊이까지 내려가며 탐색하는 방식이다. 재귀로 자연스럽게 구현할 수 있고 트리/그래프와 같은 자료 구조에서 널리 쓰인다.
- 코드의 간결함: 재귀를 사용하면 깊이 우선 탐색을 더 간결하게 구현할 수 있다. 재귀 대신 반복문을 사용하면 코드가 길어지고 별도로 스택 관리도 해야 한다.
- 문제 분해: 하나의 문제를 더 작은 부분 문제로 나누면 문제 풀이 방식을 구조화하는 데 도움이 된다.

9.3.1 재귀 함수의 기본 구조

일반적으로 재귀 함수를 구성하는 요소는 다음과 같다.

- 기저 조건: 재귀 호출을 멈추고 결과를 반환하는 조건이다. 기저 조건이 없으면 재귀 함수는 무한 루프에 빠질 수 있다.
- 재귀 호출: 문제를 더 작은 부분 문제로 나눠 같은 함수를 다시 호출한다. 호출을 반복하면 문제가 점차 작아지고 결국 기저 조건에 도달하게 된다.

```
01 function countdown(n){
02   // 기저 조건
03   if(n === 0){
04     return;
05   }
06   // 재귀 호출
07   countdown(n - 1);
08 }
09
10 countdown(5); // 5 4 3 2 1
```

이 함수의 기저 조건은 n이 0일 때다. 함수의 목표를 달성했으므로 즉시 반환해 재귀를 종료한다. 재귀 함수를 구현할 때는 항상 기저 조건을 함수의 시작 부분에 넣어야 한다. 그렇지 않으면 무한 루프에 빠질 수 있다.

7행에서 자기 자신을 호출하는데, 이 동작이 바로 재귀 호출이다. 보통 매개변수로 부분 문제의 범위를 전달하여 문제의 크기를 점차 줄이며 핵심 로직이 이 부분에서 처리된다. 이 함수의 재귀 호출 매개변수는 n - 1로 정수 n이 0으로 수렴하게 한다.

9.3.2 재귀 함수의 프롤로그와 에필로그

프롤로그(prologue)는 새 재귀 호출 전에 실행하는 연산을 의미한다. 반대로 에필로그(epilogue)는 재귀 호출 후에 실행하는 연산을 의미한다.

```
function countdown(n){
  // 기저 조건
  if(n === 0){
    return;
  }
  console.log("프롤로그")
  // 재귀 호출
  countdown(n-1);
```

```
    console.log("에필로그")
}

countdown(5); // 5 4 3 2 1
```

이와 같이 재귀 호출 전후 위치에 따라 프롤로그와 에필로그로 구분된다. 이들의 순서는 함수의 작동에 영향을 미칠 수 있으니 항상 주의하자.

9.4 응용 문제

깊이 우선 탐색을 활용한 응용 문제를 풀어 보며 패턴 학습을 해 보자. 코딩 테스트에서는 너비 우선 탐색보다 깊이 우선 탐색의 활용도가 조금 더 높다. 다양한 유형의 문제를 다루면서 실력을 키워 보자.

9.4.1 같은 트리

기출: 아마존, 구글, 마이크로소프트, 링크드인, 메타, 애플
난이도: 하 | **풀이 시간:** 25분 | **런타임:** 1초 | **메모리:** 32MB

문제

두 개의 이진 트리 a, b가 주어진다. 두 트리가 같은지 판별하는 함수를 완성하라.

- 같은 트리란 구조가 같고 각 노드의 값도 같은 것을 의미한다.

입력

예시 1) `a = [1, 2, 3, 4, 5]`, `b = [1, 2, 3, 4, 5]`

예시 2) `a = [1, 2, 3]`, `b = [1, 3, 1]`

예시 3) `a = [2, 3, 6, null, null, 7]`, `b = [2, 3, 6, null, null, 7, 9]`

출력

예시 1) `true`

예시 2) `false`

예시 3) `true`

설명

예시 1에서 a와 b는 구조와 노드 값이 모두 같으므로 true를 반환한다.

```
      1              1
     / \            / \
    2   3          2   3
   / \            / \
  4   5          4   5
```

예시 2에서 a와 b는 구조는 같지만, 노드 값이 다르므로 false를 반환한다.

```
    1        1
   / \      / \
  2   3    3   2
```

예시 2에서 a와 b는 구조가 다르므로 false를 반환한다.

```
    2          2
   / \        / \
  3   6      3   6
     /          / \
    7          7   9
```

문제 분석

두 이진 트리를 비교해 이들이 같은지 판단하는 문제다. 트리의 루트부터 시작하여 최하단 노드까지 탐색하며 다음을 검사한다.

- 구조의 동일성: 트리 a와 b의 구조적 배치가 같아야 한다. 즉, 서로 대응하는 노드의 왼쪽, 오른쪽 자식까지 같아야 한다.
- 노드 값: 트리 a와 b의 노드 값이 대응하는 각각의 노드 값과 같아야 한다.

이 사항을 고려해 두 트리의 모든 노드와 왼쪽/오른쪽 하위 트리를 모두 재귀적으로 탐색하면서 조건을 모두 만족하면 true를, 만족하지 못하면 false를 반환한다.

이 문제(또는 비슷한 유형의 동일성 확인 문제)는 너비 우선 탐색보다 깊이 우선 탐색을 선택하는 것이 적절하다. 두 방법 모두 사용할 수 있지만 추가 공간(큐 자료 구조)을 사용하지 않고 재귀적인 코드를 사용하는 깊이 우선 탐색이 좀 더 효율적이며 코드가 더 간결하다. 또한 깊이 우선 탐색은 탐색 초기(루트 노드 근처)에 조건을 만족하지 않는 경우를 찾으면 트리의 나머지 부분을 탐색하지 않고 바로 함수를 종료할 수 있다는 장점도 있다.

접근 방법

1. 다음과 같이 기저 조건을 정의한다.
   a. 두 노드 모두 null이면 true를 반환한다(같은 트리로 판단).
   b. 하나의 노드만 null이면 false를 반환한다(그대로 종료).
   c. 두 노드의 값이 다르면 false를 반환한다.
2. 재귀 호출
   a. a의 왼쪽 하위 트리와 b의 왼쪽 하위 트리를 재귀적으로 비교한다.
   b. a의 오른쪽 하위 트리와 b의 오른쪽 하위 트리를 재귀적으로 비교한다.

풀이

```
01 function isSameTree(a, b) {
02   // 기저 조건(두 노드가 모두 null이면 true)
03   if (a === null && b === null) {
04     return true;
05   }
06   // 기저 조건(하나의 노드만 null이면 false)
07   if (a === null || b === null) {
08     return false;
09   }
10   // 기저 조건(노드의 값이 다르면 false)
11   if (a.value !== b.value) {
12     return false;
13   }
14
15   // 재귀 호출 설정(왼쪽 하위 트리, 오른쪽 하위 트리를 각각 비교)
16   return isSameTree(a.left, b.left) && isSameTree(a.right, b.right);
17 }
```

크게 기저 조건 정의와 재귀 호출 설정이라는 두 단계로 구분된다. 9.3절에서 설명한 재귀 함수의 기본 구조와 같다. 이 문제를 포함한 대부분의 깊이 우선 탐색 유형의 문제는 이 두 단계로 해결할 수 있으므로 각 문제의 제약 사항에 맞춰 두 규칙을 알맞게 설계할 수 있는 통찰이 중요하다.

3행의 첫 번째 기저 조건은 두 노드가 모두 null이면 true를 반환한다. 이는 현재까지의 하위 트리가 같다는 뜻이다.

7행의 두 번째 기저 조건은 하나의 노드만 null인 경우이다. 이는 트리가 같지 않다는 의미다.

11행의 기저 조건은 현재 두 노드의 값이 다르다는 뜻이므로 false를 반환한다.

16행의 재귀 호출에서 왼쪽과 오른쪽 하위 트리를 모두 재귀적으로 탐색하며 비교한다. 이때 논리곱(AND) 연산자 &&로 두 비교식을 묶어 두 하위 트리가 모두 같은지 확인한다.

두 트리를 깊이 우선 탐색으로 처리하되 두 노드가 모두 비어 있는지 확인하고, 노드 값을 비교한 다음 왼쪽과 오른쪽 하위 트리를 재귀적으로 비교하는 방식으로 문제를 해결한다.

이 풀이의 시간 복잡도는 두 트리의 노드 개수에 비례하는 $O(n)$으로, 두 트리가 같은 트리인지를 효과적으로 판별한다.

9.4.2 트리의 최대 깊이

기출: 아마존, 구글, 마이크로소프트, 링크드인, 메타, 우버
난이도: 하 | **풀이 시간:** 25분 | **런타임:** 1초 | **메모리:** 32MB

문제

이진 트리가 주어진다. 이 트리의 최대 깊이를 찾아 반환하는 함수를 완성하라. 이진 트리의 최대 깊이는 루트 노드에서 시작해 가장 먼 리프 노드까지의 거리(노드의 개수)다. 즉, 이진 트리의 높이를 의미한다.

입력

예시 1) `[1, 2, 3, 4]`

예시 2) `[1, 2, 3]`

예시 3) `[5, 3, 1, 2, 4, null, null, 7]`

출력

예시 1) 3

예시 1) 2

예시 1) 4

설명

예시 1의 트리는 다음과 같이 총 3개의 노드(1 -> 2 -> 4)를 가지므로 최대 깊이는 3이다.

```
        1
       / \
      2   3
     /
    4
```

예시 2의 트리는 다음과 같이 총 2개의 노드(1 -> 2)를 가지므로 최대 깊이는 2이다.

```
        1
       / \
      2   3
```

예시 3의 트리는 다음과 같이 총 4개의 노드(5 -> 3 -> 2 -> 7)를 가지므로 최대 깊이는 4이다.

```
        5
       / \
      3   1
     / \
    2   4
   /
  7
```

문제 분석

이 문제는 이진 트리의 최대 깊이를 찾는 것이다. 이진 트리의 최대 깊이는 최대 높이와 같은 의미이며, 루트 노드에서 가장 멀리 있는 리프 노드까지의 가장 긴 경로다. 이는 다음과 같은 규칙을 갖는다.

1. 트리가 비어 있으면(루트가 `null`이면) 높이는 0이 된다.
2. 노드가 하나만 있으면(루트만 있으면) 높이는 1이 된다.
3. 노드가 하나 이상이면 트리 높이는 가장 깊은 하위 트리의 깊이에 1을 더한 값이 된다(루트의 높이가 1이기 때문이다.).

이를 바탕으로 아이디어를 도출해 보자. 재귀적으로 접근하기 때문에 가장 먼저 기저 조건을 고민해야 한다. 재귀를 종료하는 시점은 언제가 적절할까? 더 이상 순회할 노드가 없을 때다. 즉, 루트에서 시작해 최하위 노드까지 확인한 후 되돌아왔을 때 `null` 노드가 발견되는 시점에 깊이 우선 탐색을 종료하면 된다. 재귀 호출을 실행하는 단계마다 높이를 계산한다. 이때 루트 노드를 기준으로 왼쪽 하위 트리와 오른쪽 하위 트리의 깊이 중 더 큰 값에 1을 더해 최대 깊이를 구한다.

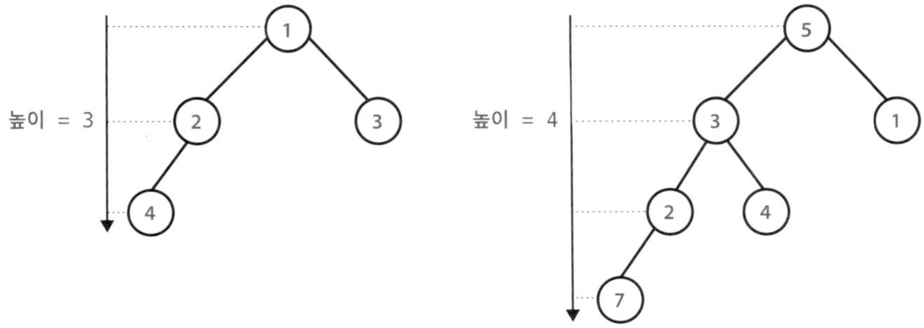

그림 9-3 트리의 최대 깊이는 트리의 높이와 같다.

접근 방법

1. 다음과 같이 기저 조건을 정의한다.
   a. 노드가 `null`이면 높이는 `0`이다. 따라서 `null`이 확인되면 `0`을 반환한다.
2. 다음과 같이 재귀 호출로 깊이를 계산한다.
   a. 현재 노드에 `1`을 더한다(루트 노드의 높이가 1이기 때문이다.).
   b. 왼쪽 하위 트리와 오른쪽 하위 트리의 깊이를 재귀적으로 계산한다.
   c. a와 b를 종합해 보면 현재 노드의 깊이는 `Max(왼쪽 하위 트리 깊이, 오른쪽 하위 트리 깊이) + 1`이 된다.

풀이

```
function maxDepth(root) {
  if (root === null) {
    return 0;
  }

  const left = maxDepth(root.left);
  const right = maxDepth(root.right);

  return Math.max(left, right) + 1;
}
```

이 문제는 노드의 깊이가 자식 노드의 깊이에서 결정되므로 재귀가 자연스럽다. 따라서 생각보다 짧고 간단한 코드로 해결할 수 있다. 이는 깊이 우선 탐색 패턴의 가장 큰 장점이다. 기저 조건만 제대로 정의하면 손쉽게 해결할 수 있다. 깊이를 따라 트리를 탐색하는 동시에 왼쪽 하위 트리와 오른쪽 하위 트리의 깊이를 비교해 최댓값을 도출하는 알고리즘이다.

이 풀이의 시간 복잡도는 트리의 노드 개수가 n일 때 $O(n)$이 된다. 트리의 모든 노드를 한 번씩 방문하는 데 필요한 시간과 같다.

9.4.3 경로의 합

기출: 아마존, 마이크로소프트, 링크드인, 메타, 애플, 오라클
난이도: 중 | **풀이 시간:** 40분 | **런타임:** 2초 | **메모리:** 64MB

문제

이진 트리와 정수 s가 주어진다. 트리의 루트부터 리프까지의 경로 중 모든 노드 값의 합이 s와 같은 경로가 있는지를 판별하는 함수를 완성하라. 노드 값의 합이 s와 같은 경로가 있으면 true, 없으면 false를 반환하라.

입력

예시 1) [1, 2, 3, 4, 5, null, 6], s = 10

예시 2) [1, 2, 3], s = 5

예시 3) [12, 7, 1, 9, null, 10, 5], s = 23

출력

예시 1) true

예시 2) false

예시 3) true

설명

예시 1에서는 1 -> 3 -> 6 경로의 합이 10이다. s와 일치하므로 true를 반환한다.

```
        1
      /   \
     2     3
    / \     \
   4   5     6
```

예시 2에서는 모든 경로(1 -> 2, 1 -> 3)의 합이 s와 일치하지 않는다. 따라서 false를 반환한다.

```
     1
    / \
   2   3
```

예시 3에서는 12 -> 1 -> 10 경로의 합이 23이다. s와 일치하므로 true를 반환한다.

```
       12
      /  \
     7    1
    /    / \
   9   10   5
```

문제 분석

이진 트리의 루트에서 리프까지의 모든 경로를 탐색하면서 각 경로에 포함된 노드 값의 합을 비교해 s와 같은지 확인하는 알고리즘을 구현하는 문제다. 깊이 우선 탐색으로 모든 '루트 → 리프' 경로를 탐색하며 노드 값의 합을 추적해야 한다. 리프에 도달하면 현재까지 합이 s와 같은지를 확인한다.

그림 9-4를 보자. 트리에는 총 세 경로가 있다. 1 -> 2 -> 4, 1 -> 2 -> 5, 1 -> 3 -> 6의 경로 중 노드 값의 합이 10과 일치하는 경로는 1 -> 3 -> 6이므로 해당 경로에 대해 true를 반환한다.

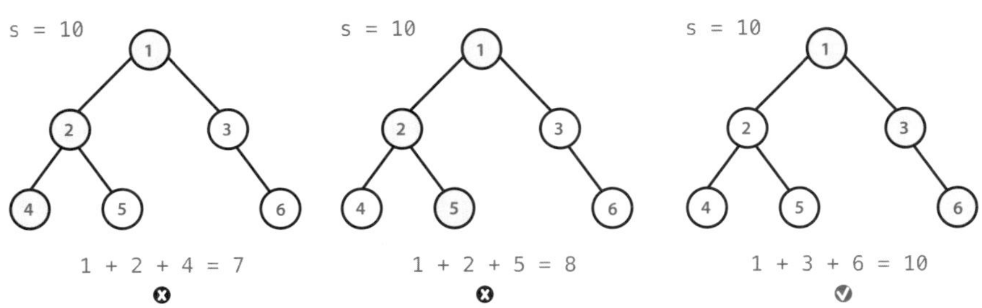

그림 9-4 각 경로의 노드 값 합 비교

접근 방법

1. dfs() 헬퍼 함수 정의
   a. 트리의 현재 노드까지의 합(currentSum)을 매개변수로 받는다.
   b. 기저 조건 정의 : 현재 노드가 null이면 유효하지 않은 경로이므로 false를 반환한다.
   c. 현재 노드의 값을 currentSum에 더한다.
   d. 현재 노드가 리프 노드이면 currentSum과 s의 값이 같은지 비교하여 true 또는 false를 반환한다.
   e. 현재 노드가 리프 노드가 아니면 왼쪽 하위 노드와 오른쪽 하위 노드에 dfs() 함수를 재귀적으로 호출한다.
2. 루트 노드와 초깃값 0을 1에서 구현한 함수에 전달하여 dfs()를 시작한다.

풀이

```
function hasPath(root, s) {

  // dfs 헬퍼 함수
  function dfs(node, currentSum) {
    // 만약 노드가 null이면 false를 반환한다.
    if (node === null) {
      return false;
    }

    // 현재 노드 값을 더한다.
    currentSum += node.value;

    // 현재 노드가 리프 노드이고, 지금까지의 합이 s와 같으면 true를 반환한다.
    if (node.left === null && node.right === null) {
      return currentSum === s;
    }

    // 왼쪽 노드와 오른쪽 노드를 재귀적으로 호출한다.
    return dfs(node.left, currentSum) || dfs(node.right, currentSum);
  }

  // dfs 함수를 호출, 루트 노드부터 시작하고 currentSum을 0으로 초기화한다.
  return dfs(root, 0);
}
```

이 풀이는 dfs()를 헬퍼 함수로 따로 구현하고 재귀 호출마다 currentSum에 노드 값을 더해 가면서 해당 경로의 합을 s와 비교하는 방식이다.

우선 메인 함수 hasPath()는 이진 트리의 루트 노드(root)와 목표 합(s)을 매개변수로 받는다. 함수를 호출할 때 currentSum의 초깃값은 0이다.

메인 로직을 담고 있는 헬퍼 함수 dfs()는 노드와 currentSum을 매개변수로 받아 트리를 깊이 우선으로 탐색한다.

6행에서는 기저 조건을 정의한다. 현재 노드가 null이면 false를 반환한다.

11행에서는 노드 값을 더한다. 여기서 currentSum은 현재까지의 합계를, node.value는 방문 중인 노드 값을 나타낸다. 이를 통해 단계마다 현재까지의 합을 갱신하며 s를 만족하는 경로가 있는지를 판별하는 데 사용된다.

14~16행에서는 현재 노드가 리프인지 확인한다. 리프라면 currentSum이 s와 같은지 확인한다. 두 값이 같으면 true, 아니면 false를 반환한다.

재귀 탐색 중 하나라도 true가 나오면 s와 같은 합을 가진 경로가 있다는 의미이므로 true를, 모든 재귀 호출이 false면 찾는 경로가 없다는 의미이므로 false를 반환한다.

이처럼 루트에서 시작해 리프에 도달했을 때 해당 경로의 합이 s와 같은지 확인하는 작업을 반복해 모든 경로를 검사하는 방식으로 문제를 해결한다.

이 풀이는 트리의 모든 노드를 한 번씩 방문하므로 시간 복잡도는 $O(n)$이 된다.

9.4.4 가장 긴 경로

기출: 아마존, 마이크로소프트, 링크드인, 메타, 애플, 오라클, 구글

난이도: 중 | **풀이 시간:** 45분 | **런타임:** 3초 | **메모리:** 64MB

문제

주어진 이진 트리의 최장 경로의 길이를 찾아라. 최장 경로는 두 리프 노드 사이에 있는 간선의 개수가 가장 많은 경로이다.

- 전달된 트리에는 최소 2개의 리프 노드가 있다.

입력

예시 1) [12, 7, 1, 9, 10, null, 5]

예시 2) [1, 2, 3, null, null, null, 6]

예시 3) [1, 2, 3]

출력

예시 1) 4

예시 2) 3

예시 3) 2

설명

예시 1의 최장 경로는 9 -> 7 -> 12 -> 1 -> 5 또는 10 -> 7 -> 12 -> 1 -> 5이며, 이 경로의 길이는 두 노드 사이의 간선 개수인 4이다.

```
      12
     /  \
    7    1
   / \    \
  9  10    5
```

예시 2의 최장 경로는 2 -> 1 -> 3 -> 6이며, 이 경로의 길이는 두 노드 사이의 간선 개수인 3이다.

```
    1
   / \
  2   3
       \
        6
```

예시 3의 최장 경로는 2 -> 1 -> 3이며, 이 경로의 길이는 두 노드 사이의 간선 개수인 2이다.

```
    1
   / \
  2   3
```

문제 분석

이진 트리 경로 문제는 깊이 우선 탐색을 이해하는 데 매우 중요하다. 문제에 명시된 최장 경로는 임의의 두 리프 노드 사이에 있는 간선의 개수가 가장 많은 경로를 뜻한다. 경우에 따라 트리의 지름이라고도 표현하지만 '가장 긴 경로'나 '최장 경로'가 조금 더 이해하기 쉽고 직관적이다.

이 문제의 핵심 아이디어는 깊이 우선 탐색으로 각 노드에서 왼쪽 하위 트리와 오른쪽 하위 트리의 깊이를 구하고 두 높이로 최장 경로의 길이를 정하는 것이다. 트리의 순회 방식 중 후위 순회(post-order traversal)를 사용하며 선형 시간 $O(n)$으로 해결할 수 있다.

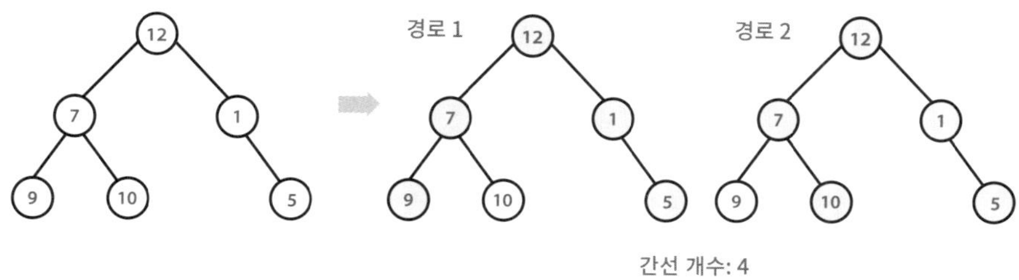

그림 9-5 최장 경로 찾기

접근 방법

1. `dfs()` 헬퍼 함수 정의
   a. 트리의 루트 노드를 매개변수로 받는다.
   b. 기저 조건: 현재 노드가 `null`이면 `0`을 반환한다.
   c. 각 노드에서 `dfs()` 함수를 호출하여 왼쪽 하위 트리와 오른쪽 하위 트리의 깊이를 계산한다.
   d. 계산된 경로 길이와 지금까지의 최대 경로 길이를 비교해 최대 길이를 갱신한다.
   e. `dfs()` 탐색이 완료되면 최장 경로 길이를 반환한다.
2. 메인 함수에서 `root`를 헬퍼 함수에 전달해 `dfs` 탐색을 시작한다.

풀이

```
function getLongestPath(root) {
  let longestPath = 0;

  function dfs(node) {
    // 기저 조건 (리프 노드일 때 0을 반환)
    if (node === null) {
      return 0;
    }

    // 왼쪽/오른쪽 하위 트리를 재귀적으로 탐색한다.
    const left = dfs(node.left);
```

— Javascript

```
12     const right = dfs(node.right);
13
14     // 왼쪽/오른쪽 하위 트리의 최장 경로를 갱신한다.
15     longestPath = Math.max(longestPath, left + right);
16
17     // 왼쪽/오른쪽 중 더 긴 경로에 1을 더해 반환한다.
18     // (현재 노드를 포함하기 위해 1을 더한다.)
19     return Math.max(left, right) + 1;
20   }
21
22   dfs(root);
23
24   return longestPath;
25 }
```

메인 함수와 탐색을 담당할 `dfs()` 헬퍼 함수로 구성된 이 코드는 깊이 우선 탐색으로 트리의 각 노드에서 왼쪽/오른쪽 하위 트리의 깊이를 계산한다.

2행에서는 메인 함수 범위(scope)에 최장 경로를 추적할 `longestPath`를 초기화했다. 그래야 헬퍼 함수에서 접근할 수 있다.

이제 헬퍼 함수 `dfs()`를 살펴보자. 우선 6행에서는 노드가 `null`일 때 `0`을 반환하는 기저 조건을 정의한다.

11~12행에서는 현재 노드의 왼쪽 하위 트리와 오른쪽 하위 트리를 재귀적으로 탐색하며 각 트리의 깊이를 계산한다. 이 깊이는 15행에서 최장 경로를 갱신하는 데 사용된다. 예를 들어 현재까지의 최장 경로와 현 시점에서의 `left + right`를 비교해 더 큰 수로 갱신한다.

19행에서는 현재 노드를 기준으로 하위 트리의 깊이를 반환한다. 왼쪽 하위 노드와 오른쪽 하위 노드 중 더 깊은 값을 선택하고, 현재 노드를 포함하기 위해 `1`을 더한다.

마지막으로 `longestPath`에 저장된 최장 경로의 길이를 반환한다.

이 코드의 작동 원리를 예를 들어 살펴보자. 다음과 같은 트리가 있다고 해 보자.

```
      12
     /  \
    7    1
   / \    \
  9  10    5
```

1. 루트 노드에서 순회를 시작한다.
2. 왼쪽 하위 트리를 재귀적으로 탐색한다. 노드 7의 왼쪽 자식 노드인 9를 먼저 방

문한다. 9는 자식 노드가 없으므로 깊이는 1이 된다.

3. 노드 7의 오른쪽 자식 노드인 10을 방문한다. 10은 자식 노드가 없으므로 깊이는 1이 된다.
4. 노드 7의 깊이는 왼쪽 자식과 오른쪽 자식의 깊이 중 더 큰 값에 1을 더한 값이다. 그러므로 노드 7의 깊이는 2가 된다.
5. 루트 노드의 오른쪽 하위 트리를 재귀적으로 탐색한다. 노드 1의 오른쪽 자식 노드인 5를 방문한다. 5는 자식 노드가 없으므로 깊이는 1이 된다.
6. 노드 1의 왼쪽 자식 노드는 없으므로 깊이는 0이 된다.
7. 노드 1의 깊이는 왼쪽 자식과 오른쪽 자식 중 더 큰 깊이에 1을 더한 값이다. 그러므로 노드 1의 깊이는 2가 된다(4와 같은 맥락이다.).
8. 루트 노드 12의 왼쪽 하위 트리의 깊이는 2, 오른쪽 하위 트리의 깊이도 2이다.
9. 결과적으로 이진 트리의 최장 경로는 4가 된다.

9.4.5 경로 합의 개수

기출: 아마존, 마이크로소프트, 메타, 어도비, 애플

난이도: 중 | **풀이 시간:** 40분 | **런타임:** 2초 | **메모리:** 64MB

문제

주어진 이진 트리에서 노드 값의 합이 정수 s와 일치하는 경로의 개수를 찾는 함수를 완성하라.

- 경로는 부모 노드에서 자식 노드로 (위에서 아래로) 이동한다.

입력

예시 1) `[7, 2, -3, -2, 6, 5, null, null, null, 1]`, s = 9

예시 2) `[1, 7, 9, 6, 5, 2, 3]`, s = 11

예시 3) `[3, 2, 1, null, null, 5, 6, 7, 8]`, s = 13

출력

예시 1) 3

예시 2) 1

예시 3) 2

설명

예시 1에서 노드 값의 합이 s(9)와 같은 경로는 7 -> 2, 2 -> 6 -> 1, 7 -> -3 -> 5로 총 3개다.

```
        7
      /   \
     2     -3
    / \    /
  -2   6  5
      /
     1
```

예시 2에서는 노드 값의 합이 s(11)과 같은 경로는 9 -> 2로, 1개뿐이다.

```
        1
      /   \
     7     9
    / \   / \
   6   5 2   3
```

예시 3에서는 노드 값의 합이 s(13)과 같은 경로는 1 -> 5 -> 7, 5 -> 8 총 2개다.

```
        3
      /   \
     2     1
          / \
         5   6
        / \
       7   8
```

문제 분석

경로에 있는 노드 값의 합이 s와 일치하는 모든 경로의 개수를 찾아 반환하는 문제다. 경로는 루트에서 시작하거나 리프 노드에서 끝날 필요가 없지만, 방향은 위에서 아래(부모 노드 → 자식 노드)로만 진행된다.

한 가지 아이디어는 깊이 우선 탐색으로 트리를 순회하면서 모든 하향 경로를 검사하는 완전 탐색(brute-force) 방법이다.

루트에서 시작해 모든 경로를 재귀적으로 탐색하면서 각 노드에서 현재 노드를 끝으로 하는 경로와 노드 값의 합을 함께 추적한다. 리프 노드에 도달하면 합을 s와 비교하여 같은지 확인하고, 같다면 카운터 변수를 갱신한다.

```
function dfs(root, sum) {
  if (root === null) {
    return 0;
  }
  return (
    (sum === root.value ? 1 : 0) +
    dfs(root.left, sum - root.value) +
    dfs(root.right, sum - root.value)
  );
}

function pathSum(root, sum) {
  if (root === null) {
    return 0;
  }
  return dfs(root, sum) +
    pathSum(root.left, sum) + pathSum(root.right, sum);
}
```

하지만 이 방법은 여러 층에서 깊이 우선 탐색을 해야 하므로 시간 복잡도 측면에서 비효율적인 $O(n^2)$의 성능을 보인다.

조금 더 효율적인 접근은 추가 공간을 사용하는 방식이다. 알고리즘 최적화를 위해 시간 복잡도를 개선하되 공간 복잡도를 희생하는 전형적인 트레이드오프다.

완전 탐색 방식으로 경로 합을 계산하면 중복 연산이 발생하는데(예를 들어 1 -> 3 -> 5 경로에서 1, 1 + 3, 1 + 3 + 5, 3, 3 + 5 …와 같이 계산이 반복된다.), 이 부분을 캐싱으로 개선할 수 있다.

캐싱은 주로 해시맵 자료 구조로 이루어진다. 이를 위해 객체 리터럴 또는 자바스크립트 내장 자료 구조인 Map 객체를 사용할 수 있다.

그렇다면 어떤 형태의 값을 해시맵에 저장해야 할까? 여기서는 접두사 합(prefix sum)을 사용해 볼 수 있다.

> 접두사 합(prefix sum)은 시작 지점부터 현재 지점까지 모든 요소의 합을 나타내는 용어로 배열이나 리스트에서 연속된 요소의 합을 빠르게 계산하는 데 사용된다. 트리에서는 루트 노드부터 현재 노드까지 경로에 있는 모든 노드 값의 합을 의미한다.

이 문제에서 경로의 접두사 합은 루트에서 해당 노드까지 경로에 있는 모든 값을 합한 것이 된다. 즉, 현재까지의 경로 합을 저장하고 목푯값을 만족하는 경로를 찾는 작업을 빠르게 하기 위해 이전 경로 합을 활용하는 것이다. 이를 요약하면 다음과 같다.

1. 깊이 우선 탐색으로 트리를 순회한다.
2. 경로의 각 노드 값을 경로 합에 더한다.
3. 경로 합에서 목푯값을 뺀다.
4. 3의 반환값이 해시맵에 있으면 해당 경로에서 목푯값을 만족하는 경로가 있다는 뜻이다. 따라서 해시맵 해당 경로 합의 빈도를 1 증가시킨다.
5. 깊이 우선 탐색이 끝나면 빈도를 1 감소시킨다(새로운 경로 합을 계산할 때 영향을 주지 않기 위해서다.).

이 방법을 사용하면 시간 복잡도 $O(n)$으로 문제를 해결할 수 있다. 하지만 공간 복잡도도 $O(n)$이라는 점에 유의하자. (문제의 제약 사항에 따라 방법을 적절하게 선택해야 한다.)

접근 방법

1. `dfs()` 헬퍼 함수 구현
    a. 노드와 `prefixSum`을 매개변수로 받는다.
    b. 현재 노드에서의 경로 합을 계산한다.
    c. 경로 합이 목푯값(s)과 같은지 확인하기 위해 `prefixSum`에서 `s`를 뺀 값을 해시맵에서 찾는다. 이 값이 있으면 빈도를 1 증가시킨다.
    d. 현재 경로 합의 빈도를 해시맵에 저장한다.
    e. 현재 노드의 왼쪽 자식과 오른쪽 자식을 재귀적으로 호출한다.
    f. `dfs()`가 현재 경로를 벗어나면(다른 경로로 이동하면) 해시맵에서 현재 경로 합의 빈도를 1 감소시킨다.
2. 메인 함수
    a. 결괏값(빈도)을 저장할 `result`를 `0`으로 초기화한다.
    b. 빈도를 저장할 `Map` 객체를 생성한 후 `{0, 1}`을 초깃값으로, 즉 `0`의 빈도를 `1`로 설정한다.
    c. 루트와 `0`을 헬퍼 함수의 매개변수로 전달해 탐색을 시작한다.

map 객체의 초깃값을 {0, 1}로 설정하는 이유는 루트에서 시작하는 경로의 합이 s와 같을 때를 대비하기 위해서다. 루트 노드 값 자체가 s와 같고 이 루트 노드가 첫 번째로 방문한 노드라도 이 경로를 유효한 경로로 계산해야 하기 때문이다.

풀이

```
function pathSum(root, s) {
  let result = 0;
  const map = new Map();
  map.set(0, 1);

  function dfs(node, prefixSum) {
    if (!node) {
      return;
    }

    prefixSum += node.value; // 경로 합 계산

    // 현재 경로 합에서 s를 뺀 값이 map에 있으면
    // 경로가 있다는 의미이므로 result를 1 증가시킨다.
    result += map.get(prefixSum - s) || 0;

    // 현재 경로를 map에 저장한다.
    map.set(prefixSum, (map.get(prefixSum) || 0) + 1);

    dfs(node.left, prefixSum);
    dfs(node.right, prefixSum);

    map.set(prefixSum, map.get(prefixSum) - 1);
  }

  dfs(root, 0);
  return result;
}
```

깊이 우선 탐색에 접두사 합을 적용한 풀이 코드다. 다음 트리가 주어지고 목푯값이 7이라고 해 보자.

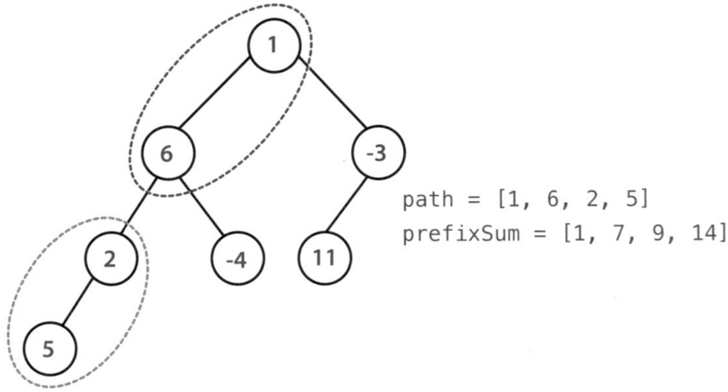

그림 9-6 prefixSum 활용 예시

루트 노드 1부터 왼쪽 최하단 리프 노드 5까지의 경로는 1 → 6 → 2 → 5이다. 이를 prefixSum 배열로 표현하면 [1, 7, 9, 14]이다.

prefixSum 배열의 각 요소는 현재 요소와 이전 요소의 누적 합을 포함한다. 따라서 prefixSum의 어떤 값에서 목푯값을 뺀 값이 이전에 등장한 prefixSum에 있으면 그 구간은 목푯값을 만족하는 부분 배열이며 이 문제에서는 하나의 하향 경로에 해당한다.

이 아이디어로 각 경로를 배열로 간주하고 prefixSum을 계산해 모든 경로의 개수를 추적할 수 있다.

9.4.6 가장 큰 섬

기출: 아마존, 마이크로소프트, 메타, 어도비, 애플, 오라클, 링크드인, 우버
난이도: 상 | **풀이 시간:** 60분 | **런타임:** 3초 | **메모리:** 128MB

문제

2차원 배열(행렬)이 주어진다. 이 행렬은 "1"과 "0"으로만 이루어져 있고 "1"은 육지를, "0"은 바다를 의미한다. 가장 큰 섬의 면적(셀의 개수)을 반환하는 함수를 완성하라.

- 섬은 육지("1")로 연결된 셀의 집합이며 배열의 가장자리 또는 바다("0")로 둘러싸여 있다.
- 각 셀은 수평 또는 수직으로만 연결된다. 대각선으로는 연결되지 않는다.

입력

예시 1)

```
[
  [1, 1, 0, 0, 0],
  [1, 1, 0, 0, 1],
  [0, 0, 0, 1, 1],
  [0, 0, 0, 1, 1],
]
```

예시 2)

```
[
  [0, 1, 1, 0, 0],
  [0, 0, 0, 1, 1],
  [0, 0, 0, 0, 0],
  [0, 1, 1, 1, 0],
  [1, 1, 1, 1, 0],
]
```

예시 3)

```
[
  [1, 1, 0, 0, 0],
  [0, 0, 0, 0, 1],
  [0, 0, 1, 1, 0],
  [0, 0, 0, 0, 0],
  [0, 0, 1, 1, 1],
]
```

출력

예시 1) 5

예시 2) 7

예시 3) 3

설명

예시 1에는 총 2개의 섬이 있다. 이 중 가장 큰 섬의 크기는 5이다.

```
[1, 1, 0, 0, 0]
[1, 1, 0, 0, 1]
[0, 0, 0, 1, 1]
[0, 0, 0, 1, 1]
```

예시 2에는 총 3개의 섬이 있다. 이 중 가장 큰 섬의 크기는 7이다.

```
[0, 1, 1, 0, 0]
[0, 0, 0, 1, 1]
[0, 0, 0, 0, 0]
[0, 1, 1, 1, 0]
[1, 1, 1, 1, 0]
```

예시 3에는 총 4개의 섬이 있다. 이 중 가장 큰 섬의 크기는 3이다.

```
[1, 1, 0, 0, 0]
[0, 0, 0, 0, 1]
[0, 0, 1, 1, 0]
[0, 0, 0, 0, 0]
[0, 0, 1, 1, 1]
```

문제 분석

이 문제는 깊이 우선 탐색으로 육지 셀을 순회하며 섬의 크기를 계산하는 방식으로 접근할 수 있다. 8장의 문제를 모두 풀어 보았다면 낯설지 않을 것이다. 이 문제는 8.3.6절 '섬의 개수'와 비슷한 패턴을 가지기 때문이다. 한 가지 다른 점은 행렬에 있는 섬의 개수가 아니라 가장 큰 섬의 크기, 즉 섬을 이루는 "1"의 개수를 추적하여 반환한다는 점이다. 또한 이번에는 깊이 우선 탐색으로 문제를 해결하므로 비슷한 문제 유형을 너비 우선 탐색으로 풀었을 때와 비교해 볼 수 있는 좋은 기회이기도 하다.

접근 방법

1. 헬퍼 함수 구현
   a. 행렬과 셀의 위치를 나타내는 `x`, `y`를 매개변수로 받는다.
   b. 이 함수는 해당 셀과 같은 섬에 속한 모든 인접 셀을 방문한다.
   c. 현재 셀이 행렬의 경계 내에 있거나 육지 셀인지를 확인하고 아니라면 `0`을 반환한다.
   d. 중복 방문을 막기 위해 현재 셀의 값을 `0`으로 설정해 방문을 표시한다.
   e. 현재 섬의 면적을 1로 시작하고 인접 셀(위, 아래, 왼쪽, 오른쪽)을 재귀적으로 호출한 후 그 반환값을 더한다.
2. 메인 함수 호출
   a. 가장 큰 섬의 면적을 추적할 `biggestArea`를 `0`으로 초기화한다.
   b. 행렬의 각 셀을 순회한다. 셀 값이 "1"이면 해당 셀에서 헬퍼 함수를 호출해 깊이 우선 탐색을 시작한다.
   c. `biggestArea`를 지금까지의 가장 큰 면적값과 헬퍼 함수의 반환값을 서로 비교해 큰 값으로 갱신한다.

풀이

```
function dfs(matrix, x, y) {
  if (x < 0 || x >= matrix.length || y < 0 || y >= matrix[0].length) {
    return 0;
  }

  if (matrix[x][y] === 0) {
    return 0;
```

```
08    }
09
10    // 방문 표시
11    matrix[x][y] = 0;
12
13    let area = 1; // 현재 셀 포함
14
15    // 재귀적으로 상하좌우 셀 탐색
16    area += dfs(matrix, x + 1, y);
17    area += dfs(matrix, x - 1, y);
18    area += dfs(matrix, x, y + 1);
19    area += dfs(matrix, x, y - 1);
20
21    return area;
22  }
23
24  function biggestAreaOfIsland(matrix) {
25    const rows = matrix.length;
26    const cols = matrix[0].length;
27    let biggestArea = 0;
28
29    for (let i = 0; i < rows; i++) {
30      for (let j = 0; j < cols; j++) {
31        if (matrix[i][j] === 1) {
32          // 육지를 찾았을 때만 dfs 실행
33          biggestArea = Math.max(biggestArea, dfs(matrix, i, j));
34        }
35      }
36    }
37    return biggestArea;
38  }
```

주어진 행렬에서 가장 큰 섬의 면적을 찾아 반환하는 문제다. 깊이 우선 탐색으로 연결된 육지 셀(1)을 탐색하고 그 결과를 바탕으로 가장 큰 섬의 면적을 계산한다. 이 풀이는 다음 두 함수로 이루어져 있다.

헬퍼 함수

1~22행의 `dfs()` 함수는 현재 셀의 위치를 전달받아 탐색을 시작한다.

우선 현재 셀이 육지인지 확인한다. 육지 셀이 아니거나 이미 방문을 한 셀이면(현재 셀 값이 `"0"`인 경우) 탐색을 종료하고 현재까지 탐색한 섬의 크기를 반환한다.

11행에서 다시 셀 값을 `"0"`으로 갱신하고 방문 표시를 남겨 중복 방문을 방지한

다. 그런 다음 현재 셀을 기준으로 한 모든 인접 셀(상하좌우로 연결된)을 재귀적으로 탐색하고 모든 탐색이 끝나면 현재 섬의 크기를 반환환다.

메인 함수

24~38행의 `biggestAreaOfIsland()` 함수는 행렬에서 가장 큰 섬의 크기를 추적한다. 행렬의 모든 셀을 순회하며 31행의 조건에 따라 육지(`"1"`)를 발견했을 때만 헬퍼 함수를 호출해 인접 셀을 탐색하고 헬퍼 함수가 반환한 값을 바탕으로 최대 면적을 갱신한다. 반복문이 끝나면 지금까지의 최대 면적이 저장된 `biggestArea`를 반환한다.

이 코드의 시간 복잡도는 $O(m * n)$이다. m은 행의 개수이고 n은 열의 개수이다. 행렬의 모든 셀을 한 번씩만 방문하므로 재귀 호출에서도 시간 복잡도가 추가되지 않는다. 따라서 효율적이며 다양한 문제에 적용할 수 있는 템플릿 코드라 할 수 있다.

9.4.7 이진 탐색 트리

기출: 아마존, 마이크로소프트, 메타, 어도비, 애플, 오라클, 구글, 우버, 세일즈포스
난이도: 중 | **풀이 시간:** 45분 | **런타임:** 2초 | **메모리:** 64MB

문제

주어진 이진 트리가 유효한 이진 탐색 트리인지 판별하는 함수를 완성하라.

이진 탐색 트리는 다음과 같은 속성을 가진다.

- 왼쪽 하위 트리의 모든 노드 값은 현재 노드 값보다 작아야 한다.
- 오른쪽 하위 트리의 모든 노드 값은 현재 노드 값보다 커야 한다.
- 왼쪽과 오른쪽 하위 트리 모두 이진 탐색 트리여야 한다.

입력

예시 1) `[6, 4, 8, 3, 5, 7, 9]`

예시 2) `[2, 1, 3, null, 9, 6]`

예시 3) `[6, 5, 15, 3, 11, 13]`

출력

예시 1) `true`

예시 2) `false`

예시 3) `false`

설명

예시 1의 트리는 유효한 이진 탐색 트리이므로 `true`를 반환한다.

```
      6
    /   \
   4     8
  / \   / \
 3   5 7   9
```

예시 2의 트리는 루트 노드 2의 왼쪽 하위 트리(1 -> 9)에서 9가 루트 값보다 크기 때문에 이진 탐색 트리가 성립되지 않는다. 따라서 `false`를 반환한다.

```
      2
    /   \
   1     3
    \   /
     9 6
```

예시 3의 트리는 루트 노드 12의 오른쪽 하위 트리(15 -> 17)에서 15의 왼쪽 자식 노드 값이 17로 15보다 크기 때문에 이진 탐색 트리가 성립되지 않는다. 따라서 `false`를 반환한다.

```
      6
    /   \
   5     15
  / \   /
 3  11 13
```

문제 분석

이진 탐색 트리를 학습할 수 있는 아주 좋은 문제다. 이진 트리가 유효한 이진 탐색 트리인지 확인하고 결과를 반환해야 한다. 유효한 이진 탐색 트리라면 `true`, 그렇지 않으면 `false`를 반환한다.

이 문제는 재귀로 풀 수 있다. 아이디어의 핵심은 이진 탐색 트리의 속성에 있다.

문제에 명시되어 있듯이 이진 탐색 트리는 왼쪽 하위 트리의 모든 값이 현재 노드보다 작아야 하고, 오른쪽 하위 트리의 모든 값이 현재 노드보다 커야 한다. 따라서 루트에서 하위 트리로 내려가며 판별하는 재귀가 잘 맞는다(재귀는 문제를 작은 하위 문제로 나눈다는 점을 떠올리면 이해하기 쉽다.).

먼저 각 하위 트리가 이진 탐색 트리의 속성을 만족하는지 확인해야 한다. 각 하위 트리는 특정 범위의 값이어야 한다. 값의 범위를 설정한다고 생각하면 쉽다.

예를 들어 값이 6인 노드의 왼쪽 하위 트리를 확인할 때는 왼쪽 하위 트리의 모든 값이 6보다 작아야 한다. 같은 맥락으로 값이 6인 노드의 오른쪽 하위 트리를 확인할 때는 오른쪽 하위 트리의 모든 값은 6보다 커야 한다.

조금씩 문제 풀이의 윤곽이 잡히기 시작하지 않는가? 이러한 범위를 설정하기 위해 `dfs()` 함수에 하한과 상한을 함께 전달한다. 이 하한과 상한은 현재 노드의 허용 가능한 값의 범위를 나타낸다. 재귀의 각 단계에서 왼쪽 또는 오른쪽 하위 트리를 탐색하느냐에 따라 범위를 갱신한다. 즉, 깊이 우선 탐색에 이진 탐색 트리의 속성과 하한과 상한 범위 갱신을 결합한 접근이다.

접근 방법

1. 헬퍼 함수 구현
   a. 현재 노드와 하한, 상한을 매개변수로 받는다.
   b. 현재 노드가 `null`인지 검사한다. `null`이면 유효한 이진 탐색 트리라고 판단하여 `true`를 반환한다.
   c. 현재 노드의 값이 하한 이하거나 상한 이상이면 `false`를 반환한다.
   d. 현재 노드의 왼쪽 하위 트리를 검사한다. 상한을 현재 노드의 값으로 갱신한 후 재귀적으로 호출한다.
   e. d와 반대로 현재 노드의 오른쪽 하위 트리를 검사한다. 하한을 현재 노드의 값으로 갱신한 후 재귀적으로 호출한다.
   f. d, e 모두 유효하면 `true`를 반환하고, 그렇지 않으면 `false`를 반환한다.
2. 메인 함수
   a. 루트 노드가 `null`이면 `true`를 반환한다.
   b. 헬퍼 함수를 호출한다. 초기 매개변수로 루트 노드와 `-Infinity`, `Infinity`를 전달한다.

풀이

```
01 function isValidBST(root) {
02   // 루트가 null이면 true 반환
03   if (!root) {
04     return true;
05   }
06   // dfs 탐색 시작, 하한 값은 -Infinity, 상한 값은 Infinity으로 설정
07   return dfs(root, -Infinity, Infinity);
08 }
09
10 function dfs(node, min, max) {
11   // 노드가 null이면 true 반환
12   if (!node) {
13     return true;
14   }
15   // 노드 값이 하한 이하거나 상한 이상이면 false 반환
16   if (node.value <= min || node.value >= max) {
17     return false;
18   }
19   // 왼쪽 하위 트리와 오른쪽 하위 트리의
20   // 노드들이 모두 true를 반환해야 이진 탐색 트리 조건 성립
21   return dfs(node.left, min, node.value)
22     && dfs(node.right, node.value, max);
23 }
```

코드 구현은 생각보다 간단하다. 중요한 건 유효한 이진 탐색 트리 속성을 이해하고, 이를 깊이 우선 탐색에 접목해 문제를 해결할 수 있느냐다.

앞서 언급했지만 이 문제의 핵심 아이디어는 다음과 같다. 왼쪽 하위 트리에 노드 값보다 큰 값이 있거나 오른쪽 하위 트리에 노드 값보다 작은 값이 있으면 해당 트리는 이진 탐색 트리가 될 수 없다.

> 이진 탐색 트리에서 가장 오른쪽 노드는 최댓값을 가진 노드가 되고, 가장 왼쪽 노드는 최솟값을 가진 노드가 된다.

헬퍼 함수 작동 원리를 살펴보자. 10~23행에서 이 함수는 재귀를 이용하여 트리의 노드를 방문하면서 현재 노드 값이 유효한 범위 내에 있는지 검사한다. 범위를 벗어나면 `false`를 반환한다. 12~14행의 기저 조건은 만약 노드가 `null`이면 `true`를 반환해 재귀를 종료시킨다. 깊이 우선 탐색이 성공적으로 끝난 경우다.

16~18행에서 하한과 상한을 검사하고, 21~22행에서 두 재귀 호출이 짝을 이뤄 작동한다. 이 알고리즘의 핵심이다.

- `dfs(node.left, min, node.value)`: 왼쪽 자식 노드를 검사할 때는 현재 노드의 값이 상한이 되며 하한은 그대로 유지된다. 왼쪽 자식 노드의 값은 현재 노드의 값보다 작아야 한다.
- `dfs(node.right, node.value, max)`: 위와 같은 맥락으로, 오른쪽 자식 노드를 검사할 때는 현재 노드 값이 하한이며 상한은 그대로 유지된다. 오른쪽 자식 노드의 값은 현재 노드의 값보다 커야 한다.

이 과정을 통해 유효한 범위를 적절히 유지하며 트리를 순회한다. 모든 탐색을 마치고 true를 반환하면 이진 탐색 트리의 모든 조건을 만족한다는 의미가 된다.

이 풀이의 시간 복잡도는 $O(n)$이다. 여기서 n은 트리의 노드 개수다.

9.4.8 최소 공통 조상

기출: 아마존, 마이크로소프트, 메타, 어도비, 애플, 오라클, 구글, 블룸버그, 이베이

난이도: 중 | **풀이 시간:** 45분 | **런타임:** 2초 | **메모리:** 64MB

문제

이진 트리와 노드 2개가 전달된다. 두 노드의 최소 공통 조상(LCA)을 찾는 함수를 완성하라.

- 주어진 트리에는 노드 a, b가 포함되어 있다.
- 노드 a, b의 LCA는 a와 b를 모두 자손으로 갖는 가장 깊은 노드다.

입력

예시 1) `[1, 2, 3, 4, 5, 6, 7]`, a = 4, b = 7

예시 2) `[5, 1, 4, null, null, 3, 6]`, a = 3, b = 6

예시 3) `[5, 2, 3, 7, 9, 6, null, 10, 12]`, a = 10, b = 9

출력

예시 1) 1

예시 2) 4

예시 3) 2

설명

예시 1에서 노드 4와 7의 LCA는 1이다.

```
        1
       / \
      2   3
     / \ / \
    4  5 6  7
```

예시 2에서 노드 3과 6의 LCA는 4이다.

```
        5
       / \
      1   4
         / \
        3   6
```

예시 3에서 노드 10과 9의 LCA는 2이다.

```
        5
       / \
      2   3
     / \ /
    7  9 6
   / \
  10 12
```

문제 분석

LCA는 Lowest Common Ancestor의 약자로 이진 트리에서 두 노드의 최소 공통 조상을 뜻한다. 여기서 공통 조상이란 두 노드 모두의 조상이 되는 노드이며 최소 공통 조상은 그 조상들 중 가장 깊은 위치에 있는 노드를 뜻한다.

이 문제를 푸는 핵심 아이디어는 트리를 순회하며 두 노드 `a`, `b`의 상대 위치를 확인하는 데 있다. 노드 `a`, `b`를 받았을 때 가능한 시나리오는 다음과 같다.

1. 노드 `a`, `b`가 현재 노드의 왼쪽 하위 트리에 있으면 LCA도 왼쪽 하위 트리에 있다.
2. 노드 `a`, `b`가 현재 노드의 오른쪽 하위 트리에 있으면 LCA도 오른쪽 하위 트리에 있다.
3. 한 노드는 왼쪽 하위 트리에 있고, 다른 한 노드는 오른쪽 하위 트리에 있으면 현재 노드가 LCA가 된다.

— **Javascript**

이를 반영하여 깊이 우선 탐색을 사용하는 함수를 구현할 수 있다.

접근 방법

1. 루트 노드와 노드 a, b를 매개변수로 받는 재귀 함수를 정의한다.
2. 기저 조건 정의: 루트가 없으면 null을 반환한다. 또한 루트가 a 또는 b와 같으면 루트를 그대로 반환한다.
3. 왼쪽 하위 트리와 오른쪽 하위 트리에 대해 LCA 탐색을 재귀적으로 실행한다.
4. 두 하위 트리에 대한 재귀 호출의 결과가 모두 null이 아니면, 즉 LCA가 있으면 현재 루트 노드가 LCA이다. 따라서 루트 노드를 반환한다.
5. 두 하위 트리에 대한 재귀 호출의 결과가 모두 null이면, 즉 LCA가 없으면 null을 반환한다.
6. 둘 중 하나가 null이 아니면, 즉 LCA를 찾았다면 그 노드를 반환한다.

풀이

```
function findLCA(root, a, b) {
  // 기저 조건(루트가 null이면 그대로 null을 반환)
  if (root === null) {
    return null;
  }

  // 기저 조건(루트가 a나 b와 같으면 루트를 반환)
  if (root.value === a || root.value === b) {
    return root;
  }
  // 왼쪽 하위 트리에서 LCA를 찾는다.
  const left = findLCA(root.left, a, b);
  // 오른쪽 하위 트리에서 LCA를 찾는다.
  const right = findLCA(root.right, a, b);

  // 두 하위 트리에서 모두 LCA를 찾았다면 루트가 LCA이다.
  if (left !== null && right !== null) {
    return root;
  }
  // 두 하위 트리에서 LCA를 찾지 못했다면 null을 반환한다.
  if (left === null && right === null) {
    return null;
  }

  // 두 하위 트리 중 하나에서 LCA를 찾았다면 그 노드를 반환한다.
  return left !== null ? left : right;
}
```

이 코드는 왼쪽 하위 트리와 오른쪽 하위 트리를 검사하면서 노드 `a`, `b`의 상대 위치를 고려해 LCA를 확인한다.

이 재귀 함수의 기저 조건을 좀 더 살펴보자.

3~5행의 첫 번째 기저 조건은 루트가 `null`인지 확인해 하위 트리가 비었는지 판단한다. 하위 트리가 없으면 LCA도 없으므로 `null`을 반환한다.

8~10행의 두 번째 기저 조건은 루트가 두 노드(`a`, `b`) 중 하나와 같은 경우다. 이때는 그 루트가 LCA이므로 그대로 반환한다. 예를 들어 트리의 루트가 `6`이고 `a = 6`, `b = 10`이면 `a`가 루트에 있으므로(노드 `a`, `b`가 항상 트리에 있다는 가정하에) LCA는 루트가 된다.

이제 메인 로직을 살펴보자.

12~14행에서는 왼쪽 하위 트리와 오른쪽 하위 트리 대해 각각 재귀적으로 LCA를 찾는다. 그 다음 반환된 값으로 나머지 조건문을 실행한다. 이 시점에서 함수의 반환값은 다음 세 경우로 좁혀진다.

- `left`, `right` 값이 모두 있을 때: 현재 노드가 LCA이다.
- `left`, `right` 값이 모두 `null`일 때: LCA를 찾지 못했다.
- `left`, `right` 값 중 하나만 있을 때: 해당 하위 트리에 LCA가 있으므로 해당 노드를 반환한다.

이 풀이는 재귀 호출을 실행하며 모든 노드를 방문하면서 두 노드(`a`, `b`)의 LCA를 찾는다. 따라서 트리의 노드 개수가 n일 때 시간 복잡도는 $O(n)$이 된다.

9.5 인터뷰 팁과 고려 사항

- 트리나 그래프의 연결된 구성 요소를 찾아야 한다면 깊이 우선 탐색을 우선 시도해 보는 것이 좋다.
- 특정 경로를 찾는 문제라면 현재 경로를 저장하는 추가 자료 구조(배열, 맵 객체 등)를 사용할 수 있다.
- 깊이 우선 탐색을 구현할 때는 반복 방식(스택 자료 구조 사용)과 재귀 방식 중 어떤 방식을 선택할지 결정해야 한다. 재귀는 구현이 간단하지만 호출 스택 크기 제한으로 문제가 생길 수 있다. 반복 방식은 이 문제를 피할 수 있지만 코드 가독성이 낮아지고 코드가 복잡해질 수 있다.

- 인접 노드가 스택에 추가되는 순서나 재귀 호출 순서는 탐색 순서에 영향을 줄 수 있음을 기억하자.

10장

Javascript Coding Test

부분 집합 패턴

10.1 부분 집합

부분 집합(subset)은 코딩 테스트에 자주 등장하는 문제 패턴 중 하나다. 이 문제 유형은 지원자의 재귀적 사고 능력이나 집합 요소의 선택/배치 방식을 생각해 내는 능력을 평가한다.

주어진 집합으로 조합(combination)과 순열(permutation)을 생성하는 문제도 부분 집합 유형에 속한다. 집합에서 가능한 요소의 구성과 배치를 다룬다는 점에서 모두 부분 집합이라는 개념에 포함된다고 볼 수 있다.

10.1.1 부분 집합

B의 부분 집합 A는 B에 속하는 집합을 의미하며 공집합(empty set)도 포함한다. 요소가 n개인 집합의 부분 집합 개수는 2^n이다. 예를 들어 집합 {1, 2}의 부분 집합은 {}, {1}, {2}, {1, 2}이다.

10.1.2 조합

조합은 요소의 순서를 고려하지 않고 n개의 요소 중 r개를 선택하는 것을 말한다. n개 중 r개를 선택하는 방법의 수는 $C(n, r)$ 또는 nCr로 표기한다. 예를 들어 집합 {1, 2, 3}에서 항목 2개의 조합은 {1, 2}, {1, 3}, {2, 3}이다.

10.1.3 순열

집합이나 수열의 모든 가능한 배열을 의미한다. 순열에서는 순서가 중요하다. 요소가 n개인 집합에서 가능한 순열의 개수는 $n!$이다. 예를 들어 집합 {1, 2, 3}의 순열은 {1, 2, 3}, {1, 3, 2}, {2, 1, 3}, {2, 3, 1}, {3, 1, 2}, {3, 2, 1}이다.

문제의 유형을 좀 더 알아보자.

- 먼저 가장 기본적인 유형은 부분 집합(모든 부분 집합) 생성 문제다. 이 유형은 주로 주어진 집합의 모든 부분 집합을 생성/나열하는 형태로 출제된다.
- 다음은 기본 유형에 제약 조건을 추가한 문제다. 예를 들어 주어진 집합의 특정 조건을 만족하는 모든 부분 집합을 생성/나열하는 형태로 출제된다.
- 또 다른 유형으로는 조합과 순열 생성 문제가 있다. 이는 주어진 집합 또는 문자열에서 가능한 모든 조합과 순열을 생성/나열하는 형태로 출제된다.

상황에 따라 문제가 좀 더 변형되기도 하지만 대부분 이 세 가지 패턴을 바탕으로 한다.

이 문제를 해결할 때는 반복문, 백트래킹, 재귀가 주로 사용되며 경우에 따라 최적화를 위해 동적 프로그래밍을 사용하기도 한다.

10.2 백트래킹 vs 동적 프로그래밍

백트래킹은 제약 조건을 만족하는 모든 부분 집합을 찾는 데 효과적이며 동적 프로그래밍은 최적의 해결책을 찾는 데 효과적이다. 두 기법을 잘 이해하고 있으면 부분 집합 문제를 효율적으로 해결할 수 있다.

10.2.1 백트래킹

백트래킹(backtracking)은 완전 탐색 접근 방식으로 문제의 모든 해결책을 얻는 것이 목표이다. 탐색 중 조건에 맞지 않는 경우가 발견되면 그 시점에서 탐색을 중단하고 이전 단계로 되돌아가 다른 경우를 탐색한다.

설계 방식은 다음과 같다.

1. 해결책 구축: 가능한 모든 해결책을 찾기 위해 단계별로 해결책을 구축한다. 이 과정에서는 보통 재귀 호출을 사용한다.

2. 제약 조건 검사: 단계마다 후보 해결책이 문제의 조건을 만족하는지 검사한다. 조건을 만족하지 않으면 해당 후보를 제거한다.
3. 가지치기(pruning): 제약 조건을 만족하지 않는 해결책 후보가 있으면 해당 가지의 탐색을 중지하고 다른 가능성을 탐색하기 위해 이전 단계로 돌아간다.

이 기법의 작동 원리를 의사 코드로 살펴보자.

```
Backtrack(x)
  if x is not a solution
    return false
  if x is a new solution
    add to list of solutions
  backtrack(expand x)
```

backtrack(x)는 가능한 해결책이나 부분 해결책을 매개변수로 받는 함수다.

첫 번째 조건에서는 x가 유효한 해결책이거나 해당 해결책의 일부분인지 확인하고, 해결책이 아니라면 바로 false를 반환하여 이 구간의 탐색을 종료한다.

두 번째 조건에서는 x가 올바르고 유효한 해결책인지 확인한다. 해결책이 맞다면 해결책 리스트에 추가한다. 함수를 재귀적으로 호출하는 backtrack(expand x)로 x를 확장하여 전달한다(x의 다음 상태 또는 구성의 모든 가능한 방법을 생성하는 것이다.). 부분 집합에 요소를 추가하거나 순열의 요소를 바꾸는 것을 예로 들 수 있다.

예시를 하나 살펴보자. 사과나무, 오렌지나무, 포도나무를 일렬로 심는다고 해보자. 단, 한 가지 제약 조건은 사과나무와 오렌지나무는 서로 이웃해서 심을 수 없다는 것이다. 브루트 포스 기법을 사용하면 세 나무가 일렬로 배치될 수 있는 모든 조합을 찾은 뒤 주어진 제약 조건을 만족하는 것만 선택할 수 있다.

가능한 모든 구성을 찾아보자. 첫 번째 나무는 어떤 종류든 상관없다. 첫 번째 나무가 사과라면 두 번째 나무는 오렌지나 포도일 수 있다. 두 번째로 오렌지나무를 심으면 제약 조건에 걸리게 된다. 이는 유효한 배치가 아니므로 다시 백트래킹을 사용해(뒤로 돌아가서) 포도나무를 두 번째로 심는다. 이제 세 번째에 오렌지나무를 심을 수 있게 되어 문제의 제약 조건을 만족하게 된다.

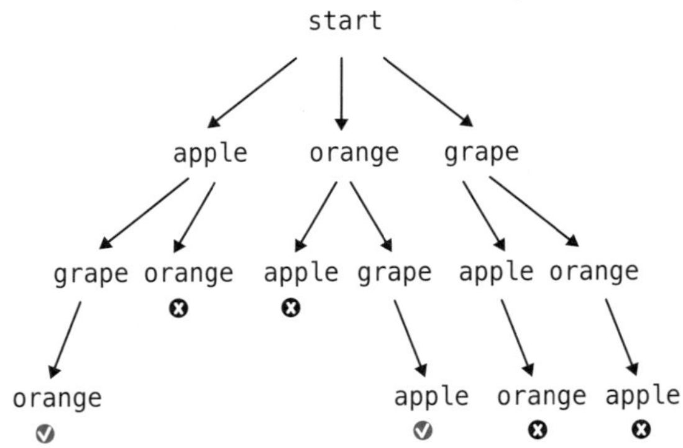

그림 10-1 백트래킹 예시

그림 10-1은 이 문제의 해결책을 시각화한 것이다. 이 중 유효한 배치는 [apple → grape → orange]와 [orange → grape → apple]이다. 다른 경로는 탐색 과정에서 조건에 위배되어 더 이상 진행되지 않는다. 이처럼 백트래킹은 모든 해결책을 검사하고 제약 조건을 만족하지 않으면 해당 경로를 중단하고 다른 해결책을 탐색한다.

10.2.2 동적 프로그래밍

동적 프로그래밍(dynamic programming)은 주로 최적해를 구하는 데 쓰인다. 이 기법은 복잡한 문제를 더 작은 하위 문제로 나누어 해결한다. 각 하위 문제의 해결책을 미리 계산해 저장하고 저장된 해결책을 재사용해 원래 문제를 해결한다.

설계 방식은 다음과 같다.

1. 문제 분할: 원래 문제를 더 작은 하위 문제로 나눈다.
2. 하위 문제 해결: 각 하위 문제의 해결책을 계산하여 저장한다. 보통 배열을 사용한다.
3. 저장된 해결책 사용: 저장된 하위 문제의 해결책을 이용해 원래 문제를 해결한다.
4. 중복 계산 방지: 같은 하위 문제가 다시 등장하면 저장한 해결책을 사용해 중복 계산을 방지한다.

예를 들어 피보나치 수열에서 n번째 수를 계산한다고 해 보자.

```
Fib(n) = Fib(n - 1) + Fib(n - 2), n > 1
```

원래 문제 Fib(n)을 해결하기 위해 두 하위 문제 Fib(n - 1)과 Fib(n - 2)로 나눈다. 이 문제는 다음 코드처럼 재귀적으로 해결할 수 있다.

```
function fib(n) {
  if (n < 2) return n;

  return fib(n - 1) + fib(n - 2);
}
```

이 코드는 구현 자체에는 문제가 없지만 n이 커질수록 함수 실행 시간이 기하급수적으로 늘어나며 중복 계산도 그만큼 증가한다. 예를 들어 fib(4)를 찾으려면 다음과 같은 하위 문제로 나누어야 한다.

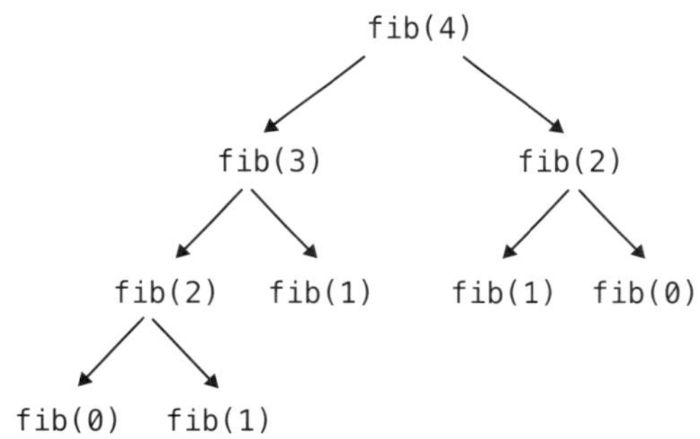

그림 10-2 fib(4)의 하위 문제

이 재귀 트리에서는 fib(2)가 2번, fib(1)이 3번 중복 계산된다. 여기서는 이해를 도우려고 n = 4를 예로 들었지만 n = 40이라면 어떤 형태의 재귀 트리가 만들어질지 쉽게 짐작할 수 있다. 이제 이러한 중복 계산을 동적 프로그래밍으로 대처하는 방법을 알아보자.

하향식

동적 프로그래밍에는 크게 두 가지 방식이 있다. 하향식(top-down)과 상향식(bottom-up)이다. 하향식은 큰 문제에서 시작해 필요한 하위 문제를 재귀적으로 호출하는 방식이다. 하위 문제를 해결할 때마다 그 결과를 캐시(cache)에 저장하여 한 번 이상 호출되면 계산을 반복하지 않고 캐시에 저장된 결과를 반환한다. 보통 배열이나 객체를 사용해 결과를 저장한다. 이미 해결된 하위 문제의 해결책을 저장하는 이 기법을 메모이제이션(memoization)이라 한다.

— **Javascript**

```
function fibMemo(n) {
  const memo = []; // 메모이제이션을 위한 배열(캐시 역할)

  function fib(n) {
    if (n < 2) return n;

    // memo[n]이 있으면 memo[n]을 반환한다.
    if (memo[n]) {
      return memo[n];
    }
    // fib(n)을 계산하여 memo[n]에 결과를 저장한다.
    memo[n] = fib(n - 1) + fib(n - 2);
    return memo[n];
  }

  return fib(n);
}
```

이 코드의 핵심 로직은 바로 메모이제이션 단계다. fib() 함수는 먼저 memo 배열을 확인해 n번째 피보나치 수가 이미 계산되어 있는지 확인한다. 이미 있으면 memo[n]을 반환한다. 없으면 계산한 뒤 결과를 memo[n]에 저장하고 반환한다.

이 방법은 같은 수에 대한 중복 계산을 피하므로 함수 실행 시간을 크게 줄일 수 있다.

상향식

상향식은 재귀 대신 일반 반복문을 사용한다. 하향식과 반대로 가장 작은 하위 문제부터 시작한다. 이미 해결된 작은 문제들의 결과를 이용해 점차 더 큰 문제를 풀며 최종 답에 도달하는 기법이다.

```
function fibBottomUp(n) {
  if (n < 2) return n;

  // 메모이제이션을 위한 배열(캐시 역할)
  const memo = [];
  memo[0] = 0; // fib(0)
  memo[1] = 1; // fib(1)

  for (let i = 2; i <= n; i++) {
    // fib(i)를 계산한 후 memo[i]에 저장
    memo[i] = memo[i - 1] + memo[i - 2];
  }

```

```
14   return memo[n];
15 }
```

이 함수의 핵심 로직은 memo 배열을 채우며 피보나치 수를 한 번만 계산하는 것이다. 11행에서처럼 계산된 값을 memo 배열에 저장해 재사용하는 방식으로, 작은 하위 문제부터 시작해 점진적으로 큰 문제를 풀어 나간다. 이를 통해 함수의 실행 시간을 크게 줄일 수 있다.

10.3 응용 문제

이 절에서는 부분 집합, 조합, 순열과 관련된 대표적인 코딩 테스트 문제들을 소개한다. 조금씩 변형된 문제이더라도 모두 부분 집합 패턴을 공유한다. 이 문제를 풀면서 반복적으로 쓰이는 문제 해결 패턴을 익혀 보자.

10.3.1 부분 집합

기출: 아마존, 마이크로소프트, 메타, 애플, 구글, 블룸버그
난이도: 중 | **풀이 시간:** 45분 | **런타임:** 3초 | **메모리:** 128MB

문제

고유한 정수로 구성된 집합 nums의 모든 고유한 부분 집합을 찾아 반환하라.

- nums는 배열 형태이며 배열의 크기는 10을 넘지 않는다.

입력

예시 1) [1, 2, 3]

예시 2) [-5, 1]

출력

예시 1) [[], [1], [2], [3], [1, 2], [1, 3], [2, 3], [1, 2, 3]]

예시 2) [[], [-5], [-5, 1], [1]]

설명

예시 1에서 모든 부분 집합 요소는 하나의 하위 배열로 만들어 반환해야 한다. 집합

{1, 2, 3}에서 가능한 모든 부분 집합은 공집합 { }을 포함해 {1}, {2}, {3}, {1, 2}, {1, 3}, {2, 3}, {1, 2, 3}과 같이 구성된다.

문제 분석

이 문제는 멱집합(power set) 구하기와 같은 방식으로 풀 수 있다. 집합 S의 멱집합은 S의 모든 부분 집합의 집합이며 공집합과 S 자체를 포함한다. 예를 들어 집합 $\{\mathrm{a}, b\}$의 멱집합은 $\{\{\}, \{a\}, \{b\}, \{a, b\}\}$이다. 일반적으로 집합의 요소가 n개라면 그 집합의 멱집합은 2^n개의 요소를 가진다. 이는 각 요소가 집합에 포함될 수도 있고 그렇지 않을 수도 있기 때문이다.

따라서 요소 n개인 집합에서 각 요소마다 두 가지 선택지가 있으면 시간 복잡도는 $O(n * 2^n)$이다.

이 문제를 해결하려면 중복 없이 모든 부분 집합을 체계적으로 생성하는 알고리즘이 필요하다. 부분 집합은 요소의 순서가 중요하지 않으므로 가능한 모든 조합을 생성해 배열로 반환하면 된다.

문제 조건에 따르면 배열 nums의 크기는 10을 넘지 않는다. 이는 부담 없이 완전 탐색 방법을 적용할 수 있다는 의미다.

먼저 백트래킹을 고려할 수 있다. 백트래킹의 핵심 아이디어는 각 요소에 대해 두 가지 선택지를 부여하는 것이다. 첫 번째 선택지는 단계마다 부분 배열에 현재 요소가 포함된 상태로 재귀 호출을 실행해 현재 요소가 포함된 모든 부분 집합을 만든다. 두 번째 선택지는 부분 배열에서 현재 요소를 제외하고 다음 반복으로 진행해 현재 요소가 제외된 모든 부분 집합을 만든다. 이런 식으로 포함과 제외를 반복하며 최종 결과를 도출한다.

접근 방법

1. 현재까지 찾은 부분 집합을 저장할 currSet 변수와 최종 결과 배열을 저장할 result를 빈 배열로 초기화한다.
2. 백트래킹 구현: nums의 각 요소를 currSet에 추가하고 함수를 재귀적으로 호출한다. 그러면 현재 요소를 포함한 모든 가능한 부분 집합이 currSet에 추가된다. 현재 단계의 재귀 호출이 완료되면 currSet에서 현재 요소를 제거한다.
3. 2에서 실행되는 재귀 함수는 nums의 인덱스가 모두 소진될 때까지 작동하며 인

덱스가 배열의 끝에 도달하면 종료된다. 이때 currSet를 result에 추가한다.

4. 마지막으로 result를 반환한다. 이 배열에는 nums의 모든 부분 집합이 포함되어 있다.

풀이

```
01 function findSubsets(nums) {
02   const result = [];
03   helper([], 0);
04
05   function helper(currSet, start) {
06     result.push([...currSet]); // 현재 currSet을 result에 추가한다.
07     for (let i = start; i < nums.length; i++) {
08       currSet.push(nums[i]); // 현재 요소를 currSet에 추가한다.
09       helper(currSet, i + 1); // 다음 요소부터 재귀 탐색한다.
10       // 백트래킹 시점(재귀 호출 뒤 방금 추가한 요소를 제거한다.)
11       currSet.pop();
12     }
13   }
14
15   return result;
16 }
```

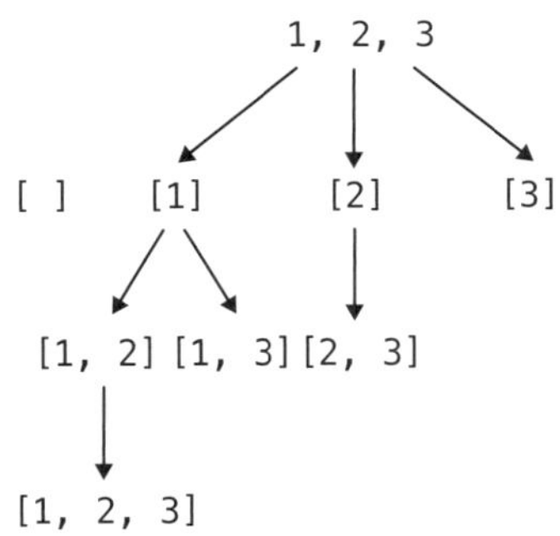

그림 10-3 집합 {1, 2, 3}의 재귀 트리 예시

먼저 탐색의 시작점인 3행에서 빈 배열과 시작 인덱스를 0으로 지정한다. 이때 결과 배열에 빈 배열(공집합)이 부분 집합으로 추가된다.

그다음 nums의 각 요소를 순회하면서 현재 숫자를 추가한 뒤 다음 요소부터 재귀가 작동하게 한다. 이후 현재 숫자를 제거해 백트래킹한다.

예를 들어 입력 [1, 2, 3]이 주어지면 인덱스 0의 숫자 1을 추가하고 재귀에 다음 인덱스 1에서 시작하도록 한다. 즉, 첫 번째 숫자 1에 대한 currSet을 생성한다. 따라서 1로 시작하는 모든 부분 집합 [1], [1, 2], [1, 2, 3], [1, 3]을 결과 배열에 저장하고, 이 작업이 완료되면 백트래킹하여 11행에서 currSet의 마지막 요소를 제거해 되돌린다. 다음 인덱스에 있는 2로 이동한다. 마찬가지로 2로 시작하는 모든 부분 집합 [2], [2, 3]을 currSet로 구성한 뒤 결과 배열에 추가한다. 이런식으로 배열의 인덱스가 모두 소진될 때까지 진행한다.

이 풀이는 각 재귀 호출에서 currSet에 값을 추가하고 제거하는 방식으로 부분 집합이 중복으로 생성되지 않게 한다. 요소는 인덱스 순서대로 한 번씩만 currSet에 추가되므로 자연스럽게 이전 재귀 호출에서 이미 처리된 요소를 건너뛰게 된다.

이 문제는 각 요소에 대해 포함하거나 포함하지 않는 두 가지 선택지만 가지므로 결과적으로 모든 가능한 부분 집합이 생성된다. 따라서 입력의 크기가 n일 때 시간 복잡도는 $O(n * 2^n)$이 된다.

10.3.2 부분 집합 II

기출: 아마존, 구글, 블룸버그, 메타
난이도: 중 | **풀이 시간:** 45분 | **런타임:** 2초 | **메모리:** 64MB

문제

정수로 구성된 집합 nums의 고유한 부분 집합을 모두 찾아 반환하라.

- nums는 배열로 전달되며 중복 요소가 포함될 수 있다. 배열의 크기는 10을 넘지 않는다.

입력

예시 1) [1, 4, 2, 2]

예시 2) [3, 5, 3]

출력

예시 1) [[], [1], [1, 2], [1, 2, 2], [1, 2, 2, 4], [1, 2, 4], [1, 4], [2], [2, 2], [2, 2, 4], [2, 4], [4]]

예시 2) [[], [3], [3, 3], [3, 3, 5], [3, 5], [5]]

설명

예시 1의 배열에 중복 요소 2가 있지만 부분 집합 생성 과정에서는 무시된다. 중복 요소를 따로 처리하지 않는다면 [1, 2]와 [2, 1] 또는 [4, 2]와 [2, 4]처럼 같은 부분 집합이 생성될 수 있다. 중복값을 처리한 결괏값은 [[], [1], [1, 2], [1, 2, 2], [1, 2, 2, 4], [1, 2, 4], [1, 4], [2], [2, 2], [2, 2, 4], [2, 4], [4]]와 같아야 한다.

문제 분석

10.3.1절 부분 집합 문제를 변형한 문제다. 이 문제의 요구사항은 배열에 중복이 있을 수도 있다는 사실이다. 10.3.1절의 기본 풀이로 생성한 뒤 결과 배열에서 중복을 제거하는 식으로 해결할 수도 있으나 효율적이지 않다. 코딩 테스트나 인터뷰에서 사용하기도 적절하지 않다.

앞의 풀이를 다시 생각해 보자. nums = [1, 2, 3]일 때 각 요소를 돌며 해당 숫자로 시작하는 모든 부분 집합을 생성해 결과 배열에 추가했다. nums = [1, 1, 2]이라면 어떻게 될까? 인덱스 0의 숫자 1로 시작하는 부분 집합을 생성하고 백트래킹 후 다음 순서로 처리하는 인덱스 1의 숫자 또한 1이므로 같은 부분 집합이 반복해서 생성된다. 처리하려는 요소가 이전 단계에서 이미 처리되었음을 확인한다면 현재 단계를 건너뛰는 로직을 추가할 수 있다.

또한 탐색 전에 배열을 정렬하는 것이 좋다. 같은 요소를 서로 인접하게 두면 중복 확인을 위한 비교가 훨씬 더 간단해진다.

접근 방법

1. 현재까지 찾은 부분 집합을 저장할 currSet와 결과를 저장할 result를 빈 배열로 초기화한다.
2. (같은 숫자를 서로 인접하게 두기 위해) 배열을 정렬한다.
3. 백트래킹 구현: nums의 각 요소를 순회하면서 현재 숫자를 currSet에 추가하고 함수를 재귀적으로 호출한다. 그러면 현재 요소를 포함한 모든 부분 집합이 currSet에 추가된다. 현재 단계의 재귀 호출이 완료되면 currSet에서 현재 요소를 제거한다.
4. 중복 확인: 중복 숫자가 있으면, 즉 현재 숫자가 이전 숫자와 같으면 재귀 호출을 건너뛴다.

5. 3에서 실행되는 재귀 함수는 nums의 인덱스가 모두 소진될 때까지 진행되며 인덱스가 배열의 끝에 도달하면 종료된다. 이때 currSet를 result에 추가한다.
6. result 배열을 반환한다. 이 배열에는 nums의 모든 부분 집합이 포함되어 있다.

풀이

```
01 function findSubsets(nums) {
02   const result = [];
03   // 미리 정렬하여 중복 요소가 서로 인접해 있도록 한다.
04   nums.sort((a, b) => a - b);
05   helper([], 0);
06 
07   function helper(currSet, start) {
08     result.push([...currSet]);
09     for (let i = start; i < nums.length; i++) {
10       // 현재 숫자가 이전 숫자와 같으면 건너뛴다.
11       if (i > start && nums[i] === nums[i - 1]) {
12         continue;
13       }
14 
15       currSet.push(nums[i]);
16       helper(currSet, i + 1);
17       currSet.pop();
18     }
19   }
20 
21   return result;
22 }
```

이 풀이는 배열의 모든 부분 집합을 생성해 문제를 해결한다. 10.3.1절 부분 집합 문제의 풀이와 매우 흡사하다. 단, 배열에 중복 요소가 있을 수도 있으므로 중복 부분 집합이 생성되지 않게 하는 로직이 추가로 필요하다.

4행에서는 이를 위한 선행 작업으로 배열을 미리 정렬했다. 배열을 정렬하면 같은 요소끼리 서로 인접하게 된다.

예를 들어 배열 [3, 1, 3, 1]이 있다고 가정해 보자. 만약 정렬 없이 중복 확인을 한다면 코드가 필요 이상으로 복잡해질 수 있다. 하지만 배열을 미리 정렬하여 [1, 1, 3, 3]처럼 재배치하면 현재 인덱스와 이전 인덱스의 숫자가 같은지 확인하기가 훨씬 쉬워진다.

11~13행에서는 이 풀이의 핵심 로직이 적용된다. 중복 부분 집합이 생성되지 않도록 현재 숫자가 이전 숫자와 같으면 해당 숫자를 추가하지 않고 건너뛴다. 이를

통해 백트래킹 과정에서 같은 요소를 연속으로 추가하지 않게 된다. 배열이 이미 정렬되어 있기 때문에 가능한 방식이다.

이 풀이의 시간 복잡도는 배열의 길이가 n일 때 $O(n * 2^n)$이다. 중복 확인에서 일부 단계를 건너뛰어 실제 실행 시간은 더 짧을 수 있지만, 최악의 경우 모든 부분 집합을 생성해야 한다.

10.3.3 부분 집합의 합

기출: 아마존, 구글, 블룸버그
난이도: 상 | **풀이 시간:** 60분 | **런타임:** 3초 | **메모리:** 64MB

문제

정수 배열 nums와 정수 target이 주어진다. nums 요소의 합이 target과 같은 부분 집합이 있는지를 판단하는 함수를 완성하라.

- nums는 중복 요소를 포함할 수 있다.

입력

예시 1) nums = [1, 7, 3, 2], target = 6

예시 2) nums = [3, 4, 5, 2], target = 15

예시 3) nums = [5, 4, 4, 1], target = 9

출력

예시 1) true

예시 2) false

예시 3) true

설명

예시 1에서 합이 target 값 6과 같은 부분 집합은 [1, 3, 2]이므로 true를 반환한다.

예시 2에서 합이 target 값 15와 같은 부분 집합은 없으므로 false를 반환한다.

예시 3에서 합이 target 값 9와 같은 부분 집합은 [5, 4], [5, 4], [4, 4, 1]이므로 true를 반환한다.

문제 분석

이 문제도 부분 집합의 변형 문제로, 출제 빈도가 매우 높은 유형이다. 배열 nums에 있는 정수 집합과 또 다른 정수 target이 주어진다. nums에 합이 target 값과 같은 부분 집합이 있는지 판단하는 로직을 구현해야 한다. 유효한 부분 집합의 개수나 구성은 중요하지 않다. 조건을 만족하는 부분 집합의 존재 여부만 판단하면 된다.

가장 직관적인 방법은 완전 탐색 또는 백트래킹을 사용하는 것이다. 완전 탐색은 nums의 모든 부분 집합을 생성하고 각각의 합을 계산한 후 target 값과 비교한다. 이 방법의 시간 복잡도는 $O(2^n)$이며, nums의 크기가 커지면 커질수록 실행 시간이 기하급수적으로 증가해 매우 비효율적이다.

이를 좀 더 개선하기 위해 백트래킹을 사용할 수 있다. 재귀적으로 부분 집합을 생성해 그 합을 계산하고 부분 집합에 현재 요소가 포함되면 target을 초과하는지 확인한다. 초과하면 계산하지 않고 그 선택지를 건너뛴다.

다음은 백트래킹을 사용한 코드다.

```
01 function subsetSum(nums, target) {
02   return helper(0, 0);
03 
04   function helper(currSum, start) {
05     // 기저 조건, 현재 합이 target과 같으면 true 반환
06     if (currSum === target) {
07       return true;
08     }
09     // 현재 합이 target보다 크거나 더 이상 확인할 인덱스가 없으면 false 반환
10     if (currSum > target || start >= nums.length) {
11       return false;
12     }
13     // 현재 요소를 포함하는 경우
14     if (helper(currSum + nums[start], start + 1)) {
15       return true;
16     }
17     // 현재 요소를 포함하지 않는 경우
18     return helper(currSum, start + 1);
19   }
20 }
```

백트래킹은 완전 탐색보다 효율적일 수 있다. 6행에서처럼 현재 부분 집합의 합이 target과 같으면 즉시 탐색을 중단해 불필요한 재귀 호출을 줄인다. 하지만 실제 실행 시간은 입력에 따라 달라지며 백트래킹의 특성상 중복 계산이 발생할 수도 있다. 또한 항상 빠르게 해를 찾는다는 보장이 없으므로 시간 복잡도는 최악의 경우

$O(2^n)$이 될 수 있다. 이때 n은 nums의 크기다.

또 다른 방법은 바로 동적 프로그래밍의 상향식 방식이다. 재귀 대신 반복문을 사용해 스택 사용을 줄인다.

이 방식은 DP 테이블(dynamic programming table)을 활용하여 작은 하위 문제부터 차근차근 정답을 도출한다. 이 경우 시간 복잡도는 $O(n * target)$이 된다. 이처럼 동적 프로그래밍은 백트래킹보다 시간 복잡도 측면에서 더 유리하지만 DP 테이블을 위한 추가 공간이 필요하므로 공간 복잡도가 높아진다. 공간이 제한되고 시간이 비교적 여유롭다면 백트래킹이 더 적합할 수 있다. 반대로 시간이 제한되고 공간이 상대적으로 여유롭다면 동적 프로그래밍이 더 적합할 수 있으니 상황에 맞게 선택하는 것이 좋다.

여기서는 상향식 동적 프로그래밍으로 문제를 풀어 보자.

접근 방법

1. DP 테이블(2차원 배열) dp를 초기화한다.
   a. 모든 dp[i][j]를 false로 설정한다.
   b. dp[i][0]을 true로 설정한다. 요소 0개의 합이 0인 부분 집합은 항상 있기 때문이다.
2. 이중 반복문으로 dp를 채운다. 인덱스 i는 1부터 nums.length - 1까지, 인덱스 j는 1부터 target까지 반복한다.
   a. j가 nums[i]보다 작으면 dp[i][j]를 dp[i - 1][j]로 설정한다.
   b. j가 nums[i]보다 작지 않으면 dp[i][j]를 dp[i - 1][j] 또는 dp[i - 1][j - nums[i]]로 설정한다.
   c. dp[nums.length - 1][target]을 반환한다. true를 반환하면 target과 같은 부분 집합의 합이 있다는 뜻이다.

풀이

```
function subsetSumBottomUp(nums, target) {
  const dp = Array(nums.length)
    .fill(false)
    .map(() => Array(target + 1).fill(false));

  // 0번째 열은 모두 true로 채운다.
  for (let i = 0; i < nums.length; i++) {
```

— **Javascript**

```
08      dp[i][0] = true;
09    }
10
11    // 0번째 행은 nums[0]과 같을 때만 true로 채운다.
12    for (let s = 1; s <= target; s++) {
13      if (nums[0] === s) {
14        dp[0][s] = true;
15      }
16    }
17
18    for (let i = 1; i < nums.length; i++) {
19      for (let j = 1; j <= target; j++) {
20        // 현재 숫자가 target보다 크면
21        if (j < nums[i]) {
22          // 이전 행의 값을 그대로 가져온다.
23          dp[i][j] = dp[i - 1][j];
24        } else {
25          // 현재 숫자를 포함하는 경우(dp[i-1][j-nums[i]]가 true인 경우)
26          // 현재 숫자를 포함하지 않는 경우(dp[i-1][j]가 true인 경우)
27          // 둘 중 하나라도 true인지 확인한다.
28          dp[i][j] = dp[i - 1][j] || dp[i - 1][j - nums[i]];
29        }
30      }
31    }
32
33    // DP 테이블 마지막 행의 마지막 열을 반환한다.
34    return dp[nums.length - 1][target];
35  }
```

이 문제 풀이의 중심이 되는 DP 테이블을 살펴보자.

2~4행에서 생성된 DP 테이블은 2차원 배열로 초기화되며 각 셀에는 불(bool) 값이 저장된다. 테이블의 크기는 nums의 길이와 target에 의해 결정된다.

테이블의 각 열(j)은 합을 나타내고 행(i)은 nums의 각 요소를 나타낸다. DP 테이블의 각 셀 dp[i][j]는 첫 번째 요소부터 i번째 요소까지 고려했을 때 합이 j가 되는 부분 집합이 있는지를 나타낸다.

예를 들어 집합 [1, 7, 3, 2]와 target = 6이라면 다음과 같이 DP 테이블을 초기화할 수 있다.

	0	1	2	3	4	5	6
1 {**1**}	false	false	false	false	false	false	false
7 {1, **7**}	false	false	false	false	false	false	false
3 {1, 7, **3**}	false	false	false	false	false	false	false
2 {1, 7, 3, **2**}	false	false	false	false	false	false	false

그림 10-4 집합 [1, 7, 3, 2], target = 6일 때 DP 테이블 초기화

7~9행에서는 첫 번째 열을 모두 true로 채운다. 어떤 수의 집합에서도 0을 만들 수 있기 때문이다.

	0	1	2	3	4	5	6
1 {**1**}	**true**	false	false	false	false	false	false
7 {1, **7**}	**true**	false	false	false	false	false	false
3 {1, 7, **3**}	**true**	false	false	false	false	false	false
2 {1, 7, 3, **2**}	**true**	false	false	false	false	false	false

그림 10-5 DP 테이블의 첫 번째 열을 모두 true로 채운다.

12~16행에서 첫 번째 행을 검사하여 현재 요소가 target과 같으면 true로 갱신한다.

	0	1	2	3	4	5	6
1 {**1**}	true	**true**	false	false	false	false	false
7 {1, **7**}	true	false	false	false	false	false	false
3 {1, 7, **3**}	true	false	false	false	false	false	false
2 {1, 7, 3, **2**}	true	false	false	false	false	false	false

그림 10-6 첫 번째 행 검사

이어지는 이중 반복문 내부에서는 두 가지 조건을 확인한다.

1. 현재 요소(nums[i])가 현재 합(j)보다 크면 합 j를 만드는 부분 집합에는 이 요소를 포함할 수 없으므로 이전 행의 값 dp[i - 1][j]를 그대로 가져온다.
2. 현재 요소가 현재 합보다 작거나 같으면 두 가지 선택지가 생긴다. 현재 요소를 포함하지 않는 경우와 포함하는 경우다. 현재 요소를 포함하지 않는 경우, 즉

dp[i - 1][j]는 nums[i]를 포함하지 않고 j를 만들 수 있는지를 나타낸다. 현재 요소를 포함하는 경우, 즉 dp[i - 1][j - nums[i]]는 nums[i]를 포함해 j를 만들 수 있는지를 나타낸다. 둘 중 하나라도 true이면 dp[i][j]을 true로 갱신한다.

nums[i]가 7일 때를 예로 들어 보자.

- j = 1이면 nums[i] > j이므로 이전 행의 값인 true를 가져온다.
- j = 2이면 nums[i] > j이므로 이전 행의 값인 false를 가져온다.
- j = 3이면 nums[i] > j이므로 이전 행의 값인 false를 가져온다.
- j = 4이면 nums[i] > j이므로 이전 행의 값인 false를 가져온다.
- j = 5이면 nums[i] > j이므로 이전 행의 값인 false를 가져온다.
- j = 6이면 nums[i] > j이므로 이전 행의 값인 false를 가져온다.

nums[i]를 사용하여 j를 만들 수 없으므로 nums[i] 이전의 요소만으로 j를 만들 수 있는지 확인해야 한다.

	0	1	2	3	4	5	6
1 {**1**}	true	true	false	false	false	false	false
7 {1, **7**}	true	**true**	**false**	**false**	**false**	**false**	**false**
3 {1, 7, **3**}	true	false	false	false	false	false	false
2 {1, 7, 3, **2**}	true	false	false	false	false	false	false

그림 10-7 nums[i] > j이면 이전 행의 값을 가져온다.

nums[i]가 3일 때를 보자.

- j = 1이면 nums[i] > j이므로 이전 행의 값인 true를 가져온다.
- j = 2이면 nums[i] > j이므로 이전 행의 값인 false를 가져온다.
- j = 3이면 nums[i]는 j보다 작거나 같으므로 현재 요소를 포함하는 경우와 포함하지 않는 경우를 모두 검사한 후 그 결과를 dp[i][j]에 저장한다.
- j = 4이면 nums[i]는 j보다 작거나 같으므로 현재 요소를 포함하는 경우와 포함하지 않는 경우를 모두 검사한 후 그 결과를 dp[i][j]에 저장한다.
- j = 5이면 nums[i]는 j보다 작거나 같으므로 현재 요소를 포함하는 경우와 포함하지 않는 경우를 모두 검사한 후 그 결과를 dp[i][j]에 저장한다.
- j = 6이면 nums[i]는 j보다 작거나 같으므로 현재 요소를 포함하는 경우와 포함

하지 않는 경우를 모두 검사한 후 그 결과를 dp[i][j]에 저장한다.

	0	1	2	3	4	5	6
1 {**1**}	true	true	false	false	false	false	false
7 {1, **7**}	true	true	false	false	false	false	false
3 {1, 7, **3**}	true	**true**	**false**	**true**	**true**	**false**	**false**
2 {1, 7, 3, **2**}	true	false	false	false	false	false	false

그림 10-8 nums[i]가 j보다 작거나 같을 때

마지막으로 nums[i]가 2일 때를 보자.

- j = 1이면 nums[i] > j이므로 이전 행의 값인 true를 가져온다.
- j = 2이면 nums[i]는 j보다 작거나 같으므로 현재 요소를 포함하는 경우와 포함하지 않는 경우를 모두 검사한 후 그 결과를 dp[i][j]에 저장한다.
- j = 3이면 nums[i]는 j보다 작거나 같으므로 현재 요소를 포함하는 경우와 포함하지 않는 경우를 모두 검사한 후 그 결과를 dp[i][j]에 저장한다.
- j = 4이면 nums[i]는 j보다 작거나 같으므로 현재 요소를 포함하는 경우와 포함하지 않는 경우를 모두 검사한 후 그 결과를 dp[i][j]에 저장한다.
- j = 5이면 nums[i]는 j보다 작거나 같으므로 현재 요소를 포함하는 경우와 포함하지 않는 경우를 모두 검사한 후 그 결과를 dp[i][j]에 저장한다.
- j = 6이면 nums[i]는 j보다 작거나 같으므로 현재 요소를 포함하는 경우와 포함하지 않는 경우를 모두 검사한 후 그 결과를 dp[i][j]에 저장한다.

이처럼 모든 경우를 확인하면 다음과 같은 DP 테이블이 완성이 된다.

	0	1	2	3	4	5	6
1 {**1**}	true	true	false	false	false	false	false
7 {1, **7**}	true	true	false	false	false	false	false
3 {1, 7, **3**}	true	true	false	true	true	false	false
2 {1, 7, 3, **2**}	true	**true**	**true**	**true**	**true**	**true**	**true**

그림 10-9 완성된 DP 테이블

이와 같이 테이블을 채우면 dp[nums.length - 1][target], 즉 DP 테이블의 마지막 행, 마지막 열에 이 문제의 정답이 채워진다.

이처럼 상향식을 사용하면 테이블을 채워 가는 과정에서 큰 문제의 답에 도달할 수 있다. 작은 문제의 답을 구하고 그 답을 조합해 더 큰 문제의 답을 도출하는 방식이 동적 프로그래밍의 핵심 아이디어다. 이는 다음 두 가지 개념으로 정리할 수 있다.

- 작은 문제 해결: 작은 합부터 시작해 목표 합을 만들 수 있는지를 확인하고 그 결과(true 또는 false)를 테이블에 저장한다.
- 작은 문제의 결합: 더 큰 합을 만들 수 있는지 판단하기 위해 작은 합계를 만들 수 있는지를 확인한다. 이때 앞서 저장된 DP 테이블을 활용한다.

테이블의 오른쪽 하단, 즉 마지막 셀 값은 지금까지 모든 숫자를 사용해 원하는 합계를 만들 수 있는지를 알려 준다. 결국 작은 문제의 답을 쌓아 올려 큰 문제의 답을 얻게 된다.

10.3.4 같은 부분 집합의 합

기출: 마이크로소프트, 메타

난이도: 상 | **풀이 시간:** 60분 | **런타임:** 3초 | **메모리:** 128MB

문제

양수 배열 `nums`가 주어진다. 이 배열을 합이 같은 두 부분 집합으로 나눌 수 있는지 확인하는 함수를 완성하라.

입력

예시 1) `nums = [1, 2, 3, 4]`

예시 2) `nums = [2, 3, 4, 6]`

예시 3) `nums = [1, 5, 11, 5]`

출력

예시 1) `true`

예시 2) `false`

예시 3) `true`

설명

- 예시 1은 [1, 4], [2, 3]과 같이 요소의 합이 5인 두 부분 집합으로 나눌 수 있다.
- 예시 2는 요소의 합이 같은 두 부분 집합으로 나눌 수 없으므로 false를 반환한다.
- 예시 3은 [1, 5, 5], [11]과 같이 요소의 합이 11인 두 부분 집합으로 나눌 수 있다.

문제 분석

부분 집합과 조합 유형의 문제다. 먼저 완전 탐색으로 문제를 풀어 보자.

주어진 요소를 두 집합으로 나누는 모든 조합을 고려하여 어떤 집합 쌍의 합이 서로 같은지 확인한다. 예를 들어 S가 주어진 모든 숫자의 총합이라면 합계가 같은 두 부분 집합의 합은 S/2와 같아야 한다.

이 완전 탐색 방식을 의사 코드로 표현했다.

```
solutions 리스트 = []
S = nums의 모든 요소의 합

Backtrack(i, currentSet = [], currentSum = 0)
  // 기저 조건: 현재 합이 S/2를 초과하면 더 이상 진행할 수 없다.
  if currentSum > S/2
    return false

  // 현재 합이 정확히 S/2이면
  if currentSum == S/2
    solutions 리스트에 currentSet 추가
    return true

  // 배열의 끝에 도달하면 더 이상 진행할 수 없다.
  if i >= nums.length
    return false

  // 인덱스 i에 있는 숫자를 포함하는 경우
  currentSet에 nums[i] 추가
  Backtrack(i + 1, currentSet, currentSum + nums[i])
  currentSet에서 nums[i] 제거 // 백트래킹

  // 인덱스 i에 있는 숫자를 포함하지 않는 경우
  Backtrack(i + 1, currentSet, currentSum)

// 초기 호출
Backtrack(0)
```

이 의사 코드는 각 숫자 i에 대해 다음을 실행한다.

1. 인덱스 i에 있는 숫자를 포함하는 새 집합을 만든다(19~21행). 단, currentSum + nums[i]가 S/2를 초과하지 않을 때만 포함해야 한다. 남은 숫자에 대해서도 같은 과정을 재귀적으로 반복한다.
2. 인덱스 i에 있는 숫자를 포함하지 않는 새 집합을 만든다(24행). 남은 숫자에 대해서도 같은 과정을 재귀적으로 반복한다.

이 과정에서 생성된 집합의 합이 S/2이면 true를, 그렇지 않으면 false를 반환한다.

이 방법은 구현이 단순하고 문제의 정의를 그대로 알고리즘으로 옮길 수 있다는 장점이 있다. 그러나 시간 복잡도가 $O(2^n)$으로 매우 느리고 비효율적이며 같은 부분 문제를 여러 번 계산한다. 예를 들어 특정 부분 집합의 합을 이미 계산했음에도 다른 탐색 과정에서 같은 부분 집합의 합을 다시 계산하는 경우가 발생한다.

이제 이 방법을 최적화하기 위해 동적 프로그래밍을 고려해 보자. 중복 부분 문제를 더 효율적으로 처리하려면 추가 공간, 즉 dp 배열을 사용해 부분 문제의 답을 저장하면 된다.

dp 배열로 합을 추적하고 부분 집합의 존재 여부를 확인하는 과정은 배낭 문제의 동적 프로그래밍 방식과 같다. 이때 배열의 각 요소는 배낭 문제에서 '물건의 무게'와 같으며 목표 합은 '배낭의 무게 한도'에 해당한다.

배낭 문제(0/1 Knapsack problem)[1]는 대표적인 조합 최적화 문제 중 하나다. 배낭 문제의 목표는 주어진 무게 한도 내에서 배낭에 넣을 수 있는 물건의 최대 가치를 정하는 것이다.

기본 규칙은 다음과 같다.

- 각 물건에는 무게와 가치가 있다.
- 배낭에는 무게 한도 W가 있다.
- 물건 일부를 선택해 배낭에 넣을 때 배낭의 무게 한도를 초과하지 않으면서 물건의 총 가치를 최대화해야 한다.

이때 각 물건은 한 번만 담을 수 있다. 따라서 각 단계에서 물건을 담거나(1 선택) 빼는(0 선택) 두 가지 중 하나만 고를 수 있다.

1 《Introduction to Algorithms(4판)》(한빛아카데미, 2024)

이 문제는 1차원 배열 dp로 해결할 수 있다. 이를 통해 배열에서 일부 숫자를 선택하여 만들 수 있는 합을 추적한다.

핵심 아이디어는 배열의 각 숫자(num)를 하나씩 확인하면서 목표 합(target, 즉 S/2)을 만들 수 있는지를 판별하는 것이다.

dp[target - num]이 true이면 num을 더해 target을 만들 수 있다는 의미다. 따라서 이때는 dp[target - num]을 true로 갱신한다.

이 과정을 통해 모든 숫자를 확인했을 때 dp[target]이 true이면 목표 합에 도달하는 부분 집합이 있다는 의미다. 결과적으로 주어진 배열을 요소 합이 같은 부분 집합 2개로 나눌 수 있음을 확인할 수 있다.

접근 방법

1. 주어진 배열 nums의 전체 합 sum을 계산한다.
2. 전체 합이 홀수이면 두 부분 집합의 합이 같을 수 없으므로 false를 반환한다.
3. 전체 합을 2로 나누어 target에 저장한다. 목표는 합이 target이 되는 부분 집합을 찾는 것이다.
4. dp 배열 초기화: 가능한 합을 추적하기 위해 target + 1 크기의 dp 배열을 생성하고 모든 값을 false로 초기화한다(배열의 각 인덱스는 합이 target이 되는 부분 집합이 있는지를 나타낸다.). 이후 dp[0]은 true로 설정한다. 아무 요소도 선택하지 않으면 합이 0이 될 수 있기 때문이다.
5. 주어진 모든 숫자에 대해 다음을 실행한다.
   a. 현재 숫자부터 target까지 반복한다.
   b. a를 반복하면서 dp[i]를 갱신한다. 만약 dp[i]가 이미 true이거나 dp[i - num]이 true이면 dp[i]를 true로 갱신한다. 이는 현재 숫자를 포함하거나 포함하지 않고 합이 i가 될 수 있는지를 나타낸다.
6. 최종적으로 dp[target]을 반환한다. 이 값이 true이면 합이 target인 부분 집합이 있다는 의미이므로 nums를 요소 합이 같은 두 부분 집합으로 나눌 수 있다.

풀이

```
function canPartition(nums) {
  // 전체 합을 미리 계산한다.
  let sum = nums.reduce((acc, val) => acc + val);

```

— **Javascript**

```
05  // 짝수가 아니면 나누어 떨어지지 않으므로 false를 반환한다.
06  if (sum % 2 !== 0) {
07    return false;
08  }
09  // sum/2를 target으로 설정한다.
10  let target = sum / 2;
11  // dp 배열 생성
12  let dp = new Array(target + 1).fill(false);
13  // 0은 항상 true이다.
14  dp[0] = true;
15
16  for (let num of nums) {
17    for (let i = target; i >= num; i--) {
18      // 현재 값이 target보다 작거나 같다면
19      // dp[i]는 dp[i] 또는 dp[i - num]으로 갱신한다.
20      dp[i] = dp[i] || dp[i - num];
21    }
22  }
23  // 마지막 값이 문제의 답이다.
24  return dp[target];
25 }
```

10.3.3절 문제와 마찬가지로 상향식을 사용한다. 동적 프로그래밍은 충분히 연습해야 능숙해질 수 있다. 따라서 직접 코딩하며 과정을 익히는 것이 큰 도움이 된다.

또한 동적 프로그래밍 관점에서 문제에 접근하려면 문제를 여러 개의 작은 부분 문제로 나누고, 그 답을 저장하여 재사용하는 전략이 필요하다.

풀이 코드를 좀 더 살펴보자.

3행에서는 nums 배열의 합을 계산한다. 여기서 사용하는 reduce 패턴은 코딩 테스트에서 적은 코드로 빠르게 배열의 합을 구할 수 있으므로 익숙해지도록 연습하자.

6~8행에서는 전체 합이 홀수인지 짝수인지 판별한다. 홀수이면 합이 같은 두 부분 집합으로 나눌 수 없으므로 바로 false를 반환한다. 더 이상 진행할 필요가 없기 때문이다. 전체 합이 짝수이면 문제는 '주어진 숫자로 이루어진 부분 집합 중 총합이 sum/2인 것을 찾아라.'로 한층 간단해진다.

이제 함수의 핵심 로직을 알아보자. 16행의 바깥쪽 반복문에서는 nums의 각 숫자 num을 순회하고, 17행의 내부 반복문에서는 i부터 num까지 상향식으로 순회한다. 배열의 각 num에 대해 target부터 시작해 가능한 부분 집합을 차례로 확인한다.

여기서 중요한 점은 dp[i - num]가 true이면 dp[i]도 true가 될 수 있다는 것이다.

왜냐하면 i - num의 합을 만드는 부분 집합에 num을 더하면 합 i를 만들 수 있기 때문이다. 이와 같은 로직으로 dp 배열의 각 위치가 갱신된다. 이때 dp[i]는 합 i를 만들 수 있는지를 나타내며, num은 현재 검사 중인 배열의 요소이다.

예를 들어 nums = [1, 2, 3, 4]이면 배열의 전체 합은 짝수이고 target은 5가 된다. 따라서 dp 배열은 다음과 같이 구성될 것이다.

0	1	2	3	4	5
true	false	false	false	false	false

그림 10-10 nums = [1, 2, 3, 4]일 때 dp 배열 상태

num = 1이면 각 i에 대해 dp[i] 또는 dp[i - num]를 dp[i]에 할당한다.

- dp[5] = dp[5] || dp[5 - 1] = false
- dp[4] = dp[4] || dp[4 - 1] = false
- dp[3] = dp[3] || dp[3 - 1] = false
- dp[2] = dp[2] || dp[2 - 1] = false
- dp[1] = dp[1] || dp[1 - 1] = true

0	1	2	3	4	5
true	**true**	**false**	**false**	**false**	**false**

그림 10-11 num = 1일 때 dp 배열 상태

num = 2이면 각 i에 대해 dp[i] 또는 dp[i - num]의 값을 dp[i]에 할당한다.

- dp[5] = dp[5] || dp[5 - 2] = false
- dp[4] = dp[4] || dp[4 - 2] = false
- dp[3] = dp[3] || dp[3 - 2] = true
- dp[2] = dp[2] || dp[2 - 2] = true

0	1	2	3	4	5
true	true	**true**	**true**	**false**	**false**

그림 10-12 num = 2일 때 dp 배열 상태

num = 3이면 각 i에 대해 dp[i] 또는 dp[i - num]를 dp[i]에 할당한다.

- dp[5] = dp[5] || dp[5 - 3] = true
  현재 단계에서 dp[5]를 dp[5] 또는 dp[5 - 3]을 바탕으로 true로 설정한다. dp[2]가 이미 true이면 dp[5] 또한 true로 설정되어야 하는데, 이는 nums 배열에서 숫자 2, 3을 사용해 합계 5를 얻을 수 있기 때문이다.
- dp[4] = dp[4] || dp[4 - 3] = true
- dp[3] = dp[3] || dp[3 - 3] = true

0	1	2	3	4	5
true	true	true	**true**	**true**	**true**

그림 10-13 num = 3일 때 dp 배열 상태

num = 4이면 각 i에 대해 dp[i] 또는 dp[i - num]의 값을 dp[i]에 할당한다.

- dp[5] = dp[5] || dp[5 - 4] = true
- dp[4] = dp[4] || dp[4 - 4] = true

0	1	2	3	4	5
true	true	true	true	**true**	**true**

그림 10-14 num = 4일 때 dp 배열 상태

이 과정을 통해 우리는 dp 배열 끝에 있는 값, 즉 dp[target]을 알 수 있고, 이 값으로 nums 배열에 합이 같은 두 부분 집합이 있는지를 확인할 수 있다.

이 풀이는 반복문을 두 개 사용한다. 바깥쪽 반복문은 nums 배열의 길이만큼, 안쪽 반복문은 target 값만큼 실행된다. 따라서 시간 복잡도는 $O(n * target)$이며, 공간 복잡도는 dp 배열의 길이인 $O(target)$이다. 이 방식은 불필요한 반복 계산을 줄이고 문제의 복잡도를 줄여 더 효율적으로 문제를 해결할 수 있게 해 준다.

10.3.5 k개의 숫자 조합 찾기

기출: 아마존, 마이크로소프트, 어도비

난이도: 중 | **풀이 시간:** 45분 | **런타임:** 2초 | **메모리:** 64MB

문제

주어진 숫자 n과 k에 대해 1부터 n까지의 숫자 중 k개를 선택하는 모든 조합을 구하는 함수를 완성하라.

입력

예시 1) n = 4, k = 2

예시 2) n = 5, k = 3

출력

예시 1)

```
[
 [1, 2],
 [1, 3],
 [1, 4],
 [2, 3],
 [2, 4],
 [3, 4]
]
```

예시 2)

```
[
  [1, 2, 3],
  [1, 2, 4],
  [1, 2, 5],
  [1, 3, 4],
  [1, 3, 5],
  [1, 4, 5],
  [2, 3, 4],
  [2, 3, 5],
  [2, 4, 5],
  [3, 4, 5],
]
```

설명

이 문제는 조합 $C(n, k)$를 구할 때처럼 계산하면 된다.

예시 1처럼 n이 4이고, k가 2라면 $C(4, 2)$는 4! / (2! * 2!)로 총 6개가 된다.

예시 2는 $C(5, 3) = 5! / (2! * 3!) = 10$이다.

문제 분석

전형적인 조합 문제다. 1부터 n까지의 숫자 중 k개를 선택하는 모든 조합을 찾는다는 것은 n개의 숫자 중 k개를 선택하는 모든 조합을 찾는 것과 같다.

10.1절에서 설명했듯이 조합은 순서를 고려하지 않는다. 즉 [1, 2]와 [2, 1]은 같

은 조합으로 간주된다.

조합은 다음과 같이 생성할 수 있다. 1부터 n까지의 숫자 중 첫 번째 숫자를 선택하고 남은 숫자 중 더 큰 숫자를 이어서 선택한다. 이를 반복하면서 현재까지 선택한 숫자의 개수가 k와 같으면 그 조합을 결과 배열에 추가한다.

이 문제 유형은 보통 백트래킹으로 해결한다. 백트래킹은 탐색 공간을 효과적으로 활용하며 특히 조합, 순열 문제를 해결할 때 체계적으로 탐색하고 확인할 수 있게 해 준다.

우리는 이미 10.3.1절과 10.3.2절에서 백트래킹을 다뤄 보았다. 이제 이 패턴을 조합 문제에 어떻게 활용할 수 있을지 고민해 보자.

접근 방법

1. 모든 조합을 저장할 배열 `result`를 빈 배열로 초기화한다.
2. 헬퍼 함수 구현: 재귀적으로 작동하는 함수를 구현해 백트래킹을 실행한다.
   a. 함수의 매개변수로 현재 선택한 숫자의 리스트(배열)와 시작 숫자(`start`)를 전달한다.
   b. k개의 숫자를 모두 선택했으면 조합이 생성된 것이므로 결과 배열 `result`에 추가한다.
   c. 시작 숫자 1부터 n까지 반복하면서 각 숫자를 현재 선택한 리스트(배열)에 추가하고 백트래킹 함수를 재귀적으로 호출한다.
3. 헬퍼 함수 호출: 2에서 구현한 헬퍼 함수를 빈 배열과 시작 숫자 1로 호출한다.
4. 결괏값 배열 `result`를 반환한다.

풀이

```
function kCombination(n, k) {
  const result = [];

  function helper(current, start) {
    // 기저 조건(k개의 숫자를 모두 선택한 경우)
    if (current.length === k) {
      // 결과에 추가한다(current 배열이 계속해서 변하기 때문에 얕은 복사를 한다.).
      result.push([...current]);
      return;
    }

    for (let i = start; i <= n; i++) {
```

```
13       // 현재 숫자를 선택한다.
14       current.push(i);
15       // 재귀 호출한다.
16       helper(current, i + 1);
17       // 현재 숫자를 선택하지 않는다(백트래킹).
18       current.pop();
19     }
20   }
21
22   helper([], 1);
23   return result;
24 }
```

이 함수는 n, k를 받아 1부터 n까지의 숫자 중 k개를 선택하는 모든 조합을 생성한다.

n = 4이고 k = 2일 때 이 함수가 어떻게 작동하는지 알아보자.

먼저 2행에서는 결괏값을 저장할 `result`를 빈 배열로 초기화하고, 4~20행에서는 조합을 생성할 헬퍼 함수를 구현한다.

22행에서는 헬퍼 함수를 호출해 탐색을 시작한다. 이때 빈 배열과 시작 숫자 1을 전달하는데, 1부터 n까지의 탐색 공간을 만들기 위해서다.

`start`부터 n까지 순회하면서 각 숫자를 `current` 배열에 추가하고 `helper()` 함수를 재귀적으로 호출한다. 이 과정을 자세히 살펴보자.

i = 1일 때

- `current = [1]`이므로 `helper([1], 2)` 호출
- i = 2일 때
  - `current = [1, 2]`가 되고 `current.length === k`이므로 결과에 추가한다.
  - `helper()` 함수 종료 후 백트래킹으로 `current`는 다시 `[1]`이 된다.
- i = 3일 때
  - `current = [1, 3]`이 되고 `current.length === k`이므로 결과에 추가한다.
  - `helper()` 함수 종료 후 백트래킹으로 `current`는 다시 `[1]`이 된다.
- i = 4일 때
  - `current = [1, 4]`가 되고 `current.length === k`이므로 결과에 추가한다.
  - `helper()` 함수 종료 후 백트래킹으로 `current`는 다시 `[1]`이 된다.
- `helper()` 함수 종료 후 백트래킹으로 `current`는 다시 `[]`이 된다.

i = 2일 때

- current = [2]이므로 helper([2], 3) 호출
- i = 3일 때
  - current = [2, 3]이 되고 current.length === k이므로 결과에 추가한다.
  - helper() 함수 종료 후 백트래킹으로 current는 다시 [2]가 된다.
- i = 4일 때
  - current = [2, 4]가 되고 current.length === k이므로 결과에 추가한다.
  - helper() 함수 종료 후 백트래킹으로 current는 다시 [2]가 된다.
- helper() 함수 종료 후 백트래킹으로 current는 다시 []이 된다.

i = 3일 때

- current = [3]이므로 helper([3], 4) 호출
- i = 4일 때
  - current = [3, 4]가 되고 current.length === k이므로 결과에 추가한다.
  - helper() 함수 종료 후 백트래킹으로 current는 다시 [3]이 된다.
- helper() 함수 종료 후 백트래킹으로 current는 다시 []이 된다.

i = 4일 때

- 배열의 마지막 숫자이므로 2개의 숫자 조합을 찾을 수 없다(for 문에서 다음 숫자를 추가할 수 없으므로 조합을 완성할 수 없다.).

탐색이 끝나면 result에 저장된 모든 조합을 반환한다.

이 알고리즘은 요소 n개의 배열에서 크기 k의 모든 조합을 생성한다. 따라서 재귀 호출의 총 횟수는 대략 $C(n, k)$이며, 최대 $C(n, k)$개의 조합을 생성하므로 시간 복잡도는 $O(C(n, k) * k)$이다.

10.3.6 숫자 집합의 순열

기출: 아마존, 구글, 애플, 마이크로소프트, 우버, 어도비
난이도: 중 | **풀이 시간:** 45분 | **런타임:** 2초 | **메모리:** 64MB

문제

중복 없는 숫자 집합 nums가 주어진다. 가능한 모든 순열을 찾아 반환하는 함수를 완성하라.

입력

예시 1) [1, 2, 3]

예시 2) [1, 2]

출력

예시 1) [[1, 2, 3],[1, 3, 2],[2, 1, 3],[2, 3, 1],[3, 1, 2],[3, 2, 1]]

예시 2) [[1, 2],[2, 1]]

설명

집합 {1, 2, 3}의 순열은 {1, 2, 3}, {1, 3, 2}, {2, 1, 3}, {2, 3, 1}, {3, 1, 2}, {3, 2, 1} 총 6개다.

집합 {1, 2}의 순열은 {1, 2}, {2, 1} 총 2개다.

문제 분석

순열이란 집합의 모든 요소를 특정 순서대로 나열한 것이다. 그러므로 순열에서는 순서가 중요하다. 같은 요소로 이루어진 집합이라도 요소의 순서에 따라 다른 순열이 될 수 있다. 예시 2에서 [1, 2]로 만들 수 있는 모든 순열은 [1, 2]와 [2, 1]이다.

서로 다른 요소가 n개일 때 만들 수 있는 순열의 개수는 $n!$개다. 예를 들어 요소가 3개이면 순열의 개수는 $3 * 2 * 1 = 6$개이다.

이 문제의 목표는 고유한(중복 없는) 숫자 집합의 모든 순열을 반환하는 것이다. 이를 위해 백트래킹 패턴을 사용할 수 있다.

배열 nums의 모든 숫자를 순회하면서 각 숫자에 대해 가능한 모든 순열을 구한다. 특히 선택한 숫자를 첫 번째로 고정한 뒤 나머지 숫자의 순열을 구하고, 그 결과 앞에 해당 숫자를 추가해 전체 순열을 완성한다.

백트래킹을 구현할 때는 현재 만들고 있는 순열에서 어떤 숫자가 이미 사용되었는지 판단하는 과정이 필요하다. 이를 처리하지 않으면 같은 숫자를 중복 계산해 오류가 생길 수 있다.

배열 [1, 2, 3]을 예로 들어 보자.

첫 번째 숫자 1을 고정한 채 나머지 [2, 3]의 모든 순열 [1, 2, 3]과 [1, 3, 2]를 구해 결과에 추가한다.

두 번째 숫자 2를 고정한 채 나머지 [1, 3]의 모든 순열 [2, 1, 3]과 [2, 3, 1]을 구해 결과에 추가한다.

세 번째 숫자 3을 고정한 채 나머지 [1, 2]의 모든 순열 [3, 1, 2]와 [3, 2, 1]을 구해 결과에 추가한다.

이렇게 깊이 우선 탐색을 활용해 주어진 집합의 모든 가능한 순열을 효과적으로 찾을 수 있다.

접근 방법

1. 결과를 저장할 result를 빈 배열로 초기화한다.
2. currSet를 매개변수로 받는 헬퍼 함수 helper()를 구현한다.
   a. 순열 완성 조건 확인: helper() 함수를 실행해 currSet의 길이가 nums의 길이와 같으면 currSet를 결과에 (복사하여) 추가한다.
   b. nums의 각 숫자에 대해 다음을 실행한다.
      i. 숫자가 currSet에 포함되는지 확인한다(중복 처리). 포함된다면 현재 과정을 건너뛴다.
      ii. 현재 숫자를 currSet에 추가한다.
      iii. helper() 함수를 재귀 호출해 다음 단계의 순열을 계속 탐색한다.
      iv. currSet에서 마지막에 추가했던 숫자를 제거해 백트래킹을 실행한다.
3. 순회가 끝나면 결괏값 result를 반환한다.

풀이

```
function permutation(nums) {
  const result = [];
  helper([]);

  function helper(currSet) {
```

```
    // currSet의 길이가 nums의 길이와 같으면 result에 추가한다.
    // (순열이 완성된 경우다.)
    if (currSet.length === nums.length) {
      result.push([...currSet]);
      return;
    }

    for (let i = 0; i < nums.length; i++) {
      // 이미 currSet에 포함된 요소는 처리하지 않는다.
      if (currSet.includes(nums[i])) {
        continue;
      }
      // 현재 요소를 currSet에 추가한다.
      currSet.push(nums[i]);
      helper(currSet); // 다음 요소를 currSet에 추가한다.
      currSet.pop(); // 백트래킹한다.
    }
  }

  return result;
}
```

깊이 우선 탐색과 백트래킹을 활용한 문제 풀이다. 이 함수는 주어진 집합 nums의 모든 요소를 사용해 가능한 모든 배열(순열)을 생성한다.

다음 그림을 살펴보자.

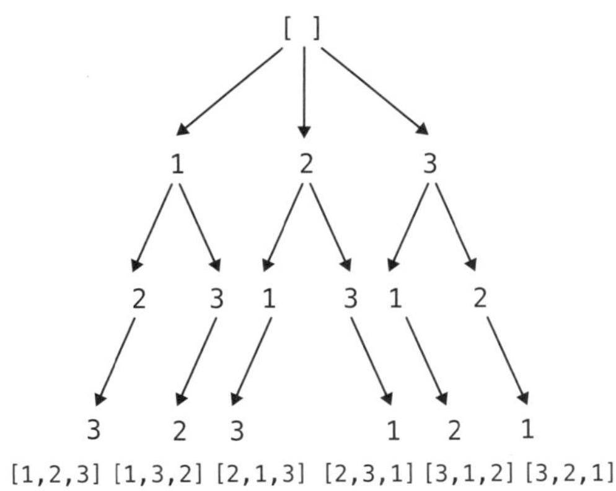

그림 10-15 트리 구조로 표현한 순열 예시

이 문제의 탐색 과정을 트리 구조로 나타냈다. 결국 이 문제는 트리를 순회하는 과정과 같다.

트리의 루트 노드는 아무 숫자도 선택하지 않은 상태로 코드에서 `helper([])`를 호출하는 것과 같다. 트리의 각 레벨은 숫자 하나를 선택해 `currSet`에 추가하는 과정을 의미한다. 이 과정을 통해 트리의 최하단(리프 노드)에 도달하면 `currSet`가 하나의 완성된 순열이 되고 결과 배열에 추가된다.

배열 `[1, 2, 3]`을 예로 들어 보자.

1. 루트에서 첫 번째 숫자를 선택한다. 1을 선택하면 `currSet`는 `[1]`이 된다.
2. 이어서 2를 선택하면 `currSet`는 `[1, 2]`가 된다.
3. 이어서 3을 선택하면 `currSet`는 `[1, 2, 3]`이 된다.
4. 이제 `currSet`와 `nums`의 길이가 같으므로(순열 완성) 결과 배열에 추가한다.
5. 새로운 순열을 찾기 위한 탐색을 계속한다.
6. 백트래킹으로 마지막에 선택한 숫자 3을 제거하면(8~10행) `currSet`는 다시 `[1, 2]`로 돌아간다.
7. 하지만 1과 2는 이미 사용되었으므로 더 이상 선택할 수 없다. 따라서 다시 이전 상태인 `[1]`로 되돌린다.
8. `[1]`인 상태에서 두 번째 숫자로 3을 선택한다. 이제 `currSet`는 `[1, 3]`이 된다.
9. 남은 숫자 2를 선택하면 `currSet`는 `[1, 3, 2]`가 된다.
10. `currSet`와 `nums`의 길이가 같으므로 결과 배열에 추가한다.

이처럼 선택과 제거를 반복하여 모든 순열을 찾는다. 가능한 숫자를 순회하며 순열을 만들고, 이미 선택한 숫자를 다시 선택하면 그 선택을 취소하고 이전 단계로 돌아간다. 그런 다음 다른 숫자를 선택하여 탐색을 계속해 나간다.

이 풀이의 시간 복잡도를 분석해 보자. 우선 헬퍼 함수의 내부 반복문은 `nums` 길이만큼 실행되므로 $O(n)$이 걸린다. 또한 15행의 `includes()` 메서드가 최악의 경우 $O(n)$의 복잡도를 가지므로 15행을 호출할 때도 $O(n)$이 걸린다. 재귀의 최대 깊이는 n이고 생성되는 순열의 수가 $n!$이므로 전체적인 시간 복잡도는 $O(n * n!)$이 된다.

10.3.7 대소문자 변환 순열

기출: 아마존, 구글, 애플, 마이크로소프트
난이도: 중 | **풀이 시간:** 60분 | **런타임:** 2초 | **메모리:** 64MB

문제

알파벳 소문자와 대문자로 구성된 문자열 `str`이 주어진다. 문자의 순서는 유지한 채 각 문자를 대소문자로 변환하여 만들 수 있는 모든 순열을 반환하는 함수를 완성하라.

- 문자열 `str`의 최대 길이는 10이다.

입력

예시 1) "ab"

예시 2) "abc"

출력

예시 1) `["ab", "aB", "Ab", "AB"]`

예시 2) `["abc", "abC", "aBc", "aBC", "Abc", "AbC", "ABc", "ABC"]`

설명

문자열 "ab"의 대소문자 변환 순열은 "ab", "aB", "Ab", "AB"로 4개다.

문자열 "abc"의 대소문자 변환 순열은 "abc", "abC", "aBC", "Abc", "AbC", "ABc", "ABC"로 8개다.

문제 분석

이 문제는 앞에서 살펴본 순열 문제의 변형이다. 문자열 `str`을 받아 문자의 순서는 유지한 채 대소문자 변환만으로 만들 수 있는 모든 순열을 구하는 것이다. 각 문자는 소문자 또는 대문자, 두 가지 선택지를 가진다.

이러한 이진 선택을 적용하면 문자열 길이가 n일 때 만들 수 있는 순열은 2^n개가 된다.

예를 들어 소문자를 `0`, 대문자를 `1`이라고 하면 `str = "ab"`일 때 만들 수 있는 순열은 `00("ab")`, `01("aB")`, `10("Ab")`, `11("AB")`와 같이 나타낼 수 있다.

이 문제는 백트래킹/재귀 방식으로 접근할 수 있다. 각 문자마다 두 가지 선택지를 고려해야 하기 때문이다. 예를 들어 문자열 "ab"에서 첫 번째 문자 "a"는 "a" 또는 "A"가 될 수 있다. "a"를 선택한 뒤에는 두 번째 문자 "b"에 대해 "b" 또는 "B"를 선택하게 된다. 이런 식으로 각 문자에 대해 가능한 모든 선택을 재귀적으로 탐색하면 전체 문자열의 모든 조합을 얻을 수 있다.

접근 방법

1. 결괏값 배열 result를 빈 배열로 초기화한다.
2. 헬퍼 함수를 구현한다.
   a. 이 헬퍼 함수는 현재까지 만든 부분 문자열 currStr과 처리 중인 문자의 인덱스 i를 매개변수로 받는다.
   b. i가 str의 길이와 같으면 currStr을 result에 추가하고 종료한다.
   c. i가 str의 길이와 같지 않으면
      i. 현 시점의 문자를 소문자로 두고 헬퍼 함수를 호출한다.
      ii. 현 시점의 문자를 대문자로 두고 헬퍼 함수를 호출한다.
3. 결괏값 배열 result를 반환한다.

풀이

```
function findPermutations(str) {
  const result = [];

  function helper(currStr, i) {
    // 기저 조건: 현재 문자열의 길이가 str의 길이와 같으면 result에 추가한다.
    if (currStr.length === str.length) {
      result.push(currStr);
      return;
    }
    // 소문자로 선택
    helper(currStr + str[i].toLowerCase(), i + 1);
    // 대문자로 선택
    helper(currStr + str[i].toUpperCase(), i + 1);
  }

  helper("", 0);
  return result;
}
```

이 풀이는 각 문자에 대해 두 가지 선택을 하는 헬퍼 함수를 통해 문제를 해결한다.

5행에서 설명했듯이 재귀 함수의 기저 조건은 현재 문자열의 길이가 `str`의 길이와 같을 때다. 즉, 함수가 문자열의 끝에 도달할 때마다 `currStr`을 `result`에 추가한다.

기저 조건을 만족하지 못했다면 11행과 13행에서처럼 현재 문자 `str[i]`를 소문자 또는 대문자로 변환하는 두 가지 선택을 한다. 두 경우에 대해 각각 `helper()` 함수를 재귀적으로 호출한다. 재귀 호출이 끝나면 함수는 다시 이전 상태(백트래킹)로 돌아간다. 예를 들어 문자를 소문자로 선택한 후에는 다시 돌아가 같은 문자를 대문자로 선택하는 과정을 이어간다.

16행에서 `helper("", 0)`이 호출되는 시점에서의 시작점은 빈 문자열 `""`이다. 첫 번째 문자 `"a"`는 소문자 `"a"`와 대문자 `"A"` 중에서 선택한다. 두 번째 문자 `"b"`는 소문자 `"b"`와 대문자 `"B"` 중에서 선택한다. 따라서 `"a"`를 선택한 뒤 `"b"`를 선택하면 `"ab"`가 되고, `"a"`를 선택한 뒤 `"B"`를 선택하면 `"aB"`가 된다. 같은 방식으로 `"Ab"`와 `"AB"`도 만들 수 있다.

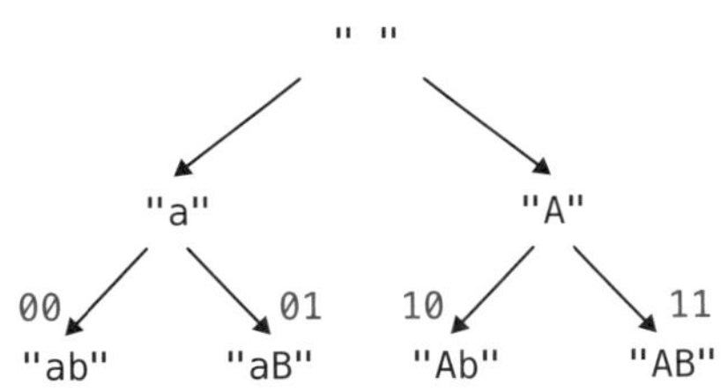

그림 10-16 트리로 표현한 문자열 "ab"의 순열 과정

이처럼 각 문자에 대한 이진 선택을 시각적으로 표현하면 문자열의 가능한 대소문자 조합을 쉽게 구분할 수 있다.

이 문제의 본질은 문자열 `str`에 대해 가능한 모든 순열을 찾는 것이다. 각 문자는 두 가지 선택지를 가지므로 문자열의 길이가 n일 때 만들 수 있는 순열은 2^n개이다. 따라서 전체적인 시간 복잡도는 $O(2^n)$이 된다.

10.3.8 균형 잡힌 괄호

기출: 아마존, 구글, 애플, 마이크로소프트, 어도비
난이도: 상 | **풀이 시간:** 60분 | **런타임:** 3초 | **메모리:** 128MB

문제

n쌍의 균형 잡힌 괄호의 모든 조합을 생성하는 함수를 완성하라.

- n은 정수이며 최대 크기는 10이다.

입력

예시 1) 2

예시 2) 1

예시 3) 3

출력

예시 1) ["(())", "()()"]

예시 2) ["()"]

예시 3) ["((()))", "(()())", "(())()", "()(())", "()()()"]

설명

괄호 2쌍으로 만들 수 있는 균형 잡힌 괄호의 조합은 "(())", "()()"이다.

괄호 1쌍으로 만들 수 있는 균형 잡힌 괄호의 조합은 "()"이다.

괄호 3쌍으로 만들 수 있는 균형 잡힌 괄호의 조합은 "((()))", "(()())", "(())()", "()()()"이다.

문제 분석

정수 n이 주어지면 n쌍의 균형 잡힌 괄호 조합을 생성하는 문제다. 균형 잡힌 괄호는 열린 괄호 "("와 닫힌 괄호 ")"의 개수가 같고, 모든 괄호 쌍이 올바른 순서로 배열되어 있어야 한다. 예를 들어 n = 2일 때 만들 수 있는 조합은 "()()", "(())" 두 가지다.

이 문제의 핵심 아이디어는 백트래킹과 재귀를 활용하는 것이다. 재귀적으로 작동하는 함수를 설계하고 단계마다 두 가지 선택지를 고려한다. 열린 괄호와 닫힌

괄호 중에서 무엇을 선택할지 결정하는 것이다. 열린 괄호를 선택했다면 사용 가능한 열린 괄호의 개수를 줄이고, 닫힌 괄호를 선택했다면 사용 가능한 닫힌 괄호의 개수를 줄여야 한다.

여기서 중요한 조건은 지금까지 사용한 닫힌 괄호가 열린 괄호보다 많아지면 유효하지 않은 조건이 된다는 점이다. 이 사항을 모두 고려해 백트래킹을 적용해야 한다. 간단히 말해 각 단계마다 가능한 선택을 탐색하고 현재 선택이 유효한지 확인한 뒤 유효하지 않으면 이전 단계로 돌아간다(백트래킹).

열린 괄호부터 시작한다고 해 보자. 이후 두 가지 선택지가 주어진다. 열린 괄호를 추가하거나 닫힌 괄호를 추가할 수 있다. 단, 닫힌 괄호가 열린 괄호보다 적을 때만 닫힌 괄호를 추가한다. 닫힌 괄호가 열린 괄호보다 많으면 그 조합은 유효하지 않기 때문이다. 탐색 도중 유효하지 않은 경로를 만나면 더 이상 탐색하지 않고 이전 상태로 백트래킹하여 다른 선택지를 탐색한다.

이렇게 모든 선택지를 재귀적으로 탐색하면서 열린 괄호와 닫힌 괄호의 개수가 모두 n이 되었을 때 해당 조합을 결과에 추가한다.

접근 방법

1. 결괏값 배열 `result`를 빈 배열로 초기화한다.
2. 헬퍼 함수를 구현한다.
   a. 이 헬퍼 함수는 현재까지의 조합을 추적하는 `current`, 사용한 열린 괄호의 개수 `openCount`, 사용한 닫힌 괄호의 개수 `closeCount`를 매개변수로 받는다.
   b. `openCount`와 `closeCount`가 n과 같아지면 `current`를 `result`에 추가하고 재귀를 종료한다.
   c. 열린 괄호 추가: `openCount`가 n보다 작으면 `"("`를 `current`에 추가하고, `openCount + 1`로 갱신하여 헬퍼 함수를 재귀적으로 호출한다.
   d. 닫힌 괄호 추가: `closeCount`가 `openCount`보다 작으면 `")"`를 `current`에 추가하고, `closeCount + 1`로 갱신하여 헬퍼 함수를 재귀적으로 호출한다.
3. 결괏값 배열 `result`를 반환한다.

풀이

```
function balancedParenthesis(n) {
  const result = [];

```

— Javascript

```
04   function helper(current, openCount, closeCount) {
05     // 기저 조건: 열린 괄호와 닫힌 괄호의 개수가 n과 같다.
06     if (openCount === n && closeCount === n) {
07       result.push(current);
08       return;
09     }
10
11     // 열린 괄호 추가
12     if (openCount < n) {
13       helper(current + "(", openCount + 1, closeCount);
14     }
15
16     // 닫힌 괄호 추가
17     if (closeCount < openCount) {
18       helper(current + ")", openCount, closeCount + 1);
19     }
20   }
21
22   helper("", 0, 0);
23   return result;
24 }
```

문제에 접근하기 위해 다음 두 가지를 기억하자.

- 유효한 괄호 문자열은 항상 열린 괄호가 닫힌 괄호보다 많거나 같아야 한다.
- 문자열을 생성하는 과정에서 열린 괄호가 닫힌 괄호보다 적으면 그 문자열은 유효하지 않다.

균형 잡힌 괄호 문자열을 구성하는 동안 우리는 열린 괄호와 닫힌 괄호를 추가하는 선택지를 반복적으로 만든다. 12행에서의 조건문은 열린 괄호의 개수가 n 미만일 때만 "("를 추가하게 하고, 17행의 조건문은 닫힌 괄호의 개수가 열린 괄호의 개수보다 적을 때만 ")"를 추가하게 한다.

이 풀이의 핵심인 백트래킹을 통해 괄호를 추가하는 과정에서 유효하지 않은 조합을 발견하면 이전 상태로 되돌아간다. 예를 들어 "(()))"는 열린 괄호가 2개, 닫힌 괄호가 3개이므로 유효하지 않다. 따라서 백트래킹으로 방금의 선택을 되돌리고 다른 분기를 시도해야 한다. 즉, 마지막 닫힌 괄호의 이전 상태로 돌아가 다른 선택을 해야 한다.

n = 2일 때 유효한 조합을 생각해 보자.

1. 처음에는 아직 괄호가 없다. helper("", 0, 0)을 처음 호출할 때는 괄호가 없는 상태다.

2. 첫 번째 열린 괄호를 추가한다. → "("
3. 이제 두 가지 선택지가 있다. 열린 괄호나 닫힌 괄호를 추가할 수 있다.
    a. 열린 괄호를 추가하면 → "(("
    b. 열린 괄호가 2개이므로 닫힌 괄호만 추가할 수 있다. → "(()"
    c. 첫 번째 유효한 조합이 완성된다. → "(())"
4. 2로 돌아와 닫힌 괄호를 추가한다. → "()"
5. 이 상태에서는 열린 괄호를 추가할 수 있다. → "()("
6. 마지막으로 닫힌 괄호를 추가한다. 두 번째 유효한 조합이 완성된다. → "()()"
7. 2개의 균형 잡힌 괄호 조합이 완성된다. → ["(())", "()()"]

이 문제의 시간 복잡도를 살펴보자. 재귀적으로 접근하는 이 문제의 특성상 가능한 모든 조합을 탐색해야 한다. 열린 괄호를 추가하는 경우, 닫힌 괄호를 추가하는 경우를 위해 헬퍼함수는 두 개의 분기로 나뉘어 호출된다. 단순히 두 분기를 곱하여 시간 복잡도를 $O(2^n)$으로 생각할 수도 있겠지만, 두 번째 분기는 닫힌 괄호가 열린 괄호보다 적을 때만 발생하므로 $O(2^n)$으로 단정지을 수 없다.

사실 이 알고리즘의 시간 복잡도는 n번째 카탈란 수[2]에 의해 결정된다. 유효한 조합의 총 개수는 n번째 카탈란 수로 제한된다고 볼 수 있기 때문이다. 카탈란 수는 n과 비례해 지수적으로 증가하므로 전체 시간 복잡도는 대략 $O(4^n/\sqrt{n})$이다.

카탈란 수는 조합론에서 자주 등장하는 수열이다.

$$C(n) = \frac{(2n)!}{(n+1)!n!}$$

n번째 카탈란 수는 지수보다 빠르게 증가하지만 팩토리얼보다는 느리게 증가한다.

예를 들어 $n = 3$일 때 카탈란 수를 계산해 보자.

$$C(3) = \frac{6!}{4! \cdot 3!}$$

$$C(3) = \frac{720}{24 \cdot 6}$$

$$C(3) = \frac{720}{144}$$

$$C_3 = 5$$

따라서 $n = 3$일 때 카탈란 수는 $C(3) = 5$로, 가능한 괄호 조합은 5개다.

2 *https://en.wikipedia.org/wiki/Catalan_number*

10.4 인터뷰 팁과 고려 사항

- 부분 집합 문제를 다룰 때는 점근적인 방법을 사용하자. 우선 문제의 제약 조건을 기반으로 모든 경우의 수를 만들어 보고, 접근 방식을 세밀화하는 전략을 세워야 한다.
- 부분 집합 문제를 해결할 때 결정 트리, 재귀 트리 등을 시각화하면 풀이 설계에 큰 도움이 된다.
- 백트래킹을 사용할 때는 다음 사항을 기억하자.
  - 탐색 중 변경한 상태는 반드시 되돌려야 한다.
  - 비효율적인 경로를 발견하면 가능한 한 빨리 가지치기하여 알고리즘의 성능을 높인다.
  - 한 문제에 해결책이 여러 개일 수 있다. 문제의 요구사항에 따라 모든 해결책을 찾아야 할 수도 있고, 하나의 해결책만 찾으면 될 수도 있다. 상황에 맞게 적절한 로직을 적용해야 한다.
- 자바스크립트에서 배열은 객체로 처리된다. 따라서 배열을 결과 집합에 추가할 때는 복사본을 만들어 사용해야 원본 배열이 변형되는 것을 막을 수 있다.

부록 A

J a v a s c r i p t C o d i n g T e s t

자료 구조 핵심 정리

A.1 배열

배열은 컴퓨터 과학에서 가장 기본적인 자료 구조로, 여러 항목을 저장하는 리스트 형태의 구조다. 배열의 각 요소는 인덱스로 접근할 수 있으며, 다른 주요 언어와 마찬가지로 0부터 시작하는 인덱스를 사용한다.

전통적인 배열은 크기가 고정된 연속적인 메모리 공간에 같은 자료형의 요소를 저장하지만, 자바스크립트 배열은 크기가 고정되지 않고 요소의 자료형이 서로 달라도 상관없다. 따라서 숫자, 문자열, 객체, 함수 등 다양한 타입의 데이터를 하나의 배열에 함께 담을 수 있다. 이러한 특성 덕분에 자바스크립트 배열은 데이터를 보다 유연하게 다룰 수 있으며, 문제 해결 과정에서 동적으로 자료를 추가하거나 삭제하는 데 매우 유용하다.

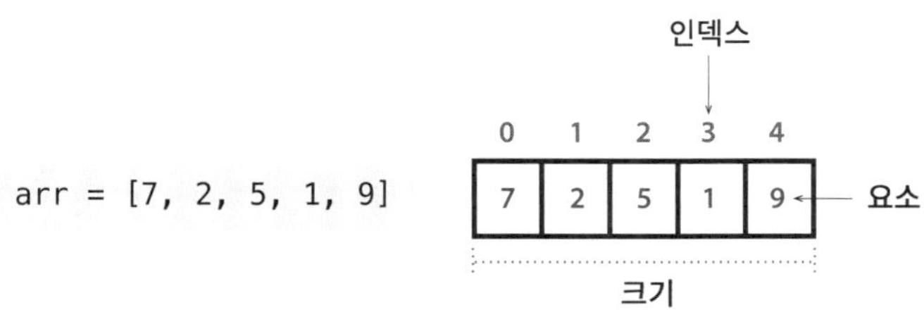

그림 A-1 배열 예시

A.1.1 배열 선언/초기화

```
let names = ['James', 'Hannah', 'Rene', 'Ken']; // 문자열 배열
let numbers = new Array(1, 2, 3, 4, 5); // 숫자 배열

let items = [10, 20, 'Foo', 'Bar', false] // 혼합 자료 유형 배열
```

자바스크립트에서 배열을 선언하고 초기화하는 방법은 두 가지가 있다. 하나는 `let arr = [ ]`와 같이 배열 리터럴을 사용하는 방식이고, 다른 하나는 `Array()` 생성자를 이용하는 방식이다. 두 방법 모두 유효하지만, 배열 리터럴 방식이 메모리 관리 측면에서 더 효율적이며 코드도 간결하고 일관성이 있어 실무에서 더 자주 사용된다.

A.1.2 읽기(read)

요소에 접근하는 방법은 다음과 같다

```
let names = ['James', 'Hannah', 'Rene', 'Ken'];

names[0] // 'James'
names[2] // 'Rene'
```

이처럼 인덱스로 해당 요소에 랜덤 액세스(random access)할 수 있다. 읽기 연산은 평균적으로 $O(1)$의 시간 복잡도를 가지며, 이는 자바스크립트 엔진이 일반적인 배열과 유사하게 인덱스를 통한 빠른 조회가 가능하도록 내부적으로 최적화하기 때문이다.

A.1.3 탐색(search)

배열에서 특정 요소를 탐색하려면 어떻게 해야 할까?

```
let names = ['James', 'Hannah', 'Rene', 'Ken'];

function linearSearch(arr, name) {
  for (let i = 0; i < arr.length; i++) {
    if (arr[i] === name) {
      return i;
    }
  }
  return -1;
}

linearSearch(names, 'James') // 0 출력
linearSearch(names, 'Ken') // 3 출력
```

이 배열에서 'James'를 찾을 때는 $O(1)$ 시간이 걸린다. 찾으려는 요소가 배열의 첫 번째 인덱스에 있기 때문이다. 'Ken'이면 어떻게 될까? 'Ken'은 배열 끝에 있으므로 모든 요소를 순차적으로 확인해야 한다. 이때는 $O(n)$ 시간이 걸린다. 따라서 배열의 탐색은 선형 탐색을 기준으로 할 때 최악의 경우 $O(n)$의 시간 복잡도를 가진다고 볼 수 있다.

배열이 미리 정렬되어 있다면 이진 탐색으로 시간 복잡도를 $O(log\, n)$으로 줄일 수 있다.

A.1.4 삽입(insert)

삽입 연산은 배열의 특정 위치에 새 항목을 추가하는 작업이다.

```
let names = ['James', 'Hannah', 'Rene', 'Ken'];

names.push('Bori') // ['James', 'Hannah', 'Rene', 'ken', 'Bori']
```

이처럼 배열 끝에 추가할 경우 push() 메서드를 사용할 수 있으며, 다른 요소를 옮기지 않아도 되므로 $O(1)$ 시간이 걸린다.

```
let names = ['James', 'Hannah', 'Rene', 'Ken'];

// 배열 맨 앞에 추가
names.unshift('Bori') // ['Bori', 'James', 'Hannah', 'Rene', 'ken']


let names = ['James', 'Hannah', 'Rene', 'Ken'];

// 인덱스 2에 추가
names.splice(2, 0, 'Bori') // ['James', 'Hannah', 'Bori', 'Rene', 'ken']
```

반면 배열의 앞이나 중간에 추가할 경우 해당 인덱스의 이후의 요소를 모두 한 칸씩 옮겨야 하므로 $O(n)$ 시간이 걸린다.

A.1.5 삭제(delete)

배열의 특정 위치에 있는 항목을 제거하는 삭제 연산은 삽입 연산과 마찬가지로 어느 위치에서 삭제하는지에 따라 시간 복잡도가 달라진다.

```
let names = ['James', 'Hannah', 'Rene', 'Ken'];

```

```
// 배열 맨 앞의 요소 제거 O(n)
names.shift() // ['Hannah', “Rene', 'ken']

let names = ['James', 'Hannah', 'Rene', 'Ken'];

// 배열 맨 뒤의 요소 제거 O(1)
names.pop() // ['James', 'Hannah', 'Rene']


let names = ['James', 'Hannah', 'Rene', 'Ken'];

// 인덱스 1에서 시작해 요소 1개 삭제
names.splice(1,1) // ['James',”Rene', 'Ken']
```

표 A-1 배열의 장단점

장점	단점
• 빠른 접근(읽기) 속도: 배열의 모든 요소는 연속된 메모리에 저장되기 때문에 인덱스로 임의의 요소에 빠르게 접근할 수 있다. • 사용법이 간단하며 구현 시 오버헤드가 적다.	• 삽입과 삭제의 비효율성: 배열의 중간에 요소를 삽입하거나 삭제할 때 기존의 요소를 모두 옮겨야 하므로 대용량의 데이터를 처리할 때 비효율적이다.

A.2 연결 리스트

연결 리스트(linked list)는 연속된 노드로 구성된 선형 자료 구조다. 리스트를 이루는 각 노드는 데이터와 다음 노드를 가리키는 참조(포인터)로 구성되어 있다.

```
// 노드 구현 예
function ListNode(val) {
  this.val = val; // 데이터
  this.next = null; // 참조(포인터)
}
```

연결 리스트의 종류는 다음과 같다.

- 단일 연결 리스트: 다음 노드에 대한 참조 정보만 가진 리스트다.
- 이중 연결 리스트: 다음 노드와 이전 노드에 대한 참조 정보를 가진 리스트다.
- 원형 연결 리스트: 다음 노드와 이전 노드에 대한 참조 정보를 가지고 있으며 마지막 노드가 다시 처음 요소를 가리켜 순환하는 리스트다.

A.2.1 연결 리스트 생성

다음 예시는 노드 1, 2, 3을 순차적으로 연결해 단일 연결 리스트를 만든다.

```
let node1 = new ListNode(1);
let node2 = new ListNode(2);
let node3 = new ListNode(3);

node1.next = node2;
node2.next = node3;

// 1 -> 2 -> 3 -> null
```

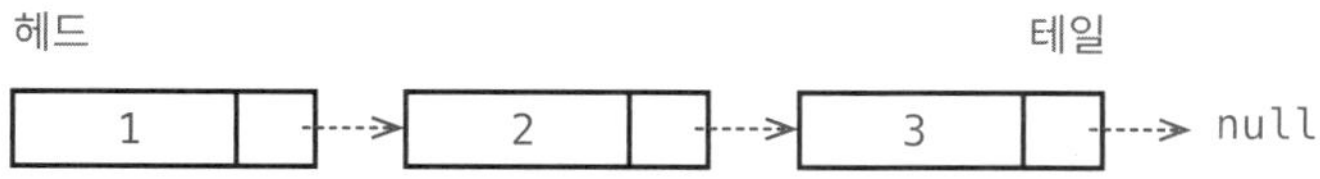

그림 A-2 단일 연결 리스트 생성

이 그림은 단일 연결 리스트의 전형적인 구조를 보여 준다. 노드 3개로 구성되어 있으며, 첫 번째 노드(헤드 노드)는 값이 1이고 포인터는 두 번째 노드인 2를 가리킨다. 두 번째 노드는 값이 2이고 포인터는 세 번째 노드인 3을 가리킨다. 마지막 노드(테일 노드)는 값이 3이고 포인터는 아무것도 가리키지 않는다.

A.2.2 읽기/탐색

연결 리스트에서 노드 값을 읽으려면 리스트의 시작점(헤드 노드)부터 원하는 노드까지 순차적으로 접근해야 한다. 배열과는 다르게 랜덤 엑세스가 불가능하다. 따라서 특정 노드에 접근하는 데 최악의 경우 $O(n)$ 시간이 걸린다.

```
function searchList(head, target) {
  let current = head;
  while (current !== null) {
    if (current.val === target) {
      return true;
    }
    current = current.next;
  }
  return false;
}
```

A.2.3 삽입

리스트의 시작점에 노드를 삽입하는 연산은 $O(1)$으로 매우 빠르고 효과적이다. 추가할 노드의 다음 포인터를 현재의 헤드 노드를 가리키게 하고 원래의 헤드 노드를 새 노드로 변경하면 된다.

```
// 리스트 시작점에 노드 삽입
function insertAtHead(head, val) {
  let newNode = new ListNode(val);
  newNode.next = head;
  return newNode;
}
```

리스트 중간 또는 끝부분에 노드를 삽입하려면 해당 위치의 이전 노드까지 순차적으로 접근해야 하므로 $O(n)$ 시간이 걸린다.

```
// 리스트 끝에 노드 삽입
function insertAtTail(head, val) {
  let newNode = new ListNode(val);

  if (head === null) {
    return newNode;
  }

  let current = head;
  while (current.next !== null) {
    current = current.next;
  }

  current.next = newNode;

  return head;
}
```

```
// 리스트 중간에 노드 삽입
function insertAt(head, val, index) {
  if (index === 0) {
    return insertAtHead(head, val);
  }

  let newNode = new ListNode(val);

  let current = head;
  let previous = null;
  let count = 0;
```

```
  while (count < index) {
    previous = current;
    current = current.next;
    count++;
  }

  newNode.next = current;
  previous.next = newNode;

  return head;
}
```

A.2.4 삭제

리스트의 첫 번째 노드를 삭제하려면 단순히 리스트의 헤드 노드를 다음 노드로 변경하면 된다. 따라서 $O(1)$의 속도로 빠르게 처리할 수 있다.

```
// 리스트의 헤드 노드 삭제
function deleteHead(head) {
  if (head === null) {
    return null;
  }

  return head.next;
}
```

리스트의 중간 또는 끝 노드를 삭제하려면 먼저 해당 위치의 이전 노드까지 순차적으로 접근해야 한다. 이전 노드의 다음 포인터를 삭제할 노드의 다음 노드로 변경해야 하며, 이는 최악의 경우 $O(n)$ 시간이 걸린다.

```
// 리스트의 중간/끝 노드 삭제
function deleteAt(head, index) {
  if (head === null) {
    return null;
  }
  if (index === 0) {
    return head.next;
  }

  let current = head;
  let previous = null;
  let i = 0;
  while (current !== null && i < index) {
    previous = current;
    current = current.next;
```

```
    i++;
  }

  if (current !== null) {
    previous.next = current.next;
  }

  return head;
}
```

표 A-2 연결 리스트의 장단점

장점	단점
• 필요에 따라 동적으로 크기를 조절할 수 있기 때문에 메모리를 유연하게 사용할 수 있다. • 노드의 참조만 수정하여 특정 위치의 노드를 쉽게 삽입, 삭제할 수 있으며, 이러한 연산이 배열에 비해 빠르게 처리될 수 있다.	• 배열에 비해 구현이 복잡하고 포인터 조작에 따른 오버헤드가 발생할 수 있다. • 연결 리스트는 순차적인 접근 방식을 사용하므로 특정 노드에 바로 접근할 수 있는 랜덤 엑세스가 불가능하다.

A.3 스택

스택(stack)은 데이터를 특정한 순서에 따라 저장하거나 삭제할 수 있는 항목들의 모음으로, 데이터 컬렉션을 표현하는 하나의 추상적 개념이다.

어떤 용기(컨테이너)가 있다고 해 보자. 이 용기는 위쪽이 열려 있어 새 항목을 위에서만 넣거나 뺄 수 있다. 먼저 넣은 항목을 마지막에 꺼낼 수 있고 마지막에 넣은 항목을 가장 먼저 꺼낼 수 있다. 이러한 원리를 후입선출(Last-In-First-Out, LIFO)이라 하며 스택은 이 원칙을 기반으로 작동한다.

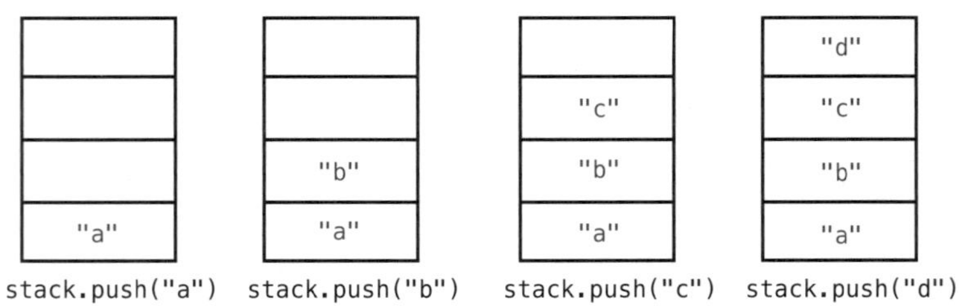

그림 A-3 스택 예시

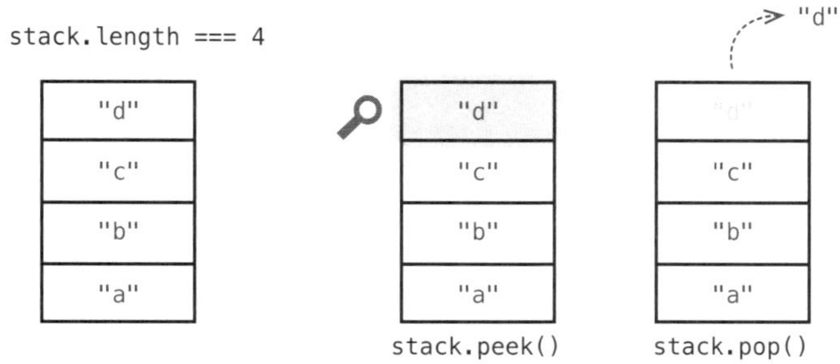

그림 A-4 스택의 후입선출 원리

A.3.1 스택 선언/초기화

스택은 클래스로 구현할 수 있다. 자료를 저장하기 위해 생성자 내부에서 빈 배열을 초기화한다.

```
class Stack {
  constructor() {
    this.items = [];
  }
}
```

A.3.2 삽입(push)

스택 맨 위에 데이터를 추가하는 연산으로, $O(1)$ 시간이 걸린다.

```
push(val) {
  this.items.push(val);
}
```

A.3.3 삭제(pop)

스택 맨 위 데이터를 제거하고 반환하는 연산으로, $O(1)$ 시간이 걸린다.

```
pop() {
  return this.items.pop();
}
```

A.3.4 읽기(peek)

스택 맨 위의 요소를 참조/접근하는 연산으로, $O(1)$ 시간이 걸린다.

```
peek() {
  return this.items[this.items.length - 1]
}
```

A.3.5 탐색

스택은 후입선출 원칙에 따라 작동하므로 앞서 살펴본 배열이나 연결 리스트와는 달리 일반적으로 탐색 연산을 제공하지 않는다. 특수한 상황에서 탐색이 필요하다면 스택의 모든 요소를 순회하여 특정 요소를 찾을 수 있으며, 이 경우 시간 복잡도는 $O(n)$이 된다. 그러나 이러한 방식은 스택의 기본 원리인 후입선출을 거스르는 것이므로, 주요 연산으로 탐색이 요구된다면 스택보다는 다른 자료 구조를 사용하는 것이 더 적합하다.

```
class Stack {
  constructor() {
    this.items = [];
  }

  push(val) {
    this.items.push(val);
  }

  pop() {
    return this.items.pop();
  }

  peek() {
    return this.items[this.items.length - 1];
  }

  isEmpty() {
    return this.items.length === 0;
  }

}
```

표 A-3 스택의 장단점

장점	단점
• 간단한 구조 덕분에 구현이 쉽다. • 기본 연산의 시간 복잡도가 매우 효율적이다. • LIFO 원칙을 활용한 특정 알고리즘 문제에 매우 적합하다.	• 탐색 연산에 최적화되어 있지 않다. • 확장성과 유연성이 제한적이다. • 중간에 위치한 데이터에 접근하기 위해서는 스택의 요소를 하나씩 삭제(pop)해야 한다.

A.4 큐

양쪽이 열려 있는 파이프 하나를 떠올려 보자. 한쪽 끝에서 객체가 들어가고, 다른 한쪽 끝에서 순서대로 제거된다. 이처럼 큐(Queue)는 처음에 들어간 항목이 먼저 나오는 선입선출(First-In-First-Out, FIFO) 원칙을 바탕으로 작동한다. 음식점에 줄을 서서 기다리는 상황과 같다.

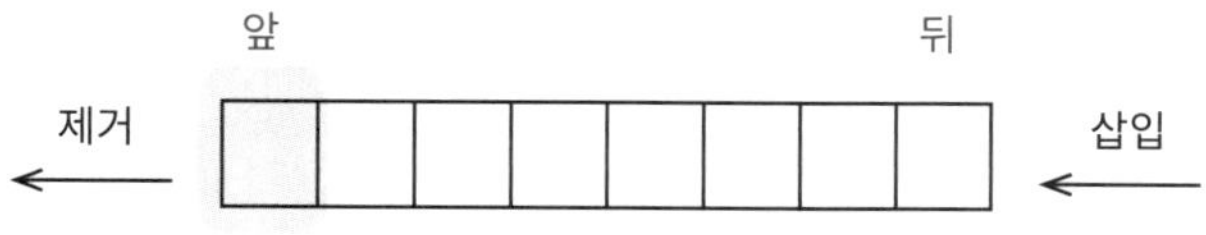

그림 A-5 큐

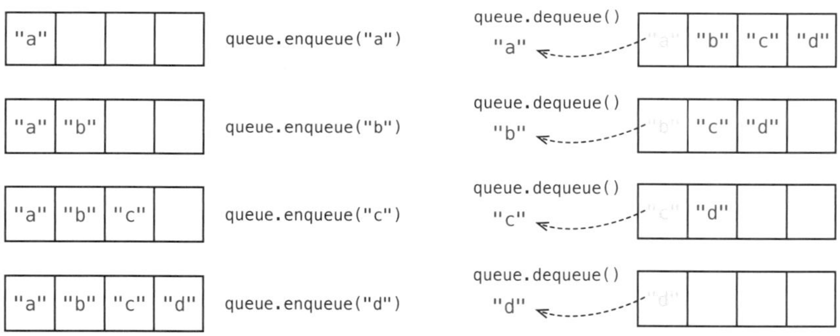

그림 A-6 큐의 선입선출 예시

A.4.1 큐 선언/초기화

큐도 스택과 마찬가지로 클래스로 구현할 수 있다. 자료를 저장하기 위해 생성자 내부에서 빈 배열을 초기화한다.

```
class Queue {
  constructor() {
    this.items = [];
  }
}
```

A.4.2 삽입(enqueue)

큐 끝에 데이터를 추가하는 연산으로, $O(1)$ 시간이 걸린다.

— Javascript

```
enqueue(val) {
  this.items.push(val);
}
```

A.4.3 제거(dequeue)

큐 맨 앞의 데이터를 제거하고 반환하는 연산으로, 이후의 모든 요소를 앞으로 이동시켜야 하므로 $O(n)$ 시간이 걸린다.

```
dequeue() {
  return this.items.shift();
}
```

배열로 구현된 큐에서는 제거 연산에 보통 $O(n)$ 시간이 걸린다. 이를 개선하기 위해 연결 리스트와 같은 다른 자료 구조를 사용하기도 한다.

A.4.4 확인(peek)

큐 맨 앞의 데이터를 확인하는 연산으로, $O(1)$시간이 걸린다.

```
peek() {
  return this.items[0];
}
```

기본적인 큐 자료 구조의 구현 코드는 다음과 같다.

```
class Queue {
  constructor() {
    this.items = [];
  }

  enqueue(val) {
    this.items.push(val);
  }

  dequeue() {
    return this.items.shift();
  }

  peek() {
    return this.items[0];
  }

  isEmpty() {
```

```
    return this.items.length === 0;
  }
}
```

표 A-4 큐의 장단점

장점	단점
• 구조가 간단해 구현하기 쉽다. • 데이터를 순차적으로 처리해야 할 때 사용하기 적합하다. • 다양하게 활용할 수 있다(너비 우선 탐색, 이벤트 핸들링, 프린트 대기열 등).	• 제거 연산이 $O(n)$으로, 비효율적이다. • 확장성과 유연성이 제한적이다. • 중간에 있는 데이터에 접근하려면 큐의 요소들을 하나씩 제거해야 한다.

A.5 그래프

그래프(graph)는 비선형 자료 구조로, 노드(또는 정점)와 노드들을 연결하는 간선(edge)으로 구성된다. 하나의 간선으로 연결된 두 인접 노드를 이웃(neighbors)이라고 한다.

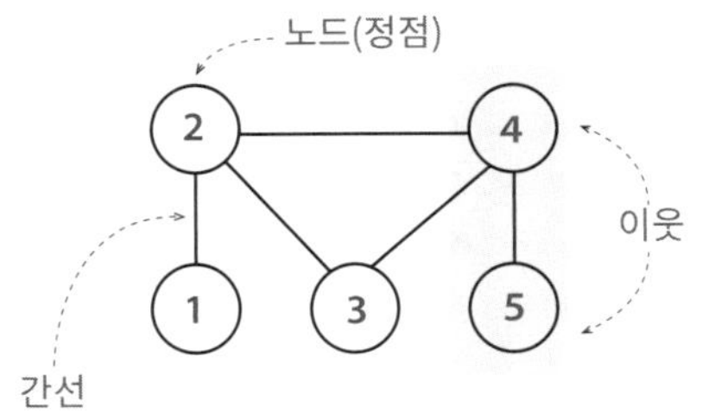

그림 A-7 그래프 예시

그래프의 간선은 방향이 없는 경우(무방향 그래프)와 방향이 있는 경우(방향 그래프)로 나눌 수 있다. 코딩 테스트나 기술 면접에서는 주로 무방향 그래프를 다룬다.

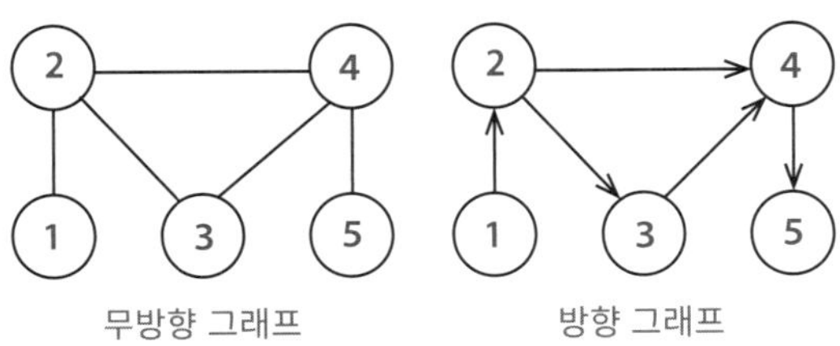

그림 A-8 무방향 그래프와 방향 그래프

그래프에서 경로란 연속으로 이어진 노드들의 연결을 의미하며, 사이클은 같은 노드에서 시작해 다시 그 노드로 돌아오는 경로를 뜻한다.

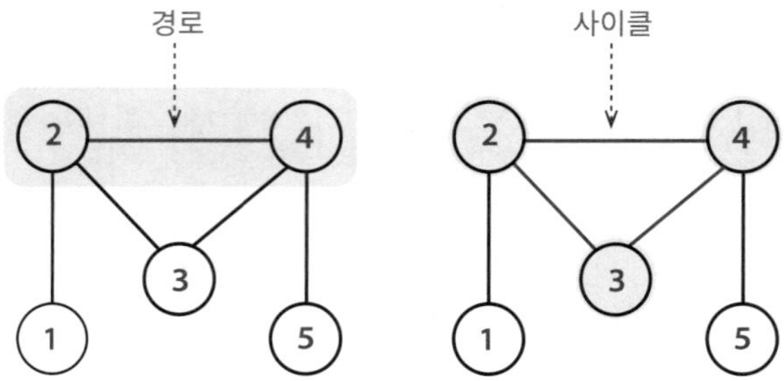

그림 A-9 그래프의 경로와 사이클

그래프는 보통 인접 리스트 형태로 저장된다. 다음과 같이 각 노드에 대해 그 이웃의 리스트를 저장한다.

```
{
  1: [2],
  2: [1, 3, 4],
  3: [2, 4],
  4: [2, 3, 5],
  5: [4]
}
```

A.5.1 그래프 구현

인접 리스트로 간단하게 그래프를 구현하는 방법이다. 무방향 그래프를 기반으로 하며 노드를 추가하고 그 노드들을 간선으로 연결하는 기능을 포함한다.

```
class Graph {
  constructor() {
    this.nodes = {};
  }

  addNode(node) {
    this.nodes[node] = [];
  }

  addEdge(node1, node2) {
    this.nodes[node1].push(node2);
    this.nodes[node2].push(node1);
  }
```

```
}

const graph = new Graph();

graph.addNode(1);
graph.addNode(2);
graph.addNode(3);
graph.addNode(4);
graph.addNode(5);

graph.addEdge(1, 2);
graph.addEdge(2, 3);
graph.addEdge(2, 4);
graph.addEdge(3, 4);
graph.addEdge(4, 5);

console.log(graph.nodes);
```

A.5.2 그래프 순회

그래프에서 순회란 그래프의 모든 노드를 방문하는 과정을 말한다. 이때 사용되는 탐색 알고리즘은 크게 두 가지로 나뉜다.

깊이 우선 탐색

깊이 우선 탐색(Depth-First Search, DFS)은 그래프에서 가능한 깊게 들어가며 모든 노드를 방문하는 방식으로 작동한다. 일반적으로 스택이나 재귀로 구현할 수 있다.

```
// 스택으로 구현한 DFS 예시
function dfs(graph, start) {
  const stack = [start];
  const visited = new Set();
  const result = [];

  while (stack.length) {
    const vertex = stack.pop();

    if (!visited.has(vertex)) {
      visited.add(vertex);
      result.push(vertex);

      for (const neighbor of graph[vertex]) {
        stack.push(neighbor);
      }
    }
  }
```

```
  return result;
}

const adjacencyList = {
  1: [2],
  2: [1, 3, 4],
  3: [2, 4],
  4: [2, 3, 5],
  5: [4],
};

// 탐색 시작
dfs(adjacencyList, 1)
```

```
// 재귀로 구현한 DFS 예시

function dfs(graph, start, visited = new Set(), result = []) {

  result.push(start);
  visited.add(start);

  for (const neighbor of graph[start]) {
    if (!visited.has(neighbor)) {
      dfs(graph, neighbor, visited, result);
    }
  }

  return result;
}

const adjacencyList = {
  1: [2],
  2: [1, 3, 4],
  3: [2, 4],
  4: [2, 3, 5],
  5: [4],
};

// 탐색 시작
dfs(adjacencyList, 1)
```

너비 우선 탐색

너비 우선 탐색(Breadth-First Search, BFS)은 현재 노드의 모든 이웃을 먼저 방문하고 그다음 레벨의 모든 노드를 방문하는 방식으로 작동한다. 일반적으로 큐로 구현한다.

```
// 큐로 구현한 BFS 예시
function bfs(graph, start) {
  const queue = [start];
  const visited = new Set();
  const result = [];
  while (queue.length) {
    const vertex = queue.shift();
    if (!visited.has(vertex)) {
      visited.add(vertex);
      result.push(vertex);
      for (const neighbor of graph[vertex]) {
        queue.push(neighbor);
      }
    }
  }
  return result;
}

const adjacencyList = {
  1: [2],
  2: [1, 3, 4],
  3: [2, 4],
  4: [2, 3, 5],
  5: [4],
};

// 탐색 시작
bfs(adjacencyList, 1)
```

두 탐색 방식 모두 각 노드를 한 번씩만 방문하므로 그래프에 V개의 노드와 E개의 간선이 있다면 일반적인 그래프 순회의 시간 복잡도는 $O(V+E)$가 된다.

표 A-5 그래프의 장단점

장점	단점
• 복잡한 관계와 연결성을 쉽게 표현할 수 있다. 이는 특히 소셜 네트워크, 도로 또는 교통 시스템 등의 문제 해결에 유용하다. • 그래프는 간선의 방향성과 가중치 유무에 따라 다양한 상황에 활용할 수 있다. • 그래프를 기반으로 한 다양한 알고리즘이 있다. 예를 들어 최단 경로 탐색, 사이클 감지 등 다양한 문제를 효과적으로 해결할 수 있다.	• 구현이 복잡하며 대규모 그래프에서 메모리와 연산에 많은 부담이 될 수 있다. • 특정 노드나 간선을 찾기 위해서는 그래프 전체를 순회해야 할 수도 있어 시간 복잡도가 높아질 수 있다.

A.6 트리

트리(tree)는 계층적으로 정보를 구조화하는 데 매우 효과적인 자료 구조로, 한 노드가 여러 개의 자식 노드를 가질 수 있다. 트리의 가장 위쪽에 있는 노드를 루트 노드라고 하며 가장 아래쪽에 있는 노드들을 리프 노드라고 한다.

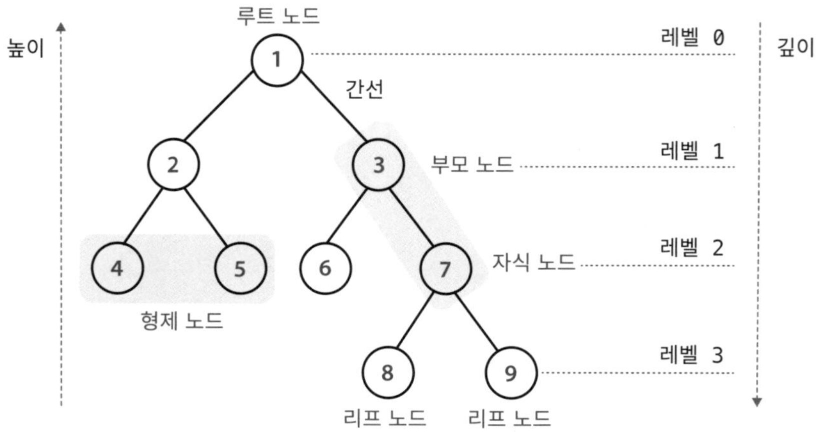

그림 A-10 트리 예시

표 A-6 트리의 주요 용어

용어	설명
노드(node)	트리를 구성하는 기본 요소
루트(root)	트리 가장 위쪽에 있는 최상위 노드
간선(edge)	두 노드를 연결하는 선
부모(parent)	특정 노드의 상위 노드
자식(child)	특정 노드의 하위 노드
형제(sibling)	부모가 같은 자식 노드
리프(leaf)	자식이 없는 트리의 최하단에 있는 노드
하위 트리(subtree)	특정 노드의 자녀 노드로 이루어진 트리
높이(height)	루트 노드에서 가장 먼 리프 노드까지의 거리(간선 개수)
깊이(depth)/레벨(level)	루트와 해당 노드 사이의 거리

A.6.1 트리의 종류

- 이진 트리(binary tree): 각 노드에 자식 노드가 최대 2개가 있는 트리
- 이진 탐색 트리(binary search tree): 다음 속성을 가진 이진 트리
  - 왼쪽 자식 노드가 부모 노드보다 작다.
  - 오른쪽 자식 노드가 부모 노드보다 크다.
  - 왼쪽과 오른쪽 자식 노드 모두 이진 탐색 트리다.
- 힙(heap): 최댓값과 최솟값을 빠르게 찾기 위해 완전 이진 트리를 기반으로 하는 트리
  - 최대 힙: 부모 노드가 자식 노드보다 크거나 같다.
  - 최소 힙: 부모 노드가 자식 노드보다 작거나 같다.
- B-트리(B-Tree): 자식 노드의 개수가 2개 이상인 트리
  - 루트 노드는 적어도 2개의 자식 노드를 가진다.
  - 각 노드는 n개(2개 이상)의 자식 노드를 가지고 있어야 한다.
  - 각 노드의 자식 노드는 왼쪽에서 오른쪽으로 값이 증가한다.
  - 모든 리프 노드는 같은 레벨에 있다.

A.6.2 트리 구현

자바스크립트에서는 트리나 이진 트리를 클래스로 표현할 수 있다. 가장 기본적인 트리의 구현 방법은 다음과 같다.

```
class TreeNode {
  constructor(val) {
    this.val = val;
    this.children = []; // 자식 노드
  }
}

const root = new TreeNode(1);
const child1 = new TreeNode(2);
const child2 = new TreeNode(3);
const child3 = new TreeNode(4);
root.children.push(child1, child2, child3);

//       1
//     / | \
//    2  3  4
```

다음은 코딩 테스트나 인터뷰에서 자주 다루는 트리 유형인 이진 트리의 구현 방법이다.

```
class TreeNode {
  constructor(val) {
    this.val = val;
    this.left = null;  // 왼쪽 자식
    this.right = null; // 오른쪽 자식
  }
}

const root = new TreeNode(1);
const node1 = new TreeNode(2);
const node2 = new TreeNode(3);
const node3 = new TreeNode(4);
const node4 = new TreeNode(5);
const node5 = new TreeNode(6);


root.left = node1;
root.right = node2;
node1.left = node3;
node1.right = node4;
node2.right = node5;

//        1
//      /   \
//     2     3
//    / \     \
//   4   5     6
```

이번엔 이진 탐색 트리 구현 방법을 살펴보자. 이진 탐색 트리는 우리가 앞에서 구현했던 트리와 유사하지만 다음과 같은 차이점이 있다.

- 노드는 최대 두 개의 자식(왼쪽/오른쪽 자식)만 가질 수 있다.
- 노드의 값은 왼쪽 → 부모 → 오른쪽 순으로 정렬되어야 한다.

```
// 이진 탐색 트리 구현
class Node {
  constructor(val) {
    this.val = val;
    this.left = null;
    this.right = null;
  }
}
```

```

// 사용 예시
const root = new Node(10);
root.left = new Node(5);
root.right = new Node(15);
root.left.left = new Node(3);
root.left.right = new Node(7);
root.right.left = new Node(13);
root.right.right = new Node(17);

//        10
//      /    \
//     5      15
//    / \    /  \
//   3   7  13   17
```

A.6.3 탐색

트리의 탐색 방법에는 너비 우선 탐색과 깊이 우선 탐색이 있다. 너비 우선 탐색(BFS)은 루트 노드부터 시작해서 인접한 노드를 먼저 탐색하는 방법이다. 두 노드 사이의 최단 경로를 찾고자 할 때 사용한다.

```
// BFS 탐색 구현
function treeBFS(root) {
  const queue = [root];
  const result = [];

  while (queue.length) {
    const node = queue.shift();
    result.push(node.val);

    if (node.left) {
      queue.push(node.left);
    }
    if (node.right) {
      queue.push(node.right);
    }
  }

  return result;
}

console.log(treeBFS(root));
```

깊이 우선 탐색(DFS)은 루트 노드에서 시작해 다음 분기로 넘어가기 전에 해당 분기를 최대한 깊이 탐색한 후 되돌아온다.

```
// DFS 탐색 구현

// 스택 사용
function treeDFS(root) {
  const stack = [root];
  const result = [];

  while (stack.length) {
    const node = stack.pop();
    result.push(node.val);

    if (node.right) {
      stack.push(node.right);
    }
    if (node.left) {
      stack.push(node.left);
    }
  }

  return result;
}

// 재귀 사용
function treeDFSRecursive(root) {
  const result = [];

  function traverse(node) {
    if (!node) {
      return;
    }
    result.push(node.val);

    traverse(node.left);
    traverse(node.right);
  }

  traverse(root);

  return result;
}

console.log(treeDFS(root));
console.log(treeDFSRecursive(root));
```

A.6.4 이진 트리의 순회

이진 트리를 순회하는 방법은 노드를 방문하는 순서에 따라 전위, 중위, 후위 순회 방식이 있다.

- 전위 순회(pre-order traversal): 루트 → 왼쪽 자식 → 오른쪽 자식 순으로 방문한다.
- 중위 순회(in-order traversal): 왼쪽 자식 → 루트 → 오른쪽 자식 순으로 방문한다.
- 후위 순회(post-order traversal): 왼쪽 자식 → 오른쪽 자식 → 루트 노드 순으로 방문한다.

```
// 전위 순회
function preorder(node) {
  if (!node) {
    return;
  }
  console.log(node.val);
  preorder(node.left);
  preorder(node.right);
}

// 중위 순회
function inOrder(node) {
  if (!node) {
    return;
  }
  inOrder(node.left);
  console.log(node.val);
  inOrder(node.right);
}

// 후위 순회
function postOrder(node) {
  if (!node) {
    return;
  }
  postOrder(node.left);
  postOrder(node.right);
  console.log(node.val);
}
```

표 A-7 트리의 장단점

장점	단점
• 데이터를 계층적으로 표현할 수 있다. • 데이터 추가와 삭제가 쉽다. • 노드 개수에 따라 크기를 조절할 수 있다.	• 구현이 복잡하다. • 배열, 연결 리스트 같은 선형 자료보다 메모리 사용에 대한 오버헤드가 있다.

A.7 해시 테이블

해시 테이블(hash table)은 키-값 쌍을 저장하는 자료 구조다. 내부적으로 키는 해시 함수를 통해 배열의 인덱스로 변환되며 값은 해당 인덱스에 저장된다.

자바스크립트에서는 Map 객체로 해시 테이블이나 해시 맵과 같은 기능을 구현한다. 또한 간단한 매핑이 필요할 때는 특정 자료 구조 대신 객체 리터럴을 사용하기도 한다.

A.7.1 객체

객체 리터럴(object literal)로 해시 맵과 유사한 기능을 구현할 수 있다. 이를 통해 키-값 쌍으로 데이터를 저장하고 검색할 수 있다.

```
// 생성
let hashMap = {}; // 빈 객체 생성

// 값 추가
hashMap['key1'] = 'value1';
hashMap.key2 = 'value2';

// 값에 접근
console.log(hashMap['key1']); // 출력: value1
console.log(hashMap.key2); // 출력: value2

// 키 존재 확인
if ("key1" in hashMap) {
  console.log("key1 발견");
}

// 값 갱신
hashMap['key1'] = 'newValue1';

// 키-값 삭제
delete hashMap['key1'];
```

A.7.2 Map 객체

자바스크립트에서는 내장 객체 Map이 해시 맵과 같은 기능을 제공한다. Map은 내부적으로 키-값 쌍으로 이루어진 해시 테이블을 구현한다.

```
// 생성
let map = new Map();

// 값 추가
map.set('key1', 'value1')
map.set('key2', 'value2')

// 값에 접근
console.log(map.get('key1')); // 출력: value1
console.log(map.get('key2')); // 출력: value2

// 키 존재 확인
console.log(map.has('key1')); // 출력: true
console.log(map.has('key2')); // 출력: true
console.log(map.has('key3')); // 출력: false

// 키-값 삭제
map.delete('key1');
```

Map을 사용한 주요 연산은 평균 $O(1)$의 시간 복잡도를 가진다. 내부적으로 작동하는 해시 테이블의 최악의 시간 복잡도는 해시 충돌과 같은 최악의 경우를 고려했을 때 $O(n)$이 될 수 있다. 하지만 코딩 테스트나 인터뷰에서는 $O(1)$ 상수 시간의 삽입, 삭제, 탐색을 가정하는 것이 적절하다.

> 해시 충돌(hash collision)은 해시 함수를 사용할 때 두 개 이상의 다른 데이터가 같은 해시 즉, 같은 주소 또는 키로 매핑되는 현상을 의미한다. 하지만 자바스크립트 엔진은 보통 최적화된 해시 함수를 사용하므로 일반적인 상황에서는 충돌이 발생할 가능성이 매우 낮다.
> 또한 엔진 내부에서 해시 충돌을 자동으로 관리하므로 개발자가(코딩 인터뷰에서도) 이를 직접 처리할 일은 없을 것이다.

Map vs 객체

자바스크립트에서 해시 테이블이나 해시 맵을 구현할 때 Map을 사용하는 것이 객체를 사용하는 것보다 유용하다. Map에는 기본 키가 포함되어 있지 않아 사용자의 키와 충돌할 위험이 없다. 또한 Map의 키는 어떤 데이터 유형이든 될 수 있지만, 객체는 문자열 또는 심볼만 사용할 수 있다.

표 A-8 해시 맵의 장단점

장점	단점
• 해시 맵은 평균 $O(1)$의 시간 복잡도로 데이터에 접근할 수 있다. 배열이나 연결 리스트를 여러 번 순회해야 하는 문제가 있다면 해시 맵을 고려해 보자. • 해시 맵의 특성을 활용해 중복값을 빠르게 확인할 수 있다. • 해시 맵으로 각 요소의 빈도를 쉽게 계산할 수 있다. • 키-값 형태로 데이터를 저장하므로 검색과 수정이 쉽다.	• 해시 맵은 배열이나 연결 리스트에 비해 더 많은 메모리가 필요할 수 있다. • 일반적인 상황에서는 드물지만 해시 충돌이 발생한다면 성능에 영향을 줄 수 있다. • 데이터의 순서에 유의해야 한다. 객체를 해시 맵처럼 사용한다면 키의 순서는 보장하지 않지만 데이터의 순서는 보장한다. Map 객체는 키가 삽입된 순서를 기준으로 순서를 보장한다.

부록 B

J a v a s c r i p t   C o d i n g   T e s t

실전 대비 문제

문제 1 안전한 비밀번호

한솔이가 소셜 네트워크 서비스에 가입하려고 한다. 가입할 때 필요한 사용자 이름과 비밀번호를 등록해야 하는데, 이 서비스의 비밀번호는 최소 6자 이상이어야 하며 다음 조건을 충족해야 한다.

- 숫자 최소 1개를 포함해야 한다.
- 알파벳 소문자 최소 1개를 포함해야 한다.
- 알파벳 대문자 최소 1개를 포함해야 한다.
- 특수 문자(!@#$%^&*()-+)를 최소 1개를 포함해야 한다.

길이 n의 비밀번호를 입력했을 때 안전한 비밀번호를 만들기 위해 추가해야 할 문자의 최소 개수를 구하라.

입력

한솔이가 입력한 비밀번호를 나타내는 문자열 s ($1 \leq |s| \leq 100$)

출력

조건을 만족하는 비밀번호를 만들기 위해 추가할 문자의 최소 개수(정수)

예시

- 입력: n = "Han123", 출력: 1

한솔이의 비밀번호는 알파벳 대문자 "H", 숫자 123, 알파벳 소문자 "an"을 포함하고 있다. 안전한 비밀번호를 만들려면 특수 문자만 1개만 추가하면 된다.

문제 2 문자열 게임

컴퓨터 공학과 학생 성진이는 친구들과 대화하다가 재미있는 생각이 떠올랐다. 문자열 s와 숫자 k를 주고, 특정 규칙에 따라 문자열을 변환하는 게임을 제안했다. 변환 규칙은 다음과 같다.

- 문자열은 알파벳 소문자로만 구성되어 있다.
- 문자열의 앞에서부터 k개의 문자를 뒤집는다.
- 이어지는 다음 k개의 문자는 그대로 둔다.
- 그다음 k개의 문자는 다시 뒤집는다.
- 이 과정을 문자열이 끝날 때까지 반복한다.
- 남은 문자의 개수가 k보다 작으면 남은 모든 문자를 뒤집는다.

입력

- 문자열 s ($1 \leq$ s $\leq 10^4$)
- 정수 k ($1 \leq$ k $\leq 10^4$)

출력

변환된 문자열

예시

1. 입력: s = "javascript", k = 3 출력: "vajascpirt"
2. 입력: s = "abcdef", k = 2 출력: "bacdef"

문제 3 두 카드의 조합

추석에 온 가족이 모여 즐거운 저녁 시간을 보내고 있다. 은지와 수완이는 친척들에게 카드 게임을 제안했다. 게임 규칙은 매우 간단하다.

각각 숫자가 적힌 카드 덱을 가지고 시작한다. 각자 덱에서 카드를 한 장씩 선택한 뒤 카드에 적힌 두 수의 차를 계산한다. 게임의 목표는 두 수의 차가 최소가 되는 카드 조합을 찾는 것이다. 하지만 서로의 카드를 볼 수 없기 때문에 어떤 조합을 만들지 결정하기가 어렵다. 결국 둘은 사촌 종호에게 도움을 청한다.

종호가 찾아야 하는 두 수의 차가 최소가 되는 카드 조합은 무엇일까?

입력

- 정수로 구성된 은지의 카드 덱 `A` (`A`의 최대 크기 10^5, 카드 숫자의 최대 크기 10^5)
- 정수로 구성된 수완이의 카드 덱 `B` (`B`의 최대 크기 10^5, 카드 숫자의 최대 크기 10^5)

출력

종호가 찾은 두 수의 차가 가장 작은 카드 조합 리스트

예시

1. 입력: `A = [1, 3, 15]`, `B = [23, 127, 235]`, 출력: `[15, 23]`
2. 입력: `A = [2, 14, 55, 89]`, `B = [13, 56, 92, 100]`, 출력: `[14, 13]`

문제 4 김대리의 부동산 투자

부동산 투자를 공부하는 김대리는 향후 몇 년 동안의 집값 변동 추세에 대한 연구 자료를 가지고 있다. 이 자료는 앞으로의 집값 변화를 예측한 고유한 차트로, 그는 이를 활용해 실제 투자 시뮬레이션을 해 보려 한다.

김대리의 전략은 특정 해에 집을 구매한 뒤 다른 해에 팔아 손실을 최소화하는 것이다. 이 시뮬레이션에서는 현실과 달리 언제 집을 사더라도 이후에는 반드시 더 낮은 가격에 팔 수밖에 없다. 즉, 이익을 얻을 수 있는 시나리오는 없다.

따라서 김대리는 어느 해에 집을 사고 다른 해에 팔았을 때 발생하는 손실이 가능한 한 최소가 되는 시점을 찾아야 한다.

입력

정수로 구성된 배열 `prices`. 이때 `prices[n]`은 해당 연도의 집값을 나타낸다.

- 모든 `prices[i]`는 고유하다.
- $1 \leq$ `prices[i]` $\leq 10^{16}$

출력

최소 손실값(정수)

예시

- 입력: `prices = [100, 30, 120, 70, 80, 20]`, 출력: `10`

2년차에 **30**으로 구매해 6년차에 **20**으로 팔면 최소 손실값 **10**을 얻을 수 있다.

문제 5 로미의 고민

유치원 교사인 로미는 나눔반 아이들에게 평가 점수에 따라 사탕을 나눠 주려고 한다. 아이들은 한 줄로 앉아 있으며 수업 성적에 따라 평가 점수를 받았다. 로미는 모든 아이에게 사탕을 최소 1개씩은 주고 싶다.

사탕을 나눠 주는 규칙은 다음과 같다. 옆에 앉은 두 아이의 평가 점수가 다르면 점수가 더 높은 아이에게 사탕을 더 많이 주어야 한다. 즉, 다음에 앉은 아이가 이전의 아이보다 점수가 높으면 사탕을 1개 더 주어야 한다. 예를 들어 점수 배열이 `[1, 0, 1, 2]`이면 1 → 1개, 0 → 1개, 1 → 2개, 2 → 3개 총 7개의 사탕이 필요하다.

로미는 이 규칙을 지키면서도 사탕의 총 개수를 최소로 하고 싶다. 아이들의 평가 점수를 바탕으로 로미가 구매할 사탕의 최소 개수를 계산하는 프로그램을 작성하라.

입력

나눔반 학생의 평가 점수를 나타내는 정수 리스트 ratings

- $1 \leq$ ratings $\leq 10^5$
- $1 \leq$ ratings[i] $\leq 10^5$

출력

로미가 구매할 사탕의 최소 개수

예시

1. 입력: ratings = [1, 0, 2], 출력: 5
2. 입력: ratings = [1, 2, 2], 출력: 4

문제 6 보리를 이겨라

왕국의 동쪽에는 광활한 초원이 펼쳐져 있다. 초원을 지나 큰 다리를 건너면 고요하고 아름다운 호수가 나오고, 그 옆에는 오랜 세월 수많은 비밀을 간직한 저택이 자리하고 있다. 많은 모험가가 이 저택의 비밀을 밝히려 했지만 모두 정문 앞에서 강아지 한 마리에게 가로막히고 말았다.

그 똑똑한 강아지의 이름은 '보리'다. 저택 주인인 켄에게 오랫동안 훈련받은 보리는 저택에 아무도 들어오지 못하게 한다. 그러던 어느 날 켄은 보리에게 한 가지 지시를 내린다. 오늘 하루만 특별히 카드놀이에서 이기는 모험가에게 저택에 들어올 기회를 주라는 것이다.

당신은 모험가가 되어 보리와 대결해야 한다. 규칙은 간단한다. 카드 덱에서 보리가 선택한 숫자와 가장 가까운 숫자 카드를 찾으면 된다. 같은 거리의 카드가 두 장 있다면 그중 더 작은 숫자를 선택한다. 예를 들어 카드 덱 배열이 [9, 11]이고 보리가 선택한 숫자가 10이면 같은 거리에 있는 9와 11 중 더 작은 수인 9를 반환한다.

입력

- 숫자가 오름차순으로 정렬된 보리의 카드 배열 cards
- 보리가 선택한 기준 숫자 threshold

출력

- 보리가 선택한 숫자와 가장 가까운 숫자 카드

예시

1. 입력: cards = [1, 3, 5, 7, 9, 11, 13, 15, 17, 19], threshold = 10, 출력: 9
2. 입력: cards = [1, 3, 5, 7, 9, 11, 13, 15, 17, 19], threshold = 15, 출력: 15

문제 7 크리스마스 트리

북쪽 마을에는 크리스마스를 위해 준비한 커다란 크리스마스 트리가 있다. 이 트리는 특별한 마법으로 제작되어 모든 나뭇가지(노드)에 무게가 있는 장식을 걸 수 있다. 마을 사람들은 이 트리가 완벽하게 균형이 잡히도록 장식을 걸어야 한다.

트리의 모든 나뭇가지가 균형 잡혔는지 확인하려면 당신의 도움이 필요하다. 균형 잡힌 나뭇가지는 왼쪽 하위 트리에 걸린 모든 장식 무게를 더한 값과 오른쪽 하위 트리에 걸린 모든 장식 무게를 더한 값이 같다.

주어진 크리스마스 트리의 모든 나뭇가지가 균형 잡혔는지 판별하는 프로그램을 작성하라.

입력

- 트리의 루트 노드

```
class TreeNode {
  constructor(weight) {
    this.weight = weight;
    this.left = null;
    this.right = null;
  }
}

let root = new TreeNode(10);
root.left = new TreeNode(5);
root.right = new TreeNode(15);
root.left.left = new TreeNode(2);
root.left.right = new TreeNode(3);
root.right.left = new TreeNode(7);
root.right.right = new TreeNode(8);

// 예시
```

```
function solution(node) {
// 풀이 코드
}

solution(root) // 호출 (true 또는 false 반환)
```

출력

- true 또는 false

예시

입력: 출력: false

```
       10
     /   \
    5     15
   / \   /  \
  2   3 7    8
```

루트 노드 10의 왼쪽 하위 트리 무게 합(5 + 2 + 3 =10)이 오른쪽 하위 트리 무게 합(15 + 7 + 8 = 30)보다 가볍기 때문에 균형 잡힌 트리가 아니다. 따라서 출력은 false가 된다.

문제 8 카일의 첫 업무

카일은 박물관 IT 부서에 새로 합류한 직원이다. 그의 첫 업무는 박물관 식물원에 있는 나무들의 정보를 디지털화하여 관리하는 시스템을 개선하는 것이다. 이 식물원의 나무는 모두 이진 트리로 구성되어 있으며 각 나무는 고유한 값을 가진다. 하지만 박물관의 기존 시스템은 오래되어 나무 정보를 효율적으로 관리하기 어렵다.

카일에게 주어진 임무는 이진 트리 형태의 나무 정보를 문자열 형태로 직렬화한 뒤 그 문자열을 다시 이진 트리로 복원하는 새 시스템을 구현하는 것이다. 이를 위해 다음과 같은 TreeNode 클래스가 주어진다.

— Javascript

```
class TreeNode {
  constructor(val) {
    this.val = val;
    this.left = null;
    this.right = null;
  }
}
```

카일을 도와 다음 함수를 구현하라.

1. serialize(root): 이진 트리의 루트 노드를 받아 문자열로 변환한다.
2. deserialize(data): 문자열 data를 받아 다시 이진 트리로 복원한다.

이진 트리의 노드 값은 양수라고 가정한다. 각 노드 값은 "," 구분자로 표현하며, 빈 노드는 "null"로 지정한다.

예시

```
const root = new TreeNode(1);
root.left = new TreeNode(2);
root.right = new TreeNode(3);
root.right.left = new TreeNode(4);
root.right.right = new TreeNode(5);

function serialize(root) {
// 풀이 코드
}

function deserialize(data) {
// 풀이 코드
}

// 문자열 변환
const serialized = serialize(root);
console.log(serialized); //"1, 2, null, null, 3, 4, null, null, 5, null, null"

// 트리 복원
const deserialized = deserialize(serialized);
```

문제 9 마라톤 대회

열정적인 마라토너 서준이는 국내 최대 이벤트인 국제 마라톤 대회에 참가하게 되었다. 이 대회에는 독특하게도 모든 선수가 각 경로를 따라 놓인 깃발을 수집하면서 달린다. 규칙은 다음과 같다.

- 각 깃발에는 점수가 주어진다.
- 연속된 두 구간의 깃발을 연달아 수집할 수 없다. 예를 들어 한 선수가 `i`번째 깃발을 수집했다면 인접한 구간의 깃발(`i - 1`번째 또는 `i + 1`번째)은 수집할 수 없다.
- 구간별 깃발 점수는 정수 배열 `flags`로 주어진다. `flags[i]`는 `i`번째 구간의 점수다.

서준이가 이 대회에서 얻을 수 있는 최대 점수를 계산하는 함수를 완성하라.

입력

- 길이가 `n`인 정수 배열 `flags` ($1 \le$ `n` ≤ 1000, $0 \le$ `flags[i]` ≤ 100)

출력

이 대회에서 서준이가 얻을 수 있는 최대 점수를 나타내는 정수

예시

- 입력: `maxFlags([10, 20, 30, 40, 50])`, 출력: `90`

첫 번째 구간에서 10점을 얻고 두 번째 구간을 건너뛴다. 세 번째 구간에서 30점을 얻고 네 번째 구간을 건너뛴 후 다섯 번째 구간에서 50점을 얻어 총 90점을 획득한다.

- 입력: `maxFlags([10, 20, 15, 25, 30, 35])`, 출력: `80`

첫 번째 구간을 건너뛰고 두 번째 구간에서 20점을 얻는다. 세 번째 구간을 건너뛰고 네 번째 구간에서 25점을 얻는다. 다섯 번째 구간을 건너뛰고 여섯 번째 구간에서 35점을 얻어 총 85점을 획득한다.

문제 10 최소 편집 거리

당신은 한글 텍스트를 편집할 수 있는 편집 툴을 개발하고 있다. 이 편집 툴의 핵심 기능 중 하나는 두 문자열 사이의 최소 편집 거리를 계산하는 것이다. 편집 거리란 한 문자열을 다른 문자열로 변환하기 위해 필요한 최소 작업의 수를 뜻한다.

이 편집 툴이 제공하는 기능은 다음과 같다.

- 문자열은 오직 한글로만 구성되어 있다.
- 삽입: 문자열에 한 문자를 삽입한다.
- 삭제: 문자열에서 한 문자를 삭제한다.
- 수정: 문자열의 한 문자를 다른 문자로 수정한다.

입력

- 문자열 `str1`과 `str2` (1 ≤ `str1` ≤ 1000, 1 ≤ `str2` ≤ 1000)

출력

- 두 문자열 사이의 최소 편집 거리를 나타내는 정수

예시

- 입력: `minEditDistance("초코", "코코")`, 출력: 1

"초코"→ "코코" ("초"를 "코"로 수정 1단계)

- 입력: `minEditDistance("사과", "바나나")`, 출력: 3

"사과"→ "바사과" ("바" 삽입 1단계)

"바사과"→ "바나과" ("사"를 "나"로 수정 2단계)

"바나과"→ "바나나" ("과"를 "나"로 수정 3단계)

부록 C

Javascript Coding Test

실전 대비 문제 풀이

문제 1 안전한 비밀번호

풀이 1

```
function minCharsForStrongPassword(s) {
  const length = s.length;
  let hasLowerCase = false;
  let hasUpperCase = false;
  let hasNumber = false;
  let hasSpecialChar = false;

  for (const char of s) {
    if (char >= "a" && char <= "z") hasLowerCase = true;
    else if (char >= "A" && char <= "Z") hasUpperCase = true;
    else if (char >= "0" && char <= "9") hasNumber = true;
    else if ("!@#$%^&*()-+".includes(char)) hasSpecialChar = true;
  }

  const requiredCharCount = [
    hasLowerCase,
    hasUpperCase,
    hasNumber,
    hasSpecialChar,
  ].filter(Boolean).length;

  return Math.max(4 - requiredCharCount, 6 - length);
}
```

이 풀이는 크게 세 부분으로 나뉜다.

먼저 8~13행에서는 `for of` 문으로 문자열 `s`의 각 문자를 순회하며 숫자, 소문자, 대문자, 특수 문자가 있는지를 파악한다. 그다음 15~20행에서는 조건 4개 중 누락된 문자 유형을 확인하고 그 개수를 센다. 마지막으로 22행에서는 부족한 문자 유형의 개수와 비밀번호 길이를 충족시키기 위해 필요한 문자 개수 중 더 큰 값을 반환한다.

> 20행에서 `Array.prototype.filter()` 메서드를 호출할 때 콜백 함수를 Boolean 컨스트럭터로 직접 전달하여 좀 더 간결하게 true 조건의 개수를 센다.

이 코드를 좀 더 간결하게 리팩터링하는 방법도 있다. 다음 코드를 살펴보자.

풀이 2

```
function minCharsForStrongPassword(s) {
  const length = s.length;
  const hasLowerCase = /[a-z]/.test(s);
  const hasUpperCase = /[A-Z]/.test(s);
  const hasNumber = /\d/.test(s);
  const hasSpecialChar = /[!@#$%^&*()-+]/.test(s);

  const requiredCharCount = [
    hasLowerCase,
    hasUpperCase,
    hasNumber,
    hasSpecialChar,
  ].filter(Boolean).length;

  return Math.max(4 - requiredCharCount, 6 - length);
}
```

이 코드는 정규 표현식을 사용해 조건 4개를 각각 한 줄로 간단하게 확인한다.

`if else` 문을 생략해 코드가 간결해졌고, 각 변수의 `true`, `false` 값 갱신 과정을 하나의 변수로 미리 할당하여 가독성도 좋아졌다.

이 문제의 핵심은 비밀번호 문자열을 효율적으로 순회하면서 각 문자의 유형을 확인하고 주어진 조건에 따라 추가로 필요한 문자 수를 계산하는 것이다. 문자 유형을 확인하는 방법으로 문자 범위 비교나 정규 표현식을 사용할 수 있으며, 이를 통해 간결하고 효율적으로 문제를 해결할 수 있었다.

두 풀이 코드의 시간 복잡도는 모두 $O(n)$이다.

문제 2 문자열 게임

풀이

```
01 function reverseStr(s, k) {
02   const arr = s.split("");
03
04   // 2 * k 길이의 문자열에서 앞에서 k개만 뒤집는 것이기 때문에
05   // start += 2 * k를 해 주어야 한다.
06   for (let start = 0; start < arr.length; start += 2 * k) {
07     // i는 start부터 시작하고
08     let i = start;
09     // j는 start + k - 1이거나 arr.length - 1이다.
10     let j = Math.min(start + k - 1, arr.length - 1);
11
12     while (i < j) {
13       const temp = arr[i];
14       arr[i] = arr[j];
15       arr[j] = temp;
16
17       i += 1;
18       j -= 1;
19     }
20   }
21
22   return arr.join("");
23 }
```

이 문제는 문자열의 첫 번째 문자부터 k개의 문자를 뒤집고 다음 k개의 문자는 건너뛰고, 또 다시 그다음 k개의 문자를 뒤집고 다음 k개의 문자는 건너뛰는 식으로 진행된다. 문자열의 길이가 n이고 n < 2k이면 앞에서 k개의 문자만 뒤집는다.

이 풀이의 기본 아이디어는 주어진 문자열을 직접 조작하지 않고 먼저 배열로 변환한 뒤(2행), 배열 상태에서 문자를 뒤집고(6~20행), 결과를 다시 문자열로 변환하는 것이다(22행).

반복문 내에서 2k 간격으로 문자열을 순회하면서 간격마다 앞에서 k개의 문자를 뒤집는다. 문자 뒤집기는 투 포인터 기법으로 두 문자의 위치를 교환하는 방식으로 구현한다.

이 풀이 코드의 시간 복잡도는 $O(n)$이다.

문제 3 두 카드의 조합

풀이

```
function findMinimumDifference(A, B) {
  // 1. 정렬
  A.sort((a, b) => a - b);
  B.sort((a, b) => a - b);

  // 2. 두 포인터 초기화
  let a = 0;
  let b = 0;
  let minDifference = Infinity;
  let result = [null, null];

  // 3. 최소 차이 탐색
  while (a < A.length && b < B.length) {
    // 절댓값으로 차이를 구한다.
    const difference = Math.abs(A[a] - B[b]);

    // 차이가 더 작으면 갱신한다.
    if (difference < minDifference) {
      minDifference = difference;
      result = [A[a], B[b]];
    }

    // 차이가 0이면 더 이상 찾을 필요가 없으므로 탐색을 종료한다.
    if (difference === 0) {
      break;
    }

    if (A[a] < B[b]) {
      // A[a]가 B[b]보다 작으면 a++
      a++;
    } else {
      // 그렇지 않으면 b++
      b++;
    }
  }

  return result;
}
```

이 풀이의 핵심 아이디어는 정렬된 두 리스트에서 최소 차이 쌍을 찾는 것이다. 전체적인 접근 방법을 살펴보자.

1. 정렬: 두 요소의 차이를 효과적으로 비교하기 위해 두 카드 덱을 각각 오름차순

으로 정렬한다.

2. 투 포인터 설정: 정렬된 두 카드 덱은 각각 하나의 포인터로 요소를 순회한다.
3. 요소의 차이 계산 및 갱신: 두 포인터가 가리키는 요소의 차이를 계산한다. 현재 차이가 이전에 찾은 최소 차이보다 작으면 최소 차이와 해당 요소 쌍을 갱신한다.
4. 포인터 이동: 두 요소가 같으면 더 이상 탐색할 필요가 없으므로 반복문을 종료한다. 첫 번째 카드 덱의 요소가 두 번째 카드 덱의 요소보다 작으면 첫 번째 카드 덱의 포인터를 한 칸 이동시킨다. 반대로 두 번째 카드 덱의 요소가 첫 번째 카드 덱의 요소보다 작으면 두 번째 카드 덱의 포인터를 한 칸 이동시킨다.
5. 최종적으로 최소 차이를 가진 요소 쌍을 반환한다.

두 카드 덱(배열)의 길이가 각각 A, B라면 이 풀이의 시간 복잡도는 $O(A\ log\ A + B\ log\ B)$이다.

문제 4 김대리의 부동산 투자

풀이

```
function minimumLoss(prices) {
  // 가격이 오름차순으로 정렬된 배열을 만든다.
  // 배열의 요소는 가격과 해당 가격이 등장한 연도를 가진 객체로 구성한다.
  const sortedPrices = prices
    .map((price, year) => ({ price, year }))
    .sort((a, b) => a.price - b.price);

  // 최소 손실의 초깃값은 정수의 최댓값으로 설정한다.
  let minLoss = Number.MAX_SAFE_INTEGER;

  for (let i = 1; i < sortedPrices.length; i++) {
    // 현재 손실 계산
    const currentLoss = sortedPrices[i].price -
                        sortedPrices[i - 1].price;
    if (
      sortedPrices[i].year < sortedPrices[i - 1].year &&
      currentLoss < minLoss
    ) {
      // 현재 손실이 최소 손실보다 작을 때만 갱신한다.
      minLoss = currentLoss;
    }
  }

```

— **Javascript**

```
  return minLoss;
}
```

이 문제의 궁극적인 목표는 주어진 집값 리스트에서 손실의 최솟값을 찾는 것이다. 조건에 따르면 집을 산 후에는 가격이 오르지 않으므로 항상 손실을 입게 된다.

이 문제의 접근 방법은 다음과 같다.

우선 배열에 집값과 해당 연도 정보를 함께 저장한 뒤 집값을 기준으로 오름차순 정렬한다. 정렬된 배열 sortedPrices는 다음과 같은 형태가 된다.

```
// 주어진 배열이 [100, 30, 120, 70, 80, 20]일 때
[
  { price: 20, year: 5 },
  { price: 30, year: 1 },
  { price: 70, year: 3 },
  { price: 80, year: 4 },
  { price: 100, year: 0 },
  { price: 120, year: 2 },
];
```

이렇게 정렬하면 각 집값에 대한 최소 손실을 쉽게 찾을 수 있다.

이어지는 반복문에서는 정렬된 배열을 순회하면서 각 집값과 가장 가까운 집값을 찾는다. 이때 매수 이후의 집값만 비교 대상으로 삼는다.

이제 반복문 내부에서 두 집값의 차이를 계산하여 손실을 구하고, 이 손실이 현재까지 구한 최소 손실보다 작으며, 동시에 매수 시점의 연도가 매도 시점의 연도보다 앞선 경우에만 최소 손실값을 갱신한다. 이렇게 모든 집값을 확인한 후 최종적으로 현재까지 계산된 최소 손실값을 반환한다.

이 풀이의 시간 복잡도는 $O(n\,log\,n)$이다.

문제 5 로미의 고민

풀이

```
function minCandies(ratings) {
  const n = ratings.length;

  if (n <= 1) {
    return n;
  }

  // 정답을 저장할 배열 생성 (모든 요소는 1로 초기화)
```

```
  const candies = new Array(n).fill(1);

  // 첫 번째 순회: 왼쪽에서 오른쪽으로 순회하면서 오른쪽에 있는 요소와 비교한다.
  // 오른쪽 요소가 더 크면 오른쪽 사탕 개수를 왼쪽 사탕 개수에 1을 더해 갱신한다.
  for (let i = 1; i < n; i++) {
    if (ratings[i] > ratings[i - 1]) {
      candies[i] = candies[i - 1] + 1;
    }
  }
  // 두 번째 순회: 오른쪽에서 왼쪽으로 순회하면서 왼쪽에 있는 요소와 비교한다.
  // 왼쪽 요소가 더 크면 왼쪽 사탕 개수를 오른쪽 사탕 개수에 1을 더해 갱신한다.
  for (let i = n - 2; i >= 0; i--) {
    if (ratings[i] > ratings[i + 1]) {
      // 오른쪽에서 왼쪽으로 순회할 때는 사탕 개수가 더 많을 때만 갱신한다.
      candies[i] = Math.max(candies[i], candies[i + 1] + 1);
    }
  }

  // 사탕 개수의 총합을 구해 반환한다.
  return candies.reduce((a, b) => a + b, 0);
}
```

그리디 패턴을 활용한 풀이다. 두 번의 순회를 통해 모든 아이에게 줄 수 있는 사탕의 최소 개수를 구하는 것이 핵심이다.

- 첫 번째 순회: 왼쪽에서 오른쪽으로 순회하면서 현재 아이의 점수가 이전 아이보다 높으면 현재 아이에게 이전 아이보다 사탕을 1개 더 준다.
- 두 번째 순회: 오른쪽에서 왼쪽으로 순회하면서 현재 아이의 점수가 다음 아이보다 높으면 현재 아이에게 사탕을 더 많이 주어야 한다. 첫 번째 순회를 고려했을 때 현재 아이의 사탕 개수는 max(**현재 아이의 사탕 개수**, **다음 아이의 사탕 개수** + 1)이 된다.

이렇게 두 번의 순회를 마치면 모든 아이가 평가 점수에 따른 최소 개수의 사탕을 받는다. 마지막으로 모든 아이가 받은 사탕 개수의 총합을 구해 반환한다.

두 번의 순회와 reduce()를 통한 총합 계산 모두 배열의 길이에 비례하므로 전체 시간 복잡도는 $O(n)$이 된다.

문제 6 보리를 이겨라

풀이

```
01 function findClosestValue(cards, threshold) {
02   let left = 0;
03   let right = cards.length - 1;
04   let closestValue = cards[0];
05
06   while (left <= right) {
07     const mid = Math.floor((left + right) / 2);
08
09     // 가장 가까운 값을 갱신한다.
10     // 음수도 고려할 수 있는 Math.abs()를 사용한다.
11     if (Math.abs(cards[mid] - threshold) < Math.abs(closestValue - threshold)) {
12       closestValue = cards[mid];
13     }
14
15     if (cards[mid] === threshold) {
16       return cards[mid]; // 정확한 값을 찾으면 바로 반환한다.
17     } else if (cards[mid] < threshold) {
18       left = mid + 1;
19     } else {
20       right = mid - 1;
21     }
22   }
23
24   return closestValue;
25 }
```

이진 탐색을 활용한 풀이다. 단계마다 중간값과 목푯값의 차이를 계산하여 차이가 가장 작은 값을 결과로 반환해야 한다. 배열 cards는 이미 오름차순 정렬되어 있으므로 바로 이진 탐색을 시도해 기준 숫자에 가장 가까운 값을 효율적으로 찾을 수 있다.

이 알고리즘의 핵심 로직인 11~13행을 좀 더 살펴보자. 이 코드는 배열 cards의 중간값 cards[mid]와 현재까지 발견된 가장 가까운 값 closestValue를 기준 숫자 threshold와 비교해 어떤 값이 threshold에 더 가까운지 판단한다.

두 값의 차이가 음수일 수 있으므로 절댓값으로 비교한다. 우리가 알고자 하는 것은 두 값 사이의 실질적인 거리, 즉 절대 차이이기 때문이다.

Math.abs(cards[mid] - threshold)는 배열의 중간값과 threshold의 절댓값 차이를 계산하며, Math.abs(closestValue - threshold)는 closestValue와 threshold의

절댓값 차이를 계산한다. 두 절댓값을 비교하여 배열의 중간값이 closestValue보다 threshold 값에 더 가까우면 closetValue를 cards[mid]로 갱신한다. 이 과정을 반복해서 threshold에 더 가까운 값을 추적한다.

이 로직을 바탕으로 이진 탐색을 실행하면서 기준 숫자와 가장 가까운 값을 찾는다.

이 풀이의 시간 복잡도는 $O(log\,n)$이다.

문제 7 크리스마스 트리

풀이

```
function traverse(node) {
  // 기저 조건
  // 더 이상 탐색할 노드가 없으면 isBalanced는 true이고 weight는 0을 반환한다.
  if (node === null) {
    return { isBalanced: true, weight: 0 };
  }

  // 재귀(트리의 왼쪽/오른쪽 노드를 탐색한다.)
  let leftResult = traverse(node.left);
  let rightResult = traverse(node.right);

  let isBalancedNode =
    leftResult.isBalanced && // 왼쪽 노드가 균형 잡혔는지 확인
    rightResult.isBalanced && // 오른쪽 노드가 균형 잡혔는지 확인
    leftResult.weight === rightResult.weight; // 왼쪽/오른쪽 노드의 무게가 같은지 확인

  // 노드 무게 = 자신의 무게 + 왼쪽 노드의 무게 + 오른쪽 노드의 무게
  let totalWeight = node.weight + leftResult.weight + rightResult.weight;

  return { isBalanced: isBalancedNode, weight: totalWeight };
}

function solution(root) {
  return traverse(root).isBalanced;
}
```

이 코드는 크리스마스 트리의 각 노드가 균형 잡혔는지(왼쪽/오른쪽 하위 트리의 총 무게가 같은지) 확인하기 위해 재귀적으로 작동한다. 각 노드에서 왼쪽/오른쪽 하위 트리의 장식 무게를 더해 비교하며 어떤 노드라도 불균형하면 전체 트리도 불균형하다.

핵심 아이디어는 다음과 같다. 먼저 재귀 함수이므로 기저 조건을 정의해야 한다. 탐색 중 `null`을 만나면(더 이상 진행할 노드가 없으면) `{ isBalanced: true, weight: 0 }` 객체를 반환한다. 이는 노드의 균형 여부와 그 노드를 루트로 하는 하위 트리의 총 무게를 저장하는 데 사용하며 재귀 호출 과정에서 내부적으로 상태를 추적하는 일종의 헬퍼 역할을 한다.

- 균형 여부(isBalanced): 현재 노드와 그 하위 트리가 균형 잡혔는지를 나타낸다. 어떤 노드라도 불균형하면 이 정보가 재귀를 따라 상위 노드로 전달되어 최종 결과에 반영된다.
- 무게 계산(weight): 현재 노드와 그 하위 트리 노드의 총 무게를 저장한다. 위와 마찬가지로 각 노드의 균형 상태를 확인하고 그 정보를 상위 노드로 전달한다.

이제 각 노드의 무게를 계산하기 위해 트리를 후위 순회(post-order traversal)한다. 후위 순회는 왼쪽 하위 트리를 방문한 후 오른쪽 하위 트리를 방문하고, 마지막으로 현재 노드를 처리하는 순으로 진행된다. 각 노드에서 왼쪽 하위 트리와 오른쪽 하위 트리의 무게를 비교하여 균형 상태를 확인하고, 불균형한 노드가 하나라도 있다면 함수는 즉시 `isBalanced: false`를 반환한다.

순회가 끝난 뒤 모든 노드에서 균형이 잡혔다면 `true`를 반환한다.

시간 복잡도를 분석해 보자. 이 코드는 후위 순회를 변형한 문제다. 이 순회 방법은 모든 노드를 1번씩 방문한다. 예를 들어 트리의 노드 수가 N이면 각 노드를 1번씩만 방문하므로 총 N번의 작업이 필요하다. 무게 계산과 각 노드에서 균형 상태를 확인하는 것은 모두 상수 시간 내에 이루어지므로 종합해 보면 이 알고리즘의 시간 복잡도는 $O(n)$이 된다.

문제 8 카일의 첫 업무

풀이

```
// 직렬화 헬퍼 함수
function serializeHelper(node, result) {
  if (node === null) {
    result.push("null");
    return;
  }
  // 전위 순회
  result.push(String(node.val)); // 문자열로 타입 변환
```

```
  serializeHelper(node.left, result);
  serializeHelper(node.right, result);
}

// 역직렬화 헬퍼 함수
function deserializeHelper(values) {
  const val = values.shift();
  if (val === "null") {
    return null;
  }
  // 전위 순회
  const node = new TreeNode(Number(val)); // 숫자로 타입 변환
  node.left = deserializeHelper(values);
  node.right = deserializeHelper(values);
  return node;
}

function serialize(root) {
  const result = [];
  // 헬퍼 함수에 루트 노드와 결과 배열을 전달한다.
  serializeHelper(root, result);
  // 문자열로 변환하여 반환한다.
  return result.join(",");
}

function deserialize(data) {
  // 배열로 변환한 후 헬퍼 함수를 호출한다.
  const values = data.split(",");
  return deserializeHelper(values);
}
```

이 문제의 출제 의도는 이진 트리를 문자열로 직렬화(트리를 문자열로 변환)하고, 그 문자열을 다시 이진 트리로 역직렬화(문자열을 다시 트리로 변환)하는 함수를 구현할 수 있는지 확인하는 데 있다.

먼저 전위 순회(pre-order traversal)로 직렬화를 진행한다. 전위 순회는 가장 먼저 루트 노드를 방문하고 그다음엔 왼쪽 하위 트리, 이어서 오른쪽 하위 트리를 방문하는 순으로 진행된다.

- 직렬화 작업을 위한 헬퍼 함수 `serializeHelper()`는 트리의 루트 노드와 결과 배열을 받아, 각 노드 값을 `String` 생성자를 통해 문자열로 변환하여 배열에 추가한 후 반환한다.
- 현재 노드가 `null`이면 문자열 `"null"`을 결과 배열에 추가한다.

- 헬퍼 함수에서 반환된 배열은 `join()` 함수를 "," 구분자와 함께 사용해 문자열로 변환한 후 최종 결과로 반환한다.

그다음은 함수 내부에서 문자열을 다시 배열로 타입 변환한 후 역직렬화를 진행한다. 타입 변환 시 각 노드를 ","로 분할하여 값을 읽고, 직렬화 함수와 마찬가지로 전위 순회로 트리를 재구성한다.

- 역직렬화를 위해 헬퍼 함수 `deserializeHelper()`를 사용한다. 문자열을 받아 배열로 다시 변환한 후 함수 호출 시 전달하여 작업을 진행한다. 배열의 첫 번째 값을 가져와서 현재 노드를 생성하고, 재귀적으로 왼쪽과 오른쪽 하위 트리를 구성한다. (직렬화와 반대로 문자열 값을 다시 `Number` 생성자를 통해 숫자로 변환하여 노드 값을 할당한다.)
- 배열에서 문자열 `"null"`을 만나면 `null`로 빈 노드를 나타낸다.
- 위와 같은 방법으로 배열의 값을 하나씩 가져오며 이진 트리를 재구성한다.

직렬화와 역직렬화 모두 트리의 모든 노드를 1번씩 방문하므로 종합적으로 $O(n)$의 시간 복잡도를 가진다.

문제 9 마라톤 대회

이는 널리 알려진 집털이(house robber) 동적 프로그래밍 패턴을 응용한 문제로, 메모이제이션을 활용하면 효율적으로 해결할 수 있다.

풀이

```
function maxFlags(flags) {
  const n = flags.length;
  // 각 부분 문제의 계산 결과를 저장할 memo 배열
  const memo = new Array(n).fill(-1);

  function solve(i) {
    // 기저 조건: 더 이상 탐색할 깃발이 없는 경우
    if (i < 0) {
      return 0;
    }

    // 이미 계산한 부분 문제이면 저장된 값을 즉시 반환(메모이제이션)
    if (memo[i] !== -1) {
      return memo[i];
```

```
15      }
16
17      // 점화식
18      // i번째 깃발을 선택하지 않는 경우 vs i번째 깃발을 선택하는 경우
19      const result = Math.max(solve(i - 1), solve(i - 2) + flags[i]);
20
21      // 계산 결과를 메모 배열에 저장
22      memo[i] = result;
23      return result;
24    }
25
26    // 가장 큰 문제(n - 1)부터 재귀적으로 해결
27    return solve(n - 1);
28  }
```

이 함수는 가장 큰 문제인 n - 1번째 깃발까지 고려했을 때 얻을 수 있는 최대 점수를 구하기 위해 재귀적으로 더 작은 부분 문제를 호출하는 하향식을 사용한다.

먼저 동적 프로그래밍을 위한 초기화를 진행한다. 4행에서 memo 배열을 생성하고, 배열의 모든 요소를 '-1'로 채워 아직 계산되지 않았음을 표시한다. memo[i]는 i번째 깃발까지 고려했을 때의 최대 점수를 저장하는 캐시 역할을 한다.

6행의 헬퍼 함수 solve()는 다음과 같이 작동한다.

- 기저 조건: 8~10행은 재귀가 멈추는 조건을 정의한다. i가 0보다 작아지면 고려할 깃발이 없다는 뜻이므로 0을 반환한다.
- 메모이제이션 확인: 13~15행에서는 solve(i)가 호출될 때마다 이미 계산된 결과가 있는지 확인한다. 계산된 결과가 있다면 저장된 값을 그대로 반환해 중복 계산을 방지하고 그만큼 연산 효율을 높인다.
- 점화식 적용: 19행에서 핵심 점화식(큰 문제의 해답을 작은 하위 문제들의 해답으로 표현하는 관계식)이 적용된다. i번째 깃발에 대해 두 가지 선택지가 있다.
  - i번째 깃발을 선택하지 않는 경우: 이때 최대 점수는 i - 1번째까지의 최대 점수와 같다.
  - i번째 깃발을 선택하는 경우: 문제 조건에 따라 인접한 i - 1번째 깃발은 선택할 수 없으므로 최대 점수는 i번째 깃발 점수와 i - 2번째까지의 최대 점수를 더한 값이 된다.

Math.max()를 통해 두 가지 선택지 중 더 큰 값을 선택하여 그 결과를 memo[i]에 저장한 뒤 반환한다.

> 하향식 동적 프로그래밍은 점화식을 그대로 코드로 옮길 수 있다. solve(i)가 i번째까지의 최대 점수라는 부분 문제의 정의만 명확히 한다면 이 풀이와 같이 재귀적 구조를 통해 문제를 해결할 수 있다.

이 방식은 메모이제이션 덕분에 같은 부분 문제를 다시 계산하지 않는다. solve(i)는 i값 하나당 한 번만 계산하므로 이 방식의 시간 복잡도는 $O(n)$이 된다.

문제 10 최소 편집 거리

풀이

```
function minEditDistance(str1, str2) {
  const len1 = str1.length;
  const len2 = str2.length;

  // dp[i][j]: str1의 첫 i 문자와 str2의 첫 j문자 사이의 최소 편집 거리
  const dp = Array.from({ length: len1 + 1 }, () => Array(len2 + 1).fill(0));

  // 초기화
  for (let i = 0; i <= len1; i++) {
    dp[i][0] = i;
  }

  for (let j = 0; j <= len2; j++) {
    dp[0][j] = j;
  }

  for (let i = 1; i <= len1; i++) {
    for (let j = 1; j <= len2; j++) {
      // 같은 문자이면 편집 거리가 증가하지 않는다.
      if (str1[i - 1] === str2[j - 1]) {
        dp[i][j] = dp[i - 1][j - 1];
      } else {
        // 다른 문자이면 삭제, 삽입, 수정 중 최소 편집 거리를 선택한다.
        dp[i][j] = Math.min(
          dp[i - 1][j] + 1, // 삭제
          dp[i][j - 1] + 1, // 삽입
          dp[i - 1][j - 1] + 1 // 수정
        );
      }
    }
  }

  return dp[len1][len2];
}
```

문제 해결의 핵심 아이디어는 dp 테이블을 활용해 두 문자열 사이의 최소 편집 거리(연산 횟수)를 찾는 것이다. 이 문제는 상향식 동적 프로그래밍으로 해결할 수 있다.

먼저 dp를 초기화한다. 6행에서 dp 테이블(또는 2차원 배열)을 만든다. dp 크기는 (len1 + 1) * (len2 + 1)이고, dp[i][j]는 str1의 처음 i 문자와 str2의 처음 j 문자 사이의 최소 편집 거리다.

9~15행에서는 dp 테이블의 첫 행과 첫 열을 각각 0, 1, ..., len1과 0, 1, ..., len2로 채운다. 한 문자열이 비어 있으면 편집 거리는 다른 문자열의 길이가 되기 때문이다. 예를 들어 빈 문자열 ""을 "사과"로 편집하려면 2번의 삽입이 필요하므로 편집 거리는 2가 된다.

이제 반복문으로 dp 테이블을 채운다. str1, str2의 각 문자를 순회하며 다음을 실행한다.

- 두 문자가 같으면 편집할 필요가 없으므로 dp[i][j] = dp[i - 1][j - 1]이 된다(21행).
- 두 문자가 다르면 다음 세 연산 중 최소 편집 거리를 선택한다.
  - 삭제: str1에서 현재 문자를 삭제하면 부분 문제는 dp[i - 1][j]가 된다. 따라서 편집 거리는 dp[i - 1][j] + 1이다.
  - 삽입: str2의 현재 문자를 str1에 삽입하면 부분 문제는 dp[i][j - 1]이 된다. 따라서 편집 거리는 dp[i][j - 1] + 1이다.
  - 수정: str1의 현재 문자를 str2의 현재 문자로 수정하면 부분 문제는 dp[i - 1][j - 1]이 된다. 따라서 편집 거리는 dp[i - 1][j - 1] + 1이다.
- dp[i][j]는 이 세 경우 중 최소 편집 거리가 된다.

예를 들어 "사과"와 "바나나"가 주어지면 dp 테이블은 다음과 같이 채워진다.

	" "	"바"	"나"	"나"
" "	0	1	2	3
"사"	1	1	2	3
"과"	2	2	2	3

그림 C-1 입력이 "사과"와 "바나나"일 때 dp 테이블

마지막으로 최종 결과를 반환한다. `dp[len1][len2]`에 저장된 값이 바로 `str1`과 `str2` 사이의 최소 편집 거리가 된다.

이 접근 방식은 같은 부분 문제를 한 번씩만 계산하므로 이 알고리즘의 시간 복잡도는 두 문자열의 길이에 따라 결정된다. 두 문자열 길이가 n과 m이라면 시간 복잡도는 $O(n * m)$이다.

> 문제 9와 문제 10은 모두 동적 프로그래밍을 활용해 해결한다. 이 패턴은 다른 알고리즘에 비해 직관적이지 않을 수 있으므로 작동 원리를 이해하려면 손코딩으로 점화식과 dp 테이블을 그려 보기를 권한다.

찾아보기